商用飞机未来产品和技术

中国商飞北京民用飞机技术研究中心　编著

电子工业出版社
Publishing House of Electronics Industry
北京·BEIJING

内 容 简 介

本书分五部分，共 32 章。第一部分为综述篇，介绍了商用飞机发展现状与需求分析，探讨了商用飞机未来产品与技术的总体创新趋势。第二部分为产品创新篇，分别描述了未来的支线客机、窄体客机、宽体客机、超声速客机、高超声速客机、商用货机和城市飞行器共七类商用飞机产品的国内外发展概况、需求分析、国内外研发进展、潜在方案与特点、关键技术清单和发展路线图。第三部分为技术提升篇，介绍了商用飞机相关技术发展与提升的方向，国内外技术发展以及技术发展路线图。第四部分为技术融合篇，介绍了和商用飞机有关的系列交叉前沿技术，包括 5G、人工智能、数字孪生、VR/AR/MR、区块链、石墨烯、超导技术、量子计算技术、航空仿生技术、脑机接口等。第五部分为展望篇，展望未来商用飞机产品与技术的发展方向。

本书适合商用飞机设计、制造与运营等相关领域的工程技术人员、管理人员阅读，并可作为相关专业工程设计的参考资料。

图书在版编目（CIP）数据

商用飞机未来产品和技术 / 中国商飞北京民用飞机技术研究中心编著. —北京：电子工业出版社，2024.5
ISBN 978-7-121-47769-0

Ⅰ. ①商…　Ⅱ. ①中…　Ⅲ. ①民用飞机－产业发展－研究－世界　Ⅳ. ①F416.5

中国国家版本馆 CIP 数据核字（2024）第 084340 号

责任编辑：张正梅
印　　刷：河北迅捷佳彩印刷有限公司
装　　订：河北迅捷佳彩印刷有限公司
出版发行：电子工业出版社
　　　　　北京市海淀区万寿路 173 信箱　邮编　100036
开　　本：787×1 092　1/16　印张：25.75　字数：548 千字
版　　次：2024 年 5 月第 1 版
印　　次：2024 年 5 月第 1 次印刷
定　　价：398.00 元

凡所购买电子工业出版社图书有缺损问题，请向购买书店调换。若书店售缺，请与本社发行部联系，联系及邮购电话：（010）88254888，88258888。

质量投诉请发邮件至 zlts@phei.com.cn，盗版侵权举报请发邮件至 dbqq@phei.com.cn。

本书咨询联系方式：zhangzm@phei.com.cn。

商用飞机未来产品和技术

指导委员会

主　任：吴光辉　张　军　钱仲焱
副主任：彭俊毅　蒋　欣　崔克非　王　栋　杨志刚
委　员：徐吉峰　张嘉振　康元丽　郑　遂　王　曼　尹久盛　邓　志

编委会

主　编：杨志刚
执行主编：林大楷
编　者：（按姓氏笔画顺序）

于　航	马静华	王大伟	王　宁	王兆兵	王　岩	王府井
王　跃	牛安亮	冯　娟	曲江磊	吕春正	朱文都	乔晓瑶
刘天奇	刘亚男	刘传奇	刘　超	刘　博	齐山贺	闫海津
汲生成	许澍虹	杜　玺	李永东	李良伟	李　栋	李　晶
李　澎	杨春霞	杨海楠	吴东润	宋寒冰	张亚伟	张志雄
张　征	张　炯	张益曼	张　展	张登峰	张新替	张　璐
陈　华	陈　哲	陈晨忻	陈智超	陈　曦	范　哲	林大楷
昌中宏	周晓彤	赵　程	柏宝红	钟昊天	倪大明	龚博渊
彭焕春	董　浩	程江涛	曾　锐	谢　良	赖国俊	谭廉华
薛　阳	薛帮猛	霍　满				

编　审：（按姓氏笔画顺序）

王大伟	王新林	白志强	冯荣欣	吕　旸	回彦年	刘建光
张　炯	张　展	张志雄	杜　玺	林大楷	钱　勇	高丽敏
唐　剑	彭　雷					

编写组：杨　薇　岳润雨　李子寅　宋寒冰　张会占　王兆兵　陈　哲

　　大鹏一日同风起，扶摇直上九万里。从一张张蓝图到冲上云霄，中国人的"大飞机梦"前后经历了半个世纪，终于化茧成蝶。在过去的近二十年里，面对质疑和指摘，靠着脚踏实地的奋斗，中国商用飞机向着自主创新大步迈进，逐渐由弱变强。但未来已来，将至已至，远方不远，唯变不变。我们正站在新的起点上。

　　大型客机的研发和生产制造能力，是一个国家综合实力水平的重要标志。当前，作为知识与技术高度密集的产业，全球商用飞机产业已经进入了一个新的阶段。新兴技术在蓬勃发展，欧美航空工业仍在技术上不断积累与进步，绿色颠覆性航空产业正在引领变革。面对席卷而来的未来浪潮，我们只有以变革的姿态迎接未来，才能决胜未来。

　　创新是改变世界的重要力量。随着科技的不断进步与创新，各个领域都迎来了巨大的变革和机遇。在商用飞机领域，一方面，减阻降噪、结构材料等传统飞机设计与制造技术不断提升；另一方面，人工智能、虚拟现实等各种前沿科技飞速发展，可能颠覆性地改变飞机设计、制造与运营等过程。把握新技术发展动向，准确判断新技术点，尽早研究各项前沿新技术在航空领域的应用场景，是中国商用飞机发展的必要途径。

　　民用航空技术正在向绿色、高效、低成本、智能化方向发展。2024 年 1 月 29 日，工信部等七部门印发《关于推动未来产业创新发展的实施意见》。其中提到"未来产业由前沿技术驱动"，"是具有显著战略性、引领性、颠覆性和不确定性的前瞻性新兴产业"，指出"先进高效航空装备"将"围绕下一代大飞机发展，突破新型布局、智能驾驶、互联航电、多电系统、开式转子混合动力发动机等核心技术。推进超声速、超高效亚声速、新能源客机等先进概念研究。围绕未来智慧空中交通需求，加快电动垂直起降航空器、智能高效航空物流装备等研制及应用"。

　　"节能、高效、环保"的理念正在引领未来全球航空技术发展与变革，这些变革需要时间和资源。尤其是在绿色航空的大趋势下，减少航空碳足迹将是人类飞行史上最重要的技术成就。我们将转变发展思路，多措并举，为"双碳"目标的实现贡献更多的力量。电动化、氢能化、可持续航空燃料都是实现航空能源替代的可行方案，也是公认的替代能源技术攻关方向。而航空产业投入高、风险高、周期长、技术门槛高，为有效降低技术创新风险，大幅提升技术研发成功的可能性，秉持自主创新、加强开放合作势在必行。

　　以梦为马，不负韶华。我们在为建成具有完整性、先进性、安全性的绿色航空制造体系不懈努力，为国产商用飞机的安全性、环保性、经济性、舒适性达到世界一流水平锲而不舍。在这个充满变革与创新的时代，我们将跟紧新技术发展的趋势，适应变化，方能应对挑战、抓住机遇。

在此，感谢所有参与编写本书的作者、编委成员，提供资料的专业技术人员，以及提出宝贵意见的专家和学者们，感谢大家的辛勤付出！希望本书能为相关人员提供借鉴和启迪。

中国商用飞机有限责任公司首席科学家

2024.2.18

2023 年 1 月 1 日，我国首架 C919 大型客机首班验证飞行，中国东方航空 MU7809 航班 8 时 26 分从上海虹桥国际机场起飞，于 10 时 14 分顺利抵达北京大兴国际机场。2023 年 5 月 28 日，C919 圆满完成首次商业飞行，这是我国大飞机事业征程上的又一重要里程碑，是全体"大飞机人"共同努力的成果。2024 年的春节假期（2 月 10 日到 2 月 17 日），中国东方航空旗下的全部 4 架 C919 国产大飞机合计执行 66 个商业航班，在京沪、沪蓉航线运送旅客 9670 人次。C919 的成功运营是中国航空工业取得的重大历史突破，也是中国创新驱动战略的重大时代成果。这意味着，中国人实现了自己的"大飞机梦"。

中国大飞机商业飞行的成功，离不开一代又一代人的筚路蓝缕和默默付出，离不开我国航空科技人员自立自强的创新精神。截至 2023 年 10 月底，C919 的累计订单达 1161 架。同时，ARJ21 自 2016 年 6 月正式投入商业运营以来，至 2023 年 11 月，已累计向中国国航、中国东航、中国南航、成都航空、天骄航空、江西航空、华夏航空、印尼翎亚航空等交付 117 架，并开通国内外航线 400 余条，通航城市 140 余个，每周运营航班量近 1800 班。2023 年 11 月 24 日，国产支线客机 ARJ21 迎来了第 1000 万人次旅客。中国远程宽体客机 C929 项目持续推进，目前已进入详细设计阶段；我们同时在"混、电、氢"等新能源飞机领域布局发力，提供更加经济、舒适、环保的产品。这意味着大飞机事业进入产业化发展新阶段。

对国产商用飞机来说，2023 年是不平凡的一年，回顾走过的历程，所有大飞机人都在自己的岗位上付出了辛勤的劳动。现在我们站在新的起点上，大海碧波，百舸争流，催人奋进。

随着新冠疫情的结束，除局部受战争影响的区域外，各国航线基本恢复通航，全球航空旅行需求持续回升，运量也即将恢复预期。预计全球喷气客机需求增长仍将持续，民机市场需求巨大，国产商用飞机面临的挑战也巨大。世界商用飞机产业集中度仍在提升，未来商用飞机产品要满足市场差异化、需求个性化、产品多样化的发展需求。全球科学技术发展迅速，大量先进技术日趋成熟，正在或即将应用到产品，有可能出现更新换代的局面。同时，为应对日益突出的环境问题，未来商用飞机将呈现低排放、低噪声、低能耗的发展趋势，可持续航空燃料、多电、全电/混合电推进、氢能等绿色能源动力技术的研究正在全面展开。

前沿创新技术正在蓬勃发展，可能会带来颠覆性的技术变革。跨界融合创新技术在未来航空领域中的应用，或将驱动未来航空产品创新发展，也可能促成颠覆性的产业或产品变化。以"信息革命"和"能源革命"为代表的新一轮科技革命和产业革命正在重构全球创新版图、重塑全球经济结构，在此背景下，商用飞机在新能源、新材料、新信息领域的发展也十分迅速，很多技术已经或即将应用到产品中。

中国商用飞机有限责任公司北京民用飞机技术研究中心基于"看清需求，看清未来，吃透技术，创造价值"的理念，持续多年组织编写并更新《商用飞机未来产品和技术》，阐述商用飞机发展面临的形势与环境、市场前景和技术要求，从产品创新、技术提升和技术融合的角度，梳理重点发展方向，描绘新技术创新与应用场景，展望商用飞机未来发展前景。本书集众多技术人员、专家的智慧，以当前技术发展现状为出发点，借鉴多年丰富的工程经验，对商用飞机未来产品和技术进行了探讨。

本书对商用飞机产品和技术的当前现状与未来创新趋势进行了分析，对未来支线、窄体、宽体、超声速客机、城市飞行器等商用飞机产品进行介绍和分析；对先进气动技术、先进结构与材料、先进航电技术等商用飞机相关技术不断发展与提升的创新方向进行介绍和分析；探讨了和商用飞机有关的系列交叉前沿技术（如5G、人工智能、数字孪生等）在航空领域的应用与发展，并展望了商用飞机未来产品与未来技术的发展趋势。本书内容丰富、案例翔实，既具有一定的理论性，又能对实际工作有较好的指导价值。

在此，感谢本书编委会和编写组人员做出的辛勤贡献。感谢各位主要撰写人：张志雄、刘传奇（第1章），马静华（第2章），王宁（第3章），王兆兵、张新替（第4章），张亚伟、张新替（第5章），霍满（第6章），闫海津（第7章），张征、程江涛、冯娟（第8章），张新替、于航、朱文都（第9章），杜玺、薛帮猛、倪大明、陈哲、赖国俊、谭廉华、吴东润（第10章），刘超、王岩、杨海楠、刘天奇、陈晨忻（第11章），龚博渊、张展（第12章），张登峰、范哲（第13章），张璐、王跃、曲江磊、刘博、王府井（第14章），李澎、谢良、李栋（第15章），陈曦、刘亚男、李永东、齐山贺、吕春正、乔晓瑶（第16章），杨春霞、李良伟、李晶（第17章），彭焕春、牛安亮（第18章），昌中宏（第19章），张新替、宋寒冰（第20章），陈智超、张炯、周晓彤（第21章），曾锐、陈华（第22章），张益曼、王大伟（第23章），薛阳、许澍虹（第24章），董浩、钟昊天（第25章），赵程（第26章），王府井（第27章），陈哲（第28章），汲生成（第29章），柏宝红（第30章），林大楷、张志雄（第31章），林大楷（第32章）。同时，感谢张烨、李启航、张颖哲、许延、张波成、王秀颖、康梓铭、王卫东、李晨提供相关专业的素材。特别感谢中国商飞客户服务中心彭焕春和牛安亮、中国商飞民用飞机试飞中心杨春霞和李晶、中国商飞上海飞机制造有限公司易俊兰和陈曦、商飞智能技术有限公司陈智超和周晓彤等的大力支持。

最后，由于作者水平有限，本书难免存在不足。欢迎各界读者对本书提出宝贵的修改意见，我们将在以后的工作中不断改进完善，竭诚做出更好的成绩。

中国商飞北京民用飞机技术研究中心主任

2024.2.18

目 录
CONTENTS

第 3 篇　技术提升

第 4 篇　技术融合

第 5 篇　展望

第1篇
综　述

未来民用飞机市场需求巨大，国产商用飞机面临挑战，而科技创新发展带来了新的机遇。未来商用飞机正朝着更加安全、更加环保、更加经济、更加舒适、更加快捷、更加智能的方向发展。中国商用飞机产业体系逐步完善，正朝着"研发世界级航空产品""建设世界一流航空企业""形成世界级航空产业能力"的航空强国奋进。

第1篇主要分析了商用飞机发展的宏观环境和总体创新趋势，包括：

第 1 章　商用飞机发展现状与需求分析
第 2 章　商用飞机创新趋势

商用飞机发展现状与需求分析 第1章

尽管短期内受新冠疫情、国际形势变化等不利因素的影响，商用飞机市场受到一定影响，但从长期来看，全球航空市场需求依然旺盛，美欧等国家和地区大量商用飞机技术日趋成熟，世界商用飞机产业集中度提升，竞争格局得到深度调整。未来，世界商用飞机产品创新将持续推进，干线飞机继续向超高效方向发展，新构型飞机日趋成熟，有望近期问世，支线飞机将向喷气化和大座级发展，超声速商用飞机在解决经济问题与环保问题后有望占据部分市场，新能源飞机已经受到重点关注并得到了深入研究。信息技术革命为商用飞机的数字化、智能化发展打通了脉络，而能源技术革命为商用飞机绿色低碳化发展带来了希望。目前，商用飞机所面临的现状总体如下。

一是未来商用飞机市场需求巨大。随着新冠疫情冲击的逐渐消解，越来越多的国家恢复了国际通行，航空业开始从新冠疫情冲击中复苏，全球大部分地区在役机队数量已经超过 2019 年的水平。根据对未来 20 年的市场预测，全球喷气客机机队年均增长率为 4.3%，我国也将逐渐成为全球最大的商用飞机市场之一。国产商用飞机需要更加主动地提供优质产品，以满足国内市场和国际市场的巨大需求。同时，还要追求产品性能优化，提高服务质量，不断增强市场竞争力。

二是国产商用飞机面临巨大的挑战。首先，美国航空航天局（National Aeronautics and Space Administration，NASA）、国际航空运输协会（International Air Transport Association，IATA）、德国宇航中心（Deutsches Zentrum für Luft- und Raumfahrt，DLR）等机构牵头促进民用飞机创新发展，大量先进技术日趋成熟，正在或即将应用到产品中，世界民用飞机产业集中度提升，竞争难度提高。其次，"双碳"目标挑战巨大，行业减碳要求日趋严格，国际民航组织（International Civil Aviation Organization，ICAO）制定了飞机二氧化碳排放的强制性国际标准，使"绿色航空"成为准入门槛。再次，面临百年未有之大变局，中美竞争趋向纵深，实现关键核心技术的自主可控、保障产业链安全、争取国际博弈筹码等目标成为当前及未来一段时间内国产商用飞机技术研发和发展布局工作的重中之重。

三是科技创新发展带来新机遇。以信息革命、能源革命为代表的新一轮科技革命和产业革命正在重构全球创新版图，重塑全球经济结构。以自主控制、脑机接口和智能无人系统等为主题的人工智能技术迎来了航空业的"第三个春天"。电动/混合动力、氢能、可持续航空燃料（Sustainable Aviation Fuel，SAF）等新能源动力技术正在蓬勃发展。超材料、石墨烯、智能材料等新材料、新技术或将对商用飞机的发展产生颠覆性影响。国产商用飞机必须抓住机遇、积极布局、主动作为，培育非对称竞争优势。

1.1　全球航空运输总体情况

1.1.1　全球航空运输发展现状

2022 年，客运方面，各国"旅行禁令"逐步解除，更多航线恢复通航，全球航空旅行需求持续回升，客运总量同比增长 64.4%，恢复至 2019 年水平的 68.5%。其中，国际客运量同比增长 152.7%，恢复至 2019 年水平的 62.2%。进入 2023 年，经历 3 年低位运行的航空市场开启高速增长模式。2023 年航空客运总量（按照收入客公里）比 2022 年增长 36.9%，全球航空客运量恢复至疫情前（2019 年）水平的 94.1%。货运方面，2016—2021 年，航空货运收益在全球航空总收益中的占比从 11.4%增长到 40.3%。新冠疫情结束后，2023 年全年，全球航空货运需求比 2022 年下降 1.9%［按货运吨公里（Cargo Tonne-Kilometers，CTK）］，但是航空货运运力（按货运吨公里）比 2022 年增长 11.3%，比 2019 年增长 2.5%。

与 2019 年相比，航空市场运量占比地区差异较大。因中国的航空运输量对亚太地区航空市场的影响较大，亚太地区 2022 年国际旅客运输量达到 1.05 亿人次，仅为 2019 年国际旅客运输量的 27%。一些国家如印度、澳大利亚和新加坡，开始逐步放宽一些跨境旅行政策，来支持未来国际旅行的发展。首先，2023 年亚太地区航空公司业务市场大幅复苏，全年国际客运量同比 2022 年增长 126.1%，其增长在各地区中最为强劲。其次，非洲航空公司 2023 年客运量同比 2022 年增长 38.7%，中东航空公司 2023 年客运量同比 2022 年增长 33.3%，欧洲、北美和拉美航空公司 2023 年客运量同比 2022 年增长 22%～29%。

1.1.2　未来商用飞机市场发展需求

根据《中国商飞公司市场预测年报（2022—2041）》预测，未来 20 年全球喷气客机机队年均增长率为 4.3%。到 2041 年年底，全球客机需求数量预计为 47531 架；全球将有 42428 架新客机交付，15460 架客机（占现役客机机队的 75.2%）退役。从占比来看，预计 2041 年单通道喷气客机机队占全球客机的比例最高，为 71.5%；双通道喷气客机机队占全球客机的比例将从目前的 16.5%增长到 18.1%。图 1.1 为 2022—2041 年商用飞机市场预测总览。

	中国[1]	亚太地区[2]	欧洲	拉丁美洲	中东地区	北美洲	俄罗斯和独联体	非洲	全球
GDP[3]年均增长率（2019—2041年）/%	4.21	3.10	1.37	2.78	2.41	2.06	1.97	3.24	2.61
RPK[4]年均增长率（2019—2041年）/%	5.61	4.77	2.64	4.47	4.52	2.20	3.27	4.78	3.90
2041年RPK/万亿客公里	4.39	4.28	3.51	1.17	2.23	3.16	0.64	0.56	19.93
新机交付量预测（单位：架）									
涡扇支线客机	958	506	408	388	53	1496	256	302	4367
单通道喷气客机	6288	6398	6431	2173	1651	5835	745	846	30367
双通道喷气客机	2038	1509	1471	380	1077	836	151	232	7694
总计	9284	8413	8310	2941	2781	8167	1152	1380	42428
新机交付市场价值预测（单位：十亿美元）									
涡扇支线客机	49	26	21	19	3	73	14	16	221
单通道喷气客机	749	780	765	258	204	708	83	96	3643
双通道喷气客机	673	483	482	118	401	260	49	72	2538
总计	1471	1289	1268	395	608	1041	146	184	6402
2021年机队规模[5]（单位：架）									
涡扇支线客机	94	140	167	47	41	1691	199	137	2516
单通道喷气客机	3040	1902	3131	1063	503	3931	704	386	14660
双通道喷气客机	561	710	719	107	537	502	128	123	3387
总计	3695	2752	4017	1217	1081	6124	1031	646	20563
2041年机队规模（单位：架）									
涡扇支线客机	960	515	423	428	88	1904	292	312	4922
单通道喷气客机	6896	6943	7255	2581	1735	6657	983	933	33983
双通道喷气客机	2151	1753	1644	403	1225	906	263	281	8626
总计	10007	9211	9322	3412	3048	9467	1538	1526	47531

1—中国包含香港、澳门特别行政区和台湾地区。

2—亚太地区不含中国的数据。

3—GDP 英文全称为 Gross Domestic Product，国内生产总值。

4—RPK 英文全称为 Revenue Passenger Kilometers，收入客公里。

5—2021 年客机机队规模不包含封存飞机数。

图 1.1 2022—2041 年商用飞机市场预测总览

资料来源：COMAC、Cirium、HIS 等网站。

1.2 全球商用飞机产业发展情况分析

1.2.1 主制造商发展情况

1. 波音公司

营业收入方面，波音公司 2023 年营业收入 777.94 亿美元，较 2022 年同比增长 16.79%；其中波音公司商用飞机营业收入为 339.01 亿美元，同比增长 30%，这主要受益于波音 737 和波音 787 交付量的增加；净亏损 22.4 亿美元，相比 2022 年的净亏损有所减少。订单方面，2023 年波音公司共收获 774 架飞机订单，其中 561 架波音 737、114

架波音 787、31 架波音 767、68 架波音 777。交付方面，2023 年波音公司共计交付了 527 架飞机，包含 396 架波音 737 系列客运飞机（以下简称"客机"）、32 架波音 767、26 架波音 777 和 73 架波音 787。

波音公司的主要产品波音 747 逐步在各地区航空公司退役，2023 年 1 月 31 日，最后一架波音 747 货机交付亚特拉斯航空公司。波音 787 曾因生产问题在 2021 年暂停交付，目前已恢复交付，首架恢复的波音 787 飞机于 2022 年 8 月 10 日交付美国航空公司。波音 777X 货机项目启动，货机生产线增加。为满足不断增长的客户需求，波音公司与新加坡的科技工程有限公司（简称"新科工程"）宣布增加波音 767-300 改装货机产能计划，2022 年下半年，波音公司在新科工程位于中国广州的生产设施中增加了一条波音 767-300BCF 改装线。

2. 空中客车公司

2023 年空中客车公司（以下简称"空客公司"）全年营收为 654 亿欧元，同比增长 11%（其中商用飞机业务营业收入同比增长 15%），空客公司调整后利润为 58 亿欧元（息税前）。

订单方面，2023 全年空客公司订单总数 2319 架，净订单 2094 架，包括 142 架 A220、1835 架 A320、42 架 A330、300 架 A350，创历史新高（同时创下业内订单新高），至 2023 年年底，其储备订单量达 8598 架。交付情况，2023 年全年空客公司共交付 735 架，其中 A220 系列 68 架，A320 系列 571 架，A330 系列 32 架，A350 系列 64 架。

产能方面，预计 A220 月产量将在 2026 年达到 14 架，A320 系列继续维持 2026 年月产量达 75 架的目标，其中首架 A321XLR 已经于 2023 年 12 月进入总装，预计 2024 年三季度将可取证。宽体机方面，A330 系列 2024 年将保持每月 4 架的产能，而 A350 系列则计划在 2026 年月产增至 10 架。展望 2024 年，在宏观和微观经济没有发生重大变化的情况下，空客公司预计交付约 800 架飞机，调整后利润达 65 亿～70 亿欧元（息税前），自由现金流达 40 亿欧元。

3. 巴西航空工业公司

2023 年全年，巴西航空工业公司（以下简称"巴航工业"）共交付 181 架飞机，较 2022 年的 160 架增长 13%，其中商用飞机 64 架、公务机 115 架、军用 C-390 飞机 2 架。受供应链问题影响，巴航工业公务机和商用飞机的交付量虽皆有所增长，但均未实现此前制定的交付目标（原计划 2023 年交付公务机 120~130 架，商用飞机 65～70 架）。

基于美国限制条款未放松和当前全球商用航空市场环境，巴航工业暂停 E2-175 项目，兼顾涡桨飞机与客改货业务。在 2022 年 2 月新加坡航展期间，巴航工业重申将继续探索 70～90 座涡桨新支线飞机的研发，又于当年 12 月宣称因技术条件不成熟，计划推迟下一代涡轮螺旋桨（Next Generation Turboprop，NGTP）70～90 座客机项目。2022 年 3 月 7 日，巴航工业宣布正式启动 E190 和 E195 客改货项目，该项目瞄准涡桨货机与窄体喷气货机之间的市场空白，以满足电子商务及现代化贸易对航空货运快速送达和分散化运行的新要求。

1.2.2　供应商发展情况

1. 发动机供应商

1）通用电气公司

通用电气（General Electric，GE）公司 2023 年订单量达 381 亿美元，同比增长 22%，收入达 318 亿美元，同比增长 22%。这主要是由 LEAP-1 发动机交付量增加而推动的。2023 年，LEAP-1 发动机交付量达到 1570 台，略低于此前 CFM 公司预计的 1600～1650 台，这主要受到供应链的影响。到 2024 年，GE 公司预计将在售后服务需求持续激增和发动机交付量增加的支持下实现强劲增长。对于 LEAP 发动机，GE 公司预计交付量将增加 20%～25%。

GE 公司与赛峰集团合作持续推动 RISE 项目（Revolutionary Innovation for Sustainable Engines，RISE），希望通过一系列全新颠覆性技术，研发开放式风扇架构，在现役 LEAP 发动机基础上，进一步减少 20% 以上的油耗和二氧化碳排放，并且能与可持续航空燃料（SAF)和氢等清洁能源实现 100% 兼容。

2）普惠公司

2023 年 9 月，美国 RTX 公司（雷神技术公司）宣布，该公司旗下的普惠公司将在未来三年内召回 600～700 台用于 A320neo 系列客机的 GTF 齿轮传动涡扇发动机（PW1100G），并对其进行质量检查。报道称，由于这一"罕见的制造缺陷"，召回行动可能导致全球范围内数百架 A320neo 客机停飞，未来几年航空业将面临成本上升以及运力受限等问题。

此外，普惠公司还将继续开展"氢蒸汽注入，间冷涡轮发动机"项目，该项目中所研发的发动机可将二氧化碳排放量降至零，氮氧化物排放量减少 80%，同时燃料消耗减少 35%。项目已获得美国能源部 380 万美元的研发资金。

3）罗尔斯·罗伊斯公司

2023 年，罗尔斯·罗伊斯公司（以下简称"罗·罗"公司）全年基础营业利润为 16 亿英镑，营业利润率为 10.3%；而 2022 年的营业利润为 6.52 亿英镑，营业利润率为 5.1%。2023 年，罗·罗公司获得约 700 台发动机的订单，包括来自印度航空、阿联酋航空、长荣航空和土耳其航空的大订单，这是其自 2007 年以来的最高水平。罗·罗公司交付了458 台发动机，同比增长 29%，其中大型发动机 262 台（2022 年为 190 台），公务航空发动机 196 台（2022 年为 165 台）。

2023 年 5 月，UltraFan 发动机项目取得关键进展。罗·罗公司在英国德比室内测试台 80 号试车台，使用 100% SAF 完成 UltraFan 技术验证机测试。此次试车确认了验证机所采用的整套技术的能力，与全球效率领先的现役大型航空发动机遄达 XWB 相比，UltraFan 发动机的效率提升了 10%。此外，罗·罗公司的遄达 1000 发动机为首次跨越大西洋的 100% 可持续航空燃料（SAF）商业航班提供动力，并实现了对在产商业航空发动机进行 100% SAF 兼容性测试的目标。

4）赛峰集团

得益于赛峰集团不断增长的窄体机市场的战略定位，2023 年其收入为 231.99 亿欧元，有机增长率达 23.6%（与 2022 年相比增长 21.9%）。在产量增加的背景下，其原始设备和服务均带动了收入增长。

2022 年 1 月，赛峰集团投资初创公司，发展 SAF。在 2022 年新加坡航展期间，赛峰集团宣布在中国苏州开设一个新服务点，专门负责飞机发动机短舱的维护、维修和运营（Maintenance，Repair & Operations，MRO）业务，该服务点正式启动之前需要通过中国民用航空局（以下简称"中国民航局"）和 EASA 的认证，从而为搭载在 A330ceo、A320neo 及中国商飞 C919 飞机上的 LEAP 系列发动机的短舱和反推装置提供服务支持。

2022 年 3 月 12 日，赛峰集团暂停为 SSJ100 飞机的 SaM146 发动机提供 MRO 服务。同年 3 月 20 日，俄罗斯土星公司和赛峰集团的合资企业 PowerJet 公司暂停为 SaM146 发动机提供 MRO 服务，包括发动机维护及发动机租赁服务。

5）俄罗斯联合发动机制造集团

俄罗斯联合发动机制造集团围绕 PD-8 国产发动机持续发力，该发动机将替换 SSJ100 配装的 SaM146 发动机。2023 年 12 月，俄罗斯联合发动机制造集团宣布，PD-8 发动机已安装至 SJ-100 原型机，正等待 UEC 的许可，预计 2024 年首飞。另外，UEC 已向 SSJ100 飞机的运营商交付了第一批用于 SaM146 发动机的火花塞（替代进口火花塞），此产品已通过联邦航空运输局的认证，可用于推进系统。

2. 系统供应商

1）柯林斯宇航公司

柯林斯宇航公司整合了雷神技术传统航空结构和机械系统部门业务，于 2022 年 1 月 20 日创建了一个新的业务部门 Advanced Structures。该部门的业务重点是研制可持续进步、质量更轻、性能更高的结构件，以减少飞机燃油消耗和二氧化碳排放。

2022 年 2 月 14 日，柯林斯宇航公司宣布计划投资超过 2700 万美元，将其在中国厦门的 MRO 业务规模扩大近一倍，还将其在马来西亚雪兰莪州的 MRO 业务规模扩大 4 倍，为各地区客户带来更高效的服务。

2）凯旋集团

2022 年 2 月 7 日，凯旋集团宣布其旗下的内饰运营公司已与空客公司签订新合同，为 A220 飞机的主要隔热隔音系统提供设计、制造及完整的项目生命周期支持。凯旋集团的全球工程团队将提供设计解决方案，位于墨西哥墨西卡利市的凯旋集团内饰工厂则负责制造和项目支持。

3）泰雷兹集团

2022 年，泰雷兹集团的订单额为 236 亿欧元，同比增长 18%；销售额为 176 亿欧元，同比增长 8.5%；自由经营现金流为 25.27 亿欧元。泰雷兹集团 2023 年公司销售额为 180 亿～185 亿欧元，增长 4%～7%。

2022 年 11 月 9 日，在珠海举行的第十四届中国国际航空航天博览会上，广州飞机维修工程有限公司与泰雷兹集团签订产业合作协议，双方将在维修服务方面持续深化合作。

3. 原材料与结构件供应商及其主要产品

1）菲舍尔未来先进复合材料股份公司

菲舍尔未来先进复合材料股份公司（以下简称 FACC）受罗·罗公司委托开发和制造 Pearl 10X 发动机的完整复合材料（以下简称"复材"）套件（包括旁路管、维修门、风扇轨道衬套、整流罩和电缆套管），该发动机将为达索公司的"猎鹰"10X 公务机提供动力。2021 年 5 月，罗·罗公司正式推出 Pearl 10X 发动机，其推力超过 18000 磅（约8165kg）。

2022 年 3 月，FACC 加入热塑性复合材料研究中心，将与该中心成员（包括波音公司、势必锐航空系统公司、柯林斯宇航公司和吉凯恩集团）合作，进一步研发热塑性纤维复合材料。此外，FACC 计划在未来 5 年内对以下 3 个方面投资 1.5 亿欧元：包括欧洲阿丽亚娜 6 号太空计划、A220 尾翼部件及庞巴迪挑战者 3500 客舱内饰在内的新项目；集中精力研发用于可持续航空领域的新材料和生产技术；扩大生产设施。

2）吉凯恩集团

产品方面，吉凯恩集团已与美国湾流公司达成协议，为后者的新公务机（G400 和G800）提供飞机结构件和其他部件，包括为 G400 制造方向舵和机翼蒙皮，为 G800 生产尾翼、机身壁板及地板。G400 计划于 2025 年开始交付，G800 计划于 2024 年开始交付。技术方面，吉凯恩集团测试了一款先进的涡轮后部结构（Turbine Rear Structure，TRS），与现有设计相比，新设计可减少 14% 的重量。吉凯恩集团表示，新型 TRS 较传统 TRS 更短、更轻，具有将来自低压涡轮的涡流转换为轴流的导向叶片，并可容纳发动机后部安装结构，同时为油管和其他附件系统提供管道。

1.3 政府部门、监管机构标准和要求分析

1. 美国

美国在全球航空业中长期处于领先地位，一方面得益于以波音公司为代表的商用飞机制造商的商业运营和技术研发，全球市场占有率位居前列；另一方面得益于以 NASA 为代表的政府权威研发机构长期重视和推动航空科学技术研究，给予美国其他研发机构、主制造商和供应商科技引领和鼎力支撑。20 多年来，美国探索了一系列航空技术研发机制，包括美国国家航空研究与发展政策、NASA 航空技术路线图、美国联邦航空管理局（Federal Aviation Administration，FAA）、"持续降低能源、排放和噪声"（Continuous Lower Energy，Emission and Noise，CLEEN）项目、NASA "环境责任航空"（Environmental Responsibility for Aviation，ERA）计划、NASA "新航空地平线"（New Aviation Horizons，NAH）计划、NASA "新一代航空运输系统"（Next Generation Air Transportation System，Next Gen）计划及最近的 NASA 航空战略，提出了雄心勃勃的航空愿景：最终建立一个安全、高效、适应性强、可扩展、环境可持续的全球航空系统。2006—2019 年，美国政府批复 NASA 的航空研究经费达 86.7 亿美元，以支持 NASA 开展具有突破性的长期技术研究，其中不包括发动机、机载系统等其他专项经费，也不包括其他渠道的间接经费。庞大的科研经费体量确保了美国在未来航空研究方面的领先地位，并使美国取得了令人瞩目的一系列创新发展。

2. 欧洲

欧洲目前已经在一些关键航空技术领域超越了美国。在欧盟的统一领导下，欧洲在航空领域与美国势均力敌，竞争激烈。欧盟在顶层航空科技规划的指导下，通过系列框架研发计划，支持航空基础研究、技术开发和演示验证类项目，总计投资立项 1800 多个航空研发项目，总投资额超过 70 亿欧元。其中，"洁净天空"（Clean Sky）计划投入 40 亿欧元开展飞机平台验证研究，以及新型飞机结构、新型发动机和新型机载系统的综合技术研究。此外，英国航空航天技术研究院（Aerospace Technology Institute，ATI）、DLR、荷兰国家航空航天实验室（Netherlands Aerospace Centre，NLR）等发布航空零排放规划。

欧洲国家在欧盟的带领下探索出了适应自身特点的绿色航空发展之路。欧盟在其发布的《航空绿色协议——欧洲可持续航空愿景》中对 2050 年的航空发展进行了展望，给出了欧洲远期发展的目标与方向。"洁净天空"计划分阶段、分步骤地开展前沿技术研究、验证及应用，逐步提高关键技术的成熟度，为中远期欧洲航空技术保持领先地位打下了坚实的基础。

3. 中国

中国先后启动了"大飞机专项""重点专项""航空发动机和燃气轮机两机重大专项""机载专项"。"十三五"、"十四五"期间,在《民用航空工业中长期发展规划(2013—2020年)》的指导下,我国民航产业已经在新概念、新思路、新工具、新方法、新技术、新材料、新结构、新设备、新系统、新动力、新工艺等领域进行了诸多探索,形成了很多可应用于不同型号的成果。综合国内多个专项的发展可知,一方面,国内当前的航空企业正在着力减少和弥补与国际先进水平之间的差距,完成航空技术筑底使命,逐渐走上航空技术高速发展的道路,如材料、发动机等相关领域的技术发展;另一方面,国内其他行业的先进技术向航空领域转化,促使航空技术快速进步,如5G、人工智能、电气化等相关领域的技术发展。

1.4 国外商用飞机发展规划和科技创新分析

1. IATA

为实现全球航空业二氧化碳减排目标,IATA从行业需求角度出发,在DLR等的支持下,面向2050年航空业气候行动目标,分别于2009年、2013年、2020年发布《2050年飞机技术发展路线图》(以下简称《路线图》)。为减少航空业二氧化碳排放,IATA提出了四大支柱战略,即技术(包括更节能的飞机和可持续替代燃料)、高效的飞行运营、改进的空域和机场基础设施及积极的经济措施,建议行业、政府和监管机构采用,并最看好技术减排的发展前景。

通过分析大量技术资料,进行燃油排放改善潜力定量评估,IATA选出了一些被认为最有前景的技术,并估算了这些技术在全球机队减排方面将带来的积极影响,其中考虑了在市场条件不断变化的情况下研制新飞机可能产生的效应。《路线图》指出对减少航空业二氧化碳排放贡献最大的是飞机与发动机技术及SAF。

《路线图》以2035年为界划分为两个发展阶段,根据对当前技术发展趋势的研判,从当前技术的演变(渐进式技术)和革命性技术两个方面描述今后可能发展的航空技术,包括改进的发动机效率、气动、轻质材料和结构及全新的飞机构型和推进系统,具体包括先进的涡扇发动机、新发动机核心机概念(第二代)、自然层流/混合层流技术、混合电推进飞机、桁架支撑翼(Truss-Braced Wing,TBW)布局飞机、开式转子发动机、全电推进飞机和翼身融合(Blended Wing Body,BWB)飞机等。从2035年起,具有更高燃油效率的重大技术创新将成为可能,如新的飞机构型及推进方式(电推进或混合动力推进)。

2. 美国NASA

美国NASA的"环境责任航空"计划于2009年正式启动,为期6年,于2015年年底结束，投资约 6.5 亿美元。该计划是 NASA 亚声速固定翼项目技术成熟度水平更高的升级版，计划目标是到 2020 年，降低轮挡油耗 50%（相比 2005 年的最好水平），减少 70%巡航阶段氮氧化物排放、75%起降阶段氮氧化物排放（相比 CAEP6），以及降低累积噪声裕度 42dB（相比第 4 阶段标准）。

2016 年，NASA 启动"新航空地平线"计划，研发新一代 X 系列验证机，目标是将耗油率和噪声降低为现役商用飞机的一半。该计划旨在建造一系列大型验证型飞机 X Plane，用来对新技术、新系统和新型飞机及发动机构型进行试验，X Plane 是描述航空特性的关键部分。该计划包括以下重点内容：计算能力，即使用高速超级计算机模拟流过机翼、方向舵和整机等物体的空气物理特性；实验方法，研究人员将物体（包括机翼、方向舵和整机）的比例模型进行风洞试验，为飞机设计模型的改进提供帮助，并对改进进行验证；对验证机和全尺寸原型机进行飞行试验，实际飞行记录数据可以用于验证和改进研发设计中的计算与试验方法，使设计人员能够以足够低的风险得到可靠的试验数据。

2015 年，NASA 首次发布《NASA 航空战略实施规划》，提出了未来民航发展的六大战略重点，并相应地制订了四大航空研发计划，切实有效地指导美国航空研究，并保证将资源集中在某些主题上。该规划按每两年一次的频率更新（2023 年 8 月发布了最新版），反映了 NASA 对于如何发展满足航空界需求的先进技术的设想，是指导多项技术计划研究的基础，也是向上承接研究战略、向下指导研究任务安排的重要政策性文件。

3. 美国 FAA

FAA CLEEN 项目于 2010 年启动，是 FAA 与工业界合作开展的为期 5 年的研究项目。在 CLEEN 项目成功经验的基础上，2015 年 FAA 启动了 CLEEN Ⅱ 项目，继续推进相关航空技术研究，美国航空航天业的大量机构与组织也参与了该计划。

CLEEN 着重研究 3 年内可达到技术成熟度（TRL）6～7 级的飞机和发动机技术，有 5 家公司参与了 CLEEN 工作，分别是波音公司、GE 公司、霍尼韦尔公司、普惠公司和罗·罗公司，部分成果已于 2016 年开始应用。CLEEN Ⅱ 项目于 2015—2020 年实施，重点研究 2026 年前应用于民用飞机产品的新型飞机技术和替代燃料。CLEEN Ⅲ 项目正在进行中，该阶段布局的飞机和发动机技术将在 2031 年之后投入市场。

4. 欧盟

2010 年，欧盟发起了"洁净天空 1"计划（2008—2016 年），该计划瞄准的是《欧洲航空 2020 愿景》中的减排目标（二氧化碳 50%、氮氧化物 80%、噪声 50%）。2011 年 3 月，欧盟制定了《2050 航空发展展望》，该文件提出了满足社会和市场需求、维持全球领导地位、保护环境和能源供给、确保航空安全，以及确保研究、试验能力和教育 5 个优先发展方向。此后，为了实现《2050 航空发展展望》中的减排目标（二氧化碳 75%、氮氧化物 90%、噪声 65%），欧盟又在"洁净天空 1"计划的基础上开启了"洁净天空 2"

计划（2014—2024 年），为下一代创新型飞机开启了绿灯，能够满足机动性、环境和竞争力方面所面临的挑战。

"清洁航空"是欧盟"洁净天空 2" 计划的后续计划，于 2021 年启动，至 2031 年 12 月 31 日结束，重点研发混合电推进支线飞机、超高效中短程飞机、氢动力飞机 3 个领域。其中，混合电推进支线飞机领域涉及兆瓦级混合电推进、热管理、电力配送、机翼设计等主题；超高效中短程飞机领域涉及动力、机翼、飞机集成等主题；氢动力飞机领域涉及氢涡轮动力、兆瓦级氢燃料电池、机载储氢等主题。该计划总投资额达 41 亿欧元，其中欧盟通过欧洲"地平线"计划拨款 17 亿欧元，欧洲航空业提供 24 亿欧元。2023 年 1 月，第一批项目拨款协议已签署并正式启动实施，欧盟资助总额为 6.54 亿欧元，共计 20 个项目；第二批项目资助总额为 3.8 亿欧元（其中欧盟资助 1.52 亿欧元），共计 8 个项目。

5. 英国 ATI

2022 年 4 月，ATI 发布《ATI 技术战略 2022——零碳目标》，提出未来航空发展的四大驱动因素，包括：发展航空清洁技术并承担风险；飞机的效率将继续推动可持续发展；SAF 的使用范围将迅速扩大；颠覆性技术将使零排放商用飞行成为可能。因此，ATI 计划重点关注 3 个技术领域，分别是零排放飞机技术领域、超高效飞机技术领域、使能技术和基础设施领域，并给出了各领域的优先发展级和重点技术。

6. 德国宇航中心（DLR）

2020 年 10 月，DLR 公布了其与德国航空航天协会联合向德国联邦经济和能源部提交的《零排放航空——德国航空研究白皮书》。该白皮书首次全面总结了航空零排放技术的研发情况及实现航空全面零排放所做的工作，认为只有科技界、航空业和政府部门密切协作，广泛开发可持续发展的航空燃料，更新飞机气动力布局，研制新型燃料电池技术、运用新型燃气涡轮发动机等动力技术方案，综合采用多样化技术，才能在 2050 年前实现航空零排放。

7. 荷兰 NLR

2021 年 2 月，NLR 编制的《2050 年目标——欧洲航空零排放路线》报告正式发布，计划到 2050 年实现欧盟、英国和欧洲自由贸易区境内及离境航班的二氧化碳零排放。该报告阐述了实现欧洲航空零排放的总体规划，从技术路径选择、政策支持、各方协作等角度阐述了规划的重要性和实施决心。

该报告认为航空业应主要从以下几个方面开展工作：继续大力投资脱碳技术；开发燃油效率更高的飞机，并通过不断更新机队投入运营；开发氢动力和混合电推进飞机及相关基础设施（机场）并将其投入市场；扩大 SAF 的生产和使用；在空中交通管理（以下简称"空管"）和飞行计划方面实施最新的创新；通过碳捕获等创新技术，吸收大气中的二氧化碳，补偿剩余的二氧化碳排放。

8. 俄罗斯

2011 年，俄罗斯公布《2030 年民用航空技术发展规划》，该规划梳理了未来航空业发展的愿景，基于当前知识水平，其提出的技术解决方案对于航空运输系统的各种因素和领域是有效的。综合方面，该规划从运营管理的角度阐述了民航未来的发展方向，分析了航空业与环境的关系，结合俄罗斯本国优势资源对航空燃料的发展方向进行了分析。技术方面，该规划从新构型、发动机、航空材料、航空结构、航空系统、控制系统和通用系统等方面对未来更高效环保的飞机进行了描述，对俄罗斯未来民用飞机发展具有一定的指导意义。

商用飞机创新趋势 第2章

本章主要分析商用飞机未来产品创新趋势和未来技术创新趋势。商用飞机产品和技术的创新发展必须符合市场发展趋势与客户最新需求，适应航空运输宏观环境的变化，支持航空运输体系向"更互联、更精准、更智能"方向升级，推动航空业绿色低碳发展。商用飞机的发展越来越需要考虑新能源、新构型、新材料、智能化等前沿技术的复合创新与应用，要明确技术路径，培育自身技术特长，塑造非对称竞争优势。

在产品创新趋势方面，未来商用飞机产品将创造并整合全球科技革命的最新成果，满足"更加安全、更加环保、更加经济、更加舒适、更加快捷、更加智能"的"六性"指标要求。产品创新方向可归纳为以下几点：一是随着航空发动机技术及大功率电池技术的发展，支线飞机能源及气动布局变革创新将成为大概率事件；二是干线飞机将向超高效方向发展，未来10～15年仍将是渐进式发展，在接近2050年的远期，航空业将需要全新的飞机构型以显著降低燃油消耗和碳排放，革命性的干线飞机方案和推进系统将进入市场；三是随着低声爆设计、轻质高强耐高温材料、超声速发动机等技术的发展，新一代超声速民用飞机技术日趋成熟，预计未来10年左右，国外或有超声速客机进入市场；四是随着国际经济的恢复与发展、相关政策的逐步落实，以及航空货运基础设施的发展完善，航空货运市场将迎来快速增长期，波音公司和空客公司均已开展全新货机的研制工作。

在技术创新趋势方面，未来航空技术将呈现跨领域、融合创新的发展趋势，新技术的跨领域创新应用会满足未来航空运输体系的发展需求，创造颠覆性概念，提出革命性解决方案，驱动未来航空产品创新发展。未来商用飞机的研制必须结合两方面的技术，一是气动减阻、降噪、智能制造、新型发动机、新型材料、航电、多电技术等与商用飞机的研制密切相关的升级技术；二是区块链、5G、增材制造、人工智能、石墨烯、虚拟现实/增强现实、量子计算、大数据、新能源等跨界融合新技术。技术创新方向可归纳为以下几点：一是新能源技术创新，重点关注SAF、多电、全电/混合电推进、氢动力等方向，逐步实现航空零排放目标；二是新构型技术创新，重点关注TBW布局、BWB布局、分布式推进等方向，以提高气动效率、结构效率和推进效率；三是高性能、多功能材料、智能结构和绿色制造等方向的技术创新，以满足节能减排、定制化和智能化等要求；四是辅助设计、智能飞行、智慧运行、人工智能适航等方向的技术创新，未来商用飞机的智能化将贯穿飞机本身及设计、制造、运营、服务、维护等各个环节。

2.1　商用飞机创新发展驱动力

基于商用飞机产业发展的历史经验，针对目前及长期面临的问题和挑战，结合未来产品技术发展的顶层需求，商用飞机发展的五大驱动力可总结为：满足未来商用飞机市场的巨大需求，追求更经济高效的产品与服务，实现碳达峰、碳中和目标要求，应对"大国竞争""逆全球化"风险，以及适应多领域新兴技术跨界融合发展。为应对各种问题和挑战，满足未来发展需求，需通过渐进式技术的升级换代和新兴技术的跨界融合发展，逐步构建面向未来的航空技术体系、世界先进的航空产品体系和现代化的航空产业体系。未来航空运输工具、航空运输系统、商用飞机、航空技术 4 个方面的发展趋势总体如下。

一是未来航空运输工具将呈现市场差异化、需求个性化、产品多样化的发展趋势。在全球航空市场需求长期旺盛的背景下，欧美等成熟经济体航空市场趋于平稳，中国、印度、巴西等新兴经济体航空市场快速攀升，远程航线网络发展迅速，短程航线面临高铁冲击，货运市场势头旺盛，市场差异化明显。随着民众生活水平的不断提高，旅客出行需求个性化趋势凸显，对航空出行的便捷性、时效性、体验性、品质化有了更多的期待。未来二三十年，新的民航运输应用场景不断拓展，以绿色环保客货商用飞机、城市飞行器、超声速飞机等为代表的创新产品将不断涌现。商用飞机的发展需要适应未来航空运输宏观环境的整体变化。

二是未来航空运输系统将呈现更互联、更精准、更智能的发展趋势。为保障航空运输安全可靠，缓解空域紧张，克服天气影响，促进降本增效，空管、机场和飞机将广泛应用卫星通信、5G/6G 通信、大数据、人工智能等技术，重点发展"安全稳、效率高、智慧强、协同好"的空管系统，建设"平安、智慧、绿色、人文"机场，实现"空天地"信息互联互通、高精度四维导航、低能见度运行、多种航空器共域运营及全场景智慧服务。未来商用飞机需要在感知、驾驶、运行、服务等方面更具智能化，与未来空管及机场体系的升级协调发展。

三是未来商用飞机将呈现低排放、低噪声、低能耗的发展趋势。为应对日益突出的环境问题，ICAO 大力推进绿色航空发展，制定了越来越严苛的污染物排放和噪声标准。为应对全球气候变暖问题，ICAO 制定了碳排放强制性国际标准并提出了 CORSIA，我国也提出了"双碳"目标，商用飞机需逐步实现低碳化乃至净零排放。未来商用飞机需要采用 SAF、多电、全电/混合电推进、氢能等新能源动力技术，提高绿色环保水平。

四是未来航空技术将呈现跨领域、融合创新的发展趋势，驱动未来航空产品创新发展。回顾历史，涡扇发动机、数字电传、复合材料等技术推动了商用飞机的升级换代。面向未来，在信息革命和能源革命的浪潮中，信息、能源、材料及各领域新兴技术日新月异，新技术跨领域创新应用不断加速，将为满足未来航空发展需求创造颠覆性概念，提出革命性解决方案。未来商用飞机需要考虑新能源、新材料、智能化、新构型等前沿技术，以及这些技术的复合创新与融合应用。

2.2 未来产品创新趋势

从历史发展的角度来看，商用飞机的核心竞争力指标已发生了三代变化。从未来发展的趋势来看，未来商用飞机发展的第四代竞争力指标可总结为"更加安全、更加环保、更加经济、更加舒适、更加快捷、更加智能"的"六性"指标。商用飞机在不同发展阶段的性能指标要求如图 2.1 所示。

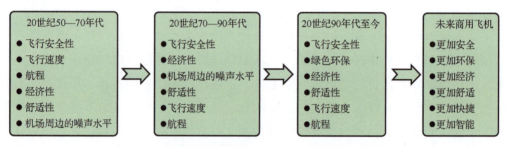

图 2.1　商用飞机在不同发展阶段的性能指标要求

未来商用飞机产品和技术的创新发展必须符合市场发展趋势与客户最新需求，适应和支撑航空运输宏观环境的变化，支持航空运输体系升级，推动航空业绿色低碳发展。基于"六性"指标要求，未来商用飞机产品将创造、整合全球科技革命的最新成果，主要包括具有绿色、高效、快捷等特征的新构型商用飞机、新能源商用飞机、超声速客机等干支线飞机。

2.2.1　支线飞机的创新趋势

首先，支线飞机的主流将向喷气化和大座级发展。支线喷气飞机的舒适性不断提升，速度不断加快，航程逐渐增加，经济性不断提高，在使用成本上与涡桨飞机之间的差距越来越小，能够与少座级的干线飞机无缝连接。上述因素使支线喷气飞机在支线飞机市场占据优势地位，体现出支线飞机主流喷气化的趋势，而且这种趋势正在不断强化。这一趋势将促使支线飞机向更多座级发展，目前平均座位数正从 50～70 座级向 70～100 座级推进。喷气化的趋势还促使支线飞机干线化，其显著特点之一就是，支线飞机的舒适性越来越接近干线飞机。

其次，国内高铁迅速发展，挤压支线飞机市场。未来支线飞机参与市场竞争，需大幅提升经济性、环保性。空客公司推出 100 座级氢能涡桨飞机，巴航工业推出 35～50 座级氢能及 SAF 推进飞机。全球支线飞机主制造商纷纷探索新型气动布局、先进材料、混合动力、电气化及智能飞行等先进技术。支线飞机能源及气动布局变革创新将成为大概率事件。随着航空发动机技术和大功率电池技术的发展，支线飞机将采用新能源、新动力，这也是未来航空业进一步降低运营成本、提升经济性的重要发展方向。

2.2.2　干线飞机的创新趋势

未来干线飞机将向超高效方向发展。目前全球民用干线航空运输市场使用的全部是亚声速干线飞机。亚声速干线飞机的一大发展趋势是超高效。超高效有两层含义：一是以更低的成本获得比目前使用的飞机更高的经济效益，要实现这一目标，需要采用先进的气动技术、高效的发动机和先进的结构与材料技术等；二是通过推出新型高效的运输机，提高整个航空运输系统的效率。为了提高航空运输系统的效率，未来干线飞机可能会更加多样化，实现不同座级（100～200 座级、200～350 座级和 350 座级以上）的飞机尺寸与不同航程（短程、中程和远程）的多种组合。根据 NASA 和 IATA 的判断，未来 15～20 年，空气动力学、结构设计、新材料、推进系统等技术的发展，可助力实现近期碳排放目标，但进一步提升燃油效率将越来越难。新的干线飞机仍将是渐进式发展，以涡扇发动机的高亚声速大型飞机为主要需求，在接近 2050 年的远期，航空业将需要全新的飞机构型以显著降低燃油消耗和碳排放，革命性的干线飞机方案和推进系统将进入市场。

在窄体飞机领域，未来二三十年，各主制造商将进一步以创新谋求发展优势，长航程大座级窄体飞机（如 A321neo）将受到市场青睐。波音公司将继续推进跨声速桁架支撑翼（Transonic Truss-Braced Wing，TTBW）验证机飞行测试，为下一代窄体飞机做好技术储备，并争取加快推进生态验证机项目全面应用 SAF。空客公司提出 200 座级的常规布局和 BWB 布局两种氢涡轮飞机概念，同时计划 2027—2028 年启动下一代传统构型窄体飞机项目，2035—2040 年投入运营。窄体飞机领域产品创新应用的可能性不断提高，将应用新布局、新结构、氢涡轮、能量管理、智能化等先进技术。

在宽体客机领域，由于研制成本高，各主制造商的既定产品研制或改进改型任务尚在开展中，未来二三十年，宽体客机的发展趋势仍将以渐进式创新为主。波音 777-9 飞机亮相 2022 年新加坡航展，已宣布推出 777 货机；空客公司采用换发方式升级 A330neo，并开展 A350 货运型飞机的研制工作。气动/结构优化设计、多电、基于 SAF 的动力系统、智能飞行、智慧客舱、智能维护等技术将进一步在宽体客机产品上得到提升和应用。

2.2.3　超声速飞机的创新趋势

自协和式飞机退役后，全球已无超声速客机运营，但欧美并未停止研发新一代超声速客机，新一代超声速民用飞机技术日趋成熟。目前，从北美洲到亚洲等洲际飞行一般需要 10h 以上的飞行时间，而人们希望洲际飞行的时间能够缩短到 6h 以下。相对于协和式飞机，当前航空制造业在燃油、声爆、噪声、结构质量、飞行控制（以下简称"飞控"）等方面进步明显，但因环保要求提高，仍需要进一步改进指标。国际上，NASA 持续推进 X-59 验证机项目，FAA 着手制定超声速客机陆地上空声爆适航标准，Boom 公司正在研发 65 座级、马赫数 1.7 左右的超声速客机，同时欧美还在研发马赫数 5 左右的高超声速客机，相关技术应用工程研发日趋成熟。预计未来 10 年，国外将有超声速公务机进入市场。图 2.2 展示了 NASA 未来超声速客机概念方案。

图 2.2　NASA 未来超声速客机概念方案

资料来源：NASA 网站。

此外，高超声速商用飞机是未来商用飞机的重要发展方向之一，但目前还处于早期发展水平，国外主要研究项目包括英国的"云霄塔"项目，NASA X-37 可重复使用的太空飞机、X-43 高超声速飞行试验机、X-51 超燃冲压发动机高超声速验证机项目，以及美国赫尔墨斯公司的高超声速民用飞机研发项目等。

2.2.4　货机的创新趋势

随着国内与国际经济的恢复与发展、相关政策的逐步落实，以及航空货运基础设施的发展完善，航空运输市场将迎来快速增长期，波音公司和空客公司均提高了对货机开发的关注度。空客公司于 2021 年 7 月宣布启动 A350F 货机，该货机是目前大型货机中唯一满足 ICAO 2027 年前碳排放标准的新一代货机。截至 2022 年三季度，该型号货机已获得 31 架的订单，研制进展顺利。为了满足碳排放标准要求和应对空客公司 A350F 货机的挑战，波音公司在 2022 年年初启动了 777-8F 货机项目。2022 年三季度，波音公司宣布考虑推出 787 货机项目，空客公司随即宣布考虑启动 A330neo 和 A321neo 客改货项目。

此外，电动垂直起降（Electrical Vertical Take-off and Landing，eVTOL）无人飞机在货运物流、消防等特殊任务方面具有巨大的潜力，预计最先在中国使用，并逐步推动无人机系统、交通管理系统相关硬件基础设施和数字基础设施的成熟。

2.3　未来技术创新趋势

航空科技和产业发展将解决未来商用飞机面临的四大挑战，包括飞机带来的环境污染问题、航空运输的竞争力和成本效率、航线和机场的灵活性及航空运输的安全水平。新一代信息技术革命为民用飞机的数字化、智能化发展打通了脉络，新一代能源技术革命为民用飞机绿色低碳化发展带来了希望。新一代材料技术（如以超材料、石墨烯、智能材料为代表的航空新材料技术）应用前景日趋广阔。

未来商用飞机的研制发展必须结合两方面的技术，如图 2.3 所示。一是与商用飞机的研制密切相关的升级技术，包括气动减阻、降噪、智能制造、新型发动机、新型材料、航电、多电等技术；二是跨界融合新技术，包括区块链、5G、增材制造、人工智能、石墨烯、VR/AR、量子计算、大数据、新能源等技术。推进更多新兴跨界技术与传统民用飞机技术的融合创新，是未来民用飞机创新发展，实现整体飞跃、换道超车的重要途径。

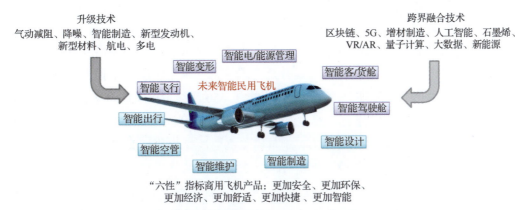

图 2.3 "升级技术+跨界融合技术"打造"六性"商用飞机

2.3.1 新能源技术创新趋势

SAF、多电、全电/混合电推进、氢能和氢动力等技术的发展应用可逐步实现航空零排放目标。商用飞机未来新能源技术的主要创新领域有 4 个：一是 SAF 技术，未来将致力于 100% SAF 技术的产业化和商业化应用，可实现一定的减碳效果。二是多电技术，多电应用场景将更加深化，应用比例将逐步提高。三是全电/混合电推进技术，2030 年固态锂电池/燃料电池功率密度预计大于 700Wh/kg，燃料电池系统功率密度大于 1kW/kg，具备支撑 1～2MW 等级的电推进系统能力，以满足未来支线飞机需求。混合电推进技术将用于未来支线飞机，2040 年，电机功率密度预计达到 15kW/kg，固态锂电池/燃料电池功率密度预计大于 1000Wh/kg。四是氢能和氢动力技术，2045 年前后，氢涡轮和大功率涡轮发电技术或将取得突破，液氢和超导等技术可用于混合电推进及氢动力窄体飞机。部分典型未来新能源飞机概念方案如图 2.4 所示。

（a）涡轮电推进动力飞机概念方案　　　　　（b）分布式电推进动力飞机概念方案

图 2.4　部分典型未来新能源飞机概念方案

资料来源：NASA 网站。

2.3.2　新构型技术创新趋势

大量新技术的融合与集成可以明显降低未来民用飞机产品的燃油消耗和噪声，但对于传统的机身加机翼结构布局，这种提升是有限的，特别是在噪声指标方面还有不小的差距。在 NASA 的 ERA 项目中，波音公司提出了 450 座级 BWB 布局飞机方案，并制造了 8.5%的缩比验证机 X-48 系列。经过验证机实验和计算流体力学（Computational Fluid Dynamics，CFD）仿真模拟，认为 BWB 布局飞机的油耗相比波音 747 大幅降低。而在噪声控制方面，BWB 布局也获得了肯定，BWB 布局飞机的噪声较第 4 阶段标准有 40.3dB 的累积噪声裕度潜力。2023 年，NASA 和波音公司宣布合作开展全尺寸 TTBW 验证机 X-66A 的研发和试飞工作。部分典型未来亚声速新构型飞机概念方案如图 2.5 所示。

当前，以 BWB 布局飞机、高巡航效率短距起降飞机、多电/全电飞机、TBW 布局飞机、分布式推进系统飞机等为代表的采用全新布局和全新推进系统的飞机很可能成为未来飞机产品的发展方向。

（a）支撑翼飞机　　　　　　　　　（b）联结翼飞机

图 2.5　部分典型未来亚声速新构型飞机概念方案

资料来源：NASA 网站。

TBW 布局、BWB 布局、分布式推进等将成为新构型技术的重点发展方向，以提高气动效率、结构效率和推进效率。TBW 布局不仅需要逐步发展自然层流短舱、自然层流机翼、混合层流控制尾翼/机翼、新型结构形式及结合开式转子动力装置的研发。BWB

布局以升力体机身为典型特征，需要发展混合翼身（Hybrid Wing Body，HWB）、BWB
和分布式推进 BWB 气动设计技术及新型结构形式，并实现结构功能一体化设计，包括
开展动力系统噪声屏蔽和机身低阻声衬的优化设计，从而实现静音布局。分布式推进主
要伴随新能源和多电技术的发展，结合边界层吸入（Boundary Layer Ingestion，BLI）技
术可进一步提高推进效率。未来，TBW 布局、BWB 布局或将成为高升阻比机体形式的
代表，分布式推进或将成为新推进形式的代表。

2.3.3　新材料、新工艺、新结构技术创新趋势

未来，高性能材料、多功能材料、智能结构和绿色制造等技术将成为重点发展方向，
或将在传统飞机上应用新材料，采用革命性新设计，以满足航空业节能减排、定制化和
智能化等要求。商用飞机新材料、新工艺、新结构技术主要创新领域有 4 个：新型高性
能材料技术，其与绿色制造技术相结合，将提升飞机机体性能，提高结构效率，降低运
营成本；轻质、耐高温材料技术，将大幅提升超声速飞机性能和飞行体验；智能材料、
多功能材料融合结构，将实现未来飞机的定制化和智能化；纳米材料和储能材料技术，
可为未来绿色飞机提供更多选择和可能。

2.3.4　智能化技术创新趋势

未来商用飞机的智能化技术将贯穿飞机本身及设计、制造、运营、服务、维护等各
个环节，在驾驶飞行、乘客服务、产品制造等方面更加智能智慧；无人驾驶和自主驾驶
飞行器的比例将增加；空管系统每年能为至少 2500 万架次的各种类型飞行器（包括固定
翼和旋翼飞行器，有人机、无人机和自主飞行器等）提供服务。

辅助设计、智能飞行、智慧运行、人工智能适航等方向将成为商用飞机智能化技术
的发展方向。商用飞机智能化技术主要创新领域包括 6 个：一是强化飞机功能特征、适
用场景、系统逻辑与物理机理的数字化建模，实现智能孪生设计；二是外部态势信息共
享与飞机自主感知技术成果综合，推动未来商用飞机产品智能感知能力的扩展与深化；
三是辨识、规划、交互等智能技术在飞行驾驶任务中的安全可靠应用，提升产品自主能
力；四是自动控制、智能控制的多情景模式应用潜能的挖掘，提升产品在特殊工况下的
适应与操控能力，实现驾驶模式创新；五是空地互联设施的发展，将推动多维度风险智
能识别、评估技术的实时应用，提升产品应对风险的鲁棒性；六是智能化软硬件装机应
用及人工智能机载应用开发等。

第2篇

产品创新

随着信息革命与能源革命的深化，航空领域正面临革命性发展，新构型、新能源是未来商用飞机发展的重要方向。同时，商用飞机将呈现智能化、低碳化发展趋势，其各领域产品的创新存在诸多潜在可能性。新一代超声速甚至高超声速飞机、垂直起降的城市飞行器等相关技术日趋成熟，未来很可能会走向市场。

第2篇总结了未来商用飞机的发展现状和创新发展方向，包括：

第3章　未来支线客机

第4章　未来窄体客机

第5章　未来宽体客机

第6章　超声速客机

第7章　高超声速客机

第8章　商用货机

第9章　城市飞行器

未来支线客机 第3章

本章主要围绕支线客机的国内外发展概况、主要需求、国内外研发进展、潜在方案与特点、关键技术及发展路线展开讨论，对支线飞机市场现状进行了分析。

国际主要支线飞机制造商认为，北美、亚太等地区是未来20年支线飞机发展的主要市场，100座级以下和120座级以上的支线飞机储备订单最多，是市场需求量最大的机型。新构型、新能源飞机是未来支线飞机发展的重要方向，需要探索更加高效、低碳的支线飞机，重点关注混合动力、氢能、分布式电推进等技术，以及电气化、智能化的系统发展方向，针对机体结构需要开展创新性构型研究。国外有关研究机构和飞机主制造商提出了不同能源形式的新型支线飞机概念方案。第一种能源形式是氢能，空客公司提出了100座级的ZEROe氢涡桨支线飞机方案，ATI提出了75座级分布式推进氢燃料电池支线飞机方案，巴航工业提出了35~50座级的氢涡桨飞机方案，3种方案预计在2035—2040年投入市场。第二种能源形式是混合电推进，空客公司提出了E-FanX，Zunum Aero公司和DLR也都提出了类似的概念方案。第三种能源形式是SAF，ATR开展了相关的试验工作。第四种能源形式是常规能源，欧盟的"洁净天空2"项目提出了更加高效的支线飞机概念方案。

中国商飞公司结合型号研制和预研工作经验，提出了支撑翼混合电推进支线飞机、分布式混合电推进支线飞机、氢能支线飞机3个发展方向，从动力系统、总体气动和结构材料3个方面梳理总结了12项关键技术及其发展优先级。未来支线飞机将呈现更加绿色、高效的特点，电能应用比例大幅提高，逐步实现油电混合推进，大幅降低支线飞机的碳排放水平，并有望在21世纪中叶采用绿色氢能作为唯一燃料来源，完全实现零排放。

3.1 国内外发展概况

3.1.1 支线飞机市场现状

支线航空运输是航空运输业的一个重要组成部分，被视为航空运输业的"毛细血管"。与干线航班相比，支线航班单程航行距离较短，运送乘客数量较少，适用于短距离、小城市之间的航线运行，能够提升运营的经济性。支线运输市场采用的是座位数 50～150 个、飞行距离 600～3000km 的窄体单通道飞机。

国外支线飞机市场发展时间长，市场较为成熟。目前，北美地区是全球最大的支线飞机市场之一。根据 2019 年的统计数据，北美地区支线飞机交付量全球占比达 44%。从交付机型来看，2019 年北美、欧洲两个地区以喷气支线飞机为主，分别占各自地区支线飞机交付量的 97% 和 63%；亚太地区涡桨飞机占该地区支线飞机交付量的 76%；非洲地区喷气支线飞机和涡桨飞机各占该地区支线飞机交付量的一半。巴航工业、中国商飞公司等飞机制造商认为，北美、亚太等地区是未来 20 年支线飞机发展的重要市场。

支线航空是我国开展民航强国建设的重要组成部分，受到了国家的高度重视。《"十四五"民用航空发展规划》提出，大力发展支线航空，规划提高短途运输发展水平，加快推进干支通、全网联。但是，当前支线飞机受到国内高铁快速发展的挤压，需要大幅提升经济性、环保性，以更好地参与市场竞争。

3.1.2　未来发展趋势

伴随着信息革命与能源革命的深化，以及国际航空碳减排目标的落实，航空领域正面临革命性发展。新构型、新能源是未来支线飞机发展的重要方向，未来需要发展更加高效、低碳的支线飞机。

一是发展更加经济高效的新构型支线飞机。由于传统构型民用飞机的气动效率趋近极限，探索 TBW、联结翼、分布式动力、仿生可变形机翼等新构型成为未来的突破重点。针对支线飞机，支撑翼是有效的减阻降噪方式，配合新型材料技术、气动减阻技术、多电技术、智能化技术等，支线飞机有望在节能、减排、降噪、减重、减阻等方面实现性能提升。目前，ATI、DLR 等均开展了相关技术研究。

二是发展更加环保、安全、经济可承受的新能源支线飞机。随着全球航空业碳减排行动的推进，在能源革命背景下，以 SAF、电动、混动、氢能等为代表的新能源动力技术正在加速产品创新；高功率密度电源、智能配电、大功率燃料电池、电环控、电防除冰、电作动、高温超导等电气化技术也将得到广泛应用。目前，空客公司、巴航工业、ATI 等开展了氢能飞机的相关研究，空客公司、DLR、Zunum Aero 公司等开展了电动飞机的相关研究，ATR 公司开展了 SAF 的应用研究。

3.2　需求分析

3.2.1　市场需求分析

目前，支线飞机的制造商有巴西航空和中国商飞公司。两家公司对支线飞机市场较为看好。综合来看，以北美、亚太和欧洲为主的市场对支线飞机具有较大需求。

2023 年 6 月，巴西航空在巴黎航展上发布了 150 座级以下的商用飞机未来 20 年市场展望，认为全球旅客周转量将在 2024 年恢复到 2019 年的水平。在未来 20 年，亚太地区（包括中国）将呈现出强劲的增长率，RPK 每年增长 4.4%。紧随其后的是拉丁美洲（4.1%）、非洲（3.7%）、中东地区（3.2%）、北美洲（2.2%）和欧洲（2.0%，包括独联体国家）。到 2042 年，全球 RPK 将达到 17.7 万亿客公里，届时亚太地区将成为最大的市场，占全球总量的 42%，欧洲和北美地区加起来占全球总量的 38%。

巴西航空预测，未来 20 年全球将有 11000 架 150 座级以下新飞机的需求，市值约为 6500 亿美元。其中，全球对 150 座级以下喷气飞机的需求总量将达到 8790 架，主要集中在北美（2690 架）、欧洲（2390 架）和亚太（2270 架）地区。而涡轮螺旋桨飞机的需求总量将达到 2210 架，主要集中在亚太（910 架）、欧洲/独联体国家（450 架）和北美（410 架）地区。

如图 3.1 所示，《中国商飞公司市场预测年报（2022—2041）》预测，未来 20 年，中国 RPK 年均增长率为 5.67%，亚太地区（不包括中国）RPK 年均增长率为 4.79%。紧随其后的是非洲（4.67%）、中东地区（4.5%）、拉丁美洲（4.2%）、欧洲（2.48%，不包括俄罗斯和独联体国家）、北美洲（2.25%）。到 2040 年，全球 RPK 将达到 19.09 万亿客公里。针对涡扇支线客机，该年报预测未来 20 年新机交付量为 4367 架，价值 2205 亿美元，届时全球涡扇支线客机机队将达到 4922 架。其中，中国 960 架，亚太地区（不包括中国）515 架，欧洲 423 架，拉丁美洲 428 架，中东地区 88 架，北美洲 1904 架，俄罗斯和独联体国家 292 架，非洲 312 架。

（a）全球各类型涡扇支线客机交付量预测

图 3.1　中国商飞公司涡扇支线客机交付情况预测

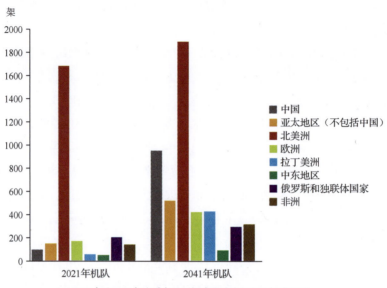

（b）2021年和2041年全球各地区涡扇支线客机机队规模预测

图 3.1　中国商飞公司涡扇支线客机交付情况预测（续）

资料来源：中国商飞公司网站。

3.2.2　产品需求分析

　　未来，支线飞机将是新能源、新构型、智能化的综合体现。从能源动力角度看，为了适应航空碳减排的大趋势，未来支线飞机需要重点面向新能源动力进行探索，重点针对混合动力、氢能、电推进等技术开展研究。从构型角度看，未来支线飞机需要通过更具创新性的构型、更加先进的材料实现增升、减阻、降噪，综合提升未来支线飞机的竞争力。从系统角度看，未来支线飞机需要以电气化、智能化为发展方向，更多地使用电能驱动系统，并提升系统的自主水平，优化健康管理水平，使飞机更智能。

3.3　国内外研发进展

3.3.1　现有支线飞机情况

　　如表 3.1 所示，目前全球共有 50～150 座级支线飞机 17 款。从在役数量看，ATR72 在役数量最多，为 846 架；从储备订单看，A220-300 储备订单最多，为 504 架；从储备订单分布数据看，90 座级和 120 座级是支线飞机市场未来需求的主力机型。

表 3.1　现有支线飞机情况

机　型	座级/座	航程/km	制造商（所在国家/地区）	在役数量/架	订单数量/架
ERJ140	50	3019	巴航工业（巴西）	18	0
ERJ145	50	3000	巴航工业（巴西）	345	0
CRJ100/200	50	1825	庞巴迪（加拿大）	344	0
MA60	60	2450	西飞集团（中国）	78	3
Y12	60	1400	哈飞集团（中国）	159	15
ATR42	60	1300	ATR（欧洲）	220	29
CRJ700	70	3124	庞巴迪（加拿大）	221	0
ATR72	70	1400	ATR（欧洲）	846	156
E170	70	3982	巴航工业（巴西）	140	0
E175	70	4074	巴航工业（巴西）	701	101
ARJ21-700	90	3700	中国商飞公司（中国）	112	775
CRJ900	90	2778	庞巴迪（加拿大）	416	0
SSJ100	90	2900	苏霍伊（俄罗斯）	165	73
A220-100	100	6390	空客公司（欧洲）	53	44
E190	100	4537	巴航工业（巴西）	475	16
A220-300	120	6300	空客公司（欧洲）	208	504
E195	120	4260	巴航工业（巴西）	230	193

资料来源：Cirium 网站（ARJ21 相关数据为后补数据），2023 年 11 月。

3.3.2　前沿概念方案

1. 氢能支线飞机

2020 年 9 月，空客公司网站公布了全球首款零排放商用飞机的 3 个氢能设计概念方案 ZEROe，其中包括一款氢能支线飞机。该款飞机最多可搭载 100 名乘客，使用涡轮螺旋桨发动机代替涡轮风扇发动机，并且在改进的燃气涡轮发动机中应用氢燃料，配备的液氢储存与分配系统位于后耐压舱壁后面。该款飞机与 ATR 72-600 和 Dash 8-400 相比，可增加约 20 个座位。从航程来看，该款飞机的航程为 1852km，ATR 72-600 的航程为 1527km，Dash 8-400 的航程为 2037km。

ATI 氢能支线飞机概念以 ATR 72-600 为原型，采用氢燃料电池推进系统，通过电动机驱动 6 个直径为 2.29m 的螺旋桨，航程为 1482km，巡航速度为 0.53Ma，可搭载 75 名乘客。机身比 ATR 72-600 稍宽，翼展增加了 3.96m，性能与当前的 ATR 72-600 及其未来的 2030 年改进版本相近，但起飞和着陆距离稍长，巡航高度为 7620m。液氢燃料被储存在低温燃料箱中，位于机体尾部燃料电池系统旁边。机翼上有 6 个短舱（每侧机翼上有 3 个），每个短舱中包含电动机、电力电子设备和用作燃料电池热管理系统的热交换器。配电系统将电力输送到机翼上的 6 个短舱，带动电动螺旋桨产生动力。由于液氢燃料被储存在机体后部的燃料箱中，飞机机体看起来比 ATR72-600 更宽，分布式架构下的机翼也比 ATR72-600 长 15%左右。

巴航工业提出了氢能飞机发展概念方案 E50-H2GT，采用尾置涡轮螺旋桨发动机，座级为 35～50 座，航程为 900km，可实现零排放，噪声降低 60%，预计 2040 年该技术准备就绪。

2. 电动支线飞机

空客公司的 E-Fan X 混合电推进飞机项目于 2016 年启动，2020 年项目中途宣布结束。E-Fan X 计划采用 BAE 系统公司的 AVRO RJ100 支线飞机（BAE 146）作为基线飞机，空客公司负责储能和各系统的综合方案。罗·罗公司负责开展混合电推进系统研究，电网采用 3000V 电压体制，将 AE2100 涡桨发动机的核心机改装为 2.5MW 发电机。此外，罗·罗公司还负责提供电机风扇。原西门子电动飞机部门（e-Aircraft）负责开发 2MW 电机及控制器。E-Fan X 验证机的推进装置由涡轮发动机与电机组合构成，属于并联式混合动力系统。

Zunum 电动支线飞机采用串联式混合电推进，座级为 50 座，最大航程为 1100km，最大巡航速度为 0.44Ma。该款飞机最大功率为 1MW，电池质量低于最大起飞质量的 20%，涡轮发电机功率为 500kW。

DLR、空客公司、罗·罗公司和包豪斯航空公司共同就百座级短途分布式混合电推进飞机（SynergIE）开展全系统研究，认为采用机身内置涡轮发电机并沿机翼前缘部署 10 台电动机为最佳设计方案。通过优化设计，能够减少翼弦和方向舵面积，一方面可以使飞机能耗降低 10%，另一方面可以通过减阻在一定程度上弥补多螺旋桨造成质量增大的缺陷。

3. 采用 SAF 的支线飞机

2022 年 6 月 21 日，支线飞机制造商 ATR 与瑞典布拉森支线航空公司、SAF 供应商芬兰耐思特油业集团合作，首次在民航支线飞机上成功完成了以 100% SAF 为动力的试飞。耐思特油业集团的 SAF 作为纯燃料使用时，对比化石航空燃料，在整个生命周期内可减少高达 80%的温室气体排放。

4. 先进支线飞机

"洁净天空 2"项目提出了一款先进的涡轮螺旋桨支线概念飞机，座级为 90 座，航程为 2222km，巡航速度为 0.56Ma，预计 2025 年进入市场。该款飞机预期采用先进的电力发电与分配系统、环境控制（以下简称"环控"）系统（Environmental Control System，ECS）、机电作动器（Electro-Mechanical Actuator，EMA）、主飞控机电驱动、低功率防冰系统、电气起落架系统，并通过使用先进的材料工艺实现低成本制造。相比 ATR72，该款飞机可使碳排放降低 34%，氮氧化物排放降低 67%。

综上所述，国内外支线飞机主要前沿概念方案汇总如表 3.2 所示。

表 3.2　国内外支线飞机主要前沿概念方案汇总

飞　　机	能 源 形 式	座级/座	航程/km	预计服役时间
空客公司的 ZEROe	氢能	100	1852	2035 年
ATI 氢能支线飞机		75	1482	2035 年
巴航工业的 E50-H2GT		50	926	2040 年
空客公司的 E-Fan X	混合电推进	改装 BAE146		项目终止
Zunum 电动支线飞机		50	1100	2030 年
DLR SynergIE		100	—	—
ATR SAF 飞机	SAF	采用 ATR72-600		—
"洁净天空 2"支线概念飞机	常规动力	90	2222	2025 年

3.4　潜在方案与特点

未来支线飞机将综合新型气动布局、先进材料、电气化及智慧运行等先进技术，有望率先采用混合电推进等技术，将具有多电乃至全电、新型气动布局及智能飞行等关键技术特征。未来支线飞机产品的经济性将至少提升 30%，碳排放较当前降低 20%～100%。此外，未来支线飞机需要至少具备 80 座级和 1400km 航程，根据 ATI 对支线民用飞机市场的调研，该水平下可覆盖 90%的支线飞机市场运力需求。

从短期看，当前的支线飞机可以通过试验确认 SAF 应用的安全性，并使用 SAF 来降低碳排放，满足未来航空碳减排的发展要求。从中期看，支线飞机可以通过采用新构型提升飞行效率、采用混合电推进提高电能应用比例等形式，提升飞机的碳减排水平。从远期看，未来可以探索采用氢能为支线飞机提供动力，包括采用氢燃料电池、氢涡扇发动机等形式，实现支线飞机的零排放。

3.4.1　潜在方案 A：支撑翼混合电推进支线飞机

潜在方案 A 拟采用层流大展弦比支撑翼提升飞机气动效率，比空客公司 A220 飞机的气动效率提升 20%以上；采用 T 型尾翼，发动机为尾吊或翼吊布局；采用油电混合动力形式，主发动机采用现有的或新研制的小推力发动机。设计航程为 2000km，座级为100 座，与现有机型相比，预期可实现降碳 50%；短途支线航段对航时不敏感，设计巡航速度为 0.73Ma，预计进入市场的时间为 2035 年。

潜在方案 A 未来可使用高性能高推重比电动机、高能量密度电池、新型超导材料、钛合金与铝锂合金、大面积复合材料、多能源优化与能量管理，以及电环控、电作动、电滑行等多电技术，提升系统性能水平，扩大并优化电能的使用范围，降低碳排放。目前，相关技术的成熟度为2～3级，预计2030年可提升至6级。

3.4.2　潜在方案B：分布式混合电推进支线飞机

潜在方案B拟采用分布式混合电推进方案，法国航空航天研究院提出的DRAGON方案是一款典型方案。该方案采用T型尾翼，发动机为尾吊布局，航程为2200km，巡航速度为0.78Ma，座级为100座，机翼下表面后部位置沿展向布置分布式风扇，碳排放减少25%以上，预计进入市场的时间为2045年。

3.4.3　潜在方案C：氢能支线飞机

潜在方案C拟采用氢能动力，英国ATI发布的氢能支线飞机是一款典型方案。该方案采用正常管翼布局、氢燃料电池技术和分布式推进，储氢系统置于机身尾部，采用T型尾翼，航程为1800km，座级为75座，可降低碳排放100%，预计进入市场的时间在2050年以后。当前燃料电池的成熟度为3级左右，预计2030年可达到6级。

3.5　关键技术清单

国内高铁发展迅速，支线飞机市场不断被挤压，为大幅提升经济性、环保性，更好地参与市场竞争，未来支线飞机领域有可能产生颠覆性产品，这些产品大概率将综合采用混合电、多电、新型气动布局及智能飞行等先进技术。未来支线飞机主要从构型和能源利用方向实现创新，结合未来发展需求与产品发展方向，重点关注以下几个方面的关键技术，推动相关领域重点开展攻关研究，提升飞机产品竞争力。

在总体气动方面，未来支线飞机需要更高的总体气动效率以持续提升经济性，当前的常规构型飞机难以再有较大程度的提升，需要创新总体气动布局。

在动力系统方面，现有的基于传统能源的方式难以满足未来碳排放要求，在未来净零排放的趋势下，需要创新燃料应用形式，采用混合电推进、分布式推进等方式，使用氢燃料等新型能源，实现未来推进系统的革命化创新。

在结构材料方面，当前飞机需要创新材料形式，优化结构质量，并配合满足开展电能大比例应用后对材料的新需求，提升电能应用效率。电池密度低、发电机和电动机功率小、电机需要的低温超导环境、电力系统的质量增加、电机安装位置的选择和热管理等诸多技术难题有待解决。

基于现阶段对未来支线飞机的认知，本章总结分析了需要重点关注的关键技术清单，如表3.3所示。

表 3.3　未来支线飞机关键技术清单

适 用 对 象	关键技术分类	关 键 技 术	优　先　级
未来支线 飞机	总体气动	桁架支撑翼设计技术	高
		分布式电推进技术	高
		氢能飞机先进布局	中
		边界层抽吸技术	高
	动力系统	电涵道风扇与推进电机一体化设计技术	中
		混合电推进动力架构设计技术	高
		高功率密度电力系统设计与集成验证技术	高
		高温超导技术	中
		飞机多电系统设计及能量管理技术	高
	结构材料	碳纤维增强聚合物基复合材料设计制造技术	高
		高导电性材料设计制造技术	中
		重复使用低温液氢储罐极限设计技术	中

3.6　发展路线图

经过研究和分析，本章整理了未来支线飞机发展路线图，如图 3.2 所示，供大家参考。

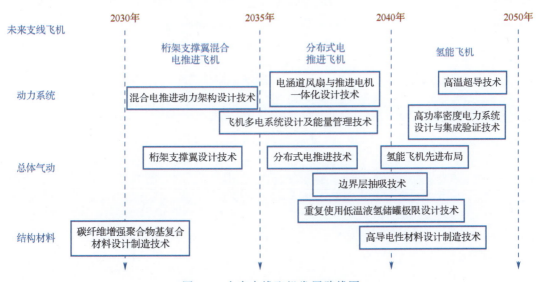

图 3.2　未来支线飞机发展路线图

未来支线飞机将呈现更加绿色、高效的特点，电能应用比例大幅上升，逐步实现油电混合推进，大幅降低支线飞机的碳排放水平，并有望在 21 世纪中叶采用绿色氢能作为唯一燃料来源，完全实现零排放。为了实现这一发展路线，总体气动领域需要逐步探索桁架支撑翼设计技术、分布式电推进技术、边界层抽吸技术、适用于氢能飞机的先进布局技术等；动力系统领域需要逐步探索混合电推进动力架构设计技术、电涵道风扇与推进电机一体化设计技术、高功率密度电力系统设计与集成验证技术、高温超导技术等；结构材料领域需要进一步发展完善复合材料设计制造技术、低温液氢储罐极限设计技术、高导电性材料设计制造技术等。通过提高相关技术成熟度，有效支撑未来支线飞机的跨越式发展。

参考文献

[1] 黄俊. 分布式电推进飞机设计技术综述[J]. 航空学报，2021，42(3): 624037.

[2] SCHMOLLGRUBER P, DOLL C, HERMETZ J, et al. Multidisciplinary exploration of DRAGON: an ONERA hybrid electric distributed population concept: AIAA 2019-1585 [R]. Reston: AIAA, 2019.

[3] Airbus. ZEROe: towards the world's first zero-emission commercial aircraft[EB/OL]. https://www.airbus.com/en/innovation/low-carbon-aviation/hydrogen/zeroe.

未来窄体客机 第4章

　　本章主要围绕窄体客机的国内外发展概况、主要需求、国内外研发进展、潜在方案与特点、关键技术及发展路线展开讨论，从未来20年市场分析预测、减碳和性能提升角度分析了窄体客体的发展需求和动力，梳理了当前在役窄体客机的主要机型和订单情况，简要总结了国内外近几年提出的前沿窄体客机概念方案，以期对未来窄体客机的发展方向有所启示。

　　未来20年，市场需求量最大的依旧是单通道喷气客机。预计到2040年，现役机队中约81%的单通道喷气客机将被燃油效率更高的全新单通道喷气客机代替。二氧化碳的净零排放正成为未来绿色航空的重要追求，各研究机构纷纷提出净零排放的具体目标、规划和技术路线图。对经济性和安全性的追求也促使窄体客机从气动布局、结构材料、机载系统、新能源动力形式、运营维护等方面创新竞争。波音公司认为，下一代窄体客机依然以传统能源为主，兼容使用SAF，在NASA亚音速超绿色飞机研究（Subsonic Ultra Green Aircraft Research，SUGAR）项目中推出了Freeze和Volt概念飞机，探索了串联/并联混合电推进、TBW及尾部边界层抽吸风扇布局等先进技术，并联合NASA宣布拟开发测试TTBW飞机X-66A，为2030年之后可能投入使用的下一代单通道喷气飞机做准备。欧洲特别关注氢能在未来产品中的应用，空客公司计划2027—2028年启动下一代传统构型窄体客机项目，2035—2040年投入运营。虽然空客公司推出氢涡轮窄体概念飞机（ZEROe）的可能性不大，但其仍然联合工业界积极推进氢能飞机设计、氢能生产运输加注及机场配套设施研究。

　　本章结合中国商飞公司型号研制和预研工作经验，基于未来潜在的能源动力变革，面向近、中、远时间预期提出了3类潜在方案：混合电推进/TBW窄体飞机、氢能窄体飞机、BWB新能源飞机。在此基础上，结合未来窄体飞机产品主要特点，从动力系统、气动布局、结构设计等与能源变革结合更为紧密的方面概括了潜在关键技术，并分析预判了未来产品和技术发展的可能路线。未来窄体飞机发展，一方面是提升传统能源窄体飞机的气动性能、燃油效率、运行效率；另一方面是能源动力形式创新，不断提升机载电能使用比例及效率，突破混合电推进技术的装机应用，并有望在2050年前后随着氢能动力核心技术的突破，实现零排放。

4.1 国内外发展概况

窄体飞机主要指单通道干线飞机，涵盖120~220座级，航程可达6000~8000km。截至2022年，全球范围内窄体客机机队规模占比70%，以A320系列和波音737系列为主。根据《中国商飞公司市场预测年报（2022—2041）》预测，2041年单通道喷气客机机队占全球机队的比例依然最高，为71.5%，市场需求持续旺盛。2023年，波音737Max复飞，C919投入市场，两者将与A320系列形成市场竞争态势，各飞机制造商以创新谋优势的压力逐渐增大。

随着航空运输体系的升级和绿色低碳化发展的需要，未来窄体飞机将呈现智能化、低碳化发展趋势：一是智能飞行、智慧运行等技术的应用，使产品的智能化水平不断提高；二是先进气动技术、高效发动机和先进结构与材料技术的应用，使产品的经济性进一步提高；三是推进技术不断创新，包括电推进/混合电推进、氢燃料涡轮推进等方式，有望逐步实现航空零排放的目标。总体来看，窄体飞机领域产品的创新存在诸多潜在可能性，竞争白热化。

4.2 需求分析

4.2.1 市场需求分析

1. 中国商飞公司2022—2041年窄体飞机市场预测

未来20年，市场需求量最大的依旧是单通道喷气客机。预计到2040年，现役机队中约81%的单通道喷气客机将被燃油效率更高的全新单通道喷气客机代替。新兴干线航空运量的增长和全球低成本模式的发展是单通道喷气客机数量增长的重要推动力。

据《中国商飞公司市场预测年报（2022—2041）》预测，截至2041年，全球将有30367架单通道喷气客机交付运营，其中67.8%为中型单通道喷气客机。单通道喷气客机机队的年均增长率为4.3%，可供座位数的年均增长率为4.6%，平均座位数将从165座增至175座。亚太地区（含中国）将是单通道喷气客机的最大市场，占全球新机交付量的41.8%，中国在其中占20.7%。亚太地区（含中国）拥有较多经济快速发展的新兴经济体，中国、印度和东南亚地区国内/地区内甚至许多区域间的航线将是单通道喷气客机的目标市场。中国商飞公司对单通道喷气客机交付情况的预测如图4.1所示。

中国商飞公司等新兴单通道喷气客机制造商所生产的新一代客机陆续投入市场，在提高全球单通道喷气客机供给能力的同时，也将丰富产品的多样性。

（a）全球各类型单通道喷气客机交付量预测

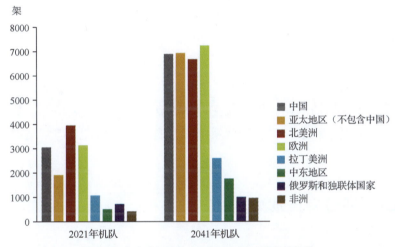

（b）2021年和2041年全球各国家/地区单通道喷气客机机队规模

图 4.1　中国商飞公司对单通道喷气客机交付情况的预测

资料来源：中国商飞公司网站。

2. 波音公司 2023—2042 年窄体飞机市场预测

根据波音公司对 2023—2042 年窄体飞机市场的预测，未来 20 年世界经济 GDP 增长率保持在 2.6%左右，世界航空市场将需要 42595 架新飞机，其中单通道喷气客机 32000 架以上，占比 75%。亚太地区市场将占全球总需求的 40%以上，其中一半来自中国。全球机队规模未来 20 年将增长近一倍，达到 48600 架，年均增长率 3.5%，航空公司将用更高效的新型飞机更新约一半的全球机队。

3. 空客公司 2023—2042 年窄体飞机市场预测

根据空客公司对 2023—2042 年窄体飞机市场的预测。未来 20 年，全球客运需求每年增长 3.6%，将需要 40850 架新客机和新货机，其中单通道喷气客机 32630 架，占比 80%。全球机队规模将达到 46560 架。

整体来看，世界主要飞机制造商对单通道喷气客机市场的预测均较为乐观。随着全球新兴经济体（如中国、印度、巴西等）市场需求的增长和低成本航空公司的发展，A321neo市场增长势头强劲，长航程、高密度窄体飞机近期成为窄体飞机市场新的增长动力来源。

4.2.2　性能需求分析

商用飞机正积极迈入绿色化、低碳化的时代。二氧化碳的净零排放正成为未来绿色航空的重要追求，各研究机构纷纷提出净零排放的具体目标、规划和技术路线图。根据国际清洁运输理事会（The International Council on Clean Transportation，ICCT）2019年的报告，客运航班占航空运输碳排放量的比重最大，总计为85%（其中窄体飞机经济舱位占37%，宽体飞机经济舱位占24%，除经济舱位外的高端舱位占19%，支线航线占5%），货运航班占15%。另外，根据窄体飞机目前的市场运营情况及未来20年的市场预测结果，其未来占有量可稳定维持在70%～80%，运营航线覆盖大量中远程航线，因此窄体飞机减碳的需求最迫切。

除了碳减排需求，对注重经济效益的航空公司来说，其追求的目标是，提高航空运输安全水平，减少燃油消耗，提升航空运输的竞争力和成本效率，这就驱使窄体飞机领域产品从气动布局、结构材料、机载系统、新能源动力形式、运营维护等方面不断进行技术革新。

4.3　国内外研发进展

4.3.1　现有窄体飞机情况

现有120～200座级的窄体飞机情况如表4.1所示。从在役数量来看，A320系列和波音737系列在役数量最多，均超过5000架；从储备订单来看，A320系列、波音737系列及A321系列的新一代产品更受欢迎，尤其是空客公司的neo系列和波音公司的Max系列，可以更好地满足干线航空运量的增长及全球低成本模式的发展需求。另外，中国商飞公司的C919已进入市场，俄罗斯UAC公司的MC-21预计2024年年底取得型号合格证。窄体飞机产品不断丰富，市场竞争日趋激烈。

表4.1　现有120～200座级的窄体飞机情况

机　型	座级/座	航程/km	制造商（所在国家/地区）	在役数量/架	订单数量/架
A318	120	8700	空客（欧洲）	25	0
A319/A319neo	120	6850	空客（欧洲）	1044	47
波音737-600/700/Max7	160	7130	波音（美国）	918	333
A320/A320neo	160	6300	空客（欧洲）	5328	2399

续表

机　　型	座级/座	航程/km	制造商（所在国家/地区）	在役数量/架	订单数量/架
波音 737-800/Max8	160	6570	波音（美国）	5951	1996
C919	160	5555	中国商飞（中国）	3	1061
MC-21	160	6000	UAC（俄罗斯）	0	0
A321/A321neo	200	8695	空客（欧洲）	2657	4373
波音 737-900ER/Max9	200	6570	波音（美国）	748	76
波音 737 Max10	200	6110	波音（美国）	0	903
Tu-204	200	6500	图波列夫设计局（俄罗斯）	41	6

资料来源：Cirium 网站（除 C919 外），2023 年 11 月。

4.3.2　前沿概念方案

1. 波音公司的 TTBW 验证机

2023 年 1 月 18 日，NASA 宣布与波音公司及其工业合作伙伴合作研发一种全尺寸 TTBW 验证机的研发和试飞工作，与目前一流的飞机相比，TTBW 飞机的燃油消耗和排放预计可减少 30%，有望成为波音公司于 2035 年后推出的下一代飞机。2023 年 6 月 13 日，美国空军向 NASA 和波音公司合作研制的下一代高效窄体客机技术验证机授予 "X" 验证机代号 X-66A，如图 4.2 所示。该机的项目名为 "可持续飞行验证机"（Sustainable Flight Demonstrator，SFD），计划于 2028 年开始试飞。NASA 对该项目的资金支持为 4.25 亿美元，波音公司及其工业合作伙伴投入 7.25 亿美元资金，目前项目总预算达到 11.5 亿美元。

图 4.2　波音公司的 TTBW 验证机 X-66A

资料来源：NASA 网站。

在该项目中，波音公司计划使用一架 MD-90 的机身作为 X-66A 验证机的基础进行改装，计划将该 MD-90 飞机的机身截短，然后匹配桁架和机翼。波音公司表示，X-66A

的目标是成为该公司下一代 130～210 座级单通道飞机的技术基础,最终希望在此基础上研制波音 737 的替代机型。

波音公司研究与技术部在 NASA 的 SUGAR 项目下提出 TTBW 布局。波音公司最初设计的创新布局是 TBW,但后来研究发现该布局在较高飞行速度中具有优异的性能,因此增加了"跨声速"的描述,从而与采用低速、支撑杆布局的小型通用飞机区别开来。目前,TBW 布局理论研究取得了较显著的成果,但是如何将 TBW 布局的理论优势转化为实际的性能改善仍是航空界面临的重大难题。

2. 空客公司的 ZEROe 氢能窄体飞机

空客公司特别关注氢能在未来产品中的应用,其网站公布了面向 2035 年推出的 3 款零排放概念飞机:涡轮风扇型、涡轮螺旋桨型、BWB 型。空客公司认为,氢能作为一种清洁的航空燃料具有广阔的应用前景,并很可能是航空航天及其他行业实现碳中和目标的解决方案。

在涡轮风扇概念飞机方案中,飞机可搭载 120～200 名乘客,航程超过 3704km,能够实现跨洲际运营,由燃烧氢气而非传统航空燃料的改进型燃气涡轮发动机提供动力。液氢将通过位于后耐压舱壁后面的储罐进行存储和输送。

从总体布局来看,窄体飞机依然采用常规的管状机身,但设计了后掠式外机翼,设计巡航速度为 $0.78Ma$。该机的推进系统为 2 台由液氢提供动力的改进型涡扇发动机,与当前的窄体飞机相比,其机身要长得多,以支持在后耐压舱壁后面容纳大型液氢燃料箱。此外,该机还可采用由燃料电池驱动的混合电动系统,作为液态氢动力的补充。

3. ATI 的 FlyZero 氢能窄体飞机

针对未来零碳飞行,ATI 于 2022 年 3 月开展了 FlyZero 研究项目,设计了 3 种级别的飞机概念,分别是支线飞机、窄体飞机和中型宽体飞机,旨在探寻实现完全零排放大型民用飞机的可行性。

FlyZero 窄体飞机以 A320neo 为原型,航程为 4445km,巡航速度与 A320 相当,可搭载 180 名乘客。该机采用 2 台氢涡扇发动机,安装在 T 型尾翼下方,机身比 A320 长 7m;燃料箱和推进器均位于机体后部,好处是燃料运输管道更短、更紧凑,使氢泄漏的风险降低;重心偏后的问题则由机头位置的鸭翼解决,利用三翼面构型提高俯仰控制能力。

4. NASA 的 STARC-ABL

NASA 通过对一系列单通道涡轮电推进飞机(Single-aisle Turboelectric Aircraft,STARC)概念的研究,探索涡轮电推进方案,单通道后边界层推进电动涡轮飞机(Single-aisle Turboelectric Aircraft with Boundary Layer Propulsion,STARC-ABL)就是其中一个方案,如图 4.3 所示。该方案由美国极光飞行科学公司负责评估。

图 4.3　NASA 的 STARC-ABL 方案

资料来源：NASA 网站。

STARC-ABL 的巡航速度为 $0.7 \sim 0.8Ma$，载客 154 人，计划于 2035 年投入使用。该机采用部分涡轮电推进及 BLI 布局。这种部分涡轮电推进结构包括 2 台带发电机的翼下涡轮风扇发动机，发电机从涡轮风扇轴上提取动力，并将电传送到后机身的轴对称边界层抽吸风扇。飞机推进动力由翼下燃油发动机和尾部电动风扇共同提供。实验结果表明，与常规构型相比，STARC-ABL 构型可使燃油消耗减少 $7\% \sim 12\%$。

5. 波音公司的 SUGAR Freeze

波音公司在 NASA 的 SUGAR 项目支持下，进行了大量的飞机构型研究，并采用了不同的技术假设，SUGAR Freeze 就是其中一款飞机构型，具体方案如图 4.4 所示。

图 4.4　波音公司的 SUGAR Freeze 方案

资料来源：NASA 网站。

SUGAR Freeze 的巡航速度为 $0.7Ma$，载客 154 人，采用部分涡轮电推进、TBW 布局及 BLI 布局，以最大限度地提高空气动力效率。尾部风扇由固体氧化物燃料电池循环供电，由带有低温电源管理系统的超导电机驱动。飞机推进动力由 2 台带发电机的翼下涡扇发动机和尾部电动风扇共同提供。实验结果表明，与常规构型相比，SUGAR Freeze

构型的能源消耗可降低 56%。

6. 波音公司的 SUGAR Volt

SUGAR Volt 同样是在 SUGAR 项目的支持下研究的，具体方案如图 4.5 所示。SUGAR Volt 的巡航速度为 0.79Ma，载客量为 154 人，最大航程为 6482km，最大起飞质量为 70t，最大着陆质量为 67t。机翼采用上单翼、T 型尾翼布局，大展弦比机翼，一端由一个桁架支撑。总体上，SUGAR Volt 最主要的两大技术亮点是并联混合电推进和 TBW 布局。

图 4.5　波音公司的 SUGAR Volt 方案

资料来源：NASA 网站。

根据研究，基于 1667km 的飞行距离，SUGAR Volt 可减少 63%的油耗，如果提高电量使用比例，油耗降低幅度有可能达到 90%。氮氧化物排放可减少至 CAEP 6 水平的 21%，二氧化碳排放可减少 81%，噪声可减少 22dB。

7. EsAero 公司的 ECO-150R

ECO-150R 是美国 EsAero 公司研发的单通道飞机概念，巡航速度为 0.7Ma，载客量为 150 人。ECO-150R 构型采用全涡轮电、全分布式推进（由 16 台机翼电机驱动风扇）、分段式机翼布局。ECO-150R 构型考虑了电气系统的各种技术，从用液氢冷却的超导电机到各种技术水平的传统电机。结果表明，与常规波音 737NG 构型相比，ECO-150R 构型的油耗水平将降低 20%～30%。

综上所述，国内外窄体飞机主要前沿概念方案汇总如表 4.2 所示。

表 4.2　国内外窄体飞机主要前沿概念方案汇总

飞　　机	能 源 形 式	座级/座	航程/km	预计服役时间
波音公司的 TTBW 验证机	—	—	—	2035 年
空客公司的 ZEROe 氢能窄体飞机	氢能	120～200	3700	2035 年
ATI 的 FlyZero 氢能窄体飞机		180	4445	2035 年
NASA 的 STARC-ABL	混合电推进	154	—	2035 年
波音公司的 SUGAR Freeze		154	—	—
波音公司的 SUGAR Volt		154	6500	—
EsAero 公司的 ECO-150R		150	—	—

潜在方案与特点

在各种能源形式中，能够实现二氧化碳净零排放的只有氢燃料、核能、太阳能和电池化学能这几种。对大型飞机而言，电池的能量密度无法满足要求，无法作为主要动力形式；太阳能的功率密度同样无法满足要求；核能飞机目前只有裂变反应堆技术较为成熟，但考虑到排放物存在放射性，以及飞机坠毁后的放射性物质泄漏等问题，现阶段该技术难以应用在民用飞机上。聚变技术预计将在 2050 年以后逐步成熟并应用于民用飞机，远远晚于 2050 年净零排放的目标时间节点。对窄体客机而言，通过混合电和氢能的应用，可达到大幅降低碳排放的目标。

短期内应用 SAF 是最现实、最经济的方式之一，在其寿命周期内可降低碳排放达到80%，未来有望达到 100%。除此之外，中短期内可考虑采用混合动力推进方式，由电能驱动的推进器与传统发动机共同为飞机提供推力，辅以能量管理优化，从而提高等效涵道比，提升气动效率。中远期内，燃氢涡轮发动机是更有前景的主要动力来源，对发动机本身的改动量和技术挑战相对较小。而对于更下一代的氢电推进民用飞机，更倾向于采用燃氢涡轮发电与氢燃料电池混合动力的形式，"燃料电池+电推进"的功率密度仍有待提升，只能作为机载局部应用（如替代燃油辅助动力装置）。对于氢能飞机，需要解决的另一个重要问题是机载氢燃料存储问题，液氢燃料成为目前氢能商用飞机的主要技术路线，实际商业应用还存在诸多问题。

4.4.1　潜在方案 A：支撑翼/混合电推进窄体飞机

结合中国国产民用飞机研发现状和谱系化发展需求，以及技术实现的难易程度，支撑翼/混合电推进窄体飞机将于 2030—2040 年推向市场。窄体干线飞机潜在方案的创新可从气动布局和能源动力形式两方面考虑，即支撑翼布局和混合电推进动力。考虑到市场定位，混合电推进窄体飞机的目标航程可设置为 7000～9000km，座级为 150～240 座。潜在方案 A 气动外形如图 4.6 所示。

图 4.6　潜在方案 A 气动外形

潜在方案 A 的气动布局以常规布局为主，可采用大展弦比机翼和 T 型尾翼布局，翼下安装 2 台主发动机，尾部安装电涵道风扇（边界层抽吸），动力架构采用 2 台传统发动机，外加 1 个电推进器，以替代辅助动力装置（Auxiliary Power Unit，APU），为飞机提供电功率和引气功能。同时，机载提高多电的应用比例，采用电环控、电防除冰、电作动等电气化技术。

潜在方案 A 通过 BLI 技术实现增升减阻；电推进器与传统发动机采用串联架构，系统集成复杂度低，对发动机结构改动较小，兼容现有推进系统架构；同时，机载系统大量使用多电技术，可进一步降低燃油消耗。

4.4.2 潜在方案 B：氢能窄体飞机

结合氢能应用关键技术发展情况，氢能窄体飞机预计将于 2040—2050 年推向市场。窄体干线飞机潜在方案可考虑采用氢涡轮发动机、氢涡轮电为主要动力形式，结合氢燃料电池的局部应用，假设以常规构型为基线，目标航程设定为 4000～6000km，座级为 150～200 座。

潜在方案 B 的机身截面、机翼面积与传统能源飞机为同等量级，加长机身用于放置储氢罐（放置在机身前部、后部），降低飞行高度和巡航速度。液氢飞机航迹云覆盖面较大，为降低航迹云对气候的影响，需要降低巡航高度。氢能窄体干线客机的巡航速度相比传统能源飞机有所降低，约为 0.75Ma，典型航段轮挡时间增加量可控制在 11min 以内，为可接受增量。潜在方案 B 假设氢燃料存储效率为 0.35，储氢罐质量大，因此全机使用空机质量较大，但因为液氢燃料热值高、质量小，所以其起飞质量与传统能源飞机相当。通过应用液氢能，预计潜在方案 B 可减少碳排放 100%，污染物排放降低 50%～60%。但是由于储氢及管道等系统的增加，总体气动布局需要重新设计，且燃氢涡轮发动机的研制进展需要考虑发动机供应商的发动机研制进展。

潜在方案 B 依据储氢罐的布置形式可分为两种外形，分别以增加机身长度（B-1）和增加机身截面高度（B-2）的方式扩大机身容积以容纳储氢罐。两种外形的气动外形和机身布置如图 4.7～图 4.10 所示。

图 4.7　B-1 气动外形

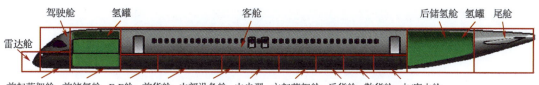

图 4.8　B-1 机身布置

图 4.9　B-2 气动外形

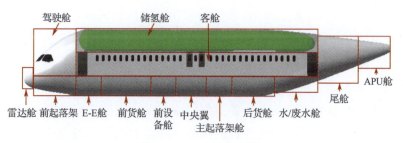

图 4.10　B-2 机身布置

4.4.3　潜在方案 C：BWB 新能源飞机

BWB 布局具有显著的气动效率优势，亚声速民用客机在典型巡航状态下，摩擦阻力是飞行总阻力的重要来源，而决定摩擦阻力大小的主要因素是飞机的浸润面积。在机体内部容积相同的前提下，BWB 布局相比常规布局可大幅缩小浸润面积，从而具有显著的减阻效果。在这种未来创新的气动布局基础上，与新型能源动力形式（混合动力推进和氢动力推进）结合，可为未来产品创新配置提供更大的可能性。考虑到当前 BWB 布局尚未有成熟产品或验证机推出，预计最快在 2050 年以后才有相关产品推向市场。

潜在方案 C 拟采用 BWB 布局，可搭配燃氢涡轮发动机或分布式涡轮电涵道推进装置提供动力，气动外形如图 4.11 所示。BWB 既具有优良的气动性能，可提高升阻比，提升降噪效果，还可以提供大容量储氢能力，使碳排放降低 100%，污染物排放降低 50%～60%。此潜在方案的颠覆式布局尚无应用先例，涡轮电等关键技术尚处于预研阶段，距离产品推出还有一段时间。

图 4.11　潜在方案 C 气动外形

4.5　关键技术清单

　　未来 20 年，市场需求量最大的依旧是窄体飞机，各制造商面临的竞争形势依旧严峻。2023 年，波音 737 Max 已经复飞，与空客公司即将推出的 A321XLR 在中间市场形成激烈的竞争。波音公司积极推进 TTBW 验证机改装试飞工作，提升技术成熟度。空客公司大力推进氢能的应用，在 ZEROe 项目中提出 200 座级的常规布局和 BWB 布局两种氢涡轮飞机概念，并积极推进技术攻关和产业配套研发。未来二三十年，该领域的颠覆性产品大概率是基于气动布局优化的新能源飞机，其中还将综合应用智能化、新材料及能源管理等先进技术。

　　未来窄体飞机产品的关键技术主要围绕能源与动力变革进行分析，主要难点包括以下 3 个方面。①能源动力系统架构形式的选择。新能源动力系统架构可能是油电混合推进、燃油涡轮电，也可能是氢涡轮电涵道风扇、氢燃料电池电推进，或者以上几种动力形式的组合，需要结合具体的应用场景和能源成熟度进行选择；②与能源动力形式匹配的气动结构设计优化。氢能客机中储氢罐、输送系统的增加，有可能对传统气动布局带来一定的变革，液氢储送系统也会影响机体结构的设计；③能源变革带来的安全性评估和适航问题。新能源的应用可能对乘客、环境及飞行安全带来不确定影响，目前相关研究还不成熟。

　　动力系统方面，为满足未来的碳减排目标，能源动力形式变革势在必行，除了较为保守的 SAF 应用，应更多地考虑电及氢能的应用。根据窄体干线飞机的应用场景，近期可考虑混合电推进，提高用电比例，中远期可考虑燃氢涡轮发动机、氢燃料电池、涡轮电推进等。

　　气动布局方面，通过对创新构型、创新动力装置开展气动结构操稳一体化设计，探索其对于新能源飞机概念方案的可行性，主要包括考虑氢能系统的布局布置一体化设计、层流技术、支撑翼布局、分布式涵道风扇、边界层抽吸技术等。

　　结构设计方面，高可靠性、长寿命的机载液氢储送系统设计是制约能源应用的核心问题之一，为了尽可能提高液氢飞机结构质量效率，需要探索机载液氢储送系统与机体结构一体化设计技术，给出有明显优势的解决方案。

先进系统方面，主要提高能源利用效率和运行效率，可探索适应未来空管运行的通信导航监视技术、智能辅助飞行技术、高功率密度电力系统技术等。先进系统技术与飞机能源动力形式匹配的相关性相对较小，不局限于某种特定飞机方案。

试验验证方面，需开展安全性分析以完善适航条款，并开展新构型飞机、混电推进系统、氢燃料存储输送系统的地面及飞行验证，氢涡轮动力或者氢涡轮电推进系统的搭载飞行验证，逐步提升技术成熟度。

基于现阶段对未来窄体飞机的认知程度，本章总结分析了需要重点关注的关键技术清单，如表 4.3 所示。

表 4.3　未来窄体飞机关键技术清单

适 用 对 象	关键技术分类	关 键 技 术	优 先 级
未来窄体飞机	新能源动力	混合电/涡轮电推进	高
		混合电推进动力架构设计技术	高
		氢能源动力架构设计技术	中
		氢涡轮发动机技术	中
		机载液氢存储技术	中
		全机综合热管理技术	中
	传统能源动力	开式转子发动机	高
		齿轮传动发动机	中
		高效小型化核心机	高
	气动布局	大展弦比机翼/层流设计技术	高
		支撑翼布局设计技术	高
		分布式电涵道风扇技术	高
		边界层抽吸技术	高
		翼身融合布局设计技术	低
	结构设计	液氢存储罐结构设计技术	中
		液氢储送系统与机体结构一体化设计技术	中
	先进系统	先进布局风洞试验验证技术	高
	试验验证	混合电推进系统地面试验验证技术	高
		氢能源动力飞行试验验证技术	中

4.6　发展路线图

经过研究和分析，本章整理了未来窄体飞机发展路线图，如图 4.12 所示，供大家参考。

未来窄体飞机的发展一方面是提升传统能源窄体飞机的气动性能、燃油效率、运行效率，以应对日益严峻的市场竞争；另一方面是创新能源动力形式，综合使用气动布局、智能化、新材料及能源管理等先进技术，不断提高机载电能使用比例及效率，突破混合电推进技术装机应用,并有望在 2050 年前后随着氢能动力核心技术的突破,实现零排放。为了实现这一发展路线，动力系统需联合供应商尽早布局突破混合电推进、氢能动力、全机综合热管理、高温超导等技术。气动布局方面，逐渐推进支撑翼、分布式电推进、BLI、BWB 布局等研究。结构设计方面，侧重液氢储送系统与机体结构一体化设计、液氢存储等技术，同时开展新气动布局、新型能源动力的适航分析和试验验证。

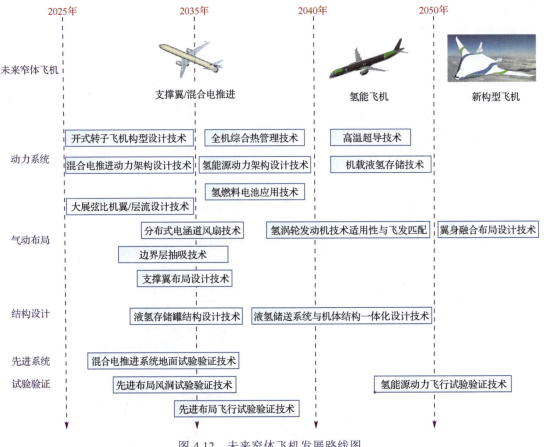

图 4.12　未来窄体飞机发展路线图

参考文献

[1] B RANDON GRAVER. CO$_2$ Emissions From Commercial Aviation 2019[R]. Washington D. C.: The International Council on Clean Transportation, 2019: 4-7.

[2] 于占福. 航空产业碳中和之路全方位解析[EB/OL]. (2021-08-24)[2024-03-01]. http://www.ccaonline.cn/yunshu/yshot/667761.html.

[3] 王妙香. NASA 亚声速大型飞机电推进技术研究综述[J]. 航空科学技术，2019，30(11): 8.

[4] JANSEN R, BOWMAN C, JANKOVSKY A, et al. Overview of NASA electrified aircraft propulsion (EAP) research for large subsonic transports[C]. 53rd AIAA/SAE/ASEE Joint Propulsion Conference. AIAA, 2017: 4701.

　　本章主要围绕宽体客机的国内外发展概况、需求分析、国内外研发进展、潜在方案与特点、关键技术及未来发展路线展开讨论，概述了宽体客机的发展概况，梳理了目前主制造商的主流宽体客机产品、宽体客机在全球及国内数量对比及各主制造商对未来宽体客机的预测。

　　尽管双层宽体飞机 A380 和波音 747 先后被宣布停产，但根据市场预测可知，未来市场对宽体客机的需求依旧非常旺盛。当然，在全球针对环境保护逐渐达成共识的大背景下，宽体客机由于本身起飞质量大、耗油高及大多用于洲际航线等特点，面临的减碳压力明显高于其他类型的飞机。目前，国内外均从传统能源的"降本增效"设计、新能源动力应用等方面开展研究。空客公司于 2020 年 9 月启动了 ZEROe 项目，拟在 2035 年之前推出一款最多可搭载 200 名乘客、航程大约为 6300km 的宽体客机，它采用 BWB 构型，并采用氢混合动力能源架构模式，超宽的机身为氢燃料的存储与分配、机舱的布局提供了多种选择。ATI 的 FlyZero 项目以波音 767-200ER 为原型提出了中型机概念，采用氢涡扇推进，可搭载 280 名乘客，设计最大航程为 10649km。英国克兰菲尔德大学、克兰菲尔德航空航天解决方案公司联合研发的混合电推进 BWB 新概念飞机项目 BW-11 Eagle Ray，载客量可达 800 人，航程可达 16700km，预计可降低燃油消耗 43%，计划 2030 年投入使用，该项目得到了波音公司的支持。美国初创公司 JetZero 发布了一项商用飞机计划，推出了 Z-5 BWB 飞机，以满足未来宽体飞机民航市场的需求，该公司希望该机型在 2035 年前后投入运营。

　　中国商飞公司结合型号研制和预研工作经验，并基于国内外生产配套能力、新技术开发水平及未来面临潜在能源形式压力，面向近、中、远期提出了 4 款潜在方案：中远程宽体飞机、远程洲际宽体飞机、氢能宽体飞机、BWB 传统能源飞机。在此基础上，结合未来宽体飞机产品的主要特点，从气动、结构、系统等与能源变革的结合更加紧密的几个方面概括了潜在关键技术，并分析研判了未来产品和技术发展的可能路线。未来宽体飞机的发展一方面是提升传统能源宽体飞机的气动性能、燃油效率、运行效率及气动布局；另一方面是创新能源动力形式，不断提高氢能航空应用技术的成熟度，并最终实现零排放。

5.1 国内外发展概况

  宽体客机大多为双通道喷气客机，在洲际航线上得到普遍应用，还可用于高密度客流的国内或地区内航线。从全球市场来看，目前波音公司和空客公司的宽体客机产品已经覆盖了 200～400 座级的民航市场，市场竞争相当激烈。波音公司最新的 787-8、787-9 和空客公司最新的 A350-1000 已经陆续投入使用。根据 Cirium 网站的数据，截至 2023 年 2 月，全球在役宽体客机共 5180 架，如图 5.1（a）所示，其中空客公司 1813 架，波音公司 3267 架。国内在役宽体客机共 503 架，如图 5.1（b）所示，其中空客公司 270 架，波音公司 233 架。

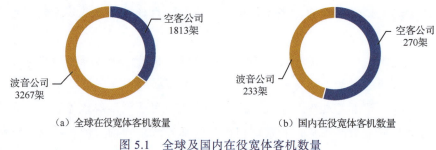

（a）全球在役宽体客机数量　　　　　　　　（b）国内在役宽体客机数量

图 5.1　全球及国内在役宽体客机数量

资料来源：Cirium 网站。

5.2 需求分析

  目前，国际间旅行全面恢复，双通道客机将重回市场，老旧机型大量退役，双通道客机的需求将大幅提高。根据《中国商飞公司市场预测年报（2022—2041）》预测，未来 20 年全球共交付各类型客机 42428 架，其中双通道喷气飞机 7694 架，如表 5.1 所示。中国航空运输市场将接收喷气飞机 9284 架，其中双通道飞机 2038 架。

表 5.1　2022—2041 年全球各类型客机交付量及价值预测

	涡扇支线飞机	单通道喷气飞机	双通道喷气飞机	总计
2022—2041 年交付量总计/架	4367	30367	7694	42428
价值总计/十亿美元	221	3643	2538	6402

资料来源：中国商飞公司网站。

  2023 年 6 月，空客公司网站发布 2023—2042 年全球航空市场预测，空客公司预测未来 20 年将要交付 40850 架新客机和新货机，其中 32630 架为单通道喷气飞机，8220 架为宽体飞机，预计宽体飞机的需求将受到长途运输量增长的推动。对于中国市场，空客公司预计未来 20 年将需要 9440 架新客机和新货机，其中 8020 架为单通道飞机，1420

架为宽体飞机。

2023 年 6 月，波音公司网站发布 2023—2042 年全球航空市场报告预测，未来 20 年需要交付 42595 架新客机和新货机，其中 32000 多架为单通道喷气飞机，7400 多架为宽体飞机。随着航空旅行的持续复苏，未来 20 年中国的飞机交付量将占全球飞机交付量的 1/5。除了对单通道飞机的需求，中国还需要 1550 架宽体飞机，主要是为了满足不断增加的国际航线需求。

通过各主制造商发布的市场预测可知，中国是未来 20 年全球最大的宽体客机需求国。一方面，中国国内和国际航空旅行快速增长。随着经济的不断发展，中国需要加强与全球各地的联系，宽体飞机对长途航班至关重要。宽体飞机可提供更大的载客量、更高的燃油效率和航程能力，以实现中国与遥远地区之间乘客的高效运输。另一方面，中国正在投资开发北京、上海和广州等主要航空枢纽，这些航空枢纽作为转机航班的中转站，能够让乘客在不同地区之间方便旅行，宽体飞机对于有效处理这些航空枢纽的高客流量至关重要。另外，随着中国经济的发展，国际货物运输的需求日益增长，宽体飞机能够提供必要的货运能力，以满足不断增长的货运需求。考虑到这些因素，中国的航空公司需要大量宽体飞机来满足日益增长的国际旅行需求，服务长途航线，连接全球目的地，促进货物运输并支持中国境内航空枢纽的发展。

5.3　国内外研发进展

5.3.1　现有宽体飞机情况

如表 5.2 所示，空客公司现有宽体飞机 A300 系列、A340 系列、A350 系列、A380 系列，波音公司现有宽体飞机 747 系列、767 系列、777 系列、787 系列。在役数量最多的两款飞机机型分别为 787-8/9/10X 和 777-300ER，订单数量最多的两款飞机机型为 787-8/9/10X 和 A350XWB-900。

表 5.2　空客公司现有宽体飞机情况

机　　型	座级/座	航程/km	主制造商（所在国家/地区）	在役数量/架	订单数量/架
A330-200/300/800neo/900neo	250	15094	空客（欧洲）	151	145
A350XWB-900	250	15372	空客（欧洲）	461	288
波音 777-200ER/LR	250	15844	波音（美国）	282	0
波音 787-8/9/10X	250	14010	波音（美国）	1063	709
波音 767-300ER	250	11070	波音（美国）	193	0
A300	250	7500	空客（欧洲）	169	0
A310	250	9540	空客（欧洲）	8	0

机　　型	座级/座	航程/km	主制造商（所在国家/地区）	在役数量/架	订单数量/架
A340-300/500/600	250	16670	空客（欧洲）	5	0
波音 767-200/300/400	250	12200	波音（美国）	728	40
波音 777-200	250	13080	波音（美国）	21	0
A350XWB-1000	350	16112	空客（欧洲）	78	148
波音 777-300ER	350	13649	波音（美国）	751	0
A340-600	350	14450	空客（欧洲）	17	0
波音 777-300	350	11165	波音（美国）	29	0
波音 747-8	400	14320	波音（美国）	127	0
A380-800	400	14800	空客（欧洲）	158	0
波音 747-400	400	14205	波音（美国）	23	0

资料来源：Cirium 网站，2023 年 11 月。

5.3.2　前沿概念方案

1. 空客公司的 ZEROe BWB 布局概念飞机

空客公司于 2020 年 9 月启动了 ZEROe 项目，计划在 2035 年之前实现客机二氧化碳净零排放，根据空客公司的 BWB 布局概念飞机设计，该机最多可搭载 200 名乘客，航程大约为 6300km，与窄体客机的航程相当。该机采用 2 台氢混合动力涡扇发动机，通过混合电力系统驱动机身后部上表面的 6 个风扇，还配备液氢存储与分配系统，液氢燃料箱设计在机翼下方。这种方案的优点在于超宽的机身为氢燃料的存储与分配、机舱的布局提供了多种选择。

2. ATI 的 FlyZero 氢能宽体飞机

2021 年 2 月，在英国商业、能源与工业战略部的支持下，ATI 启动了一个关于零排放商业飞行的顶层研究项目——FlyZero，中型机概念以波音 767-200ER 为原型，氢涡扇推进，可容纳 280 名乘客，设计的最大航程为 10649km。出于质量和平衡方面的考虑，需要在机翼附近的机体位置布置较大的液氢燃料箱，这样一来其机体直径接近 A350 或波音 777 等大型宽体飞机。

3. 克兰菲尔德大学的 BW-11 Eagle Ray 项目

BW-11 Eagle Ray 是由英国克兰菲尔德大学、克兰菲尔德航空航天解决方案公司联合研发的混合电推进 BWB 新概念飞机项目。该项目飞机机长 48m，翼展 80m，载客可达 800 人，巡航速度为 $0.85Ma$，航程可达 16700km，预计可降低燃油消耗 43%，计划 2030 年投入使用。该项目得到了波音公司的支持。

4. NASA 的 N3-X 项目

NASA 提出了 N3-X 概念飞机,探索 BWB 布局与基于超导电机和功率分配的全涡轮电及全分布式推进系统相结合在燃料节省方面的收益。N3-X 概念飞机如图 5.2 所示,该机巡航速度为 $0.84Ma$,载客 300 人,采用全涡轮电、全分布式(由 16 台尾部电机驱动风扇)、BWB 布局,通过翼尖安装的 2 台涡轮轴发动机驱动发电机发电,每台发动机驱动 2 台发电机,总发电功率约为 50MW。每台发电机为一组推进系统供电,每组推进系统由 3～4 台推进装置组成,单台推进装置的推进功率为 2.5MW,总推进功率约为 35MW。4 台发电机之间相互隔离,也可以通过开关进行切换。每组推进系统中的电动机/风扇组均匀分布在机身上,以在发电机发生故障的时候仍能提供平衡的推力。实验结果表明,与常规 777-200LR 构型相比,N3-X 构型的燃油消耗减少了 70%,其中具有 BLI 风扇的涡轮分布式推进系统贡献 33%,BWB 结构贡献 14%,其他因素贡献 23%。

图 5.2　NASA 的 N3-X 概念飞机

资料来源:NASA 网站。

5. JetZero 的 BWB 布局飞机 Z-5

初创公司 JetZero 推出了一款全复合材料 BWB 布局飞机 Z-5,设计航程约为 9000km,最多可搭载 250 名乘客。与传统的管状设计相比,BWB 布局飞机极大地提高了气动效率,同时由于机身采用全复合材料,因此阻力和质量更小,发动机的尺寸也缩小了,这进一步减小了飞机的阻力和质量,整体燃油消耗和排放量仅为其所取代的老龄化机队的一半。虽然 BWB 布局飞机最初的设计是基于 SAF 的传统油箱,但该公司表示,BWB 布局可为未来的液氢油箱提供充足的内部空间。

综上所述,国内外宽体飞机主要前沿概念方案汇总如表 5.3 所示。

表 5.3　国内外宽体飞机主要前沿概念方案汇总

飞　机	能源形式	座级/座	航程/km	预计服役时间
空客公司的 ZEROe BWB 布局概念飞机	氢混合动力	200	6300	2035 年
ATI 的 FlyZero 氢能宽体飞机	氢动力	280	10600	2050 年
BW-11 Eagle Ray	混合电推进	800	16600	2030 年
NASA 的 N3-X	电推进	300	14000	—
JetZero 的 BWB 布局飞机 Z-5	SAF	250	9260	2035 年

潜在方案与特点

5.4.1　潜在方案 A：中远程宽体飞机

潜在方案 A（见图 5.3）以波音 787 和空客 A330 为对标机型，采用双通道客舱布局，最大航程超过 12000km，载客量为 250～350 人，预计 2030 年进入市场。

图 5.3　潜在方案 A

潜在方案 A 机身配备超临界后掠下单翼、前三点可收放起落架、常规型尾翼，翼吊两台涡扇发动机。机身长 63.07m，翼展 61m，总高 17.91m。未来可覆盖的航程区域以上海为圆心，往西可达非洲西南部，往东可达北美洲东南部，往南可达南极洲，往北可完全覆盖北极。在机身剖面方面，潜在方案 A 机身总高 6.068m，介于竞争机型 A350 的 6.096m 和波音 787 的 5.956m 之间；总宽 5.920m，同样介于 A350 的 5.969m 和波音 787 的 5.731m 之间；复合材料占比达 51%，主要分布于机身的窗框、起落架舱门、客/货舱门、翼身整流罩等部位，以及机翼、尾翼、短舱等部位。其余材料中，铝合金占 20%，钛合金占 15%，钢占 7%。在机载系统方面，潜在方案 A 将采用全时、全权限数字电传操纵，综合模块化航电系统，并采用多电技术。

5.4.2　潜在方案 B：远程洲际宽体飞机

潜在方案 B（见图 5.4）采用双通道客舱布局，航程为 16000～18000km，座级为 350～400 座，预计 2035—2040 年进入市场。潜在方案 B 对标波音 777X 和空客 A350-1000 机型，主要实现洲际航行任务，完善国产民用飞机产品谱系。

图 5.4　潜在方案 B

潜在方案 B 拟采用常规布局，机翼为超临界后掠下单翼，翼梢可折叠，机头采用流线形设计，机身典型剖面采用三段圆弧设计，后机身为蜂腰式形状，尾翼为常规布局，发动机采用翼吊形式，起落架为前三点布局。为适应未来"碳达峰、碳中和"的需求，潜在方案 B 采用多电系统架构、超大涵道比的发动机和先进的飞机气动设计，以保障飞机具有优越的油耗和升阻特性；采用先进的复合材料和金属材料，在减轻质量的同时考虑低成本的材料制备工艺，促使机体满足小质量和低成本的设计要求；采用全时、全权限、非相似余度电传操纵，并采用主动载荷控制技术，在提升飞机安全性的同时兼顾飞机的经济性。

5.4.3　潜在方案 C：氢能宽体飞机

潜在方案 C 采用双通道客舱及双层客舱布局，目前航程为 6000～10000km，座级为 350 座，预计 2040—2050 年进入市场。该方案拟采用氢能，由于机身截面直径较大，优先考虑氢燃料储罐位于机身前后两端的构型。考虑到双层客舱的设计可以缩减客舱长度，节省出来的长度空间可用于放置氢燃料储罐。所以，液氢方案应结合双层客舱方案研究。

氢能远程宽体客机的翼载选取存在矛盾：着陆质量大，巡航高度低，低速特性和巡航效率之间的矛盾突出，采用小机翼面积配合复杂的襟翼构型可满足高低速需求的矛盾。根据机身截面形状，潜在方案 C 可分为 C-1 和 C-2 两种方案。这两种方案均为双层客舱布局，C-1 方案机身截面相比 C-2 方案更小，也更细长，C-1 和 C-2 两种方案的氢燃料储罐布置形式分别如图 5.5、图 5.6 所示，机身截面对比如图 5.7 所示。

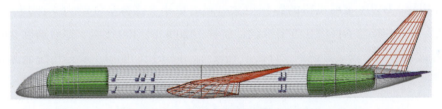

图 5.5　C-1 方案氢燃料储罐布置形式

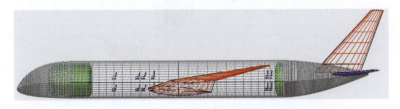

图 5.6　C-2 方案氢燃料储罐布置形式

在质量方面，采用与燃油基线方案增量变化分析的方法开展研究（包括机翼形式、着陆质量、客舱等部分发生变化）；在气动效率方面，采用阻力分解的方法开展初步评估，得到的基本参数如表 5.4 所示。在起飞质量方面，C-1 方案相比基线方案减少 1.7%，C-2 方案相比基线方案减少 2.4%；在升阻比方面，由于潜在方案 C 降低了巡航高度，机翼面积相比传统燃油方案有所降低，C-1 方案升阻比提高了 5.6%，C-2 方案升阻比提高了

4.2%。

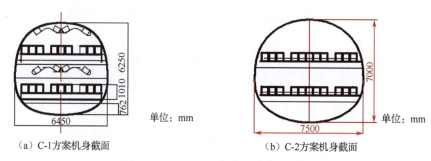

（a）C-1方案机身截面   （b）C-2方案机身截面

图 5.7　C-1、C-2 方案机身截面对比

表 5.4　潜在方案 C 的基本参数

参　　数	燃油基线方案	氢燃料 C-1 方案	氢燃料 C-2 方案
起飞质量/kg	344449	338627	336316
使用空重/kg	174934	254931	252337
燃料质量/kg	127697	41878	42161
升阻比	21.4	22.6	22.3

5.4.4　潜在方案 D：BWB 传统能源飞机

潜在方案 D 采用 BWB 布局（见图 5.8），机翼无缝融入机身，翼梢可变形。同传统布局飞机相比，BWB 布局飞机的容积更大、阻力更小，符合空气动力学原理，并减少了燃料消耗、噪声和排放。该潜在方案拟设计航程 14200km，300 座级，巡航速度 0.85Ma，预计 2050 年之后进入市场。考虑到设计的航程较远，拟采用的能源主要是传统能源和 SAF。

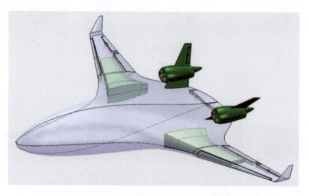

图 5.8　潜在方案 D 的 BWB 布局

经过初步估算，潜在方案 D 的基本参数如表 5.5 所示，在起飞质量方面，潜在方案 D 相比波音 787-9 可减少 9%，升阻比可提高 9%，此种非常规布局方案具有明显的巡航效率优势，可显著提升民用飞机的经济性，但也面临安全性与舒适性、操稳特性、非圆形截面设计等技术瓶颈。

表 5.5 潜在方案 D 的基本参数

参 数	波音 787-9	潜在方案 D
起飞质量/kg	254000	230000
航程/km	14140	14200
座位数/座	290	300
升阻比	22	24

5.5 关键技术清单

宽体飞机的发展要参考市场需求和航空技术两者之间的关系。宽体飞机将继续大量采用气动布局、结构设计和先进系统等技术领域的最新成果，在确保安全性、可靠性的前提下，朝着更经济、更环保、更舒适的方向发展。

气动布局方面，层流减阻设计可有效降低摩擦阻力，使大型飞机具备高航程、低油耗的气动性能优势。当前，复合材料应用和表面加工水平的提高使层流减阻设计的制造成本大幅降低，层流减阻设计成为下一代绿色环保大型飞机设计中重点考虑的技术。开展飞机机翼类、短舱类部件的层流气动设计，通过对机身、机翼、尾翼等气动外形结构的优化设计，提高自然层流/混合层流控制技术，从而显著降低飞行的整体阻力，大大提高飞机的航程和速度，明确结构设计、制造工艺、振动噪声和复杂飞行工况对层流减阻设计效果的影响，最大限度地提高层流覆盖面积，这些是未来大型客机具备气动性能先进性的重要保证。

结构设计方面，利用高性能材料（主要包括陶瓷基复合材料、自适应纤维复合材料、形状记忆合金、热塑性复合材料等），可进一步减少飞机结构质量，实现轻量化设计，从而实现结构减重、飞机性能提升等功能。通过主动控制的可变形翼梢小翼可自动适应飞行条件，进一步减少燃油消耗，提升飞行安全性，确保在起降环节拥有最佳的空气动力学性能，减少噪声和污染物排放。变体结构技术具有提高飞机的气动效率、减少油耗和噪声等优点，具体包括可变翼展技术、可变进气道技术及可变控制面（平尾/垂尾）技术等，通过自适应设计和智能化设计，可提高飞机结构的稳定性、可靠性及安全性。智能制造研究基于混合现实（Mixed Reality，MR）、计算机视觉等技术，促进先进复合材料制造、增材制造、自动装配的智能化发展，提高制造精度和效率。

先进系统方面，利用智能飞行和智慧服务等技术，可提高产品智能化水平、运行效率。智能驾驶舱领域，突破单一飞行员驾驶等创新。智慧服务领域，研发全新互动式智慧客舱，支持旅客出行全过程的数字化转型。民用飞机健康预测与管理技术指通过空地协调配合方式实现对系统（包括发动机）的预测与健康管理能力，使机载具备数据采集、状态监测、故障诊断能力，同时通过对结构进行状态监测，构建全生命周期的监控能力，实现对结构状态的全面诊断和预测。

基于现阶段对未来宽体飞机的认知程度，本章总结分析了需要重点关注的关键技术清单，如表 5.6 所示。

表 5.6　未来宽体飞机关键技术清单

适 用 对 象	关键技术分类	关 键 技 术	优 先 级
未来宽体飞机	气动布局	层流短舱设计技术	高
		自然层流/混合层流控制技术	高
	结构设计	基于高性能材料的结构设计制造一体化技术	中
		可变形翼梢小翼技术	高
		变体结构技术	中
		智能化设计及制造技术	高
	先进系统	飞机多电系统设计及能量管理验证技术	高
		面向智能飞行的先进飞控设计技术	中
		健康预测与管理技术	低

5.6　发展路线图

经过研究和分析，本章整理了未来宽体飞机发展路线图，如图 5.9 所示，供大家参考。

图 5.9　未来宽体飞机发展路线图

　　未来的宽体飞机将继续在提高安全性、可靠性的基础上，朝着更经济、更环保、更舒适的方向发展。由于受宽体飞机航程与座级的限制，新能源动力创新变革难度较大。为了保证未来宽体飞机满足碳减排的强制性要求，需要在设计阶段和发动机选型工作中不断挖掘减碳裕度，同时探索 100% SAF 飞行验证。为了实现这一发展路线，在气动布局方面，可发展层流短舱设计技术，不断积累层流设计相关经验并持续推进自然层流/混合层流控制技术在宽体飞机上的应用；在结构设计方面，首先验证可变形翼梢小翼在宽体飞机上的应用，并逐步探索变体结构技术，推进基于高性能材料的结构设计制造一体化技术；在先进系统方面，加强推进飞机多电系统设计及能量管理验证技术、智能驾驶舱技术的应用，不断提高相关技术成熟度，并结合面向智慧飞行的先进飞控设计技术、全面四维航迹、综合健康管理技术等提升飞机竞争力。

参考文献

[1] 邓智亮. 宽体客机市场简析[J]. 科技资讯，2017，15(23): 109-110.

[2] 王翔宇. 英国零碳飞行发展愿景分析[J]. 航空动力，2022(3): 24-27.

[3] MARTÍNEZ R M. Design and analysis of the control and stability of a blended wing body aircraft[R]. Sweden: Royal Institute of Technology (KTH), 2014.

[4] FELDER J L. NASA N3-X with turboelectric distributed propulsion[R]. Washington D. C.: NASA, 2014.

[5] The Blended Wing Solution [EB/OL]. https://www.jetzero.aero/.

[6] C929 总设计师：未来希望考虑星际客机[EB/OL]. (2017-09-21)[2024-03-01]. https://www.thepaper.cn/newsDetail_forward_1802093.

超声速客机 第6章

本章主要围绕超声速客机的国内外发展概况、主要需求、国内外研发进展、潜在方案与特点、关键技术及发展路线展开讨论。

超声速客机能够满足人们更快速、更便捷与更舒适的出行愿望，具备潜在的市场价值，是未来民用飞机的重要发展方向之一。历史上英国和法国联合研制的协和式超声速客机、苏联研制的图-144超声速客机曾投入市场运营，开启了人类超声速旅行的新时代。英国航空公司和法国航空公司共运营16架协和式客机，主要执飞伦敦、巴黎至纽约航线，将跨大西洋飞行时间由7h缩短到3.5h。目前而言，声爆问题是阻碍超声速客机重返蓝天的最主要障碍之一，因此协和式客机仅能在海洋或沙漠上空进行超声速飞行，极大地限制了可运营航线的数量。此外，经济性、起降噪声和污染物排放等也是超声速客机持续运营需要解决的重点问题。近几年来，国际航空界持续大力推进超声速客机研究：FAA和ICAO正在考虑为未来的超声速客机制定声爆和起降噪声适航标准；NASA联合洛克希德·马丁公司持续推进低声爆验证机X-59的设计、制造和试飞工作，目前该验证机已经下线，即将开展首飞前的地面测试；初创公司博姆公司、Exosonic公司持续推进超声速客机研发，并已获得多家航空公司的订单，其中博姆公司已开始超声速客机"序曲"的FAA认证程序。

我国超声速客机研究工作相比国外起步较晚。2009年之后，国内相关航空企业、研究院所和高校围绕声爆预测、低声爆设计、总体气动布局、气动设计和超声速层流等方向开展研究工作，完成了相关的地面和飞行试验。中国商飞公司北研中心自2015年开始围绕巡航速度1.8Ma、座级30～50座的低声爆超声速客机开展技术研究工作，在总体气动布局、声爆预测、低声爆设计、高速气动设计及飞机与发动机（以下简称"飞发"）匹配等方面积累了技术基础，并先后完成了超声速风洞试验、层流机翼飞行试验和声爆飞行测试。展望未来，国外超声速客机有望在2030年进入市场，我国各研究机构需形成合力，共同推进我国超声速客机的研究工作。

6.1 国内外发展概况

人们对更快速、更便捷与更舒适的出行的渴望，不断推动商用飞机向着更快的飞行速度发展。历史上，超声速客机曾一度投入航线运营，但由于受到环境与经济性问题的影响，最终退出民航市场。进入 21 世纪以来，随着航空技术的不断进步和人们更高速的出行需求的增加，超声速客机再度进入人们的视野。从我国未来交通运输体系发展趋势看，高速铁路里程已超过 40000km，速度 600km/h 的磁悬浮列车已成功试跑，速度超过 1000km/h 的超级高铁也正在研究之中，民航相对于铁路的速度优势逐步减弱。进一步提高民用飞机的飞行速度、发展超声速客机是民航业未来的发展方向之一。

6.1.1　产品发展历程

20 世纪 50 年代，亚声速喷气客机逐步进入民航运输市场，为乘客带来了更便捷、更快速与更舒适的旅行体验。随后，世界上第一款实用化的超声速军用飞机——F100 "超级佩刀"战斗机出现，飞行速度更快的超声速客机在当时被人们普遍视为民航业未来的发展方向。1960 年之后，英国、法国、美国和苏联相继计划开展超声速客机的研发工作，主要项目包括英法协和式客机、苏联图-144 客机及美国超声速运输机。

协和式客机由英国和法国联合研制，1976 年投入航线运营，巡航速度 2.04Ma，最大起飞质量 185t，标准载客量 100 人，最大航程 7200km。英国航空公司和法国航空公司共计运营 16 架协和式客机，主要执飞英国伦敦、法国巴黎至美国纽约的跨大西洋航线，将跨大西洋飞行时间由 7h 缩短到 3.5h。除定期航线之外，协和式客机还提供包机业务，为高端商旅人群提供定制化出行服务。2000 年之后，受到巴黎戴高乐机场空难、"9•11" 恐怖袭击及全球经济衰退等因素的影响，加上自身技术逐渐落后，协和式飞机于 2003 年全部退役，结束了长达 27 年的服役历程。

图-144 客机由苏联图波列夫设计局负责研制，1975 年投入航线运营，巡航速度 2.0Ma，最大起飞质量 180t，标准两舱布局载客 98 人，最大航程 6500km。图-144 客机共生产了 16 架，全部由苏联 Aeroflot 公司运营，初期提供莫斯科与阿拉木图之间的货运及邮政服务，自 1977 年 11 月开始提供客运服务。图-144 客机一共完成了 102 架次正式客运及货运航班，其中客运航班 55 架次。由于飞机安全性和发动机高油耗等问题，图-144 客机的商业化运营历经曲折，1978 年 5 月发生空难后，图-144 客机退出 Aeroflot 公司客运行列。

1963 年，在欧洲和苏联超声速客机研制计划的刺激下，时任美国总统肯尼迪批准了 "国家超声速客机计划"，承诺美国政府资助超声速客机研发经费的 75%，拟订的飞机技术指标为巡航速度 2.7～3.0Ma，载客量 250 人，航程达到 7200km。项目由 FAA 负责，波音公司、洛克希德•马丁公司与北美航空公司竞标机体部分，柯蒂斯-莱特公司、普惠公司和 GE 公司竞标发动机部分。1966 年，波音公司和 GE 公司的方案获选。后来由于美国公众对超声速客机环境污染与声爆问题较为担忧，再加上高昂的研制经费，美国国会于 1971 年终止了对超声速客机的拨款，该计划随之终止。

自 20 世纪 90 年代开始，NASA 启动高速民用运输机计划，提出研究一款巡航速度 2.4*Ma*、载客量 300 人、航程 9200km 的大型超声速客机，具备跨太平洋飞行能力。该计划吸收了 20 世纪 60 年代波音公司超声速客机的部分研究成果，并兼顾燃油效率、噪声、声爆及污染物排放等要求，重点开展了高低速气动、发动机及声爆等方面的技术研究。美国高速民用运输机概念外形如图 6.1 所示。

图 6.1　美国高速民用运输机概念外形

资料来源：NASA 网站。

6.1.2　产品发展趋势

协和式客机和图-144 客机诞生于 20 世纪 70 年代，采用无尾式布局、涡升力增升、下垂机头等新技术，其设计方案代表了当时航空科技的最高水平。随着飞机设计技术的进步、新技术的发展及民用飞机设计标准的不断提高，需要在协和式客机和图-144 客机的基础上探索更加有效的超声速客机方案，以满足未来超声速客机低声爆、低油耗、低排放及低噪声的要求。

21 世纪以后，民航运输业对飞机经济性与环保性的要求逐步提高，这对未来超声速客机的机场噪声、声爆和污染物排放等指标提出了更加苛刻的要求。为此，以美国为代表的航空强国开展了大量的超声速客机技术预研工作。2006 年前后，NASA 启动"新一代航空运输系统"（Next Generation Air Transportation System，NextGen）计划，该计划针对超声速客机提出了近期、中期和远期主要技术指标，如表 6.1 所示。由此可见，超声速客机要想进入民航市场，必须保证机场噪声、声爆和污染物排放等关键指标满足未来的要求，特别是声爆水平需要大幅降低（协和式客机声爆高达 107 PLdB），满足即将制订的声爆适航标准要求。机场噪声、声爆及污染物排放与飞机的尺寸、质量和巡航速度直接相关，尺寸小、质量小、巡航速度相对较低的超声速公务机或小型超声速客机在技术上更容易实现，且可兼顾商业需求和技术验证的目的。综合超声速客机技术发展与市场需求情况，航空界逐步由巡航速度 2.0*Ma* 及以上的大型超声速客机转向巡航速度 2.0*Ma* 以下的中小型环保超声速客机。

表 6.1　美国 NASA NextGen 计划提出的超声速客机主要技术指标

主 要 指 标	N+1 代超声速公务机 （2015 年）	N+2 代小型超声速客机 （2020 年）	N+3 代大型超声速客机 （2030 年以后）
巡航速度/Ma	1.6～1.8	1.6～1.8	1.3～2.0
航程/km	7200	7200	7200～10000
载客量/人	6～20	35～70	100～200
声爆/PLdB	65～70	70	65～70
机场噪声/EPNdB （低于第 4 阶段）	0	–10	－（0～20）
污染物排放/（g/kg）	与常规亚声速客机相当	小于 10	小于 5
燃油效率/（海里/磅）	1.0	3	3.5～4.5

资料来源：NASA 网站。

在超声速商用飞机的经济性方面，以现有的气动、发动机性能数据为基础，经过初步测算，超声速商用飞机的座百公里油耗约为现有亚声速宽体客机的 4 倍。

在超声速客机的适航标准方面，由于超声速客机采用的总体布局和发动机型式同常规亚声速客机有较大的不同，所以亚声速客机的适航标准并不能完全适用于超声速客机。为助力超声速客机早日重返蓝天，ICAO、FAA 及 EASA 等机构正着手开展超声速客机机场噪声、声爆及污染物排放等的适航标准的修订。据 ICAO 预计，2025 年前后将推出超声速客机相关适航标准。

在超声速客机的技术进展方面，2000 年以后低声爆设计技术取得了较大的进展，NASA 已完成低声爆超声速客机构型的风洞测试工作，取得了预期的低声爆设计效果，当前正在开展低声爆验证机 X-59 的飞行演示验证工作。在适当降低超声速飞机的巡航速度后，气动加热严重程度相对改善，轻质耐高温复合材料预计可应用于超声速客机结构，在满足结构强度要求的基础上可减少结构质量。CFD 与先进气动设计技术的应用，有望提高超声速客机高/低速气动性能，降低起飞和着陆阶段的噪声。随着航空技术的不断发展，曾经制约超声速客机发展的技术问题正在逐步得到解决。

在超声速客机的发动机方面，大推力中小涵道比涡扇发动机的应用可降低发动机噪声、污染物排放及耗油率，如 GE 公司曾推出 Affinity 超声速商用发动机。未来更加先进的变循环发动机可解决起飞、亚声速及超声速飞行工况与发动机性能之间的矛盾，飞机与发动机的匹配特性比传统的涡扇发动机更好，能够满足大推力、低噪声、低油耗及低排放要求。国际上，2020 年，GE 公司的 XA-100 变循环发动机已成功点火，正在开展相关的地面测试工作。可以预见，对超声速客机发展至关重要的动力问题也将逐步得到解决。

6.2　需求分析

从战略需求方面来看，超声速客机属于变革性民用飞机产品，有可能颠覆远程跨洋或洲际旅行方式，是世界航空强国一直追求的目标。继协和式客机之后，世界主要航空强国一直致力于发展超声速客机。2020年，俄罗斯中央空气流体研究院牵头组建国家超声速技术研究中心，获得政府资助1840万美元。俄罗斯预测，超声速公务机的全球需求量为400架，预计总产值300亿～500亿美元。2023年3月，美国白宫科技政策办公室发布了美国国家科技委员会编制的《国家航空科技优先事项》，其中概述了美国政府在航空领域未来的战略重点，以确保美国在全球航空业和国家安全应用方面的优势。该文件提出了三大航空战略优先事项，发展超声速和高超声速商用飞机、促进连通性并提高巡航速度是其中之一。2023年，NASA更新《航空战略实施规划2023》，该实施规划将超声速商用飞机列为六大战略重点之一，期望美国未来保持在民航业的领先地位。

从商业可行性角度来看，超声速客机能够满足人们更快速旅行的愿望，具备潜在的商业价值。从协和式客机的运营历程来看，超声速客机产品拥有潜在客户群体，能够为航空公司带来可观的盈利。协和式客机自1976年投入使用后，运送旅客数量达250万人次，在全球经济繁荣时期，协和式客机平均每年为英国航空公司赚取3000万～5000万英镑的利润。在服役生涯中，协和式客机共产生17.5亿英镑的收入，而运营成本约为10亿英镑。

展望未来，新冠疫情全球大流行结束后，国际/地区间的出行需求快速恢复，全球商载客公里和经济舱位/高级舱位需求（见图6.2）持续恢复。超声速客机主要运营国际和地区航线，服务对象主要为乘坐亚声速客机头等舱和商务舱的人群，因此超声速客机拥有潜在的市场。国外航空公司也对超声速客机持积极态度，目前已有航空公司订购正在研发中的超声速客机。以初创公司博姆公司研制的超声速客机产品"序曲"（Overture）为例，2016年维珍航空支付了15架的订金；2017年日本航空支付了20架的意向金；2021年6月美国联合航空公司购买15架，并计划后续再购买35架；2022年8月美国航空公司订购20架，此外还有一笔40架的意向订单。

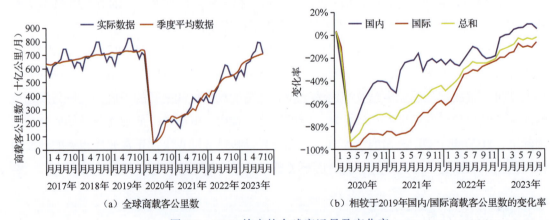

（a）全球商载客公里数　　　　（b）相较于2019年国内/国际商载客公里数的变化率

图6.2　IATA给出的全球客运量及变化率

资料来源：IATA网站。

6.3 国内外研发进展

超声速客机一直是航空强国追求的目标，表 6.2 为协和式客机退役后世界主要航空强国实施的超声速客机研发计划。

表 6.2 世界主要航空强国实施的超声速客机研发计划

国 家	研 发 计 划
美国	洛克希德·马丁公司的超声速客机
	Spike Aerospace 公司的 S-512 超声速客机
	湾流公司的超声速客机
	Exosonic 公司的超声速客机
	博姆公司的"序曲"超声速客机
英国	维珍航空的超声速客机
法国	达索公司的超声速公务机
俄罗斯	俄罗斯超声速客机
日本	日本超声速客机

6.3.1 美国 NASA X-59 低声爆超声速验证机

NASA X-59 是由洛克希德·马丁公司负责研制的单座单发低声爆超声速验证机，起飞质量为 14.7t，设计巡航速度为 1.42Ma，如图 6.3 所示。X-59 主要用于验证超声速低声爆设计技术和收集地面声爆试飞数据，并将相关数据提供给 FAA 和 ICAO 作为修订声爆适航标准的参考数据，用以解除民用飞机陆地上空的超声速飞行禁令。目前 X-59 已经完成组装和下线，即将进行试飞前的地面测试。

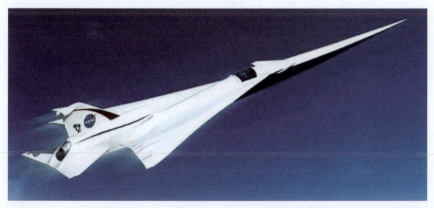

图 6.3 NASA X-59 低声爆超声速验证机

资料来源：NASA 网站。

6.3.2 美国博姆公司超声速客机

美国博姆公司的"序曲"超声速客机的巡航速度为 $1.7Ma$，载客量为 64～80 人，航程为 7800km。2020 年 9 月，美国空军授予博姆公司研究合同，具体研究"序曲"超声速客机作为美国总统专机"空军一号"的可行性。根据博姆公司官网公布的计划，"序曲"于 2024 年启动生产，2025 年推出，2026 年实现首飞。2023 年，博姆公司在巴黎航展上宣布选定西班牙 Aernnova Aerospace 公司为机翼结构供应商，西班牙 Aciturri 公司为尾翼结构供应商，意大利 Leonardo 公司为机身结构供应商。博姆公司于 2020 年 10 月推出了 1/3 缩比验证机 XB-1，该验证机为单人单座，最大起飞质量为 6.1t，最大巡航速度为 $2.2Ma$，目前正在美国加利福尼亚州莫哈维基地进行地面测试工作。2023 年 8 月，FAA 授予 XB-1 试飞许可证书，为该验证机接下来的试飞工作奠定了基础。

6.3.3 俄罗斯超声速客机

2020 年，俄罗斯中央空气流体研究院联合茹科夫斯基研究-格罗莫夫飞行研究所、莫斯科国立大学及巴拉诺夫中央航空发动机研究所等俄罗斯顶尖研究机构，组建国家超声速科学中心，重点围绕空气动力学、低声爆超声速飞机概念设计、气动声学、振动、结构完整性、智能制造、航空发动机、人工智能及飞行安全等方面开展工作，目标是在 2026 年之前开发巡航速度为 $1.8Ma$ 的低声爆超声速验证机。

6.3.4 国内超声速客机研究工作

与国外航空强国相比，我国超声速客机研究工作起步较晚。2009 年以来，国内相关单位围绕低阻低声爆气动布局、声爆预测、低声爆设计及风洞试验等方面开展了相关研究工作，积累了一定的技术基础。图 6.4 为国内超声速客机技术研究。

中国航空研究院在低阻低声爆气动布局、声爆预测和声爆飞行测试技术等方面开展了相关工作，2020 年完成了地面声爆飞行测试。中国航空工业空气动力研究院开展了声爆预测技术、声爆飞行试验，依托 FL-60 三声速风洞完成了基于测压轨的声爆近场风洞试验。中国空气动力研究与发展中心开展了声爆预测和低声爆优化设计技术研究，针对一种低声爆布局超声速公务机开展了声爆优化设计。西北工业大学开展了声爆预测、低声爆设计与优化、声爆静音锥、气动优化、超声速层流设计等研究工作，并梳理了新一代超声速客机气动关键技术。南京航空航天大学开展了低声爆进气道设计和短舱布局对声爆影响的研究，完成了流线追踪型超声速进气道设计和计算分析。中国航空工业空气动力研究院开展了低声爆布局优化设计研究，针对机身和机翼的平面形状进行了低声爆优化。北京航空航天大学开展了声爆预测和低声爆设计技术研究，梳理了低声爆设计技术的发展现状及国内外的研究进展。

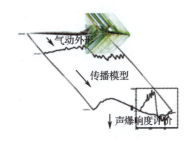

（a）新概念布局研究　　　　　　　　　　（b）声爆高精度预测

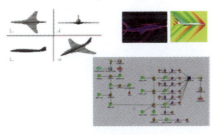

（c）低阻低声爆设计　　　　　　　　　　（d）声爆风洞试验测试

图 6.4　国内超声速客机技术研究

中国商飞公司北研中心自 2016 年开始，持续开展超声速商用飞机市场需求、发展路线和技术研究工作，持续在超声速商用飞机总体气动、声爆预测及低声爆设计、飞发匹配等方面开展相关工作，形成了低阻低声爆气动布局设计、声爆预测、低声爆设计、超声速机翼弯扭设计等技术能力。2018 年成功完成了声爆飞行测试，2019 年完成了超声速层流机翼飞行试验测试，2021 年完成了超声速商用飞机高速构型测力风洞试验测试。2021 年之后，围绕超声速商用飞机适航、总体气动布局、飞发匹配、低声爆、耐高温材料、宽速域飞控和等效目视驾驶舱等关键技术开展持续研究。

6.4　潜在方案与特点

超声速客机潜在方案的概念外形如图 6.5 所示。该潜在方案采用的低声爆机头设计保证了平衡与操纵，总体布置如图 6.6 所示。该潜在方案采用细长形机身设计，可以降低超声速声爆和飞行阻力；驾驶舱采用等效目视系统，可以为驾驶员提供起飞/着陆视野；取消下垂式机头设计，可以降低机构设计的复杂性；采用细长三角翼与面积律设计，可以提高超声速升阻比，削弱声爆强度；采用无加力涡轮风扇发动机，可以保证在巡航阶段提供足够的推力，降低起飞/着陆阶段的机场噪声。

超声速客机潜在方案的主要参数如表 6.3 所示，潜在航线与亚声速客机飞行数据对比如表 6.4 所示。

图 6.5　超声速客机潜在方案的概念外形

图 6.6　超声速客机潜在方案的总体布置

表 6.3　超声速客机潜在方案的主要参数

主 要 参 数	参 数 值
巡航速度/Ma	1.8
航程/km	7500
座级/座	30～50
最大起飞质量/t	110
燃油质量/t	58
机长/m	62
翼展/m	25

表 6.4　潜在航线与亚声速飞机飞行数据对比

起点/目的地		巡航速度/Ma		飞行时间/h	
		亚声速飞机	超声速飞机	亚声速飞机	超声速飞机
起点	北京				
目的地	巴厘岛	0.85	1.80	7.0	4.3
	伦敦			10.5	5.7
	旧金山			11.0	6.0
	约翰内斯堡			10.5	5.7

6.5　关键技术清单

超声速客机技术复杂、难度大，要满足安全性、经济性、环保性与舒适性要求，需要突破一系列关键技术。基于前期的研究，本章归纳与梳理了超声速客机关键技术清单，如表 6.5 所示。

表 6.5　超声速客机关键技术清单

适 用 对 象	关键技术分类	关 键 技 术
超声速客机	总体气动	低阻低声爆设计技术
		宽速域飞发匹配设计技术
		低噪声/低排放设计技术
	结构材料	新材料/轻量化结构设计技术
		机体热防护技术
	航电/飞控	宽速域飞行控制技术
		驾驶舱等效目视技术

6.5.1　总体气动

1．低阻低声爆设计技术

该技术可以降低超声速飞机超声速巡航飞行阶段的声爆和阻力，是未来超声速飞机重返蓝天必须突破的技术，主要技术点包括先进低阻低声爆气动布局设计、超声速流场高精度数值模拟、高精度声爆预测、低声爆设计与优化、跨/超声速面积律减阻、机翼弯扭设计、超声速层流与风洞试验等。

2．宽速域飞发匹配设计技术

该技术可以保证超声速飞机的推力需求与发动机的高效稳定工作，主要技术点包括宽速域低声爆进气道设计、高效多功能排气系统设计及飞机/发动机集成设计等。

3．低噪声/低排放设计技术

该技术可以保证超声速飞机起飞/着陆时的低机场噪声、低舱内噪声、低污染物排放，主要技术点包括机体噪声预测与降噪设计、发动机喷流噪声预测与降噪设计、舱内隔声设计及发动机低排放设计等。

6.5.2 结构材料

1. 新材料/轻量化结构设计技术

该技术可以保证超声速飞机的结构完整性，减少飞机质量，主要技术点包括大后掠细长机体结构设计及验证、颤振设计及验证、耐高温结构件增材制造等。

2. 机体热防护技术

该技术可以保证超声速飞机在长时间超声速巡航过程中人员、结构、系统及燃油处于适宜的环境中，主要技术点包括超声速气动热预测、高温多场耦合分析、热防护材料与结构研究及综合热管理。

6.5.3 航电/飞控

1. 宽速域飞行控制技术

该技术可以保证超声速飞机在宽速域飞行时具备良好的稳定性和操纵性，主要技术点包括宽速域飞行动力学建模、飞行品质评定、低速大迎角起飞/着陆特性设计、跨声速操稳特性设计及超声速巡航操稳特性设计。

2. 驾驶舱等效目视技术

该技术主要解决细长机头造成的驾驶员前向视野问题，保证超声速客机起飞/着陆阶段的驾驶员视野。NASA 在 X-59 项目中开展了等效目视飞行试验研究，以支持 X-59 飞机的研制。该技术包含的主要技术点有前视传感器设计、驾驶舱显示人机结构设计、图像融合算法设计及虚拟样机设计与研制等。

6.6 发展路线图

超声速客机发展路线的制定主要从预期投入市场的时间和国内技术基础两方面考虑。国际上，声爆适航标准预计在 2025 年之后修订，超声速客机产品预计在 2030 年之后投入民航市场。相对于常规亚声速客机，超声速客机的设计技术更复杂，难度更大，更需要扎实地开展技术预研工作。根据超声速客机的研究基础和发动机情况，应遵循技术预先研究先行、充分的技术验证、飞机与发动机协同发展的思路，做好超声速客机产品研制的技术储备。2025 年之前主要开展总体气动技术攻关，2030 年之前完成主要技术攻关，2035 年之前开展超声速客机缩比飞行验证，2035 年之后启动产品研制工作。经过研究和分析，本章整理了超声速客机发展路线图，如图 6.7 所示，供大家参考。

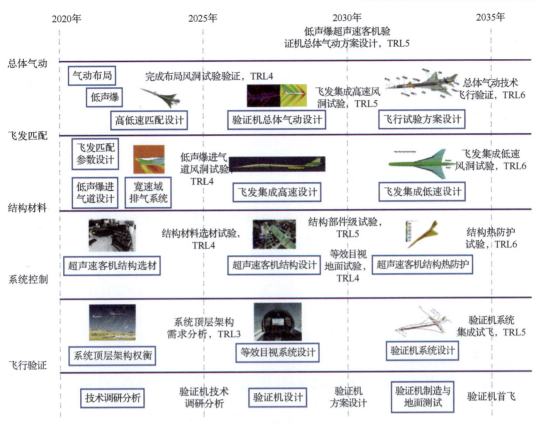

图 6.7 超声速客机发展路线图

参考文献

[1] MORGENSTERN J, NORSTRUD N, STELMACK M, et al. Final report for the advanced concept studies for supersonic commercial transports entering service in the 2030 to 2035 period, N+3 supersonic program[R]. California: Lockheed Martin Aeronautics Company, 2010.

[2] 张文琦. 低阻低声爆超声速公务机气动布局设计技术研究[C]. 中国航空学会. 第八届中国航空学会青年科技论坛论文集. 中国航空研究院，2018: 7.

[3] 瞿丽霞，韩硕，宋亚辉，等. 超声速飞行器声爆飞行试验与声爆预测评估[J]. 空气动力学学报，2022，40(4): 12.

[4] 王宇航，徐悦. 史蒂文斯响度在超声速民机低声爆设计中的应用[J]. 空气动力学学报，2019，37(4): 7.

[5] 钱战森，韩忠华. 声爆研究的现状与挑战[J]. 空气动力学学报，2019，37(4): 20.

[6] 钱战森，刘中臣，冷岩，等. OS-X0 试验飞行器声爆特性飞行测量与数值模拟分析[J]. 空气动力学学报，2019，37(4): 8.

[7] 刘中臣，钱战森，冷岩，等. 声爆近场压力测量风洞试验技术研究进展[J]. 空气动力学学报，2019，37(4): 10.

[8] 黄江涛，张绎典，高正红，等. 基于流场/声爆耦合伴随方程的超声速公务机声爆优化[J]. 航空学报，2019，40(5): 11.

[9] 李占科，彭中良，徐合良，等. 静音锥对超声速客机声爆水平的影响[J]. 航空工程进展，2013，4(3): 346-351.

[10] 袁吉森，孙爵，李玲玉，等. 超声速飞机层流布局设计与评估技术进展——超声速民机气动专栏[J]. 航空学报，2022，43(11): 36.

[11] 乔建领，韩忠华，宋文萍. 基于代理模型的高效全局低音爆优化设计方法[J]. 航空学报，2018，39(5): 14.

[12] 丁玉临，韩忠华，乔建领，等. 超声速民用飞机总体气动布局设计发展历程与关键技术研究进展——超声速民机气动专栏[J]. 航空学报，2023，44(2): 27.

[13] 饶彩燕，谭慧俊，张悦. 二元低音爆超声速进气道的流动特性研究[J]. 推进技术，2017，38(5): 8.

[14] 肖天航，徐雅楠，朱震浩，等. 超声速民机发动机短舱布局对声爆的影响[J]. 北京航空航天大学学报，2023，49(9): 2267-2278.

[15] 郝璇，苏诚，刘芳，等. 超声速飞行器低声爆气动布局优化设计研究[J]. 空气动力学学报，2018，36(2): 7.

[16] 朱自强，兰世隆. 超声速民机和降低音爆研究[J]. 航空学报，2015，36(8): 2507-2528.

高超声速客机 第7章

本章主要围绕高超声速客机的国内外发展概况、主要需求、国内外研发进展、潜在方案与特点、关键技术及发展路线展开论述。

当前，航空技术向着速度更快、空域更广、航程更远的方向不断发展，航天技术向着商业化、重复性、航班化方向加快部署，航空技术和航天技术呈现逐步融合的趋势，两者向着高超声速客机这一交汇点靠近。国外第三方调研机构针对商用高超声速运输机开展了独立的市场调研，认为高超声速客机商业潜力可观，拥有足够的可持续需求。早期美国 NASA 的 X 系列飞机经历了 70 多年的发展历程，对高超声速飞行进行了探索。近期波音公司和赫尔墨斯公司分别公开了其高超声速客机项目概念和发展计划。中国航天技术被首次列入交通与运载工程学科重点发展方向。从事高超声速飞行技术与应用的凌空天行公司快速发展。

高超声速客机要实现商业化、航班化运营，需要具备以下主要特征：首先，在国际主要机场具备实现水平起飞和降落的能力；其次，巡航速度应在 5Ma 左右，以便实现全球洲际 2h 无时差到达的目标。综合考虑高超声速客机的设想与定位，针对高超声速客机区别于传统航空技术和航天技术的特有需求，本章还梳理了当前阶段需要考虑的高超声速客机关键技术，主要包括气动布局、推进系统、结构材料、试验验证等方面。最后分3 个阶段规划了高超声速客机的发展路线。

7.1 国内外发展概况

从古至今，人类对空域和速域的探索从未停止，所触及的空域由陆地延伸到海洋，再由海洋延伸到天空直至冲出大气层，飞行速度也由亚声速拓展到超声速乃至高超声速。当前，航空技术和航天技术呈现高度融合的趋势。航空技术向着速度更快、空域更广、航程更远的方向逐步发展；航天技术向着商业化、重复性、航班化方向加快部署。

高超声速客机是能够在临近空间持续飞行的、可重复使用的、以高超声速巡航的运输工具，是航空航天领域诸多技术融合的产物，是未来商用飞机的重要发展方向之一，以期实现全球洲际无时差旅行。高超声速客机具有重要的战略意义和极高的应用价值，也将为人类社会和科技的发展带来翻天覆地的变化,成为未来航空航天领域的研究热点,得到了世界范围内的广泛关注。

7.2 需求分析

自航空技术问世以来,让飞机飞得更快、更高、更经济、更安全始终是航空工业从业者不懈追求的目标。从长远来看,国际化趋势不可逆转,而目前的高亚声速客机巡航速度只能达到 $0.85Ma$ 左右,跨洋飞行需要十几个小时。就飞行速度而言,协和式飞机是第一款可以长时间超声速巡航飞行的客机,但是其多舛的命运给超声速客机的发展蒙上了深深的阴影。第一代超声速客机虽然如流星般转瞬即逝,但是航空业对超声速飞行的需求非但没有减少,反而随着科技的进步而日益增加。高超声速客机的需求主要表现在以下两个方面。

商业需求:高超声速客机以高超声速巡航,可以大幅缩短飞行时间,满足高端客户全球洲际无时差旅行的需求;高超声速客机机动性强,可以执行不同速度和航程要求的运输飞行任务;高超声速客机既可以作为商业运营的运输工具进行航班化乘客运输,也可以作为战略储备为重要物品运输提供备选方案。

产品需求:可重复使用的高超声速客机可以大幅减少飞机摆渡搭载设备或其他一次性设备的使用费用,只需负担飞机投产后的维护费用;传统航天类高超声速飞行器完成一次飞行任务的时间从数月到数年不等,高超声速客机可以在较短的时间内完成飞行准备,甚至达到当前航班化运营的商业飞机的飞行频率。

高超声速客机将大幅扩展现行航空运输系统的空域和速域范围,开辟全新高效的运输领域,显著提高全球运行效率,实现未来真正的“地球村”。高超声速客机的发展将引领新的产业集群,在飞行器设计、结构材料、制造工艺等方面牵引发展高端产业链,成为新的经济增长极。

7.3 国内外研发进展

早在 1946 年,我国著名空气动力学家钱学森就提出了高超声速的概念,并在习惯上把高于 $5Ma$ 的流动定义为高超声速流动。非商用的高超声速飞机已经有几十年的发展历史,如苏联“暴风雪”号航天飞机、美国航天飞机系列、英国“云霄塔”项目、美国 NASA 的 X 系列飞行器等。高超声速客机在全球范围内还处于早期发展水平,代表性的如美国波音公司和赫尔墨斯公司的高超声速飞机概念方案、维珍银河公司和蓝色起源公司的临近空间飞行及中国凌空天行的高超声速飞行器等。

7.3.1 英国"云霄塔"项目

英国"云霄塔"项目计划研发一种类似航空飞机的空天飞机，预想其可以从跑道上水平起飞、入轨，在返回再入大气层之前执行特定任务，采用滑翔返回并水平着陆到传统跑道上。不同于当时的天地往返系统，英国"云霄塔"项目能够重复使用，可执行飞行任务达 200 次。

英国航天局在 2019 年的英国航天会议上宣布，将根据"世界上第一座太空桥"计划在澳大利亚进行太空航天工作，这可以说是"云霄塔"项目的升级版本，该高超声速太空飞机将使用合成喷气式火箭发动机。英国航空公司表示，该发动机将喷气发动机的高燃油效率与火箭的强动力和高速度结合在一起，可以使飞机从静止状态达到 5 倍声速以上，然后转换为火箭模式进入轨道。

7.3.2 美国 NASA 的 X 系列飞行器

NASA 的 X 系列飞行器从 1946 年的 X-1 "长了翅膀的子弹"开始，到目前的 X-57 全电推进验证机，经历了 70 多年的发展，不乏对高超声速飞行技术的探索，包括超燃冲压动力推进系统、吸气式飞行器气动布局等，其中已经完成样机的有：X-2，用以研究马赫数为 2～3 时的飞行表现；X-15，该机在 1967 年创造了 6.72Ma 的飞行速度世界纪录；X-37，是一款可重复使用的太空飞机；X-43，是一款高超声速飞行试验机；X-51，是一款超燃冲压发动机高超声速验证机，代号为"乘波者"。表 7.1 给出了 X 系列主要飞行器与高超声速技术的相关信息。

表 7.1 X 系列主要飞行器与高超声速技术的相关信息

发 展 战 略	发 动 机	样 机 战 略	样 机	立 项 时 间
空间轨道机动飞行	火箭动力	—	X-15	1954—1968 年
助推滑翔再入飞行器	火箭动力	—	X-20	1963 年
高超声速再入热防护技术	无动力	PRIME 计划	X-23	1967 年
水平起飞单级入轨	TBCC/RBCC	NASP 计划	X-30	1984—1994 年
空天飞机、航天运输	TBCC/RBCC	NASP 计划	X-30	1984—1994 年
垂直飞机单级入轨	火箭动力	冒险星	X-34	2011 年
无人空间轨道机动飞行器	火箭动力	Future-X	X-37B	1996—2002 年
空间轨道机动飞行器	火箭动力	Future-X	X-40A	1996—2002 年
高超声速飞行器	超燃冲压	Hyper-X	X-43 系列	2000—2025 年
高超声速巡航导弹	超燃冲压	ARRMD	X-51	2001 年
吸气式高超声速巡航飞行器	超燃冲压	X-51	X-51A	2003—2010 年

作为高超声速飞机的开拓者，X-43 系列先后研制了 A、B、C、D 4 个型号，其中 X-43A 飞行器的外形如图 7.1 所示。该飞行器长约 3.66m，宽 1.52m，高 0.61m，重约 1361kg，验证了冲压发动机在既定试验条件下的气动力稳定性、控制性能、飞行性能及飞行器机体结构一体化和系统设计，它的飞行数据验证了基于风洞试验和 CFD 增量预测的气动特性数据。

图 7.1　X-43A 飞行器的外形

资料来源：NASA 网站。

7.3.3　美国波音公司的高超声速客机项目

波音公司的高超声速客机项目由波音公司客机公司和波音公司高超声部门研究与技术高超声速部门联合开展研究。尽管目前没有给出具体的定义，但从公布的概念方案来看，初始方案暂时瞄准的是一款载客量介于远程商务机和波音 737 之间的客机，计划在 2030 年以后投入运营。该方案的巡航速度为 $5Ma$，巡航高度约为 29km，可在 2h 内横跨大西洋，在 3h 内横跨太平洋。

波音公司在 2022 年的美国航空航天学会的年度科技论坛和博览会上展出了一种可重复使用的新型高超声速飞行器模型。波音公司透露，这款新型高超声速飞行器采用的是"一种精密的、更现实的、巡航速度为 $5Ma$ 且可重复使用的吸气式设计"。从波音公司公布的模型来看，这款飞行器气动布局的舱内空间有限，并且未显示驾驶舱的布置，可见其客用的潜力不大。

7.3.4　美国赫尔墨斯公司的高超声速客机项目

赫尔墨斯公司是美国的一家初创公司，致力于高超声速飞机的研发，目前已经形成了自身的发展谱系并展现了鲜明的发展特色，产品包括 5 马赫级的涡轮基冲压发动机组合动力系统"喀迈拉"、第一架试验样机"夸特马"（QUARTERHORSE）、防卫侦查无人机"暗黑马"、高超声速客用运输机"翡翠鸟"等。

该公司计划充分利用现有的和短期内可实现的技术,研制了一款最大巡航速度为 5Ma、载客量为 20 人左右、航程为 7400km 的高超声速客机。从该公司公布的概念方案可以看出,该高超声速飞机采用大后掠三角翼无平尾双垂尾布局,翼端采用了类似 XB-70 飞机的可下弯折的设计,在高速飞行时大角度向下弯折,以强化乘波效应,增加升力,同时起到垂直安定面的作用。推进系统布置在机腹,利用前机身压缩效应,配合机腹进气的方式进行来流空气的降速增压。

2023 年 2 月,赫尔墨斯公司采用 10%缩比的模型完成了"夸特马"的风洞试验验证,试验马赫数为 0.3~1.3。

2023 年 6 月,赫尔墨斯公司宣布,将在"暗黑马"上使用普惠公司的 F100-229 发动机,这款发动机将使其达到马赫数为 2.8 的速度,最终目标是与该公司开发的冲压发动机配对,以实现 5Ma 的高超声速飞行。

7.3.5 国内凌空天行的高超声速飞行器

凌空天行是国内一家从事高超声速飞行技术与应用服务的航天企业,具有全系统覆盖的高超声速飞行器总体设计能力,涵盖气动布局设计、弹道、控制、分离、载荷环境、动力、结构、电气、防隔热及发射支持等各个专业。

凌空天行正在开发一种"带翅膀的火箭"飞行器,将适用于太空旅游和点对点运输。在 2021 年的珠海航展上,凌空天行公布了其高超声速飞行器的发展规划,计划将研发工作分为 3 个步骤,分别是技术验证飞行器、亚轨道太空旅游飞行器及全球高超声速飞行器,如图 7.2 所示。该公司宣称到 2025 年进行首次亚轨道太空旅游飞行器载人试飞。从长远来看,该公司计划到 2028 年实现全球高超声速飞行器首飞,到 2030 年完成全尺寸全球高超声速飞行器飞行,预期可实现 1~2h 从纽约到达北京。该公司还在其官方网站上公布了高超声速飞行器概念方案,如图 7.3 所示。

技术路线方案

2023年之前,通过大规模技术验证飞行器的各类关键技术;2023年实现亚轨道太空旅游飞行器样机首飞,2025年进行首次亚轨道太空旅游飞行器载人试飞;2028年实现全球高超声速飞行器首飞,2030年完成全尺寸全球高超声速飞行器飞行。

2025—2030年

2023—2025年

2019—2023年

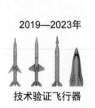

技术验证飞行器　　　亚轨道太空旅游飞行器　　　全球高超声速飞行器

图 7.2　凌空天行的高超声速飞行器发展规划

资料来源:凌空天行网站。

图 7.3　凌空天行高超声速飞行器概念方案

资料来源：凌空天行网站。

7.4　潜在方案与特点

　　高超声速客机实现商业化、航班化运营需要具备以下主要特征：在国际主要机场的现有条件下具备水平起飞和降落的能力；巡航速度应在 5Ma 左右，以实现全球洲际 2h 无时差到达的目标。该产品应以高端商业或公务客户的洲际快速旅行为目标市场，在满足航班化运营的基础上，具备高度定制化运营的特点。以从北京到洛杉矶为例，飞行距离为 10059km，常规亚声速飞机的飞行时间为 11h，如果飞行速度为 5Ma，则可以将飞行时间缩短到 2h 以内。高超声速客机典型航段构想图如图 7.4 所示。

　　根据市场与需求分析和总体参数权衡情况，高超声速客机潜在的概念方案应为载客量 10～20 人、标准航程 16000km 左右、巡航速度 5Ma 左右，采用乘波体加升力体的气动布局和组合动力形式的推进系统，如图 7.5 所示。

图 7.4　高超声速客机典型航段构想图

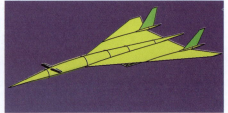

图 7.5　高超声速客机潜在概念方案

7.5　关键技术清单

　　按照民用客机相关专业领域的范围划分，考虑到高超声速客机在舱室环境、重复性、可靠性、水平起降等方面的特殊需求，本章从总体气动、推进系统、结构材料、试验验证4个方面梳理了关键技术清单，如表7.2所示。

表7.2 高超声速客机关键技术清单

适 用 对 象	关键技术分类	关 键 技 术
高超声速客机	总体气动	高超声速客机宽域飞行总体参数权衡技术
		高超声速客机高升阻比气动布局技术
		高超声速客机高低速匹配气动设计技术
		飞机发动机进排气一体化设计技术
	推进系统	飞机与发动机一体化设计技术
		组合动力系统模态转换技术
		冲压发动机快速空气预冷却技术
	结构材料	高温长时防热与隔热材料
		异型结构设计与成型技术
		热防护系统防热与结构一体化设计技术
		部件连接、焊接与密封技术
	试验验证	高超声速风洞试验验证技术
		组合动力系统试验验证技术
		防热结构材料热环境模拟与试验技术
		防热系统地面试验验证技术

高超声速客机发展的总体气动设计是开局，也是难点之一，具体表现在以下3个方面：低速起降与高超声速巡航飞行之间的矛盾突出；低阻力与大容积率设计之间的矛盾突出；飞机与发动机一体化设计矛盾突出。对高超声速客机而言，对于总体参数、总体布置、气动热、转捩、客舱容积、客舱环境、热防护热管理等与常规民用客机不同的要素，必须在概念设计阶段就加以考虑。另外，一体化设计思想必须贯彻飞机设计的全过程，这也是有别于传统民用客机的革命性创新与发展。

在动力系统方面，单一的动力形式无法同时满足高超声速客机自主加速、带动力水平起飞/着陆、高超声速巡航飞行、可重复使用等一系列技术条件，必须采用多种发动机的组合动力系统。当前的组合动力系统主要有火箭基冲压发动机（Rocket Based Combined Cycle, RBCC）组合动力系统和涡轮基冲压发动机（Turbine Based Combined Cycle, TBCC）组合动力系统，其中TBCC组合动力系统在高超声速客机领域的应用潜力更加突出。

在结构材料方面，高超声速客机高速巡航带来的气动加热问题对防热隔热材料提出了更高的要求。特别是民用客机，其巡航时间长，气动外形复杂，前缘型面要求精度高，并且对客舱的环境温度、压力、密封性都有着严苛的要求，在满足强度、防热的条件下，还需要研发轻质材料，以进一步减少飞机质量。

同时，试验验证是从理论研究到实际工程应用的关键所在，是检验关键技术攻关成果、所发展的设计工具方法的重要手段，是技术成熟度提高的重要标志。

7.6 发展路线图

  根据当前国内外高超声速客机的研究进展和发展趋势，高超声速客机的发展路线可以分为 3 个主要阶段。第一阶段：到 2030 年，结合国内外研究现状开展关键技术的扫描、识别、梳理，针对亟待解决的关键技术开展技术攻关，如高超声速客机的总体参数权衡、飞机与发动机一体化的气动布局技术、组合动力推进技术、防热隔热材料研究等。第二阶段：到 2040 年，针对关键技术的攻关情况开展相关的实验室环境试验验证，在提升技术成熟度的同时验证设计思路、设计方法、设计工具，对高超声速客机的适航符合性开展研究，为市场准入提前做好准备工作。第三阶段：到 2050 年，开展地面试验和飞行试验，包括高低速气动试验平台验证、组合动力样机试制、飞控系统地面演示平台验证等，首先以小型无人试验样机开展试制工作，逐步发展为工程样机试制。经过研究和分析，本章整理了高超声速客机发展路线图如图 7.6 所示，供大家参考。

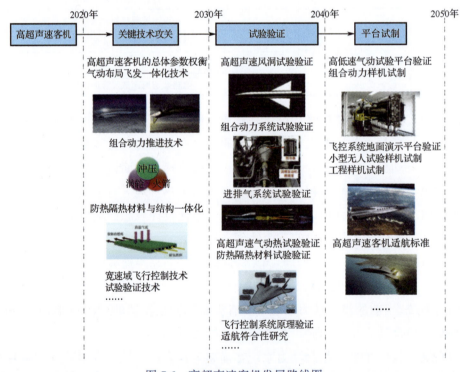

图 7.6　高超声速客机发展路线图

参考文献

[1] 梁捷，秦开宇，陈力. 类 X-43A 高超声速飞行器机体/推进一体化气动设计分析和地面试验问题评

述[J]. 载人航天，2021，27(4): 412-421.

[2] 李文杰，林旭斌. NASA 启动高超声速飞机研究[J]. 飞航导弹，2021(5): 9-12.

[3] 徐大军，蔡国飙. 高超声速飞行器关键技术量化评估方法[J]. 北京航空航天大学学报，2010，36(1): 110-113.

[4] 孙启荣. 组合动力技术比较及 TBCC 关键技术展望[J]. 科技视界，2021，10: 50-52.

[5] 黄伟，罗世彬，王振国. 临近空间高超声速飞行器关键技术及展望[J]. 宇航学报，2010，30(5): 1260-1265.

商用货机 第8章

本章主要围绕商用货机的国内外发展概况、主要需求、国内外研发进展、潜在方案与特点、关键技术及发展路线展开讨论。

当前，商用货机市场主要由波音公司和空客公司垄断，巴航工业和中国商飞公司结合自身产品情况，也在尝试进入该市场领域。全球主要的宽体货机基本由波音公司提供，过去10年，波音公司共向全球市场交付了270余架大型货机。

根据空客公司的预测，2023—2042年，全球将新增全货机920架、客改货货机1590架，合计新增货机2510架，年平均增长率为3.2%；根据波音公司的预测，到2042年，货机机队规模将由当前的2270架增至3745架，年平均增长率约为3.5%。从消费品市场电子商务到普通货运的需求，空客公司预计未来20年全球货机机队规模将增长62.3%，波音公司预计将增长64.9%。

目前，商用货机主要包括全货机型、客货混用货机及客改货货机。在前沿概念方案方面，不同飞机制造商率先开展混合动力垂直起降、BWB布局及无人货运机的研制工作。中国商飞公司结合型号研制和预研工作经验，面向近、中、远时间预期提出了4款潜在方案：中小型无人通用货机、大型干线货机、BWB超大型货机、混合动力货机。在此基础上，结合未来飞机产品的主要特点，从动力系统、气动布局、结构设计、智能辅助驾驶及与能源变革结合更紧密的方面概括了商用货机的潜在关键技术，并分析预判了未来产品和技术发展的可能路线。

8.1 国内外发展概况

商用货机主要指用于商业飞行的民用货机，其以包机或定期航班的形式专门运输货物。

商用货机包括新研货机和客机改货机两种设计形式。新研货机一般都是大型干线飞机，设计为集装设备型货舱，货舱底部一般均设置滚轴和固定系统，可以放置集装板和集装箱。目前，大多数货机都是由退役的客机改装而来的，为了装货的需要，除了将客舱内的座椅、装饰和生活服务设施拆卸，还要加强地板功能，提高地板的承压能力，设置较大的货舱门，装设地板滚轮（棒）系统和起重吊车等，以便装卸货物。

当前，商用货机市场主要由波音公司和空客公司垄断，巴航工业和中国商飞公司结合自身产品情况，也在尝试进入该市场领域。

在客机市场，空客公司经过 20 多年的努力追赶，已经能够与波音公司平分秋色，甚至在窄体客机市场占据了一定的领先地位。但是，在货机市场，空客公司明显处于下风，波音公司在这一市场占有绝对的领先地位。凭借 747-8F、767F 等产品，波音公司占据了货机市场的绝大多数份额。目前，全球主要的宽体货机基本由波音公司提供，包括 747 全货机和改装货机、777F 及 767 原生货机和改装货机，基本上构成了当今远程货机机队的主要运力。而在这一细分市场，空客公司除了早期的 A300/A310 系列改装货机收获了一些订单，之后推出的 A330-200F 原生货机订单寥寥。在过去 10 多年，波音公司交付了 269 架大型宽体货机（其中 171 架 777-200LRF 和 98 架 747-8F），并在中大型货机市场交付了 142 架 767 货机，总计 411 架货机。相比空客公司交付的 38 架 A330-200F，可谓优势尽显。

在客机改装货机数量不断增加的同时，空客公司和波音公司两家制造商都启动了全新的货机研发项目以满足市场日益增长的需求。空客公司推出了 A350F 货机项目，并将 A350F 货机定位为面向未来的新一代货机，其设计基于现代化平台、全球远程航线的领先机型 A350-1000，采用的是罗·罗公司的遄达 XWB-97 发动机。该货机采用加固且强度更高的主货舱甲板，其主货舱和腹舱共可装载 42 个 96in×125in 的货盘；在快递布局下，则可装载 30 个 AM 集装箱和 40 个 LD3 集装箱。主货舱和腹舱的每个分区都有精细的温度控制。A350F 货机具备运载鲜花、赛马、药品及疫苗等各种特殊货物的能力，这些高附加值的货物将成为航空公司货运业务的重要利润来源。截至 2023 年 5 月，A350F 货机已经获得 31 架的订单量，其中既有来自新加坡航空公司、阿提哈德航空公司及法国航空公司等传统航空公司的订单，也有来自丝绸之路西部航空公司等货运航空公司的订单，还有来自航空租赁公司 ALC 和新开展航空货运业务的老牌海运公司达飞集团的订单。波音公司于 2022 年年初启动了 777X 货机型 777-8F，以扩展其市场地位领先的 777X 家族及货机家族。卡塔尔航空公司订购了 50 架 777-8F，成为该型号货机的启动客户。与 747-400F 相比，777-8F 的商业载荷和航程能力相近，同时可降低 30% 的油耗与排放、25% 的运营成本和 60% 的噪声。777-8F 将成为未来几年航空公司替换老旧 747-400F 的理想选择。

2023 年 6 月，巴航工业与兰州航空工业发展集团在第 54 届巴黎航展上签署了 20 架 E190F 和 E195F E-Jet（P2F）的协议。早在 2022 年 3 月，巴航工业就推出了 E190F 和 E195F 客改货型货机，针对二手 E190 和 E195 飞机进行全货机改装。巴航工业认为，E190 和 E195 客改货喷气式飞机的容量将比大型货运螺旋桨飞机大 50% 以上，而运营成本比窄体飞机低 30%，这种尺寸的飞机将在未来 20 年内拥有约 700 架的市场规模。

中国商飞公司也在针对 ARJ21-700 飞机进行全货机改装。2023 年 1 月 1 日，ARJ21F 设计更改项目正式获得中国民航局批准。ARJ21F 配备主货舱门全电动作动系统、先进的警示系统、高可靠性的货运系统，具备释压火情抑制、空调包独立控制及良好的排水功能，最大商载 10t。中国商飞公司计划让 ARJ21F 成为支线航空货运市场的主力机型。目前，ARJ21F 已有圆通航空、中原龙浩航空两家签约客户，且首批 2 架已于 2023 年 10 月 30 日分别交付成功。中原龙浩航空订购了 50 架 ARJ21F，已确认订单 25 架。

为促进货机的快速发展，我国国家发展和改革委员会、中国民航局等相关部门及一些地方政府出台了一系列利好政策与措施，具体包括：鼓励通过融资租赁、购买及试租等方式增加货机市场需求，支持货运航空公司壮大机队规模，发展全货机运输；鼓励加密开设航空货运航线；鼓励拓宽做强航空货运产业链；支持各种所有制航空货运企业的发展，鼓励航空货运企业与物流企业联合重组；支持快递企业的发展，等等。

8.2 需求分析

8.2.1 市场需求分析

根据空客公司的预测，2023—2042 年，全球新增全货机和客改货货机总数将超过 2510 架，货机年平均增长率为 3.2%，未来 20 年全球货机机队规模将扩大 62.3%。

根据波音公司的预测，未来全球航空货运市场的需求增长势头强劲，全货机是一个需求显著增长的领域。未来 20 年，全球预计需要交付 2825 架货机来满足航空货运市场的需求，包括 1290 架单通道客改货货机、885 架中型宽体货机和 650 架大型宽体货机。全球货机机队到 2042 年将达到 3745 架，较 2023 年规模扩大 64.9%，年平均增长率为 3.5%。

根据《中国民航报》的数据统计，2022 年，我国民航货邮运输量达 607.6 万吨，恢复至 2019 年同期的 80.7%；2023 年上半年，民航货邮运输量为 327.6 万吨，恢复至 2019 年同期的 93.1%。在业内人士看来，机场的稀缺性限制了航空货运行业的发展，货运枢纽建设则能够促进产业的分工和集聚，同时解决航空货运行业当前的困境。随着货运航空枢纽的陆续建成，我国航空货运供给空间不断释放，行业也将进入高速发展期。2023 年以来，郑州、嘉兴等多地均围绕航空物流枢纽中心建设强化布局。

总体来看，全球货机市场长期乐观，从消费品市场电子商务的兴起到普通货运需求的增长，预计未来 20 年全球货机机队规模将扩大约 65%。

8.2.2 性能需求

1. 更安全

安全是航空货运发展的底线，未来全行业将进一步深化对航空客运/货运安全规律的认识，重视行业当前的安全态势，在推进相关航空货运安检技术（如集中判图、货运集装器 CT 型安检设备试用等）发展的同时，更加注重安全考量，加强空地通信和客舱/货舱监控等技术研究，提高民航货运安保标准及运行效率，加强安全风险评估。同时，民航部门将推进编制并完善针对锂电池等特定产品的航空运输技术规范、危险品货物航空运输临时存储场所设计规范，以及疫情、救灾等特殊情形下危险品货物航空运输流程，真正做到防范航空货运领域的"黑天鹅""灰犀牛"。

2．更绿色

目前，生态环境顶板效应日趋明显，传统的粗放型发展模式难以为继。中央财经委员会第九次会议强调，我国力争在 2030 年前实现碳达峰，在 2060 年前实现碳中和。民航运输业作为资源密集型行业，是构建低环境负荷物流系统的重要领域。未来航空物流需要尽快形成绿色发展的制度与机制，围绕国家碳达峰目标、碳中和愿景，全面落实绿色发展理念，向绿色化、低碳化、生态化发展方式转型，加快建成资源节约型、环境友好型航空物流体系。

3．更智能

智慧化、数字化是引领未来航空物流变革的重要因素。新冠疫情暴发以来，各航空物流企业加速推动技术变革。例如，德国汉莎货运航空推出了 24h 数字化实时报价系统，为客户提供 24h 的个性化、专业性服务；日本航空公司 JAL 与其货运信息系统合作伙伴 CHAMP Cargosystems 合作推出数字化平台，彻底实现航空货运交易无纸化；顺丰科技上线"数据灯塔"，助力客户进行物流和仓储分析、决策；菜鸟在杭州、香港、吉隆坡、莫斯科、迪拜等地建设海外仓枢纽，打造集秒级清关、智能分拣、极速配送于一体的基础设施等；深圳机场推进电子货运随附单证无纸化；郑州机场积极搭建航空物流信息平台，推进航空货运电子运单的发展等。随着以枢纽机场为核心的信息平台的加快建设，行业航空物流信息化水平将得以提高，企业间将逐步打通信息壁垒，以枢纽机场为核心的共享物流将得到快速发展，企业间将逐步实现设施设备、物流资源、数据信息等共享，从而实现降本增效的核心目标，通过广泛推广应用智能设施、建设安保智能设施等，以智慧为变革动力的新导向将为航空物流提供更高品质、更高效率的服务与产品。

8.3　国内外研发进展

8.3.1　现有商用货机情况

1．波音公司的商用货机

波音公司的商用货机信息如表 8.1 所示。

表8.1　波音公司商用货机信息

机　型	载重/t	航程/km①	特　点
波音 747-8F	133.2	4265	高温高原，唯一具有机鼻装载能力的商业货机
波音 777-8F	112.3	4410	最佳燃油效率和最低二氧化碳排放
波音 777F	102	4970	航程最远的双发货机
波音 767-300F	52.5	3255	中型宽体货机
波音 767-300BCF	51.6	3345	在波音 767-300F 的基础上改进而来
波音 737-800BCF	22.7	2025	标准机身货机

资料来源：Simpleflying。

为符合 ICAO 的二氧化碳排放新标准，波音公司需要在 2027 年年底终止现有波音 767 及波音 777 的货机生产。基于航空货运市场快速增长的现状，波音公司考虑启动波音 787 货机项目，以替代波音 767 货机。此外，波音公司也在考虑先启动新中间市场机型（New Midsize Aircraft，NMA）货机项目，然后启动 NMA 客机项目。787 货机的挑战在于其复合材料机身，由于材料特性，其货舱门的尺寸增大难度和结构加强难度较大，且复合材料受损后难以被发现，维修也成问题。787 货机的尺寸大于 767 货机，占用空间大，这意味着同一时间内货运航空公司在停机坪上停放的货机更少。

波音 777F 的替代品 777-8F 自推出以来，已经销售 50 多架。预计 787F 将从 2027 年或 2028 年开始逐步取代 767F。

2．空客公司的商用货机

空客公司的商用货机信息如表 8.2 所示。

表8.2　空客公司商用货机信息

机　型	载重/t	航程/km	翼展/m	总长/m
A350F	109	8700	64.75	70.8
BelugaST	155	1650	44.84	56.16
BelugaXL	44	4000	60.3	63.1
A321P2F	27	3800	35.8	44.51
A330P2F	62	6780	60.3	63.66
A330-200F	61	7400	60.3	58.82

资料来源：空客公司网站。

空客公司正在考虑根据市场需求启动 A330neo 货机项目和 A321neo 货机项目，意在竞争波音 767 货机更换后的市场。空客公司一直在与 UPS 等货运航空公司讨论 A330neo 货机的市场需求，亚洲航空公司已经表达了其在亚洲运营 A321neo 货机的意愿。

---

① 1 海里=1.852km。

3．巴航工业的商用货机

2022 年 3 月，巴航工业宣布通过推出 E190F 和 E195F 客改货货机进入航空货运市场。E-Jets 货机旨在满足电子商务和现代贸易不断变化的需求。巴航工业认为，这种尺寸的飞机将在未来 20 年内拥有约 700 架的市场。巴航工业商用货机信息如表 8.3 所示。

表 8.3　巴航工业商用货机信息

机　　型	载重/t	航程/km	特　　点
E190F/ E195F	13.2/14.3	4300/3900	与大型飞机使用的货舱地板通用，可顺利融入现有机队，无须对现有体系进行调整，拟于 2024 年交付

资料来源：民航资源网。

全球最大的支线飞机租赁公司 NAC 于 2022 年 5 月与巴航工业原则上达成了协议，巴航工业将为 NAC 公司改装 10 架 E190F/E195F，首架货机将于 2024 年交付。

4．中国航空公司的商用货机

中国航空公司商用货机信息如表 8.4 所示。

表 8.4　中国航空公司商用货机信息

机　　型	载重/t	航程/km	生　产　厂　家
ARJ21F	10	3000	中国商飞公司
MA600F	6.1	2400	中航西安飞机工业集团股份有限公司

MA600F 是在新舟 600 的基础上改型研制的侧开门货机。该货机完全按照中国民航规章要求进行设计、试验和验证，具有安全可靠、经济实用、低碳环保等特点和优势。货舱为 E 级增压货舱，内部配置烟雾探测系统和货舱照明系统，货舱前部配置 9G 拦阻网，配置德国 PFW 公司的机载货物装载系统，货舱布局可以满足航空支线小型集装货物运输的需求，可以装载两型小型集装箱、两型集装板和散装货物，最大货载 6100kg。

8.3.2　前沿概念方案

1．新构型布局货机

随着仿真计算和传统气动技术的发展，现有常规布局飞机的气动潜力几乎已经挖掘殆尽。鉴于此，各种新的构型布局被提出以期获得更大的效率突破，货机研发团队也一直在探索尝试新构型概念方案，BWB 布局就是其中一个重要方向。BWB 概念首次提出于 20 世纪 80 年代，其相比传统常规布局，最大的区别是机身可以被视为机翼的一部分，最直接的好处：一是升阻比高，综合高展弦比机翼与宽翼型机身的双重优势，比传统飞机更省油，起飞时需要的滑跑距离也更短；二是 BWB 构型创造了巨大的内部空间，具有极其优秀的承载能力，可以容纳各种类型的大量货物和燃料。

经过 30 多年的概念研究，BWB 布局飞机正在由概念转入实际应用。2023 年 8 月 16 日，NASA 宣布将设计制造 BWB 原机型，并用于测试和演示了新技术，为空军和商业行业未来的空中平台提供更多选择。Z-5 飞机将于 2026 年组装完毕，飞行测试将于 2027 年开始。

在此之前，2023 年 1 月 30 日，西北工业大学研制的 BWB 大型客机的缩比试验机试飞成功。作为系列关键设计技术飞行验证的摸底试飞试验，此次试验进行了试验机的起降、通场、规划航线自主飞行等科目测试，完成了预期的飞行计划。该团队围绕高速飞行与低速起降性能协调、客舱乘坐舒适性与应急疏散兼容、增升与配平能力匹配 3 个核心技术难题，形成了综合性能国际领先的 NPU-BWB-300 BWB 民用飞机技术概念方案。

作为国内商用飞机研制和发展的主体单位，中国商飞公司北研中心针对 BWB 布局飞机初步概念方案进行了大量研究，包括气动布局、结构布置、质量重心、动力装置选型等。

总体而言，BWB 布局大飞机平台是未来发展的一个重要趋势，经过不断的小规模测试与优化设计，BWB 布局飞机正在逐渐走向成熟。但是，BWB 布局用于客运仍存在诸多问题需要解决，如机舱布置很不好处理，大量座位位于"暗无天日"的中间，非常不舒适。另外，这种扁平宽大机舱很不容易解决紧急疏散的问题，日常运作的登机/离机也不好处理。但如果将 BWB 布局用于货运就不存在以上问题了。

2. 货运无人机

几家不同规模的公司正在研制用于货物运输的大型无人机。美国 Natilus 公司正在研发一种 BWB 布局货运无人机，能够在 30h 内运输 20 万磅货物横跨太平洋，而 747 货机需要 11h，集装箱船需要 504h。该货运无人机预计运输成本为 13 万美元，是传统空运成本的一半和海运成本的大约 2 倍。Natilus 公司在研的首架自主货运无人机验证机 Natilus 3.8T 计划在 2025 年获得 FAA 第 23 部认证。该型号货运无人机采用 BWB 布局设计，设计航程为 1667km，载重为 3.8t，巡航速度为 407km/h。相比普通货运机，其货运量增加 60%，成本降低 60%，碳排放降低 50%。该公司计划研制的系列货运无人机包括载重为 8t 的近程无人机、载重为 60t 的中远程无人机、载重为 100t 和 130t 的远程无人机。

2022 年 6 月 18 日，TP500 货运无人机在阎良实现首飞，该机是由中国航空工业集团公司第一飞机设计研究院（以下简称"中航工业一飞院"）按照中国民航适航要求研制的一款通用型大载重无人运输平台，符合飞行安全的严格要求，也是我国首款正向设计货运无人机，主要可应用于货运无人运输市场。TP500 货运无人机机体采用新型复合材料制造和先进的胶接一体化工艺装配连接，在最大限度地减少机体质量的同时，可以有效地降低生产成本，能够满足 500kg 级标准载重、500km 半径范围内的无人驾驶航空货运覆盖，最大航程为 1800km。

3. 混合动力垂直起降货运飞机

未来推出的 TU523 是一种混合动力垂直起降货运飞机，被设计用于货物运输的基础设施解决方案。由于交通需求的不断增长，现有道路基础设施的可达性受到限制，TU523 能够在没有任何新的或昂贵的基础设施的情况下方便货物运输。

TU523 根据舱单识别运输集装箱，以运输集装箱的形式将货物从 A 地运输到 B 地，垂直起降货运飞机在集装箱顶部着陆并与其连接。与传统卡车运输相比，其运输速度快 7 倍，成本仅为 30%。

借助由 Thorsten U.Reinhardt 公司设计的安装在机身上的万向节，TU523 的发动机能够向任何方向倾斜，这样可使飞机在运动和操作时非常灵活，不需要襟翼、方向舵、升降机等常规飞行控制。

8.4　潜在方案与特点

通过对波音公司和空客公司货机的特点进行总结分析，目前商用货机主要包括全货机、客货混用型、客改货货机等，如表 8.5 所示，其中全货机和客改货货机统称为纯货机。

（1）全货机。全货机通常以 F 或 Freighter 作为标识符，这类机型专为货运而设计，具有很大的载重。它们通常只有几个货舱门作为机身大开口，去掉了舷窗及相应的补强结构。内部系统也很简单，仅支持货物运输较低的压力、温度等环境需求。

（2）客货混用型。客货混用型的标识符为 Combi、QC 或 Convertible，这类机型的上舱既可以用于货物运输，又可以用于旅客运输。两者可以进行快速更换。因此，其结构、系统需要同时满足货运的大载重需求和旅客的舱内环境需求。其单独进行客运或货运时，均背负了一定的代价。其主要优势在于可快速转换。

表 8.5　各型号飞机家族的货机类型

飞机家族	纯货机 （标识符为 F、C、PCF、BCF 等）		客货混用型 （标识符为 Combi、QC 等）	对应的客机
A300	A300F4-600			A300C4-600
A330	A330-200F			A330-200
A380	A380-800F			A380-800
707	707-320C Freighter	707-320C Cargo		707-320C Passenger
727		727-100C		727-100
737		737-200C	737-200QC	

续表

飞机家族	纯货机 （标识符为 F、C、PCF、BCF 等）		客货混用型 （标识符为 Combi、QC 等）	对应的客机
747	747-200F	747-200C Cargo	747-200B Combi	747-200B
	747-400F		747-400 Combi	747-400
	747-400ER Freighter			747-400ER
757	757-200PF			757-200
767	767-300 Freighter			767-300ER
777	777-F			777-200LR

（3）客改货货机。客改货货机的标识符通常为 C、Cargo、PCF、BCF 等，这类机型通常是由已有的客机改装而成的，在一定程度上去掉了客机多余的系统和内饰，但又未能达到全货机的精简程度。

可以看出，在同一个飞机家族内，一款货机通常对应一款客机，或者由该客机改装而成，或者基于该客机并进行少量修改以实现重新设计。货机与客机保持最大限度的共通性，具有同样的最大起飞质量、燃油箱容积等主要参数。货机通常以最大装载为目标，进行结构局部加强，或者去掉多余的系统、内饰等，因此其使用空机质量、最大商载等指标随之协调变化。一般而言，各类货机与对应客机的主要区别如表 8.6 所示。

表 8.6　各类货机与对应客机的主要区别

主 要 参 数	纯货机 （标识符为 F、C、PCF、BCF 等）	客货混用型 （标识符为 Combi 等）	对应的客机
最大起飞质量	保持不变	保持不变	基准
最大着陆质量	部分保持不变，部分有所增加	保持不变	
最大零油质量	大多保持不变	747 有所增加	
使用空机质量	较大幅度的降低	较大幅度的增加	
最大商载	大幅度增加	变化较小，甚至降低	
燃油箱容积	保持不变	保持不变	

主 要 参 数	纯货机	客货混用型	对应的客机
最大起飞质量	保持不变	保持不变	保持不变
最大着陆质量	部分保持不变，部分有所增加	保持不变	保持不变
最大零油质量	大多保持不变	大多保持不变	747 有所增加
使用空机质量	较大幅度的降低	有增加也有降低	较大幅度的增加
最大商载	大幅度增加	小幅度增加	变化较小，甚至降低
燃油箱容积	保持不变	保持不变	保持不变

8.4.1　设计方案与特点

针对上述 3 类货机，设计时涉及的改装部位主要包括舱门、舷窗、地板、内饰及若干系统。具体设计方案的主要区别如表 8.7 所示。这些不同的设计所引起的质量变化与前述质量变化情况是相同的。总体来说，各设计方案具有以下特征。

表 8.7 各类货机设计方案的差异

设 计 部 位	纯 货 机	客货混用型	对应的客机
上货舱门	客舱门封闭或锁死，机身一侧增加一个较大的货舱门	一般在前登机门后增加一个货舱门，以及相应的门框和加强筋	基准
旅客舷窗	全封闭，对于存在结构更改的地方，则直接去掉	保留	
客舱下部空间	基本保持不变		
能源供应	电力消耗略少		
环控	只保留接口和主管道	客舱部分全保留	
客舱地板	改成货舱地板，结构加强	货舱部分结构加强	
蒙皮壁板	货舱部分全封闭，无开口		
内饰	全部去除	保留	
隔框	部分隔框加强		
客舱地板支撑梁	加强		
* 对于客改货货机，改动量介于以上两种类型的货机之间			

（1）对于纯货机，包括客改货货机和全新设计的货机，尽可能去掉多余的结构和系统，以减轻飞机的使用空机质量；对部分承力结构进行加强，以提高飞机的最大商载能力。

（2）对于客货混用型，在不损失客运能力的前提下，根据货运的需求增加舱门、装载结构等，并进行必要的结构加强，以同时保证客货需求和快速可换性，从而使飞机自身质量增大。

总体来看，全新设计的货机与客改货货机之间的差别如下。

（1）对于全新设计的货机，上舱地板为货舱地板，能够比客舱地板结构承担更大的载重，没有内饰、座椅、服务设施等冗余的设备。驾驶舱的功能比客改货货机更多，除了飞行员的相关设备，还包括衣橱、厨房、厕所等设施，运货人员座椅，以及舱门以供机组人员使用等。在驾驶舱后方具有加强的隔框，用于分隔驾驶舱和上货舱，并具有承担 9G 冲击载荷、防烟防火等功能。机身上货舱（见图 8.1）有一个巨大的货舱门。除此之外，上货舱不再设置更多的舱门，也没有舷窗开口。

（2）对于客改货货机，客舱更改为驾驶舱，客舱地板更改为货舱地板，并根据载重需求进行加强，地板支撑梁也应当进行相应的加强，去掉不需要的座椅、内饰、服务设施，以及不必要的系统设备和管路。驾驶舱去掉驾驶室门和一部分隔板，增加若干机务人员座椅，以及盥洗室、衣橱等设施。驾驶舱与货舱通过若干加强隔板分离开来，分别具有承担 9G 冲击载荷、防烟等功能。机身的舷窗被封闭。在机身上部一侧增加一个较大的上货舱门，在更改后的驾驶舱增加一个或几个舱门供机组人员出入。原机身的前登机门和前服务门被去掉，后登机门和后服务门根据需要去掉或封闭，其余客舱门被封闭。客改货货机后货舱 9G 墙如图 8.2 所示。

图 8.1 全货机机身上货舱

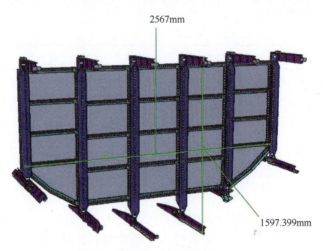

图 8.2 客改货货机后货舱 9G 墙

8.4.2 发展策略

根据对目前主流全货机和客改货货机的发展情况，在货机方案设计过程中需考虑客机的发展需求。

（1）在客机家族中若包含货运型，应尽可能为纯货机（全货机或客改货货机）。

（2）对于纯货机，其货舱地板、内饰等均与客舱不同。无论是全货机还是客改货货机，均需要在客机的基础上进行较大的改动。在进行客机设计时可暂时不考虑货机对地板、内饰等的需求。

（3）纯货机的驾驶舱和随行人员舱位可具有多种形式，其舱内布置、舱门位置等可根据实际需求进行更改，具有较大的灵活性。

（4）纯货机的系统是在客机的基础上进行相应调整得到的，且在大部分情况下去掉多余的系统，较少情况下进行小部分改装，客机系统的设计情况不会给货机带来制约性的影响。

（5）纯货机对最大商载及最大商载下的航程具有较高的要求，因此在方案设计时需预留足够的商载与航程。

8.5　关键技术清单

结合当前商用货机设计和客改货工作中遇到的技术痛点，并考虑后续的新能源动力、智能辅助驾驶等技术发展趋势，本章针对商用货机的发展需求，提出了关键技术清单，如表 8.8 所示。

表 8.8　商用货机关键技术清单

适 用 对 象	关键技术分类	关 键 技 术	优 先 级
商用货机	系统设计	主货舱货运系统设计技术	高
		主货舱门电作动系统设计技术	高
	结构设计	主货舱地板结构设计技术	高
		机身大开口设计与验证技术	高
		货物阻拦墙设计与验证技术	高
	测试验证	货运系统测试验证技术	中
	新能源动力	氢能动力架构设计技术	中
		能量综合管理技术	低
	人工智能	智能辅助驾驶技术	中

在系统设计方面，主要考虑主货舱货运系统设计技术及主货舱门电作动系统设计技术。主货舱货运系统是货机实现货物运输的关键任务系统。它位于原客机的客舱，其直接功能是实现各型集装箱或集装板在主货舱内的移动及可靠限动。灵活的装载方案是货运公司购买货机的考核指标之一，其将直接影响航空公司服务和产品的规划与安排。货运系统通过对各类系列化、通用化、模块化的功能部件进行合理的搭配与组合，满足市场对装载方案的需求。

货运系统承载的标准集装单元尺寸大部分比登机门宽度大，因此必须设计至少一个供集装箱、集装板或特殊设备进出的通道，即主货舱门。主货舱门既是货机设计制造和维护的难点，又是货机安全飞行、经济运营的关键部件，在结构、强度、安全性、可靠性、维修性及密封性等方面有多项要求，尤其是主货舱门电作动系统，若设计不当，可能导致货机在地面时主货舱门打不开或关不上，降低货机装卸货效率，增加货机过站时间，影响货机的派遣率；也可能导致货机在高空飞行时主货舱门被意外打开，影响飞行姿态，改变气动特性，严重时可能造成货机解体。

在结构设计方面，主要考虑主货舱地板结构设计技术、机身大开口设计与验证技术及货物阻拦墙设计与验证技术。

与客机相比，货机的主货舱地板及其支撑结构设计的最大承载能力和许用线载荷指标更高，为改善地板面板、横梁和座椅滑轨受力，一般会在原客机地板中间位置增加 1 根座椅滑轨，有的货机在机身两侧也可能按需新增滑轨；结构设计需确保地板、腹板等不受装载操作造成的磨损、撕裂和凹痕的影响。

为满足主货舱门框的加强设计，货机机身大开口尺寸比侧主货舱门还要大。机身开口后，会导致机体结构的刚度发生急剧变化，进而导致变形不连续等问题，这对快速实施开口切割是一个挑战。此外，机身大开口对机身结构的静强度和疲劳强度有很大的影响。机身大开口应综合考虑弯矩、剪力、扭矩的传递，需对大开口承弯承扭进行补强。一般在开口前后方向布置加强框，两侧布置加强边梁，以保证开口边缘的刚度分配合理、变形小。货机在紧急着陆时，由于惯性作用会产生较大的过载，这种过载有可能使货舱内的系留装置受到不同程度的破坏，在系留装置失效后，货物（如集装箱）失去约束，有可能对周围环境产生撞击，造成威胁，这就要求设计货机时在货舱与乘员之间设置一个能够承受极限惯性载荷的货物阻拦墙。货物阻拦墙设计技术主要考虑适航规章要求，当货机发生迫降或坠撞时，货舱内要具备承受主货舱内所有货物向前 9G 的过载能力，由于主货舱集装箱/货盘质量大，故应急着陆向前 9G 的载荷非常大，机体结构需要付出很大的质量代价来加强才能满足承载要求。另外，货物阻拦墙上还应设置通道门、观察口和泄压装置，结构复杂，需要对阻拦墙及其与机身的连接设计及验证进行详细研究。

在测试验证方面，货机系统研制及测试验证难度大，适航认证手续烦琐，需要设计系统的测试验证平台支持适航认证工作。

在新能源动力、人工智能方面，随着氢能动力架构设计技术、能量综合管理技术及智能辅助驾驶技术的发展，可考虑其在货机上的综合应用。

8.6　发展路线图

根据货机市场发展前景报告及全球客机和货机市场的预测报告，规划商用货机设计主要围绕中小型无人通用货运机、大型干线货运机、BWB 布局超大型货运机展开。在发展中，逐步将常规布局、BWB 等新型布局、层流机翼、新型材料与结构、全机综合健康管理、多电系统集成、氢涡轮动力、氢涡轮/分布式电推进、混合动力、智能单人驾驶、智能飞行/维护等技术融入货机的设计中。

在货机产品的实现过程中，应考虑逐步提高关键技术成熟度，包括主货舱货运系统设计技术、主货舱门电作动系统设计技术、主货舱地板结构设计技术、机身大开口设计与验证技术、货物阻拦墙设计与验证技术、货运系统测试验证技术、氢能动力架构设计技术、能量综合管理技术、智能辅助驾驶技术等。

本章分析和整理了商用货机发展路线图，如图 8.3 所示，供大家参考。

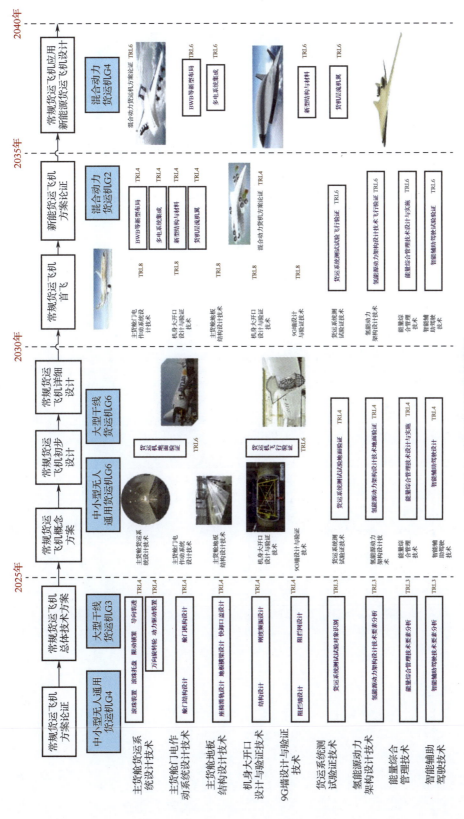

图 8.3　商用货机发展路线图

参考文献

[1] 国家发展改革委，民航局. 国家发展改革委 民航局关于促进航空货运设施发展的意见[J]. 财会学习，2020(29): 1-2.

[2] CRABTREE T, HOANG T, GILDEMANN G, et al. World Air Cargo Forecast 2020-2039[R]. Seattle: Boeing Commercial Airplanes, 2020.

[3] Airbus. Global market forecast 2023[R]. Toulouse: Airbus, 2022.

城市飞行器

随着全球交通堵塞日益严重，城市用地日益紧张，城市飞行器将对地面交通起到很好的补充作用。根据有关机构的预测，未来城市飞行器市场可能同时存在城市纯电空中出租车、可选驾驶模式飞机、货运无人机等多种交通工具。毕马威预估全球城市飞行器产业规模将在 2030 年扩大到 152 亿美元，年复合增长率为 11.33%。

全球许多航空航天公司和汽车公司正在加大城市飞行器产品的研发力度，并将其视为一种潜在的颠覆性运输方式：波音公司、空客公司、巴航工业和贝尔公司等现有航空器产品制造商都在开展城市飞行器的开发计划；雷神公司、GE 公司、赛峰集团、罗·罗公司和霍尼韦尔公司等主要航空器产品供应商也在投资研发相关技术，包括电动和混合动力系统组件、自动飞行技术和先进的空管系统等。很多新成立的科技公司正在进行城市飞行器产品及技术的研发。中国目前遵循的是"货运先行、客运跟随"的发展策略，客运型城市飞行器有望在 2035 年投入商业运营。

本章对上述公司的产品和主要技术特点进行了梳理，并总结归纳了 3 款较有潜力的城市飞行器方案，为中国未来发展城市飞行器提供思路和参考。本章还结合现有城市飞行器构型，梳理了关键技术和发展路线图。

9.1 国内外发展概况

城市飞行器（Urban Air Mobility，UAM）是一种充分利用城市空间的各种高度层、可高效便捷地实现交通运输的飞行器。随着全球交通堵塞日益严重，城市用地日益紧张，城市空中交通将对地面交通起到很好的补充作用。典型城市飞行器的最大起飞质量和航程分布如图 9.1 所示。当前大多数城市飞行器的商载小于 1t，巡航速度约为 200km/h，在城市低空空域飞行时，航程为 15～100km。

城市飞行器按照用途主要分为乘用城市飞行器和商用城市飞行器。乘用城市飞行器主要用于载运乘客及其随身行李和临时物品，一般不超过 9 座。商用城市飞行器主要用于运送人员和货物，如客运城市飞行器和货运城市飞行器。空中公交车和空中出租车将成为未来城市空中交通市场的主要组成部分。此外，城市空中交通还可以在旅游、医疗救护、消防灭火、应急救援及公共安全等领域发挥特殊作用。

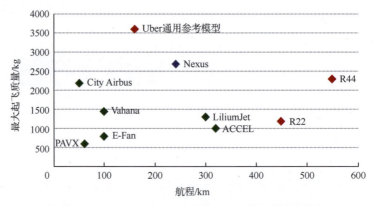

图 9.1　典型城市飞行器的最大起飞质量与航程分布

有人在 2003 年提出了"空中出租车"的构想,旨在向客流量较小的地区提供灵活的飞行服务以填补航班服务需求缺口,这一构想在美国市场受到欢迎。但客流量较小导致传统民航飞机执飞此类航线成本较高,因此一些飞机制造商开始关注城市飞行器产品。

各大主流航空器产品制造商和多家新兴科技企业都在针对城市飞行器开展了研发工作。受制于当前技术条件下新能源架构的能量密度,初始商业应用倾向于在有效载荷、巡航速度和航程都较小的通用航空场景下推进。完善的城市空中交通生态体系的建立,不仅需要将合适的城市飞行器产品投入市场,还需要在空域管理、适航条例、基础设施建设及社会认知接受度等方面有所突破和完善。

9.2　需求分析

9.2.1　市场需求分析

随着经济的发展和科技的进步,大城市和城市群的重要性及作用越来越突出,同时这些地区的交通问题也越来越严重,增加二维空间的交通容量对缓解交通问题的边际效应越发明显。面对传统城市出行方式存在的问题和更高的交通需求,急需推出城市飞行器这种新的交通形式来满足人们安全、环保、经济、高效的出行需求。发展城市空中交通,实现城市中的点对点载人飞行,是航空器进一步发展的重要方向。

根据霍尼韦尔公司的预测,未来城市飞行器市场可能同时存在城市纯电空中出租车、可选驾驶模式飞机、货运无人机等多种交通工具。

根据毕马威对城市飞行器市场的分析,估计目前全球城市飞行器产业规模达到 53 亿美元,预计将在 2030 年扩大至 152 亿美元,年复合增长率约为 11.33%。

根据罗兰·贝格的预测,到 2025 年,全球将有 3000 架城市飞行器为空中出租车、机场班车和城际航班提供服务,到 2050 年,这一数量将达到 98000 架。根据摩根士丹利的最新预测，到 2040 年，全球城市空中交通市场规模将达到 1.5 万亿美元，最终将达到 9 万亿美元的市场规模。考虑到较快的城市化进程，中国市场有望占据其中 29%的份额。

9.2.2　产品需求分析

城市飞行器主要在城市内部运行或跨城运行，为保证方便快捷、提高效率、节省用地，城市飞行器需要具备垂直起降能力。垂直起降飞行器按照动力形式分类，主要可分为旋翼类飞行器、倾转旋翼飞行器、尾座式螺旋桨动力飞行器、涵道风扇动力飞行器，此外还有涵道风扇与矢量喷管联合应用的飞机，以及其他特殊动力形式的概念飞行器。短距垂直起降可降低对起降场地的要求和建设成本，使城市飞行器具备在尽可能多的交通枢纽起降的能力，有效扩大其应用场景和应用范围，降低单次航程用时，提高运输效率。

在安全性方面，由于城市内人口密度大，建筑密集，城市飞行器对恶劣天气的抵抗能力低于地面交通工具（尤其是在目视飞行规则下），空中事故一旦发生，几乎必然伴随着人身伤害。城市飞行器要具备较高的安全性，需要通过冗余系统增加可靠性，并配备自动飞行系统以降低人员失误或极端天气导致的风险。

在环保性方面，为减少碳排放，当前在研城市飞行器方案大都采用电动机作为动力装置。以优步（Uber）公司为代表的城市共享运输企业普遍认为高能量密度动力电池足以满足小型城市飞行器的需求；而传统航空产品制造商，特别是航空发动机制造商，则倾向于充分利用燃气轮机技术发展载重更大、航程更远的混合电推进系统。电动和混动技术在降低碳排放方面有较大优势，但也面临着航程短、质量大和制造成本高的问题，需要提高储能系统的能量密度及功率密度，同时提高充电效率。除碳排放外，城市飞行器在人口密集区域低空飞行时产生的噪声一方面会影响乘客出行舒适度，另一方面会对城市居民的生活产生干扰，因此噪声控制能力尤为重要。

为保证城市空中运输系统的有效运行，空中交通管制的问题需得到妥善解决。如果城市飞行器被大量使用，势必会对空中管制和处理能力有较高的要求。同时，智能化的自主飞行系统能够大幅降低对驾驶人员的要求，提高安全性，甚至实现无人驾驶。

降低使用成本是城市飞行器发展的一大重点需求。城市空中交通的直接使用成本要素如表 9.1 所示。在使用成本方面，相关数据显示，城市飞行器每千米单名乘客产生的费用仅比搭乘常规直升机节省不到 20%，其平均价格至少是地面出租车的 3 倍，基本与豪华专车费用持平。除了燃油成本变成了电力成本，目前这些城市空中交通产品的直接使用成本要素与常规动力直升机相当，即使是飞行耗电量较大的 5 座电动垂直起降飞机，其能源成本也仅占总成本的 20%左右。除能耗成本外，还需要考虑人员、维护、保险、基础设施建设等多方面的成本。

表 9.1　城市空中交通的直接使用成本要素

成 本 要 素	具 体 描 述
资本成本	包括折旧成本和融资成本两部分，短期内城市飞行器资本成本不会低于同等座位数的常规通航飞机或直升机
人员成本	短期内飞机驾驶员人工成本远大于车辆驾驶员
维护成本	城市飞行器的维护工时占飞行时间比例较大
能耗成本	城市飞行器每千米飞行能耗与商载密切相关，其中 5 座城市飞行器的能耗约为 5 座电动汽车的 1.2 倍
保险成本	考虑到空中事故的严重性，城市空中交通的保险费率要大幅高于地面交通
基础设施建设成本	运营初期起降点都是由城市飞行器运营公司出资建设维护的，基础设施成本包括场地成本、机库成本和储能成本等

9.3　国内外研发进展

全球许多航空航天公司和汽车公司正在加大城市飞行器产品的研发力度，并将其视为一种潜在的颠覆性运输方式。如图 9.2 所示，波音公司、空客公司、巴航工业和贝尔公司等现有航空器产品制造商都在开展城市飞行器的开发计划。雷神公司、GE 公司、赛峰集团、罗·罗公司和霍尼韦尔公司等主要航空器产品供应商也在投资研发相关技术，包括电动和混合动力系统组件、自动飞行技术和先进的空管系统等。此外，很多新成立的科技公司正在进行城市飞行器产品及技术的研发。

图 9.2　全球对城市飞行器产品投入研发的大型企业

9.3.1　传统航空器制造商的研发进展

1.　空客公司

2021 年 9 月 21 日，空客公司公布了一款复合翼布局电动垂直起降飞机（Electrical Vertical Take-off and Landing，eVTOL），命名为 City Airbus NextGen，采用 V 型尾翼、8 组电动机和螺旋桨。

由空客直升机公司领导的一个工程团队正在研究该款飞机模型的详细设计，目标是在 2024 年年底实现原型机的首飞，并在 2025 年进行型号认证。该机根据 EASA 的

SC-VTOL 适航审定规则设计，将搭载 4 名乘客和 1 名驾驶员，航程为 80km，巡航速度为 120km/h。

2022 年 5 月，空客公司及其合作伙伴共同在德国慕尼黑举行发布会，宣布成立"空中交通计划"（Air Mobility Initiative，AMI）项目，共同推动以因戈尔施塔特市和大慕尼黑地区为中心的城市空中交通应用。联合项目围绕 3 个主要领域展开：电动垂直起降飞机、无人驾驶交通管理服务、包括垂直机场在内的机场和城市一体化。

2. 波音公司

2018 年 7 月 17 日，波音公司宣布重启飞行汽车计划。波音公司内部成立了一个名为波音 NeXt 的部门，与外部公司合作，解决飞行汽车的技术问题，并收购了航空技术公司极光飞行科学公司。极光飞行科学公司与波音 NeXt 部门协同开发了一款复合推进垂直起降原型机，可搭载 2 名乘客，以 180km/h 的速度飞行 80km，目前已完成初步试飞。

3. Pipistrel 公司

成立于 1989 年的 Pipistrel 公司是南斯拉夫第一家私人飞机制造商。2011 年，Pipistrel 公司设计出了 4 座双机身的电动飞机 Taurus G4，长 7.27m，宽 21.46m，空机质量 1500kg，电池占总质量的一半；中置的直径为 2m 的电动双叶发动机功率高达 145kW。

2018 年 1 月 2 日，Pipistrel 公司首次在澳大利亚 Jandakot 机场试飞了新研发的纯电动 2 座飞机 Alpha Electro。Alpha Electro 相对于 Taurus G4 精简了结构，为单机身设计，长 6.5m，翼展 10.5m，空机质量 350kg，最大载荷 200kg，由 6 组可在 45min 内充满电的锂离子电池驱动功率 50kW 的活塞电机作为动力源，能在最短 270m 的跑道上起飞，充电一次就能以 161km/h 的速度飞行 60min，此外还有 30min 的冗余电量，也就是说最大航程至少为 200km。这架飞机起飞功率为 60kW，巡航功率为 20kW，仅在起飞、爬升和着陆期间消耗电力，在达到 4876.8m 的升限之后可以关闭引擎滑行，进入电力回收模式为电池充电，能源回收效率为 13%，折算下来每小时的能耗成本为 3 美元。

9.3.2　初创城市飞行器制造商的研发进度

1. Lilium 公司

Lilium 公司成立于 2015 年，是一家德国电动航空公司。它的载人 eVTOL 5 座版 Lilium Jet 于 2019 年 5 月 16 日正式对外展示并完成首飞。目前，Lilium 公司已经开始研发 7 座版 Lilium Jet，甚至在此前披露的设计中还出现了 16 座的概念图。7 座版 Lilium Jet 设计巡航速度为 282km/h，航程超过 287km，由 30 个电动涵道风扇提供动力。Lilium 公司未来有研发无人驾驶载人 eVTOL 的计划。该公司最初的目标是在 2024 年获得 EASA 的型号认证，现已将取证时间延长至 2025 年。

2. Vertical Aerospace 公司

英国布里斯托尔市的 eVTOL 企业 Vertical Aerospace 公司展示了 VA-X4 机型的最新设计状态，可携带 1 名飞行员和最多 4 名乘客，巡航速度为 325km/h，航程超过 161km。VA-X4 在悬停模式下的噪声大约为 60dB，在巡航状态下只有 45dB，相比直升机的噪声降低约 50%。其布局为矢量推力+V 型尾翼，机翼前后有 8 个大直径螺旋桨，前部五叶动力单元可在垂直起飞与水平巡航状态之间进行切换。后部四叶动力单元无法倾斜，巡航时叶片调整为顺气流方向，以减少向前飞行时的阻力。

3. Joby Aviation 公司

Joby Aviation 公司成立于 2009 年，总部位于美国加利福尼亚州。该公司正在利用自主研发的垂直起降飞行器及丰田汽车的制造经验开发飞行汽车，并成为第一个获准提供空中出租车服务的飞行汽车企业。该公司的飞行汽车方案由纯电力驱动，采用了电动传动系统和多旋翼设计，能够搭乘 1 名飞行员和 4 名乘客，巡航速度可达 320km/h，单次充电后飞行里程可达 240km 以上。截至 2020 年年底，其原型机已完成 1000 多次飞行。

4. Archer Aviation 公司

Archer Aviation 公司是一家空中出租车初创公司，总部位于美国加利福尼亚州，目前有 40 名工程师。该公司展示了一款原型机，采用 V 型尾翼和 12 个倾转螺旋桨（每个机翼上配置 3 对）用于垂直起降，而水平飞行的升力大部分来自固定机翼。目前，Archer Aviation 公司正在自主研发动力电池。基于当前的电池技术，该公司研发的飞机可搭载 4 名乘客加 1 名飞行员，以 240km/h 的速度完成 96km 的航程。

5. Beta Technologies 公司

位于美国佛蒙特州伯灵顿的航空初创公司 Beta Technologies 研发了一款名为 Alia250 的电动飞机。Beta Technoloies 公司的初期目标业务为航程约 240km 的货运和物流航班。Alia250 由两个电动机驱动的螺旋桨提供推力，是复合翼全电 eVTOL 设计，截至 2022 年 5 月还没有安装垂直起降动力组件，正在进行固定翼状态试飞，目前的试飞采用传统的固定翼方式起降，最大航程为 463km，最多可搭载 5 名乘客和 1 名飞行员或 635kg 的有效载荷。

6. 亿航公司

亿航公司于 2014 年成立于中国广州，目前其业务重心聚焦于物流和载人 eVTOL。亿航公司于 2016 年推出了"亿航 216"。该机型可搭载 2 名乘客，使用自动驾驶模式；动力布局上采用 8 轴 16 桨的多旋翼设计，最大载荷为 220kg，最大航程为 35km，最大巡航速度为 130km/h，2021 年 12 月在珠海实现载人试飞。

2021 年 9 月 3 日，亿航公司在官网宣布，其旗舰产品载人级自动驾驶飞行器"亿航

216"和"天鹰"物流机在爱沙尼亚完成欧盟 GOF 2.0 城市融合空域研究项目在机场接驳和包裹配送应用场景下的超视距试飞。

7. 时的科技公司

时的科技公司于 2021 年 5 月在上海松江注册成立。目前，时的科技公司正在研发载人 eVTOL 机型 E20，该设计方案的动力架构为纯电动力系统，气动布局为固定翼、垂直和水平尾翼、6 旋翼（其中 4 个旋翼可倾转）构型，可容纳 1 名飞行员和 4 名乘客，用途兼顾物流运输、应急救援等，其最大起飞质量为 2t，最大载荷为 400kg，设计航程为 200km，巡航速度为 260km/h。时的科技公司于 2021 年完成了等比样机的制造和系统集成，缩比机于 2022 年首飞，其整机将于 2025 年开始量产。

2022 年，赛峰集团宣布为时的科技公司的 E20 配备 ENGINeUS™ 智能电机。此电机产品线包括功率输出从几瓦到 500kW 的一系列电机。为 E20 提供动力的电机在起飞时可提供超过 100kW 的输出功率，并包含一套完全集成的电机控制器。ENGINeUS XL 于 2023 年年初在"气候实验室"进行了高空测试，满足产品状态，最新型电机的输出功率达到 750kW，甚至可达 1MW。

8. 磐拓航空公司

磐拓航空公司创立于 2019 年，同年发布了第一款 eVTOL 机型。该机型采用较为独特的倾转机翼构型，采用涵道风扇动力系统，升力面为鸭翼布局，前后机翼上装有多个直径较大的涵道风扇。

2022 年 6 月 6 日，磐拓航空公司发布了其研制的倾转涵道风扇 eVTOL 的 50%缩比技术验证机 T1 的首次试飞视频。T1 验证机旨在验证串列双层翼盒、分布式涵道风扇构型的可行性，建立多学科仿真模型，验证外形气动效率和飞行控制逻辑。

9.3.3　汽车制造商和出行服务提供商

1. 吉利公司

吉利公司打造的城市飞行器 VoloCity 采用了与普通直升机相似的座舱设计，为 2 座载人型号，采用 18 个电机和螺旋桨提供升力，最多采用 9 个电池组，电池可快速更换（吉利公司宣称可在 5min 内更换），最大起飞质量为 900kg，商载为 200kg，最大巡航速度为 110km/h，航程为 35km，主要满足城市中短途出行需求，在城市高楼顶层服务于点对点出行。

2. 优步公司

优步公司于 2016 年开始研发城市飞行器，提出的方案为纯电驱动，具备垂直起降功能，航程为 97km，最高巡航速度达到 320km/h，具备人工智能和自动驾驶功能，可供

5 位成年人乘坐。为推进飞行汽车项目，优步公司与 NASA 签署了太空行动协议，希望 NASA 帮助其开发自动交通管理系统。

此外，优步公司先后与多家飞机制造商合作研制 eVTOL 飞机，最终选定了 5 家飞机制造商，并与它们签订了合作协议。这 5 家飞机制造商分别是极光飞行科学公司、巴航工业、Pipistrel 公司、卡莱姆飞机公司和贝尔公司。

9.4 潜在方案与特点

1. 波音公司的城市飞行器

波音公司的城市飞行器是由波音公司 NeXt 部门与极光飞行科学公司协作开发的一款原型机。该机于 2019 年 1 月 22 日在美国弗吉尼亚州的马纳萨斯完成试飞。其总体技术数据如表 9.2 所示。

表 9.2　波音公司的城市飞行器总体技术数据

参　　数	数　　据
机务人员	无；自动驾驶
商载	2 名乘客，225kg
长度	9.14m
翼展	8.53m
空机质量	575kg
最大起飞质量	800kg
螺旋桨	1 个水平螺旋桨，8 个垂直螺旋桨
巡航速度	180km/h
航程	80km

资料来源：波音公司网站。

2. 空客公司的 Vahana

Vahana 是一款具备 8 个螺旋桨的单座电动垂直起降飞行器原型机。全尺寸模型 Alpha 制造完成后于 2018 年 1 月 31 日在美国俄勒冈州彭德尔顿进行了首飞，达到了 5m 的高度。Alpha 2 于 2019 年年初制造完成。Vahana 总体技术数据如表 9.3 所示。

表 9.3　空客公司的 Vahana 总体技术数据

参　　数	数　　据
机务人员	无；自动驾驶
商载	2 名乘客，225kg
长度	5.86m
翼展	6.25m

续表

参　　数	数　　据
高度	2.81m
空机质量	726kg
最大起飞质量	1066kg
螺旋桨	8 个直径为 1.5m 的螺旋桨
巡航速度	190～220km/h
航程	50km
实用升限	3048m

资料来源：空客公司网站。

3．Lilium 公司的 Lilium Jet

Lilium Jet 是由 Lilium 公司设计的一款电动垂直起降飞行器，截至 2022 年已经进行了多个小尺寸模型测试，包括半尺寸原型机 Falcon（2015 年）和全尺寸 2 座原型机 Eagle（2017 年）。其核心专有技术是涵道电动矢量推力技术。据 Lilium 公司称，其计划在 2025 年前制造一款 5 座飞行器，采用 36 台电动机作为动力。Lilium Jet 总体技术数据如表 9.4 所示。

表 9.4　Lilium 公司的 Lilium Jet 总体技术数据

参　　数	数　　据
机务人员	1 名
商载	4 名乘客
空机质量	440kg
最大起飞质量	686kg
螺旋桨	36 个垂直螺旋桨
巡航速度	300km/h
航程	300km

资料来源：Lilium 网站。

9.5　关键技术清单

城市飞行器的发展主要包括先进气动布局设计技术、信息控制综合技术和能源动力系统技术 3 个方面，应提升城市飞行器的舒适性、安全性和经济性，为这一新兴产品的应用奠定基础。本章对城市飞行器产品所需关键技术进行了分析，梳理了 14 项关键技术，如表 9.5 所示。

表 9.5　城市飞行器关键技术清单

适 用 对 象	关键技术分类	关 键 技 术
城市飞行器	先进气动布局设计技术	城市飞行器旋翼与分布式推进设计技术
		城市飞行器气动与动力系统综合优化技术
		城市飞行器气动与结构综合优化技术
		城市飞行器气动与操稳综合设计技术
		城市飞行器飞机载荷设计技术
	信息控制综合技术	城市飞行器控制律设计技术
		城市飞行器飞控系统架构设计技术
		开放式航电系统架构设计技术
		多源信息融合的智能导航系统设计技术
	能源动力系统技术	航空动力锂电池系统的集成技术
		轻量化电机设计与验证技术
		电机控制器集成设计与验证技术
		高压线缆设计与验证技术
		热管理系统设计与验证技术

9.5.1　先进气动布局设计技术

1. 城市飞行器旋翼与分布式推进设计技术

面向新能源城市飞行器的非常规布局形式，针对垂直起降构型研究多旋翼、倾转旋翼、垂飞涵道风扇，针对巡航构型研究螺旋桨、电涵道风扇及分布式推进器，建立飞机级旋翼与分布式推进综合设计流程；支持城市飞行器构型筛选与优化设计。

2. 城市飞行器气动与动力系统综合优化技术

针对不同气动布局的城市飞行器，研究对应的动力系统选型与匹配设计方法；结合城市飞行器的气动特性与动力系统参数设计，建立气动与动力系统综合优化流程；支持新能源城市飞行器动力系统选型设计及飞推匹配设计。

3. 城市飞行器气动与结构综合优化技术

针对不同气动布局的城市飞行器，研究对应的结构形式和主承力结构传力路径方法；结合城市飞行器的气动特性与结构打样设计，建立气动与结构综合优化流程；支持城市飞行器结构初步设计及气动结构综合优化。

4. 城市飞行器气动与操稳综合设计技术

建立城市飞行器各类构型在垂飞、过渡、平飞阶段的操稳特性分析与评估方法，并在设计中引入控制律主要参数的影响，将气动效率与操稳约束的分析过程进行统一，实现城市飞行器气动与操稳综合设计流程；支持城市飞行器操稳与控制初步设计及气动与操稳综合设计。

5. 城市飞行器飞机载荷设计技术

针对新能源垂直起降构型所特有的飞行、操纵工况，结合特有的控制律模型，建立机动仿真模型，计算载荷包线，筛选严重载荷工况。考虑旋翼、倾转旋翼、螺旋桨固定翼等各种新能源飞机构型，重点关注螺旋桨/旋翼造成的动态载荷对机体振动响应、结构疲劳、伺服弹性稳定性等的影响。针对新能源垂直起降飞行器所特有的故障情况，结合安全性要求，梳理故障模式及对应的载荷工况，形成故障载荷计算规范和流程，为新能源垂直起降构型的城市飞行器的强度分析和结构设计提供输入。

9.5.2　信息控制综合技术

1. 城市飞行器控制律设计技术

针对不同类型城市飞行器的飞行任务需求，研究与之相适应的控制律设计技术；综合研究电推进对气动及操纵面的影响，建立电推进与飞控融合设计流程，完成城市飞行器控制律设计。

2. 城市飞行器飞控系统架构设计技术

综合考虑城市飞行器气动布局与电推进的特点，结合动力电、控制电及航电等方面的需求，实现城市飞行器飞控系统架构设计，完成城市飞行器飞控系统设计。

3. 开放式航电系统架构设计技术

面向城市飞行器的高集成度航电系统架构设计，提供机载的高安全性、高可靠性、高带宽的总线通信设计，以及面向以数据为中心的数据分发服务软件中间件设计技术，提供能够实现城市飞行器信息流的架构。

4. 多源信息融合的智能导航系统设计技术

对不同类型的传感器数据进行接收、处理及融合，包括惯性导航系统数据、大气数据、视觉数据、雷达数据等，从而为飞机提供可靠的多源态势感知能力，支持城市飞行器执行姿态控制与飞行任务。

9.5.3　能源动力系统技术

1. 航空动力锂电池系统的集成技术

该技术是面向城市飞行器的高能量密度动力电池开展的上机集成和验证相关技术，利用先进的热管理、在线故障诊断与智能控制及防火安全等技术，实现电池组宽温度域工作、高循环寿命、高安全性、高结构效率等目标，用于城市飞行器的储能系统设计集成。

2. 轻量化电机设计与验证技术

该技术是城市飞行器中大容量电机的设计与验证技术。通过研究高速、高功率密度电机设计技术，解决大功率电机在城市飞行器上应用的轻量化、高效化问题。

3. 电机控制器集成设计与验证技术

该技术是城市飞行器中大容量电机的电力电子控制器的设计与验证技术。通过研究高集成度、高效散热的电机控制技术，解决大功率电机控制器在城市飞行器上应用的轻量化、高效化问题。

4. 高压线缆设计与验证技术

由于城市飞行器采用高压直流线缆传输，存在绝缘防护和电弧、电晕风险，因此需要提高线缆的绝缘特性和安全等级。开展线缆综合布置和优化，针对电弧和电晕问题开展机理研究，并专门针对高空环境定义电压和绝缘安全标准，提高城市飞行器的运行安全。

5. 热管理系统设计与验证技术

针对城市飞行器能源系统及其部件的散热及冷却进行系统性热设计与验证，保障能源系统（特别是电动机、电力电子设备）正常、高效地工作。提高热管理技术成熟度，在城市飞行器上应用热管理技术，提高电力电子设备的散热效率，降低全机散热成本，提高全机能量效率。

9.6　发展路线图

城市飞行器成为国际上的发展热点，美国与中国在客户接受度、产业基础等方面领先于其他国家和地区。在未来 10~15 年的技术发展中，不同的国家会依据各自的国情采取不同的发展策略。中国目前遵循的是"货运先行、客运跟随"的发展策略。

本章分析和整理了城市飞行器发展路线图，如图 9.3 所示，供大家参考。2025 年，计划建立空管系统和相应的基础设施，同时将货运型城市飞行器投入运营，客运型城市飞行器原型机进入测试阶段，先进气动布局技术、信息控制综合技术、能源动力系统技术成熟度达到 6 级以上。2030 年，货运型城市飞行器得到广泛应用和推广，适航体系逐渐建立健全，相应的关键技术成熟度达到 9 级，客运型城市飞行器投入商业试运营。2035 年，客运型城市飞行器正式投入商业运营，货运型城市飞行器成本持续下降，城市飞行器逐渐融入交通运输体系之中。

图 9.3　城市飞行器发展路线图

参考文献

[1] 王翔宇. 城市空中交通市场发展前景分析 [EB/OL]. (2022-11-20)[2024-03-01]. https://www.aerospacepower.cn/article/306/.

[2] 郑林. 未来城市空中交通展望 [EB/OL]. (2022-11-20)[2024-03-01]. http://www.sutpc.com/news/jishufenxiang/576.html/.

第 3 篇

技术提升

商用飞机各方向的相关技术都在快速发展，全球航空机构和科研机构在民用飞机技术领域做了大量的尝试和创新。以"减阻、减重、节能、减排、降噪、增稳"为特征的先进气动、结构材料、航电、飞行控制、电气、环境控制、制造、试飞、运行支持、动力系统等大量先进技术不断实现突破，为飞机产品性能达到更高的水平提供了技术储备。以碳减排为目标的 SAF 是绿色航空能源可行的优秀方案。

第 3 篇介绍了相关领域重要的技术提升方向，包括：

先进气动技术 第10章

近年来，美国和欧盟相继推出了"绿色航空"行动计划，聚焦于持续降低噪声和污染物排放，并制定了极为苛刻的未来民航运输标准。为此，波音787、A350等新一代商用飞机都应用了多项先进气动技术，主要包括新型翼梢小翼技术、后缘变弯度机翼技术、先进超临界机翼设计技术、保型机头设计技术、自然层流/混合层流控制技术、前缘下垂技术和无缝缝翼技术等。本章详细阐述了国内外近年来在上述技术领域取得的重要进展及当前所面临的挑战。

基于目前国内外研究现状，本章给出了我国先进气动技术发展路线图，2035年有望实现的技术和验证包括：非常规气动布局方案和技术在大尺寸缩比验证机上得到验证；后缘变弯度机翼减阻技术获得型号应用；完成层流机翼/尾翼飞行试验；将多功能、低噪声、层流增升装置和主动流动控制技术应用于新型飞机；将基于非结构混合网格的高精度数值方法实现工程应用；等等。

升阻比是飞机气动性能的重要标志，100多年来，科学家和设计师不断努力发展先进气动技术，不断追求更高的增升、减阻目标，提高飞行效率。随着绿色环保理念的不断提高，噪声水平能否满足未来的适航标准对新机型的成功有着一票否决权。"飞机设计，气动先行"，对更注重安全性、经济性、舒适性、环保性的商用飞机来说，先进气动技术的地位尤为重要。

10.1 国内外发展概况

随着全球节能环保行动的不断推进，人们对民用航运业的环保要求不断提高。NASA和欧盟分别制定了"环境责任航空"计划和"洁净天空"计划；波音公司提出了静音技术验证机（Quiet Technology Demonstrator，QTD）项目，这些计划和项目都研究了一系列减阻和降噪技术。IATA在2009年12月召开的哥本哈根会议上公布了航空业的减排目标，涵盖污染物排放、噪声、事故概率、运营效率等方面。为达到这一目标，波音787、A350等当前先进商用飞机都应用了多项先进气动技术，主要包括：用于降低诱导阻力的翼梢小翼技术和后缘变弯度机翼技术；用于降低波阻的先进超临界机翼设计技术和保型机头设计技术；用于降低摩擦阻力的自然层流/混合层流控制技术和湍流流动控制技术；用于降低干扰阻力的短舱吊挂机翼一体化设计技术和翼身结合部整流罩优化设计技术等；用于降低起飞增升构型阻力的前缘下垂技术和无缝缝翼技术。

上述外部因素对我国未来飞机产品的性能提出了更高的要求，我国航空领域迫切需要研究和应用多种新技术。气动技术是提高商用飞机性能的重要手段，是国际商用飞机市场竞争中必须面对的关键要素之一。从基础体系设计考虑，需要不断提高工具方法的技术水平，涉及的相关技术有先进 CFD 技术、降噪技术、风洞试验验证技术等。气动设计的关注点主要在于如何增升减阻，涉及的相关技术有气动布局设计技术、先进机翼和增升装置设计技术、飞机与发动机匹配设计技术、层流减阻技术、湍流附面层减阻技术、流动控制技术和多学科设计优化技术等。

10.2　非常规气动布局设计技术

BWB/HWB 布局飞机没有细长体管状机身，取而代之的是长度更短且可产生显著升力的中央升力体，通过提高飞机的浸润展弦比，可大幅降低摩擦阻力。同时，由于机身提供了部分升力贡献且与机翼光滑过渡，展向载荷分布更容易接近理想的椭圆分布，可有效降低诱导阻力和干扰阻力。因此，BWB/HWB 布局飞机的巡航升阻比与常规构型相比可提高 10%～15%，这在提高飞机燃油经济性、降低污染物排放等方面具有很大的潜力。此类布局可采用翼上或背撑式发动机，通过机体对发动机噪声的屏蔽，还可以有效降低飞机外部的噪声水平。

在 N+3 代客机计划的第一阶段研究工作中，波音公司的 SUGAR 项目团队推出了 BWB 布局方案 SUGAR Ray。该方案采用可折叠机翼，2 台发动机安装在后机身上部；在机翼前缘采用自然层流减阻技术，并在湍流区域采用小肋减阻技术，如图 10.1（a）所示。在 N+3 代客机计划中，NASA 的 Glenn 中心设计了基于分布式电推进（Turboelectric Distributed Propulsion，TeDP）的 N3-X 方案，采用 BWB 布局，如图 10.1（b）所示，任务剖面与波音 777-200LR 类似，三舱布局可容纳 300 名乘客。上述研究工作表明，与常规布局飞机相比，BWB/HWB 布局飞机在巡航效率方面的确有优势。

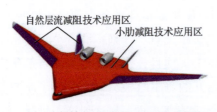

（a）采用BWB布局的SUGAR Ray方案　　　　　（b）采用BWB布局的N3-X方案

图 10.1　BWB 布局方案

2023 年 8 月 16 日，美国 JetZero 公司启动了全尺寸 BWB 验证机 Z-5 的开发和生产，并将在 4 年内实现首飞。预计 Z-5 将比 C-17 运输机减少 30% 的燃油消耗，比 KC-46 加油机提高 60% 的航程和运输能力。

虽然欧美在 BWB 布局民用飞机上开展了很多研究，但此类布局的应用还存在许多难点和问题。例如，客舱和货舱布置对气动外形提出了较高的厚度约束，升力体和过渡段需采用钝前缘的大厚度翼型；尾力臂短，配平和操纵能力有限，非设计状态下配平损失严重，横航向的稳定性较差；要求增升装置必须有效兼顾增升、操稳、配平 3 项主要功能；等等。

支撑翼布局（SBW/TBW）指在机翼下方安装支撑梁的特殊机翼结构布局。与常规布局的悬臂梁机翼相比，支撑翼布局可以使用更高的展弦比、更薄的机翼厚度。较高的展弦比可以降低诱导阻力；较薄的机翼厚度可以降低型阻和跨音速激波阻力；如果同时使用了较小的机翼后掠角，则还易于实现层流机翼设计，降低摩擦阻力。2019 年 1 月，波音公司发布了最新一代 TTBW 概念布局。2023 年，NASA 和波音公司在美国航空航天博览会上公布了使用支撑翼布局的 X-66A 飞机，为了制造 X-66A，将一架 MD-90 飞机改装成了验证机。国内研究进度相对落后，只在支撑翼布局的概念设计、多学科优化方法、结构刚度和质量特性、考虑气动弹性约束的优化设计等方面开展了一定研究。

在民用飞机上应用支撑翼布局，需要解决的问题主要有：机翼和支撑结构间的气动干扰产生的额外激波阻力及激波诱导分离导致的抖振边界性能恶化；机翼弦长较短、厚度较小，不利于布置复杂高效的增升装置，增升效果有所降低；气动与结构之间存在强烈的耦合关系，带来了更加复杂的气动弹性问题，如发散、操纵反效、颤振边界不达标、破坏气动伺服弹性耦合的稳定性等。

10.3　变弯度机翼减阻技术

变弯度机翼减阻技术指在不同飞行工况下，通过偏转机翼前后缘可动部分，在飞行中主动变化机翼不同部位的弯度，从而改变压力和载荷分布，最终实现气动减阻和结构减重的一项技术。该技术针对不同的使用场景，利用后缘的小角度偏转控制机翼载荷分布，达到减阻、减载、提高抖振边界等多种功能目标，如图 10.2 所示。欧洲针对 A340 的研究表明，合适的后缘变弯度设计可以获得最多 3.5% 的直接运营费用（Direct Operating Expenses，DOC）收益，对于航程越长的飞机，这一收益将越显著。

1984 年，联邦德国的 MBB 公司在某跨声速运输机方案上开展了利用后缘襟翼和扰流板偏转实现机翼变弯的风洞试验，试验结果显示，变弯度不仅能提高非设计点的升阻比，还可以将抖振边界提高 10% 以上；而在接近抖振边界的机动飞行工况下，通过变弯度将载荷内移，翼根弯矩可降低 12%。经过 40 年的技术积累，变弯度机翼技术最终在

A350 和波音 787 上得到应用，提高了巡航气动效率。国内关于该技术的研究日渐活跃，并发表了多篇技术论文。

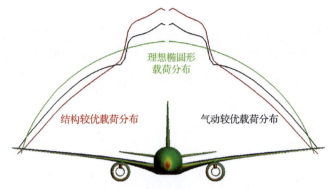

理想椭圆形
载荷分布

结构较优载荷分布　　　气动较优载荷分布

图 10.2　机翼载荷分布控制示意

　　空客公司在 A350XWB 上使用了差动襟翼实现变弯度机翼，内外襟翼能够在飞行的各个阶段独立偏转以满足载荷控制的相关要求。在早期巡航阶段，可变弯度机翼使压心向内翼移动，降低翼根弯矩，并能够以此实现结构减重。而在高升力构型下，向外翼移动的载荷分布有利于降低起飞诱导阻力。

　　该技术的应用难点在于需要站在整个飞机设计流程的高度，通盘考虑高速机翼气动设计、增升装置形式和设计、飞行控制系统设计等，只有这样才能充分发挥该技术的优势。具体体现在如下几个方面：变弯度机翼气动收益的实现与验证；长轴距、小角度卡位的襟翼转动角度精度控制；内外襟翼复合运动机构方案设计；多余度、高可靠性、高升力系统方案设计。

10.4　层流减阻技术

　　大型客机表面一般为湍流流动，摩擦阻力为层流的 5～10 倍。大型客机的气动阻力分解和层流适用范围如图 10.3 所示。层流减阻技术通过保持和延长层流范围，尽可能减少湍流流动面积，降低飞机的摩擦阻力和燃油消耗。因此，如果能在飞机机翼、尾翼和发动机短舱表面实现 50% 面积的层流，将使全机阻力下降 15% 左右。目前，自然层流和混合层流控制是层流设计的主要方法。自然层流控制指利用气动外形设计实现层流；混合层流控制指结合气动外形设计和流动控制手段实现层流，典型的流动控制手段是在前缘抽吸边界层使之变薄。

　　美国和欧洲在诸多绿色航空研究项目中都十分重视层流减阻技术，相关项目包括美国 ERA 计划，欧洲"洁净天空"计划等。这些项目的研究结果都表明，层流减阻技术对大型商用飞机燃油消耗节约可达全程油耗的 10% 左右。波音公司大型客机较早地应用了层流部件，目前服役的波音 787 采用了层流短舱和混合层流控制垂尾，波音 737Max 采用了自然层流翼梢小翼。未来服役的波音 777X 系列也将采用层流短舱。对于层流后掠翼，2017 年空客公司在 A320 试验机垂尾上采用了混合层流控制方案，实现了远超自然层流的气动收益。

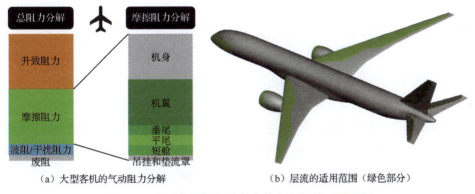

（a）大型客机的气动阻力分解　　（b）层流的适用范围（绿色部分）

图 10.3　大型客机的气动阻力分解和层流适用范围

中国商飞公司、中国航空工业集团有限公司（以下简称"航空工业"）第一飞机设计研究院、西北工业大学、中国飞行试验研究院等单位近年来先后完成了自然层流和混合层流控制机翼风洞试验、层流翼套飞行试验，但国内至今尚未实现层流部件在大型客机上的应用。整体来看，我国层流减阻技术相比美国、欧洲的最新技术仍存在差距。近年来国内外层流设计验证结果对比如图 10.4 所示。由图可知，国内层流设计验证所达到的技术指标仍落后于国际领先水平。

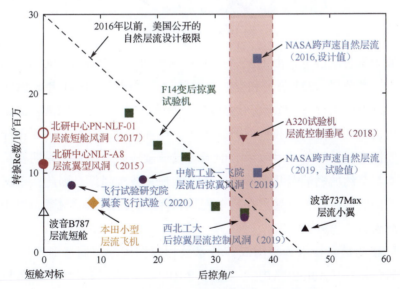

图 10.4　近年来国内外层流设计验证结果对比

目前，层流减阻技术的应用难点主要有：抑制驻线污染的手段主要包括缩短翼根前缘半径、在翼根前缘增加鼓包等少数几种，但会对整体气动性能产生不利影响，需要较高水平的集成设计权衡；后掠翼边界层同时存在流动不稳定波和横流扰动共同作用下的转捩，抑制手段尚不成熟，横流转捩预测工具也存在一定的缺陷，性能良好的层流后掠翼气动设计是一个很大的挑战；结冰、昆虫污染、部件接缝、高湍流度气团引起扰动迅速增加，会导致旁路转捩。这些现象在飞行过程中不可避免，但是没有成本较低的手段来预防这些现象的发生，因此需要完成容纳一定程度的制造缺陷、昆虫污染、结冰的层流设计，以及得到更多的试验数据和数值仿真结果的支撑。

10.5 表面微肋条湍流减阻技术

表面微肋条是沿流动方向放置的微型长肋条，肋条剖面可为三角形、梯形或扇形等，肋条之间具有一定的间距，如图 10.5 所示。微肋条放置于湍流边界层，可将高速气流限制在肋条尖端部分，仅让低速气流与肋条底部面积接触，从而使总摩擦阻力减小。具有减阻效果的微肋条尺寸与雷诺数有关，一般用于飞机巡航工况减阻的微肋条高度为 $50\sim100\mu m$。表面微肋条湍流减阻技术是一种被动减阻方式，减阻效果可达到全机总阻力的 $1\%\sim1.5\%$。

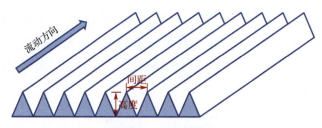

图 10.5 表面微肋条

该技术源于鲨鱼皮仿生，由 NASA 下设的研究机构兰利研究中心于 1970 年率先开始研究。之后波音公司、3M 公司和空客公司陆续启动研究。1991 年，微肋条薄膜被覆盖在 A320 飞机表面进行飞行试验，达到减阻 2%的效果。之后 DLR、法国国家航空航天科研局等机构做了大量实验和数值研究工作，波音公司、空客公司等也开展了多次飞行试验，均验证了微肋条的减阻效果。但当时发现微肋条薄膜安装周期较长，使用寿命短，使用成本与节约的燃油费几乎持平，无法实现总成本降低。因此，根据飞机的应用需求，该技术随后的研发重点聚焦在易于安装和拆卸、耐腐蚀、耐磨、耐光照、使用寿命长及提高减阻效率等方面。

微肋条贴膜的最新技术为德国汉莎技术公司与德国涂层制造商巴斯夫公司联合研制的"航空鲨鱼皮"（AeroSHARK）薄膜。2019 年年底，汉莎技术公司与巴斯夫公司联合开展了超过 1500h 的飞行试验，证实了 AeroSHARK 薄膜使飞机减少了约 0.8%的碳排放量。该薄膜已于 2022 年 10 月和 2023 年 2 月分别应用于服役中的波音 777-300ER 客机和波音 777F 货机，并且于 2022 年 12 月获得了 EASA 颁发的补充型号证书，可在这两种机型的机队上推广应用。瑞士国际航空公司计划在每架波音 777-300ER 上安装约

950m² 的该薄膜，换算成全机队 12 架波音 777-300ER 的运营模式，意味着每年可节省超过 4800t 煤油和大约 15200t 二氧化碳排放。国内北京航空航天大学、天津大学、中国科学院、西北工业大学、中国商飞公司等研究了微肋条湍流减阻技术，但技术成熟度相对较低，距离航空应用还较远。

表面微肋条湍流减阻技术的应用难点在于：既要求可以在曲面上大面积快速铺设微肋条，制备效率高，又要求微肋条几何结构稳定，表面质量高，减阻效果稳定，还要求微肋条的材质耐磨、耐腐蚀和耐光照，使用时间长，使用成本低。

10.6　降噪技术

按飞机部件分类，可将飞机噪声分为发动机噪声、机体噪声和发动机安装噪声。

在发动机降噪设计方面，欧美等国家和地区持续开展了大涵道比发动机设计、风扇和短舱几何外形优化、主被动流动控制等研究。根据 ICAO 的分析，飞机累积噪声随发动机涵道比增大的降噪收益为 3EPNdB/BPR，目前噪声最低的窄体客机 A320neo、宽体客机 A350 装配的发动机 Leap-1A、Trent XWB 涵道比分别高达 11.3 和 9.3，航发"三巨头"GE 公司、普惠公司、罗·罗公司仍在加大超高涵道比发动机研究方面的投入，如 GE 公司的 RISE 项目、普惠公司的 GTF Advanced 项目和罗·罗公司的 UltraFan 项目等。在 CLEEN Ⅲ 项目中，霍尼韦尔公司联合 NASA 正在改进风扇出口导向叶片和静子部件，实现飞机有效感觉噪声级降低 1.5dB。在发动机短舱中铺设声衬是降低发动机噪声的有效手段，覆盖转子声衬、仿生多孔材料声衬、柔性导流片、风扇气流导流器等是工业界目前关注度较高的被动流动控制技术。在主动流动控制研究方面，欧美等国家和地区开展了可变壁挂系统、可变转子、风扇尾缘吹气、可变面积风扇喷口等设计与试验验证工作，ICAO 独立专家报告已将这些技术列为未来民用飞机降噪技术。

在机体降噪设计方面，欧美等国家和地区持续推进机体部件降噪创新技术研究，DLR 基于 A320 对前起落架和主起落架开展整流罩降噪设计，对增升装置开展缝翼填充和襟翼侧缘多孔材料吸声的降噪设计，通过飞行试验验证降噪措施的收益和工程应用的可行性。2020 年，NASA 和赛峰集团合作开展了波音 787 主起落架低噪声设计的飞行试验验证，结果显示低噪声设计能使起落架噪声降低 20%。在 CLEEN Ⅲ 项目中，波音公司正在开发静音增升装置和起落架系统，利用襟翼尾缘整流罩、涡流发生器、起落架加装整流罩和先进声学设计来降低飞行噪声，实现降低飞机可感觉噪声级 1dB 的目标。

在飞机/发动机声学一体化设计方面，NASA 与工业伙伴于 2020 年基于波音 787 开展了大规模的飞机飞行噪声测试，采用 954 只地面麦克风、214 只机体表面麦克风的超大规模麦克风系统采集真实飞行环境下详细的飞机声学数据，分析发动机风扇等噪声源与机体之间的关系、机身和机翼屏蔽效应，以及湍流边界层噪声等近场信息，从而为飞机/发动机声学研究积累飞行试验数据。随着计算技术和试验测试技术的发展，飞机/发动机声学一体化设计将是未来飞机降噪技术研究中的热门课题。

在智能飞行方面，A350、A320neo 等已经应用了飞机起降噪声航迹程序优化技术，利用航空电子设备的高效运行实现航迹优化，起飞与着陆噪声降噪收益分别大于 2dBA 和 4dBA。波音公司正在基于机载和地面通信系统的信息输入开发实时的、噪声优化的飞行路径算法，并将其集成到空管系统中，实现飞机噪声降低 3dB 以上的目标。

降噪技术在飞机产品上的应用难点在于：飞机噪声源的特性随飞机运行工况的变化而改变，需要针对各噪声源在不同运行场景下的声学特性制定相应的降噪措施。此外，降噪技术的应用不但要验证声学降噪收益，还要权衡该技术对飞机安全性、可靠性、可维护性和结构质量的影响。

10.7　风洞试验验证

风洞试验在民用飞机产品的经济性与环保性指标的验证中一直发挥着重要作用。一方面，民用飞机产品的巡航燃油消耗率是评估其经济性的核心指标之一，而巡航升阻比是计算巡航燃油消耗率的重要参数。高雷诺数风洞试验技术能够模拟飞机巡航时的飞行雷诺数，进而获得更加准确的飞机巡航升阻比，为民用飞机产品的经济性论证提供更加可靠的依据。另一方面，西方发达国家或地区和 ICAO 对民用飞机产品适航噪声水平的要求日趋严格，而民用飞机产品的降噪设计离不开声学风洞的支持。声学风洞试验技术正在为设计出更安静的民用飞机提供验证数据。

为达成上述验证目的，风洞是必不可少的核心硬件设备。在国内重要型号飞机研制风洞试验需求的牵引下，特别是在大型客机研制的推动下，国家投资新建了一批大型生产型风洞，为我国航空航天飞行器的试验验证提供了有力的基础条件保障。其中，以 FL-10 大型风洞、FL-16 结冰风洞、FL-17 声学风洞、FL-51 动态风洞等为代表的低速风洞和以 FL-62 风洞为代表的高速风洞已达到国际先进水平，并开始在中国商飞公司的飞机型号研制中发挥重要作用。此外，一批新建成的高水平风洞，如低温高速风洞、4.8m 高速风洞和 8m 低速风洞等，正逐步形成试验能力。相信在不久的将来，这些风洞也将成为国内飞机型号研制的主力风洞。

在风洞试验测试技术领域，传统的技术方向仍在不断革新，如先进天平技术、模型变形修正及姿态测量技术、洞壁和支撑干扰修正技术、非接触式模型表面物理参数和空间流场显示测量技术等。这些传统测试技术的更新为型号研制提供了更加准确的定量和定性试验数据。此外，风洞试验与 CFD 技术的结合更加紧密。国内外均有关于应用 CFD 技术研究风洞洞壁和支架干扰问题的报道。CFD 技术在飞行器研制中的大规模应用大幅减少了风洞试验次数。近年来蓬勃发展的人工智能（如机器学习）技术也为风洞试验提供了不少助力，进一步提高了风洞马赫数控制的精度，改善了试验数据质量，促进了试验数据与 CFD 数据的融合，提高了试验数据的处理效率，最终缩短了新飞行器的研发周期。

10.8　CFD 技术

CFD 技术主要通过数值计算得到流动区域内的流动介质物理参数及物体表面受到的作用力。利用 CFD 技术可以获取更多流动细节，减少风洞试验次数，降低成本，提高设计效率，同时可以改进风洞试验，模拟一些风洞或真实环境无法完成的试验，降低研发风险。

空客公司与波音公司在最新的飞机产品设计中均大量采用了 CFD 技术。NASA 开发了多套知名的 CFD 软件并被行业广泛使用，包括基于结构化网格的 CFL3D、基于重叠网格的 OVERFLOW 及基于非结构化网格的 FUN3D。2013 年，波音公司、普惠公司联合斯坦福大学、麻省理工学院等高校撰写了《CFD2030 愿景报告》，该报告提到的主要发展目标包括以下几个：①基于物理的预测模型：对转捩、湍流、分离、化学反应流动、辐射、传热等，预测模型应更多地反映物理机理。②误差及不确定性管理：包括物理模型、网格及离散的缺陷，以及偶然误差、认知缺乏等。③全分析流程的高度自动化：包括几何创建、网格生成及自适应、计算结果处理、海量数据中大量信息的提取和理解。④能够高效利用大规模并行、异构和容错的高性能计算（High-Performance Computing，HPC）架构。⑤灵活使用 HPC 系统：具有工业（大量数据）和科研（深入研究）的双重能力。⑥与多学科分析无缝连接：高保真 CFD 工具、接口、耦合方法等。

DLR 的 TAU 和 FLOWer 等多个 CFD 软件均被空客公司使用，同时 DLR 提出了虚拟飞机 Digital-X 规划，给出了下一代 CFD 求解器框架 FLUCS。法国国家航空航天科研局开发的 CFD 软件主要有基于结构化重叠网格的 elsA 和基于非结构化网格的 Cedre，被空客公司和赛峰集团广泛使用。中国空气动力研究与发展中心开发了风雷 CFD 软件，航空工业空气动力研究院开发了 ARI_CFD 航空数值模拟平台。总体来说，国内航空行业的 CFD 软件研发仍较多地跟随国外 CFD 软件。

民用飞机设计对 CFD 技术较高的要求主要体现在湍流模拟、层流-湍流转捩模拟、复杂几何外形模拟、高精度离散格式及计算资源需求等方面，在这些关键问题上，CFD 技术仍需进一步发展。

未来航空 CFD 高可信度区域将从飞行包线的中心逐渐向外扩展，直到超越包线的边界，其可以信赖的应用也将从单一的计算扩展到多学科耦合，从被动仿真扩展到开拓设计。CFD 将使飞行器研制周期更短、代价更低、性能更好、风险更低。同时，基于 CFD 和最优化理论相结合的气动优化设计、CFD、运动、控制等多学科耦合的虚拟飞行，可以实现数字化、自动化、最优化的飞行器设计和试飞风险评估，为将来实现飞行器的数字化适航取证提供技术支撑。

10.9 发展路线图

基于目前国内外研究进展，本章分析和整理了我国商用飞机先进气动技术发展路线图，如图 10.6 所示，供大家参考。图中标出了各先进气动技术的里程碑节点，包括非常规气动布局设计技术、后缘变弯度机翼减阻技术、层流减阻技术、表面微肋条湍流减阻技术、降噪技术、CFD 技术、风洞试验验证技术。

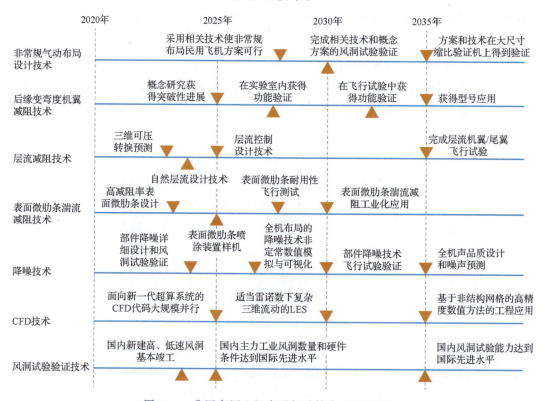

图 10.6 我国商用飞机先进气动技术发展路线图

参考文献

[1] 张锡金，宋文滨，张淼. 型号空气动力学设计[M]. 上海：上海交通大学出版社，2020.

[2] NICKOL C, MCCULLERS L. Hybrid wing body configuration system studies[C]. 47th AIAA Aerospace Sciences Meeting Including the New Horizons Forum and Aerospace Exposition. AIAA, 2009: 931.

[3] LIEBECK R H. Design of the blended-wing-body subsonic transport[J]. Journal of Aircraft, 2004, 41(1): 10-25.

[4] BRADLEY M K, DRONEY C K. Subsonic ultra green aircraft research: phase I final report[R]. Hampton: NASA Langley Research Center, 2011.

[5] 邢宇, 余雄庆, 李文强, 等. 颤振约束对支撑翼布局机翼结构质量的影响[J]. 机械设计与制造工程, 2021, 50(6): 47-50.

[6] 朱自强, 王晓璐, 吴宗成, 等. 支撑机翼跨声速民机的多学科优化设计[J]. 航空学报, 2009, 30(1): 1-11.

[7] 张新楂, 张帅, 王建礼, 等. 支撑翼布局客机总体参数对结构重量的影响[J]. 航空学报, 2019, 40(2): 522359.

[8] HILBIG H, WAGNER H. Variable wing camber control for civil transport aircraft [C]. 10th Congress of the International Council of the Aeronautical Sciences. ICAS, 1984: 243-248.

[9] STRUBER H. The aerodynamic design of the A350XWB-900 high lift system [C]. 29th Congress of the International Council of the Aeronautical Sciences. ICAS, 2014: 7-9.

[10] 梁煜, 单肖文. 大型民机翼型变弯度气动特性分析与优化设计[J]. 航空学报, 2016, 37(3): 790-798.

[11] 沈广琛, 白俊强, 刘南, 等. 新型机翼后缘变弯运动机构仿真及其气动影响研究[J]. 西北工业大学学报, 2016, 34(4): 578-586.

[12] 郭同彪, 白俊强, 杨体浩. 后缘连续变弯度对跨声速翼型气动特性的影响[J]. 航空学报, 2016, 37(2): 513-521.

[13] 尹维龙, 冷劲松, 陈钱, 等. 可连续光滑偏转后缘的变弯度翼型气动特性分析[J]. 空气动力学学报, 2010, 28(1): 46-53.

[14] SCHRAUF G. Status and perspectives of laminar flow[J]. The Aeronautical Journal, 2005, 109(1102): 639-644.

[15] 朱自强, 鞠胜军, 吴宗成. 层流流动主/被动控制技术[J]. 航空学报, 2016, 37(7): 2065-2090.

[16] COLLIER F. Overview of NASA's environmentally responsible aviation (ERA) project[C]. NASA Environmentally Responsible Aviation Project Pre-Proposal Meeting. NASA, 2010.

[17] SZODRUCH J. Viscous drag reduction on transport aircraft[C]. 29th Aerospace Sciences Meeting. AIAA, 1991: 91-0685.

[18] 李思成, 吴迪, 崔光耀, 等. 低雷诺数沟槽表面湍流/非湍流界面特性的实验研究[J]. 力学学报, 2020, 52(6): 1632-1644.

[19] 张子良. 仿鲨鱼皮二维肋条湍流减阻机理与模化研究[D]. 北京: 中国科学院大学（中国科学院工程热物理研究所）, 2020.

[20] 李山. 2D 和 3D 沟槽壁面减阻机理的 TRPIV 实验研究[D]. 天津: 天津大学, 2019.

[21] 李超群, 唐硕, 李易, 等. 基于神经网络的减阻沟槽壁面形状优化[J]. 航空动力学报, 2022, 37(3): 639-648.

[22] 许一鸣. 小肋减阻和气动热影响分析及优化方法研究[D]. 上海: 上海交通大学, 2019.

[23] 李涛. 鲨鱼皮减阻微沟槽滚压复制技术基础研究[D]. 大连: 大连理工大学, 2015.

[24] 刘少柱. 临近空间飞艇用 PVF 和 TPU 膜耐候性研究及减阻微沟槽制备[D]. 哈尔滨: 哈尔滨工业大学, 2012.

[25] 周一帆. 表面微沟槽对压气机叶栅气动性能的影响[D]. 北京：中国科学院大学（中国科学院工程热物理研究所），2021.

[26] 梁密生，李欣，王猛猛，等. 空间整形飞秒激光加工金属微细槽实验研究[J]. 中国激光，2021，48(2): 0202003.

[27] 黄湛，王宏伟，于靖波，等. 超临界翼型小肋湍流减阻流动显示验证[C]. 中国力学大会论文集（CCTAM 2019）. 中国力学学会，2019: 12.

[28] ZHANG Y F, YAN C, CHEN H X, et al. Study of riblet drag reduction for an infinite span wing with different sweep angles[J]. Chinese Journal of Aeronautics, 2020, 33(12): 3125-3137.

[29] ICAO. Independent expert integrated technology goals assessment and review for engines and aircraft[R]. Montreal: ICAO, 2011.

[30] 李强，崔智强，李小刚，等. 天平零点温度效应补偿技术[J]. 弹箭与制导学报，2018, (3): 119-120, 124.

[31] 刘建鑫. 天平应变信号采集器研制[D]. 哈尔滨：哈尔滨工业大学，2021.

[32] 徐越，邱俊文，李聪，等. 一种用于飞机模型动力模拟风洞试验的空气桥天平的研制[J]. 机电产品开发与创新，2020, 33(3): 3.

[33] 赵卓林，张家齐，徐港，等. 一种基于 CFD 的增压风洞试验数据刚体修正方法[J]. 飞机设计，2019, (6): 4.

[34] 刘捷. 风洞试验模型弹性变形视频测量系统设计及实现[D]. 哈尔滨：哈尔滨工程大学，2018.

[35] 李强，刘大伟，许新，等. 高速风洞中大型飞机典型支撑方式干扰特性研究[J]. 空气动力学学报，2019, (1): 68-74.

[36] 许新，陈德华，程克明，等. 大展弦比飞机变翼展洞壁干扰试验与分析[J]. 南京航空航天大学学报，2019, 51(4): 7.

[37] 刘大伟，熊贵天，刘洋，等. 宽体客机高速风洞试验数据修正方法[J]. 航空学报，2019, (2): 16-31.

[38] 黄湛，王宏伟，魏连风，等. 基于荧光油膜的全局表面摩阻测量技术研究[J]. 空气动力学学报，2016, 34(3): 373-378.

[39] 武宁，唐鑫，段卓毅，等. 基于 TSP 方法的自然层流机翼转捩位置测量[J]. 实验流体力学，2020, 34(6): 66-70.

[40] 战培国. 国外风洞试验[M]. 北京：国防工业出版社，2018.

[41] WUBBEN F, MASELAND H. Verification of wind tunnel model support and wall interference assessments in DNW-HST by CFD simulations[R]. Amsterdam: DNW, 2018.

[42] MELANSON M R, CHANG M, BAKER W M. Wind tunnel testing's future: a vision of the next generation of wind tunnel test requirement and facilities[C]. 48th AIAA Aerospace Sciences Meeting Including the New Horizons Forum and Aerospace Exposition. AIAA, 2010: 0142.

[43] 高赫，刘学军，郭晋，等. 基于高斯过程回归的连续式风洞马赫数控制[J]. 空气动力学学报，2019, 37(3): 480-487.

[44] 张俊杰，黄俊，刘志勤，等. 基于迁移学习的变可信度气动力建模方法[J]. 实验流体力学，2024，12(1): 1-12.

[45] 赵旋，彭绪浩，邓子辰，等. 基于多源数据融合的翼型表面压强精细化重构方法[J]. 实验流体力学，2022，36(3): 93-101.

[46] 唐志共，朱林阳，向星皓，等. 智能空气动力学若干研究进展及展望[J]. 空气动力学学报，2023，41(7): 1-35.

[47] KRAFT E M. Transforming ground and flight testing through digital engineering[C]. 2020 AIAA SciTech Forum. AIAA, 2020: 1840.

[48] ABBAS A, BECKER K. Numerical simulation airbus vision and strategy, Notes on Numerical Fluid Mechanics and Multidisciplinary Design[M], Springer Nature Press, 2012, 117(1-13).

[49] SPALART P R, VENKATAKRISHNAN V. On the role and challenges of CFD in the aerospace industry[J]. The Aeronautical Journal, 2016, 120(1223): 209-232.

[50] SLOTNICK J, KHODADOUST A, ALONSO J, et al. CFD vision 2030 study: a path to revolutionary computational aerosciences[R]. Washington D.C: NASA, 2014.

[51] CARY A W, CHAWNER J, DUQUE E P, et al. CFD vision 2030 road map: progress and perspectives[C]. 2021 AIAA Aviation Forum. AIAA, 2021: 2726.

[52] KROL N, ABU-ZURAYK M, DIMITROV D, et al. DLR project Digital-X: towards virtual aircraft design and flight testing based on high-fidelity methods[J]. CEAS Aeronautical Journal, 2015, 7(1): 3-27.

先进航空材料与结构设计技术 第11章

商用飞机的结构在满足安全性要求的前提下，应具备轻质、低成本和长寿命的特性。轻质可增加有效载重，减少燃油消耗和环境污染；低成本是商用飞机具有市场竞争力的核心因素之一，要求商用飞机产品从研制、服役到维修各阶段的全寿命成本最低；长寿命则要求商用飞机的材料、结构在同等的可靠性水平下拥有更长的设计寿命，这也是商用飞机具有低成本的核心因素之一。

本章从上述几个方面详述了相关技术的发展情况及面对的挑战，并给出了我国先进航空材料与结构发展路线图。在新材料方面，高性能复合材料、以铝钪合金为代表的新型合金材料得到广泛关注；在新结构方面，新型轻质结构、非常规布局产品结构、功能一体化结构不断涌现，为机体结构的设计提供了新的思路，典型结构包括折叠翼梢结构、非圆截面增压舱结构、防除冰功能一体化结构、多功能机身结构等；在新方法方面，以结构健康监测技术、数字孪生技术为代表的新型仿真分析方法为飞机结构设计提供了有力的支撑。

飞机是一个复杂的系统工程，飞机的结构设计需要综合考虑质量、系统、气动、结构和工艺等多个流程及专业，而新材料、新结构、新方法的应用不仅是提高结构效率的必然选择，也是提升未来飞机竞争力的主要途径。

11.1 国内外发展概况

在新材料方面，复合材料、新型轻质合金材料，以及增材制造和原位焊接等新工艺的涌现，为商用飞机的安全性、经济性、舒适性和环保性提供了保障。其中，以碳纤维复合材料为代表的先进材料，以其高比强、高比刚、可设计、抗疲劳和耐腐蚀的性能特点满足了商用飞机的发展需求，先进功能和智能材料的应用也为解决民用飞机问题提出了新的途径，A350XWB 和波音 787 的复合材料用量均达到或超过了 50%。NASA 和欧盟等通过一系列研究计划，对未来民用飞机热塑性材料、智能化材料和功能化材料应用的低成本化和多功能化趋势进行了研究。国内以中国航空工业集团有限公司、中国科学院、中国铝业集团有限公司、威海光威集团有限责任公司、江苏恒神股份有限公司、哈尔滨工业大学、上海交通大学等为代表的一系列结构件和材料供应商也对新型合金材料、高性能复合材料和智能化、功能化材料等展开了探索，部分研制成果如高性能材料和多功能材料等已在航天领域得到了验证和应用。在新结构、新方法方面，近些年来，以波音公司和 NASA 为代表的美国公司与机构对 BWB、TBW、折叠翼梢、结构数字孪生、变弯度机翼等适用于未来民用飞机的新技术开展了研究及验证工作；以空客公司为代表的欧洲公司在先进机翼设计技术、先进翼梢小翼技术、结构低成本设计技术、结构健康监测技术等方面开展了大量研究工作。面向未来民用飞机产品多品种、小批量、低成本、快速研制的需求，特别是面对兼具多功能的轻量化结构的需求，国内外民用飞机都朝着整体结构数字化、自动化、柔性化、精确化、轻量化、高可靠性、长寿命、短周期、低成本、绿色先进制造工艺及装配技术方向发展。

11.2　高性能复合材料

根据下一代航空航天主结构材料的性能要求，日本东丽公司于 1990 年开始小批量生产 T1000G 碳纤维，2014 年开始利用精细控制碳化技术，在纳米层级控制碳纤维结构，成功研制了第三代碳纤维代表产品——T1100G 碳纤维（强度 6.60GPa，模量 324GPa）。2018 年，日本东丽公司将 T1100G 碳纤维的强度提高至 7.0GPa，并于 2019 年巴黎航展上正式推出相关产品。日本三菱丽阳公司于 2015 年成功研制了 MR70 碳纤维，该产品与日本东丽公司的 T1100G 碳纤维的力学性能处于同等水平。美国 Hexcel 公司早在 2010年就成功开发了 IM10 碳纤维，2011 年推出了 IM10/M91 超级环氧预浸料体系，以满足航空航天部门的需求。IM10 碳纤维虽然本身强度和模量均低于 T1100G 碳纤维，但其复合材料的力学性能与 T1100G 碳纤维的复合材料相近。

在 T1000 的应用方面，国外航天固体发动机壳体、复合材料气瓶等缠绕件已经大量采用 T1000 碳纤维增强复合材料。SCI 公司将 T1000/6061-T62 柱形气瓶用于"神马飞行"计划，工作压力达到 41.37MPa，与铝合金气瓶相比质量减少 65%；目前国外民用高压气瓶也大量采用 T1000 碳纤维。T1100 的模量提高至 324GPa，断裂延伸率为 2.0%，有望在航空领域充分发挥其性能优势。全球最大的一级航空结构制造商之一 Spirit Aerosystems 公司基于 T1100 碳纤维推出了创新型复合材料机身壁板，并预计该壁板能够降低未来复合材料机身 30% 的生产成本。

对于 T1000/T1100 碳纤维，由于缺少型号产品牵引，工程化应用尚未取得突破。在 T1000 碳纤维研制方面，目前国内开展相关研究的单位有中国科学院山西煤炭化学研究所、山东大学、中安信科技有限公司、中复神鹰碳纤维股份有限公司、江苏恒神股份有限公司。其中，中安信科技有限公司、中复神鹰碳纤维股份有限公司和江苏恒神股份有限公司主要在现有的 T700 和 T800 生产线上开展部分研究工作，并提供小批量样品供用户评价。江苏恒神股份有限公司于 2022 年研制了 T1100 级的碳纤维 HS60 并形成预浸料，提供小批量的材料供用户评价。中国科学院山西煤炭化学研究所承担了中国科学院重点部署的项目，攻克了 T1000 级碳纤维制备关键技术，采用干喷湿纺原丝技术路线，实现了碳纤维强度和模量的双提升。山东大学碳纤维中心、天津大学力学中心等研究机构在 PAN 基碳纤维的微观结构形貌和力学性能方面展开了实验研究，并在研究中发现了国产 PAN 基碳纤维原丝和日本碳纤维原丝在微观结构上的差异：日本碳纤维原丝晶粒细小，而国产 PAN 基碳纤维原丝不仅晶粒粗大，还存在较大的纳米颗粒，两者质量相差很大，这也表明国产碳纤维原丝的质量亟待提高。

在高性能材料的应用方面，难点在于性能数据积累不足，性能稳定性有待进一步验证。国产 T800 级碳纤维和预浸料的国产化验证工作正在展开，进行了少量较有代表性的结构件的试制工作。国产 T1000 级以上的高模量、高强度复合材料已开展部分材料级别的基础性能摸底和筛选工作。在试验数据积累的基础上，后续有望于 2035 年前后在机身、机翼等结构件上替代现有材料，从而提高结构效率。

11.3 铝钪合金材料

铝钪合金材料是一种集高强度、低密度、耐腐蚀、可焊接等优异性能于一体的新型材料。铝钪合金材料具有良好的成型性能，便于部件整体成型，能减少零件、组件的装配和铆接螺栓的使用，其良好的焊接性能也可以在一定程度上减少铆接连接的使用。通过整体化结构设计，可以显著提高结构效率。

2015 年，欧盟委员会发布的《欧洲冶金路线图：生产商与终端用户展望》在交通行业提出研究"铝镁钪合金的焊接性"。2020 年 9 月，欧盟公布了 29 种关键矿产资源，其中包含钪。爱励铝业在德国开发的 5024-H116 铝镁钪合金（Sc 含量：0.1%~0.4%）具备中高强度和高损伤容限性，是非常有潜力的机身蒙皮材料，可替代传统铝合金，已被空客公司列入 AIMS03-01-055 材料采购书中。5028 是 5024 的改良牌号，适配激光焊与搅拌摩擦焊，可实现双曲整体壁板蠕变成型工艺，耐腐蚀，无须包铝，由其制作的机身整体壁板结构相比铝锂合金可以实现 5% 的结构减重。

2021 年 6 月，由空客公司牵头面向 A321 基于 AA5028-H116 铝钪合金开展了整体化货舱舱门设计研发项目。该项目的目的在于支持实现"洁净天空"计划目标及欧盟委员会"2050 飞行路线"目标，这与应对气候变化、推动可持续发展的"欧盟绿色协议"一致，也与我国碳达峰与碳中和的长期目标相契合。AA5028 不存在之前其他可焊铝合金出现的强度降低问题。"洁净天空 2"针对 A321 采用 AA5028 焊接成型的整体化舱门，实现结构减重约 10%；工艺流程上继承了 6013、6056（用于 A380 和 A340）整体壁板激光焊接工艺，材料由 Al-Mg-Si 合金升级为 Al-Mg-Sc 5028 材料，采用搅拌摩擦焊或激光焊成型整体化平面舱门组合体，后经蠕变成型得到曲面舱门结构。

目前，"洁净天空"计划下的 OASIS 项目采用搅拌摩擦焊将门框和纵梁连接到蒙皮面板，蒙皮面板本身由两个单独的薄板连接。搅拌摩擦焊的优点是可以将两个零件连接在一起而无须预先钻孔，也无须向结构中添加材料，不仅节省了工艺时间，又提高了结构效率。航空结构铝合金的焊接方法在过去几年里有了很大的发展，焊接过程的自动化提高了搅拌摩擦焊接的精度。新型飞机货舱舱门演示验证件成功展示了铝锂合金整体化结构的减重潜力和整体化结构制造技术成熟度的提高。经过 OASIS 项目评估，铝合金焊接成型整体化舱门相比传统机加成型紧固连接方案提高了 30% 的材料利用率，结构质量减少 10%，加工时间减少 40%。

中国铝业集团有限公司旗下的东北轻合金有限责任公司、西南铝业（集团）有限责任公司等相继开展了铝锂合金的研制工作，目前已经从试验室研究向工业规模生产过渡，并开始向航天、航空和舰船部门供货。东北轻合金有限责任公司联合中南大学，在国家项目的支持下率先开展了铝镁锂合金的研制工作，其开发的 5B70 铝镁锂合金是一种拥有良好的综合性能的材料。目前，5B70 铝镁锂合金已实现市场化供应，以厚板为主要产品，可以供应最大板厚为 70mm、最大宽幅为 3500mm 的大型铝合金厚板。薄板产品和型材产品可以开展定制化生产，其中，薄板产品的厚度范围为 2～6mm，最大宽幅为 1500mm。

国产铝锂合金在航天重点型号上已经成功应用，但在民航领域还需进一步优化提升。需要实现工业规模化稳定生产，统筹推进材料合格鉴定流程。随着开发与应用经验的积累和生产工艺技术成熟度的提高，有望在 2025 年完成材料工业级薄板、型材等制品的稳定生产；2030 年前完成工业级多批次稳定生产，建立材料规范，完成合格鉴定程序，达到装机状态；在 2035 年充分利用铝锂合金的成型性能优势构建焊接整体结构方案，对现有铝合金结构方案实现不小于 10% 的结构减重，完成整体结构的验证试验，并验证装机应用方案。

11.4　民用飞机折叠翼梢技术

大展弦比机翼可以提高飞机的升阻比，进而提高飞机气动效率，减少燃油消耗，在一定程度上满足未来民用飞机更经济、更环保的需求。同时，翼展过长对现有机场的适应性提出了新的挑战，使用折叠翼梢是提高大展弦比民用飞机机场适应性的有效途径，自 2010 年起，波音公司和空客公司针对折叠翼梢技术开展了大量专利布局工作。

面向绿色航空的要求，波音公司分析了 2030—2035 年服役飞机的先进概念与技术，与 NASA 合作开展了 SUGAR 项目，提出了油电混合动力飞机 SUGAR Volt 概念方案，其机翼将采用大展弦比，以支撑可折叠机翼结构。在工程应用方面，波音公司新一代飞机波音 777-X 采用大翼展设计，首次将折叠式翼尖应用于民用飞机，使翼展增大约 7m，实现燃油消耗减少 3%，并满足在 E 类机场起降、滑行和进出廊桥的要求。

空客公司在面向未来窄体客机机翼设计的"明日之翼"项目中，为进一步提升窄体客机的气动效率，将折叠翼梢作为一个典型的设计特征纳入了项目研究范围。针对可折叠翼梢的载荷减缓技术，2019 年，空客公司在 AlbatrossOne 项目中利用 A321 的缩比验证机对其半气动弹性铰链翼尖技术进行了验证。2021 年，空客公司组建了"eXtra Performance Wing"项目团队，计划将该技术在一架塞斯纳飞机上开展验证工作，并于 2022 年完成了风洞试验。

我国折叠翼梢的应用历史较短，技术相对薄弱。在民用飞机领域，我国目前对折叠翼梢结构的专利布局较少，技术储备不足，尚不具备工程制造及使用经验。

为做好民用飞机折叠翼梢技术储备，需结合飞机气动性能要求，开展以下几个方面的研究工作。①多体动力学刚度耦合建模和计算方法，以准确模拟折叠翼梢的机构运动和受力分析，满足飞机静强度、疲劳损伤容限分析的需求；②结构机构、作动器闩锁一体化设计，研究解决翼梢有限空间下轻质高效结构机构传载路线、小体积/高负载/高可靠性作动器闩锁技术；③折叠翼梢系统的可靠性，从结构可靠性、机构可靠性、系统可靠性 3 个角度综合考虑折叠翼梢可靠性建模方法，合理分配可靠性指标。

11.5 非圆截面机体结构设计技术

BWB 布局飞机具有高升阻比、低阻力、低噪声等优点，是未来民用飞机极具潜力的发展方向之一。但由于特殊布局所采用非圆截面机身，机身结构在承受客舱增压载荷时，将引起很高的弯曲应力，而非圆截面机身产生的表面膜应力、机翼弯矩和机身弯矩又加剧了这种弯曲应力，最终导致此类非圆截面机身结构存在承载效率低、稳定性差等设计问题。为了降低非圆截面机身承受增压载荷时产生的高弯曲应力、提高机身结构的稳定性及承载效率，BWB 布局飞机需要有针对性地开展非圆截面机身结构设计研究。

BWB 布局飞机的设计与发展大体可以分为波音公司与 NASA 的研究方案、欧盟多国的研究方案及其他研究机构的研究方案。由于传统的基于经验公式的多学科综合分析模型和工具不再适用于 BWB 布局飞机，因此各国研究机构开发了新的多学科优化分析工具。

2017 年以来，以波音公司和 NASA 为首的研究团队针对盒式机身结构开展了深入的研究工作，并进行了部段级中机身结构增压试验，试验所用的中机身测试件宽约 9.14m，高 4.27m，长 2.13m，所有的复合材料壁板都通过金属夹具和紧固件与边缘边界进行机械连接。依据安全性设计要求，对该中央机体测试件依次施加了 5 种工况载荷，分别为 2.5g 机翼上弯机动载荷、-1g 机翼下弯机动载荷、2.5g 机翼上弯机动载荷和 1P 增压载荷、

-1g 机翼下弯机动载荷和 1P 增压载荷、1.33P 增压载荷。上述载荷为限制载荷，安全系数为 1.5，对应极限载荷。在试验过程中，先施加限制载荷，再施加极限载荷。对于 2.5g 机翼上弯机动载荷、2.5g 机翼上弯机动载荷和 1P 增压载荷两种重要工况，机翼上弯载荷达到了限制载荷的 165%，为盒式机身结构的可靠性提供了关键验证数据。非圆截面机体缩比验证试验平台如图 11.1 所示。

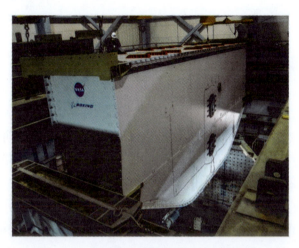

图 11.1　非圆截面机体缩比验证试验平台

欧洲方面，BWB 多学科优化（Multidisciplinary Optimization of a Blended Wing Body，MOB）项目耗时 3 年，由 SPINEware 软件集成气动、结构、操纵等学科模型。该项目旨在寻找合适的方法，使分散的团队可以从不同的学科方向共同对 BWB 布局飞机进行优化设计。围绕该目标，MOB 项目团队开发了分布式多学科设计优化环境计算设计引擎（Computational Design Engine，CDE）。MOB 项目团队建立了机翼后掠角、扭转角、机身长度等几何参数与航程的响应面模型，并以此为基础完成了几何外形优化。超高效大型飞机（Very Efficient Large Aircraft，VELA）项目始于 2002 年，旨在研究出合适的方法和装载方案，并将之用于大型客机的设计和优化。该方案采用三舱布局，共有 750 个座位，安装 4 台翼吊发动机，巡航速度为 $0.85Ma$，设计航程为 13334km。新飞机概念研究（New Aircraft Concept Research，NACRE）项目始于 2005 年，由空客公司主导，历时 4 年，由来自 13 个欧洲国家的 36 个合作方共同参与。此后，空客公司继续研究 BWB 布局的客机设计，目标是将二氧化碳排放量减少 20%以上。2019 年 6 月，该机的缩比验证机 MAVERIC 在法国中部进行了首次飞行。此外，空客公司还改善了此类飞机所需的先进电传操纵技术，在 2020 年中期使用遥控模型进行了飞行测试。MAVERIC 缩比验证机长 2m，宽 3.2m，表面积约 2.25m^2。

BWB 布局飞机具有更高的气动效率和更高效的载荷-升力分布，是传统构型最有可能的替代者。非圆截面机体的受力情况发生了较大的变化，舱内增压导致机舱壁板同时承受较高的航向载荷和展向载荷，且需要通过弯曲变形来抵抗舱内增压。全新的布局形式和结构组件对依赖现有设计经验和实验数据积累的设计规范、校核验证方法与结构质量估算方法提出了迫切的技术要求。在以减少质量、提高承载效率为目标的全机结构优化设计的基础上，将设计约束由机体结构强度、刚度、稳定性等安全性指标拓展到兼顾飞发一体的气动、噪声、振动等多学科领域，以及维修性、可靠性、舒适性、经济性等全寿命周期过程，以获得更具工程应用价值的结构设计方案，为未来民用飞机结构的设计提供技术支撑和优化工具。

11.6 结构功能一体化防除冰技术

现有的大多数民用飞机机翼采用了传统的发动机引气除冰方法，主要通过引气系统从发动机引出热气，然后将热气分配到需要防冰的机翼前缘。热气防除冰系统设计复杂，并且会降低发动机的有效推力。同时，热气防除冰系统或环控管路的固定前缘段表面温度约为130℃，对复合材料树脂的耐温性提出了挑战。

鉴于热气防除冰系统的缺陷，波音787首创性地使用电加热防除冰一体化结构的方式来进行结冰防护。由于电热不像气热那样存在废气和能量浪费的现象，因此可以大幅提高除冰效率。目前，实现电热的方式是喷涂金属层沉积技术，即在玻璃纤维织物上直接喷涂金属层形成导电层，然后通电产生均匀持续的热量加热复合材料机翼前缘。近年来，国内外科研工作者在电加热防除冰系统研究方面，开展了大量的基础与应用研究工作，主要体现在设计分析和制造工艺等方面。

考虑到碳纳米管和石墨烯等纳米碳材料具有密度低、强度高、导电性好、耐腐蚀等优点，且在通电条件下碳纳米管能产生焦耳热，近年来国外一些学者和企业在开发基于纳米碳材料的复合材料防除冰方面开展了大量的探索性研究。研发人员进行了机翼防除冰模拟实验，在旋翼模型上依次涂敷绝缘环氧层、银电极、石墨烯改性环氧层及绝缘环氧层，然后贴敷金属镍保护层。实验结果表明，在-20℃环境下，$0.5W/cm^2$的输入功率可以让约1cm厚（14g）的冰在15min内融掉。虽然该方法可以实现防除冰，但是除冰速度较慢。此外，到目前为止，在树脂基体中均匀地分散高含量的石墨烯材料仍面临较大的挑战，而且当石墨烯纳米片的添加量为5wt%时，改性环氧树脂的拉伸强度和模量降低约30%，影响了该方案的工程应用。

为了回避纳米碳材料分散难的问题，美国麻省理工学院的Brain Wardle教授团队提出了利用碳纳米管薄膜电加热实现飞机防除冰的新思路。他们首先利用化学气相沉积法制备碳纳米管阵列，然后将碳纳米管阵列压倒，制备取向碳纳米管薄膜材料，将带有基底的碳纳米管薄膜材料铺贴在机翼模型表面，再进行电加热防除冰实验。实验环境温度为-20.9～3.9℃，风速为55.9m/s，空气中水含量为$1.1g/m^3$，水滴大小平均为30μm。实验结果表明，在风洞中，机翼模型表面几分钟后就形成了明冰。当提供$8kW/m^2$的输入功率时，碳纳米管薄膜产生焦耳热，温度上升，使明冰融掉。具体步骤如图11.2所示。

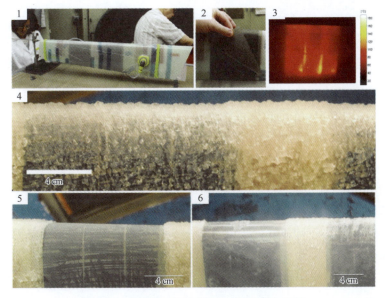

图 11.2　碳纳米管薄膜电加热防除冰步骤

英国贝尔法斯特女王大学的 Brian G. Falzon 教授团队开发了另一种碳纳米管薄膜电加热材料。该团队通过从碳纳米管阵列中拉出碳纳米管薄膜材料，然后层层铺放，形成高取向碳纳米管薄膜材料。将该薄膜材料贴敷于玻璃纤维复合材料表面，并进行共固化成型。防除冰实验表明，在-20℃环境和 4.9kW/m^2 输入功率的条件下，碳纳米管薄膜能在 15s 左右将复合材料表面的结冰除去，表现出了良好的防除冰效果。然而，到目前为止，可拉膜的碳纳米管制备尚无法实现工程化制备。

目前，国内关于复合材料机翼的电热防除冰方案的公开报道较少。哈尔滨工业大学冷劲松教授团队通过在玻璃纤维/环氧树脂复合材料板的表面铺设一层由溶液过滤法制备的碳纳米管薄膜，进行了电加热除冰实验。实验结果表明，在-22℃无风和 14m/s 风速条件下，复合材料板的除冰时间分别小于 220s 和 450s，展示出了非常好的应用前景。

国内在复合材料前缘电防除冰功能结构一体化设计方面的工程积累较少。因为机翼前缘为薄壁复合材料结构，制造公差控制困难，装配要求高且补偿措施有限，与多种系统机构的配合也有要求，所以在工程应用过程中还需解决许多问题，进而实现装机应用。

11.7　多功能机身结构设计技术

目前，应用于大型民用飞机的复合材料按照树脂基体可分为热塑性树脂基复合材料和热固性树脂基复合材料。与热固性树脂基复合材料相比，热塑性树脂基复合材料具有低密度、抗冲击、高韧性、可焊接及可对服役过程的冲击损伤进行原位修复等优点，有利于降低全寿命周期成本。同时，热塑性树脂基复合材料易于回收再利用，预浸料能常温储存，可实现绿色环保、可持续发展。基于热塑性树脂基复合材料的多功能机身结构技术成为目前研究的重点，该技术将系统预先集成到结构部件中，随后完成大部件装配，可进一步提高机身一体化与模块化制造水平。

多功能机身演示器（Multifunctional Fuselage Demonstrator，MFFD）计划于 2014 年构思，作为大型客机计划的一部分，由欧洲"洁净天空 2"计划资助。基于热塑性碳纤维增强复合材料的 MFFD 的研制为机体结构的生产和装配提供了全新的技术，目标是建造一个长 8m、直径 4m 的机身段（见图 11.3）。该机身段完全由热塑性碳纤维增强复合材料制成，能够使机身质量减少 10%，运营成本降低 20%，且计划每月生产 60～100 架飞机。吉凯恩宇航公司网站于 2023 年 2 月 7 日宣布，吉凯恩福克公司、NLR、代尔夫特理工大学和 SAM|XL 研究中心完成了 MFFD 项目中下机身段（STUNNING 子项目）的制造，该 8m×4m 的复合材料部件是世界上最大的热塑性复合材料部件之一。其中地板网格模块包括由自动纤维铺设的乘客地板梁组成的地板梁子组件，在安装到蒙皮模块之前，地板网格已完整配备了各种系统。2023 年 7 月 18 日，MFFD 项目合作伙伴 DLR 成功交付上壳，实现了具有高成本效益、资源节约型的工艺流程，并将能耗降至最低。成功交付后，该部件被运送到弗劳恩霍夫制造技术和先进材料研究所，将与来自荷兰的下壳连接，以在 2023 年年底前形成一个完整的机身外壳部段。空客公司将在汉堡应用航空研究中心进行最终的技术验证。

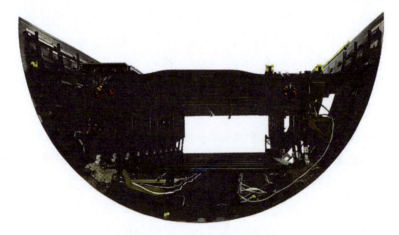

图 11.3　MFFD 的下机身段

多功能机身的研制给机体的结构设计带来了新的要求与挑战，如结构功能一体化设计、机身连接部位接头设计、新构型设计等技术需要进一步加强与革新。

11.8　结构健康监测技术

结构健康监测技术为全面快速评价与确定民用飞机结构在使用环境中的完整性提供有效的技术手段，是实现民用飞机结构视情维护和减重设计的前提条件。波音公司、空客公司等已完成该技术监测功能的实验室验证及主流型号的模拟环境地面验证和部分飞行验证，目前正在进行深入飞行验证并积极探索 FAA 的相关适航符合性认证流程，即将全面转入实际型号应用阶段。

波音公司自 2003 年开始研究大面积复合材料结构的健康监测技术在波音 787 上的应用，采用光纤光栅（Fiber Bragg Grating，FBG）传感器，测量温度、应力和应变等物理量的变化，连续探测结构微裂纹等损伤，监测结构完整性，并在飞机维护中引入结构健康监测技术，以提高产品的核心竞争力。波音公司利用光纤传感器对温度和应力进行遥测，在波音 777 上测量温度、应力和应变等物理量的变化，取得了显著成果。在波音 787 机身结构内部采用光纤监测技术，减轻了飞机的拆卸及功能测试负担。在对一架从伦敦飞往纽约的客机进行监测时，在 413min 的飞行过程中，FBG 传感器可清楚地监测到飞行环境中机翼的振动，证明了飞行过程动态应变监测的可行性。随后，波音公司、达美航空和 LUNA 公司合作，在一架已服役 12 年的波音 767-300ER 喷气飞机上安装了长周期光栅相对湿度传感器及干涉式压力和温度传感器，用于确定传感器安装步骤和数据收集程序，并计划用于验证传感系统的生存能力。

空客公司将结构健康监测技术广泛应用于飞机结构测试和日常维护中，目前正在 A380 上安装机尾撞击监测系统。对于新一代产品 A350，空客公司将结构健康监测作为最初的 5 项重要创新技术之一，制定了具体的技术实现路线，并把结构健康监测系统安装在 2013 年 6 月首飞的 A350 上进行飞行测试。此外，空客公司还开展了光纤温度测量方面的研究，在 A380 周身布置了 3 条 FBG 温度传感器，用来实时监测全机温度，以确定飞机的安全包线。每 10m 布置一个传感器，共 13 个传感点，总长度达到 123m，采用 FC/APC 接头与设备连接，可测量高达 350℃ 的高温，测量精度达到 ±2℃。空客公司把 FBG 应变和温度传感器安装在 A340-600 的机身，实现了对该型客机结构的应变在线监测和载荷评估。此外，2019 年，空客公司开展了 ATR72-600 全尺寸复合材料飞机的飞行试验和地面试验，在壁板上粘贴了由 40 个传感器组成的光纤传感器网络，同时采用压电传感器网络来监测结构的冲击损伤。空客公司未来期望通过提高飞行和地面结构部件的监测能力，更新载荷标准，校准用于疲劳分析的一些参数。由欧洲资助、空客公司领导的"采用先进集成传感器技术的结构监测"（Structural Monitoring with Advanced Integrated Sensor Technologies, SMIST）项目主要研究基于 FBG 传感器技术的飞机整体结构健康监测。该项目提出的技术被用于 C-27J "斯巴达人"运输机的实验和空中监测研究，对利用 FBG 传感器得到的微应变与利用硅基传感器得到的结果进行了比较，结果吻合得较好。除了光纤监测技术，空客公司还在压电监测技术领域开展了相关研究。2013 年，空客公司在 A350 宽体客机的复合材料机身壁板上安装了超过 200 个压电传感器，并进行了飞行测试。

结构健康监测技术的难点主要体现在以下几个方面。

首先，传统的压电、比较真空监测（Comparative Vacuum Monitoring，CVM）传感

器、封装式光纤传感器需要以粘接的形式与结构集成在一起，粘接层使测试精度的有效性和长期使用过程中传感器的可靠性验证面临诸多瓶颈，无法实现民用飞机结构全寿命周期的结构健康监测。因此，提高结构健康监测传感器的可靠性和寿命是一个急需解决的技术难题。复合材料嵌入式光纤技术及基于纳米复合材料的智能传感技术应需而生，成为解决这一难题的重要技术手段，旨在打破传统的传感器概念，实现先进智能的飞机结构。

其次，损伤定量化技术在结构健康监测领域一直是一个难题。在以保障飞机安全性、减重和降低运营成本为需求驱动的民用飞机领域，最理想的结构监测系统能够对飞机所有结构的损伤进行实时的定量化监测，并通过空地传输技术反馈给机组或维护维修人员，以实现完整意义上的视情维护体系，甚至实现基于损伤容限设计的结构优化，提高结构效率，减少结构质量。因此，损伤定量化监测技术在民用飞机领域势必有新的突破。

最后，面向民用飞机上的运营监测，开展民用飞机结构健康监测技术的总体设计，完成监测系统地面功能验证及飞行环境下的可靠性验证，推进系统适航符合性分析，解决结构健康监测技术在民用飞机设计、制造、运营及维护过程中可能遇到的问题，也是该技术在民用飞机型号上应用的难点和需要突破的领域。

11.9　飞机结构数字孪生技术

数字孪生（Digital Twin，DT）是以数字化方式创建物理实体的虚拟模型，借助数据模拟物理实体在现实环境中的行为，通过虚实交互反馈、数据融合分析、决策迭代优化等手段，为物理实体增加或扩展新的能力。NASA 对数字孪生的定义为：使用最佳可用的物理模型、升级化的传感器、飞行器的历史信息的一个综合的多物理、多尺度、概率模拟的系统，以反映出它另一个正在运行的孪生兄弟的生命周期。作为一种充分利用模型、数据、智能并集成多学科的技术，数字孪生面向产品全生命周期过程，发挥连接物理世界和信息世界的桥梁与纽带作用，提供更加实时、高效、智能的服务。

NASA 预计，到 2035 年，数字孪生的应用将使飞行器维修保障成本减半，并使飞机服役寿命总体延长。数字孪生概念的产生和发展在过去很长一段时间都集中在航空航天领域，特别是利用数字孪生技术对飞行器进行故障预测和健康管理。

近些年来，数字孪生技术得到了广泛和高度关注，全球最具权威的 IT 研究与顾问咨询公司 Gartner 从 2017 年起连续 3 年将数字孪生技术列为十大战略技术趋势之一。洛克希德·马丁公司于 2017 年 11 月将数字孪生列为未来国防和航天工业六大顶尖技术之首。2017 年 12 月，中国科学技术协会智能制造学会联合体在世界智能制造大会上将数字孪生列为世界智能制造十大科技进展之一。

围绕商用飞机结构强度需求，数字孪生的重点发展目标包括高保真度的建模仿真、高置信度的仿真预测、高实时性的状态监控与数据交互及大数据应用。

11.10　发展路线图

我国先进航空材料与结构技术发展迅猛，为航空业的发展应用奠定了良好的基础。中国商飞公司一直在推进高性能复合材料和铝锂合金材料的研制工作，预计到 2035 年便可以装机应用。在以减少质量、提高承载效率为目标的结构优化设计基础上，各种先进航空材料与结构的关键技术正在蓬勃发展，其中民用飞机折叠翼梢技术和非圆截面机体结构设计技术等预计在 2035 年可完成验证试验，为未来民用飞机结构设计提供技术支撑。关键技术的开发与升级为航空公司在役/在研飞机型号的技术储备奠定了坚实的基础。基于目前的研究进度，本章整理了我国商用飞机先进航空材料与结构发展路线图，如图 11.4 所示，供大家参考。图中标出了各项技术的里程碑节点。

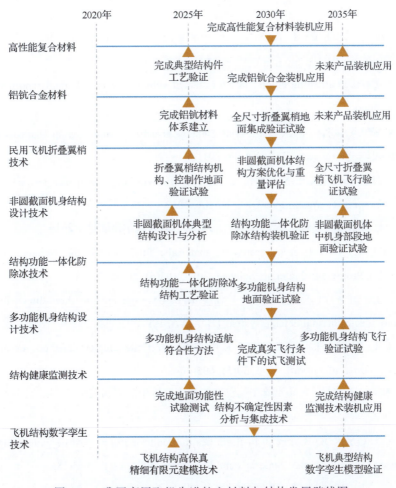

图 11.4　我国商用飞机先进航空材料与结构发展路线图

参考文献

[1] 刘善国. 国外飞机先进复合材料技术[J]. 航空制造技术，2014，463(19): 26-31.

[2] 许深，吕佳滨，文美莲，等. PAN 基碳纤维的国内外发展现状及趋势[J]. 纺织导报，2017(10): 44-47.

[3] BRADLEY M K, DRONEY C K. Subsonic ultra green aircraft research—phase I final report[R]. Washington D.C.: NASA, 2011.

[4] MALOPHEYEV S, KULITSKIY V, MIRONOV S, et al. Friction-stir welding of an Al-Mg-Sc-Zr alloy in as-fabricated and work-hardened conditions[J]. Materials Science and Engineering: A, 2014, 600: 159-170.

[5] BREITBARTH E, BESEL M, REH S. Biaxial testing of cruciform specimens representing characteristics of a metallic airplane fuselage section[J]. International Journal of Fatigue, 2018, 108: 116-126.

[6] BRADLEY M K, DRONEY C K. Subsonic ultra green aircraft research—phase II: N+4 advanced concept development[R]. Washington D.C.: NASA, 2012.

[7] VELICKI A. Damage arresting composites for shaped vehicles—phase I final report[R]. Washington D.C.: NASA, 2009.

[8] VELICKI A, YOVANOF N, BARAJA J, et al. Damage arresting composites for shaped vehicles—phase II final report[R]. Washington D.C.: NASA, 2011.

[9] VELICKI A, HOFFMAN K, LINTON K A, et al. Hybrid wing body multi-bay test article analysis and assembly final report[R]. Washington D.C.: NASA, 2017.

[10] 林贵平. 飞机结冰与防冰技术[M]. 北京：北京航空航天大学出版社，2016.

[11] SHEN Y, WU X, TAO J, et al. Icephobic materials: fundamentals, performance evaluation, and applications[J]. Progress in Materials Science, 2019, 103(6): 509-557.

[12] YASLIK A D, DEWITT K J, KEITH T G. Further developments in three-dimensional numerical simulation of electrothermal deicing systems[J]. AIAA, 1992, 92:528.

[13] HUANG J R, KEITH T G, DE WITT K J. Efficient finite element method for aircraft deicing problems[J]. Journal of Aircraft, 1993, 30(5): 695-704.

[14] 薛景锋，宋昊，王文娟. 光纤光栅在航空结构健康监测中的应用前景[J]. 航空制造技术，2012，22: 45-49.

[15] LEE J R, RYU C Y, KOO B Y, et al. In-flight health monitoring of a subscale wing using a fiber bragg grating sensor system[J]. Smart Materials and Structures, 2003, 12(1): 147-155.

[16] ELSTER J L, TREGO A, CATTERALL C, et al. Flight demonstration of fiber optic sensors[C]. Smart Structures and Materials. International Society for Optics and Photonics, 2003: 34-42.

[17] BETZ D, STAUDIGEL L, TRUTZEL M N. Test of a fiber bragg grating sensor network for commercial aircraft structures[C]. 15th Optical Fiber Sensors Conference Technical Digest. IEEE, 2002: 55-58.

[18] 杨波，彭俊毅. 光纤光栅传感器在现代大型飞机中的应用探讨[C]. 大型飞机关键技术高层论坛暨中国航空学会 2007 年学术年会论文集. 中国航空学会，2007: 531-535.

[19] 张博明，郭艳丽. 基于光纤传感网络的航空航天复合材料结构健康监测技术研究现状[J]. 上海大学学报：自然科学版，2014，20(1): 10.

[20] MEYER H, ZIMDAHL J, KAMTSIURIS A, et al. Development of a digital twin for aviation research[C]. Deutscher Luft- und Raumfahrtkongress. DLRF, 2020: 530329.

[21] 赵福斌，周轩，董雷霆. 基于数字孪生的飞机蒙皮裂纹智能检查维修策略[J]. 固体力学学报，2021，42(3): 277-286.

先进航电技术 第12章

近年来，随着科技的蓬勃发展，全球民航强国借助政策和技术优势，不断升级航电系统设备，扩张国际航空运输市场，欧美等先进国家和地区先后开始了下一代空中航行计划，将航电系统设计与集成、综合模块化航电系统、支持四维航迹运行的互联式飞行管理系统、下一代通信导航监视系统、基于空地互联的飞机健康管理系统、未来智能驾驶舱、空地互联智慧客舱、全系统信息管理、新型飞行记录系统等新兴科技在民航领域进行整合应用，显著提高了民用飞机航电系统的智能化、互联化、信息化、综合化等水平。本章详细阐述了国内外近年来在上述技术领域取得的重要进展及当前所面临的挑战。

基于目前国内外研究进展，本章提出了我国先进航电技术发展路线图，2035 年有望实现的技术和验证包括：数字化协同研发及大规模复杂系统分层次试验验证、基于人工智能的综合模块化通用处理系统架构、6G 低轨卫星通信、可穿戴感知设备、混合驾驶、基于视景技术着陆、智能化客舱独立系统和集成系统、智能化健康管理系统、可弹射/云端飞行记录器应用示范等。

航空电子（以下简称"航电"）系统是商用飞机的重要组成部分，占据了商用飞机出厂价值的 15%左右。大型商用飞机的航电系统主要包括通信系统、导航系统、指示/记录系统、航电核心处理系统、信息系统、客舱系统、机载维护系统等。这些系统的协调运行为大型商用飞机的安全、经济运行提供了关键支持。

12.1 国内外发展概况

可以将航电系统形象地比喻为飞机的"大脑""中枢神经""感觉器官"，主要承担飞机上各种传感器信息的采集、处理、传输、应用工作，并在此基础上为飞行员驾驶、控制和管理飞机提供信息支持，进而确保飞机飞行的安全、经济与可靠，在保障飞行安全、提升飞行性能等方面发挥着不可替代的作用，也是增强大型客机核心竞争力的关键技术因素之一。

近年来，全球民航强国借助政策和技术优势，不断扩张国际航空运输市场。2006 年，NASA 提出了 NextGen 计划，开展新一代航空运输系统的研究、开发与建设。2008 年，欧盟理事会开始实施"欧洲单一天空空管研究"（Single European Sky ATM Research，SESAR）计划，通过卫星技术、数据链技术、信息技术、网络技术等新兴科技在民航领域的整合应用，实现民航运输系统的全面升级。

随着未来新航行体系的发展，空管及机场运行管控的自动化水平不断提升，飞机航电系统的重要性不断提升，特别是在新一代通信导航监视/空管架构下，航电系统对于提高飞机的飞行效率、改善空域管理效率、提高空域运行密度、提高机场场面运行效率、实现复杂环境下的安全运行具有显著的意义。

航电系统作为典型的电子系统，其发展、更新、换代之快远远超过飞机的升级换代，目前主要大型民用客机先进航电系统主要表现出如下一些特征。

（1）系统互联网协同化趋势越来越明显。随着基于卫星、移动蜂窝网络的空天地宽带通信技术的飞速发展，商用飞机航电系统呈现出互联网化发展趋势，为飞行机组、乘客、空管、航空公司等相关方提供了前所未有的连接可能性。未来的机载系统将从点对点通信向以互联网络为中心的通信发展，以互联网连接能力为承载，将提供包括改善航情信息、空地协商、机载娱乐、健康维护等多种潜在应用，显著提高飞行过程态势感知能力、地-空及空-空的信息互操作能力，进而提升飞行安全、飞行效率、空域使用率、维护保障能力和乘客飞行体验。

（2）系统信息化趋势越来越明显。信息化是一种飞机运行中可实时提供/获取软件和动态数据的技术架构，新一代商用飞机具备信息化能力后，将具备比以往的飞机更强的数据收集和存储能力，借助互联能力与各方无缝集成，并能针对飞行中出现的问题提供更清晰、更详尽的资料，使航空公司做出更及时和周全的决策。信息化将显著提升航空公司在运行、管理、经营、维修和保障等各个环节的品质。

（3）系统综合化趋势越来越明显。随着通信、计算机、虚拟现实（Virtual Reality，VR）等技术的快速进步，航电系统迅速发展，综合化、模块化水平不断提高，日益成为大型飞机不可或缺的组成部分，在保障大型飞机安全、可靠地完成相关任务中发挥着非常重要的作用。

（4）系统运行精细化趋势越来越明显。随着下一代空中交通运行体系的不断推进，商用飞机航电系统将逐步过渡到面向"性能驱动、多元精准"运行，基于航迹的运行要求必须提供所需总系统性能的支持，落实到对通信、导航、监视子系统的运行要求中，并开发必要的系统能力，只有这样才能满足不同相关方对空管运行精度的需求。

（5）系统智能化趋势越来越明显。近几年，人工智能和大数据基础技术取得了巨大的进步，为复杂的问题带来新的思路和技术途径，已经逐步在多个行业落地应用，在商用飞机领域，人工智能与大数据的应用诞生了智能飞行、智能飞机等多个概念，其核心宗旨是：提高飞机设计效率，节省飞机成本，改善飞行过程，提高飞行效率，提升飞行安全，实现全环境下飞行。

12.2 航电系统设计与集成

随着现代商用飞机航电系统的集成度日益提高，其功能复杂性和相互依赖性也急剧提高，传统的设计思路、流程和管理方法已经无法保证在预期的研制周期和预算成本内研制出既满足规章要求，又高效、经济、舒适的大型客机。因此，波音公司和空客公司在最新的型号研制中都采用了大量基于模型的系统工程方法和手段。

在波音 777 项目中，波音公司首次明确了按照系统工程方法组织人员、定义流程和建立文档规范，并采用基于模型的系统工程方法，对其最新型号的中型客机 NMA 的设计、生产和试验等各个环节进行了深入而全面的分析，并向法国达索系统公司采购了最新产品全寿命管理平台。达索系统公司称该平台将使飞机的研制流程得到巨大改进，使研制周期缩短 25%。

在 A350XWB 项目中，空客公司通过建立模型来描述系统或功能的功能架构和逻辑架构，这些模型基于图形格式，描述系统行为及系统之间的相互影响。该方法将过去采用大量文件描述的需求、功能和架构，转化为以标准的建模语言表达的系统静态的参数、架构和接口，以及系统的动态行为，包括用例、功能、时序和状态等。通过使用基于模型的系统工程（Model-Based Systems Engineering，MBSE），空客公司在研发设计的早期就得以对全机通电试验进行模拟，并建立了全机热环境模拟模型，将其与供应商进行共享以便对方改进系统设计。利用全机的 MBSE 模型，可以对问题做出更好的、及早的预测，并且更有预见性地准备试验。

航电系统设计与集成可以缩短设计与验证周期，降低后期变更风险；设计过程中的协同配合可以提高沟通效率，减少反馈回路。通过数字化建模仿真，利用虚拟集成验证与混合集成验证技术，融合面向航电业务场景下的大数据深度挖掘与基于可复用知识领域的智能化设计决策等技术，搭建一套全新的基于模型的复杂航电系统研制体系，全面提高航电系统生命周期"多层次、跨平台"的异源数据集成、面向"高保真，高可靠"的数据传递标准的数字化协同研发及大规模复杂系统分层次试验验证等能力。通过大量采用基于模型的系统工程方法和手段，可以显著降低航电系统的研制风险及生命周期预期成本，提高设计效率，减少反馈回路，满足"提质上量"的航电系统总体研制需求。与传统基于文档的系统工程方法相比，MBSE 方法在概念和初步设计阶段需要更多的投资，而在设计的后期阶段，MBSE 方法需要的投资将大大低于传统系统工程方法。传统系统工程方法与 MBSE 方法的成本比较如图 12.1 所示。

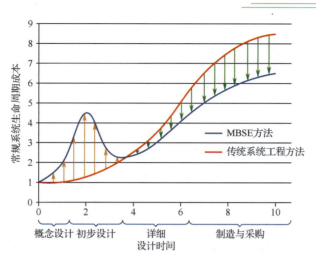

图 12.1　传统系统工程方法与 MBSE 方法的成本比较

12.3　综合模块化航电系统

综合模块化航电（Integrated Modular Avionics，IMA）系统作为飞机重要的机载系统之一，是飞机先进水平的重要体现，也是飞机综合化水平的具体表现，极大地影响了飞机的安全性、经济性、舒适性和环保性。典型的 IMA 系统架构主要包括以波音系和 C919为代表的集中式架构及以空客系为代表的分布式架构，这两种方案均已形成了成熟的设计研制体系，具有较强的平台设计、系统集成能力。

在应用智能化、复杂化的发展趋势下，国外主要主机及系统供应商均开展了针对新一代 IMA 架构的探索，SCARLETT、ASHLEY 项目持续针对分布式 IMA（Distributed IMA，DIMA）架构开展研究，致力于将 DIMA 的概念和解决方案向飞机其他领域扩展，柯林斯公司的 MOSARC 架构、GE 公司的 Open Flight Deck 等项目也致力于将模块化电子的设计扩展到飞机其他领域，提高综合化水平。此外，越来越多的新技术逐渐应用到航空领域，航空应用逐渐智能化、复杂化，利用视觉识别、声音识别等新型传感信息进行计算，要求 IMA 系统提供更高计算力的资源并探索引入图形处理器、现场可编程门阵列等硬件作为计算模块。

机载系统规模和复杂度的提升，以及驻留应用数量的不断增加，都对航电系统集成和验证能力、公共资源分配和验证能力提出了更高的要求。同时，随着多核技术、无线网络互联技术、网络高完整性技术的发展，将它们应用到航空领域并借此进一步提高飞机集成度成为下一代综合模块化通用处理系统重点关注的方向。

综合模块化通用处理平台的研究应首先基于智能飞行应用对平台的计算资源、网络资源、接口资源、存储资源的需求，结合计算技术、网络技术、接口技术及智能化的发展，完善平台级需求；叠加适航符合性的要求，开展系统架构权衡，确定计算资源、网络资源需求及方案，完成核心计算模块架构及主干网络架构的设计，最后形成支持人工智能的综合模块化通用处理系统架构；通过建模仿真、功能性能测试等途径完成平台的初步设计验证，同时开展适用平台的资源分配及配置工具链的研制工作，基于测试验证平台、工具链及飞机使用场景完成系统集成验证。

综合模块化通用处理系统可以提高飞机智能化水平，支持人工智能和其他复杂应用，大幅提高机载计算平台的承载能力。此外，更高的集成度有助于减少使用空机质量，减少维修和维护成本，提高飞机竞争能力。

相关领域的突破难点主要有两个。一是需要将新型处理资源、时间确定性网络、基于分区机制的中间件引入民用飞机领域，并提出能对下一代综合模块化通用处理系统故障的产生、传播、组合等机制进行解释的一般安全性机理，从而在保证民用飞机高安全性、高可靠性的基础上，满足智能应用的高性能处理、多信息融合的资源需求，支持人工智能等对处理资源有高需求的应用的驻留。二是需要采用一套完整的、可靠的适配下一代航电核心处理系统架构及智能运行场景的航电核心处理系统资源表达方式，针对新一代通用处理系统架构及智能运行场景的需求，实现适配的系统资源分配及评估算法，并开发整套工具链，最终为全机各系统提供统一处理平台。综合模块化通用处理平台潜在架构如图 12.2 所示。

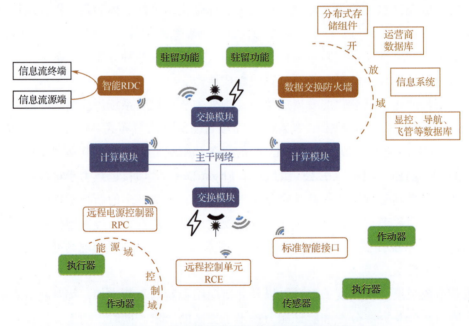

图 12.2　综合模块化通用处理平台潜在架构

12.4　支持四维航迹运行的互联式飞行管理系统

飞行管理系统是一个高级的导航、制导和性能管理系统。这一系统已经在现代大型商用飞机上得到了广泛的应用。飞行管理系统综合了飞机上的导航、制导、性能优化、综合显示控制等多种功能，可以获取精确的飞机运动信息，实现基于性能的导航（Performance Based Navigation，PBN）、精确预测飞行航迹、降低燃油消耗、减轻飞行员操作负担等目的。飞行管理系统已成为大型商用飞机不可或缺的关键组成部分和大型飞机航电系统的核心部件。

　　传统的飞行管理系统由于受到系统架构设计的限制，仅能通过机上传感器接收计算数据或通过空地数据链接收空管指令数据，用于飞行计划、导航、引导及性能的计算。随着 NextGen 计划、SESAR 计划及"航空系统组块升级"（Aviation System Block Upgrade，ASBU）计划中航迹运行概念的提出和普及，支持四维航迹运行的互联式飞行管理系统将成为未来大型远程宽体飞机的标准配置。

　　支持四维航迹运行的互联式飞行管理系统借助先进的飞管、通信、导航、监视技术，结合已有的空管体系建设规划及技术路线，逐步提高四维导航与运行能力，实现对大型客机到达时间的优化。四维航迹运行使飞机可以与地面空中交通管制中心共享飞机的精确航迹，从而满足在未来空域越来越拥挤的条件下的航行时间要求，有利于有序安排航迹，进一步帮助飞机实现飞行剖面的实时优化。

　　目前，国外针对大型客机四维航迹运行的研究已经开展并逐步进入飞行试验阶段。2012 年 2 月，在 SESAR 计划的支持下，第一次基于四维航迹运行的从图卢兹到斯德哥尔摩的验证飞行顺利完成。2016 年，空客公司与中国民航局签订协议，合作开展初始四维航迹技术（initial 4D, i4D）演示验证项目，并于 2019 年年初使用一架由南方航空公司订购的从天津总装厂下线的 A320 飞机，在天津—广州航线上进行实际 i4D 验证飞行，其演示界面如图 12.3 所示。

图 12.3　中国民航局 2019 年进行的首次 i4D 验证飞行演示界面

在四维航迹运行过程中，飞行管理系统作为最主要的机载四维航迹引导系统，可实现四维航迹及四维航迹数据库构建、四维航迹飞行系统误差评估、定制到达飞行引导、提供空地数据通信接口功能，通过飞机通信寻址与报告系统（Aircraft Communications Addressing and Reporting System，ACARS）/甚高频数据链模式 2（VHF Data Link 2，VDL2）/L 频段数字航空通信系统（L-band Digital Aeronautical Communication System，LDACS）等方式实现与航空公司运行中心和航迹运行数字化管制工作站的空中交通态势信息共享，引导飞机完成从飞行前准备到着陆滑行全飞行阶段的运行。

四维航迹运行的出现对飞行管理系统提出了更高的要求，其技术突破难点主要表现在以下两个方面：实现支持四维航迹的预测生成技术和制导技术；建立更佳的数据链管理能力及更完善的人机接口。

12.5 下一代通信导航监视系统

以 NextGen 计划和 SESAR 计划发布的未来飞行管理场景为依托，对下一代大型民航客机的通信、导航、监视系统提出了全新的要求。

通信方面，在当前的大型客机前舱通信领域，以高频（High Frequency，HF）、甚高频（Very High Frequency，VHF）及窄带卫星通信联系为主要手段，霍尼韦尔和柯林斯等国外供应商在卫星通信领域长期处于垄断地位，我国的"天通一号"是国内首颗自主研制的宽带同步轨道通信卫星，性能与第四代海事卫星相当，通过适航符合性验证后，有望应用于大型民航客机，打破国外卫星（海事和铱星）通信系统的垄断。在后舱通信领域，近期将使用 5G 空对地（Air To Ground，ATG）通信网络和 Ka/Ku 高通量卫星（High Throughput Satellite，HTS）技术，未来会过渡到 6G ATG 和基于低轨的卫星通信技术，支持更高的通信速率。在机场场面通信领域，将基于现有机场场面宽带移动通信系统（Aeronautical Mobile Airport Communication System，AeroMACS）1.0 网络规模，推进基于 AeroMACS 1.0 的业务应用，开展基于 5G AeroMACS 2.0 技术的业务应用示范。围绕航路飞行，将开展基于 5G LDACS 2.0 的应用探索和研究。在协议栈领域，未来的前舱通信将实现由 ACARS 数据链向基于航空电信网（Aeronautical Telecommunication Network/Internet Protocol Suite，ATN/IPS）的数据链过渡。在应用集领域，未来将实现由未来空中航行系统（Future Air Navigation System，FANS）2/B 向 FANS 3/C 过渡。

导航方面，逐步推动从陆基导航向星基导航过渡，形成以全球卫星导航系统（Global Navigation Satellite System，GNSS）为主用导航源、陆基导航设施为备份导航源的导航系统构架，推动多频多星座的 GNSS 的应用。稳步推进基于 GNSS 的 PBN 终端运行。继续将仪表着陆系统（Instrument Landing System，ILS）、甚高频全向信标台（VHF Omni-directional Range，VOR）/测距仪（Distance Measuring Equipment，DME）作为进近和着陆的主要导航手段，并稳步推进 GNSS 及星基增强系统（Satellite Based Augmentation System，SBAS）的应用。推动地基增强系统（Ground Based Augmentation System，GBAS）的 Ⅱ 类、Ⅲ 类精密进近，降低不利天气条件对机场容量的影响。由支持初始四维航迹运行过渡到全面四维航迹基于航迹的运行（Trajectory Based Operation，TBO），提高飞行安全性和飞行效率，最终保障导航的高效性。

监视系统方面，逐步推动广播式自动相关监视（Automatic Dependent Surveillance-Broadcast，ADS-B）场面情景意识、ADS-B 高度变更程序、ADS-B 进近目视间隔和 ADS-B 空中交通情景意识等技术的研发应用，开展飞行情报信息广播服务（Flight Information Service-Broadcast，FIS-B）和新一代机载防撞系统（Airborne Collision Avoidance System，ACAS）相关技术研究，加快新技术在空管、航空公司、机场运行中的融合应用。

12.6　基于空地互联的飞机健康管理系统

故障预测与健康管理（Prognostics Health Management，PHM）系统可以实时收集飞机的状态信息，及时掌握飞机的健康状态，并对飞机全寿命周期内的健康状态进行有效管理。时至今日，PHM 系统已经不再是一项仅用于收集飞机的状态信息和辅助维修人员进行故障诊断的单一技术，而是一项涵盖多个领域，管理飞机全生命周期的综合技术。飞机健康管理系统也从单一的机载状态监测系统发展为目前基于空地通信链路，包含机载健康管理系统和地面健康管理平台的复杂系统，其架构如图 12.4 所示。

多种底层技术的发展赋予了故障预测与诊断新的内涵，也使 PHM 系统具备了更高的预测与实时诊断能力。基于空地互联的飞机健康管理系统利用高通量宽带卫星和 5G ATG 等空地互联技术，具备将海量监控数据实时传输至地面健康管理平台的能力。

基于空地互联的飞机健康管理系统通过针对选定对象（如空调、引气、液压与滑油等系统）建立性能衰退模型、表征其性能的特征参数，明确机载数据采集触发条件和预处理规则，结合历史趋势数据与空中实时下传的数据，基于时序、深度学习等智能算法的性能趋势监控预测模型，可以明显改善维修操作活动计划，增加飞机服务时间，补全飞机健康管理系统对机体机构的诊断与寿命预测，完善飞机健康管理体系，推动未来飞机健康管理体系向着更加全面、更加智能的方向发展。

基于空地互联的飞机健康管理相关技术在研发过程中存在大量需要进行技术攻关的难点。例如，基于实时数据下传的故障诊断系统对空地互联链路的实时性和带宽要求较高，现有宽带卫星通信费用较高，5G ATG 技术不适用于跨洋飞行数据传输，因此需要选取合适的空地互联方式，才可以支撑基于实时数据下传的飞机健康管理体系。此外，实时故障诊断依赖高精度的数字孪生模型，但数字孪生模型的建立涉及机、电、液、控等多领域耦合问题，系统或子系统的数字孪生模型需要多领域的专家共同配合才能建立。

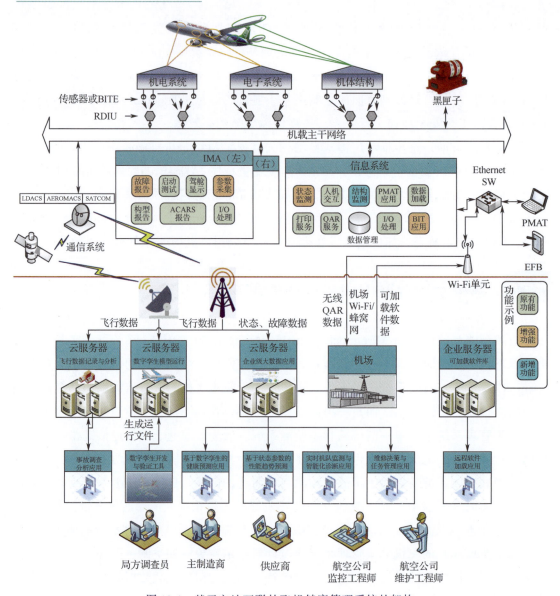

图 12.4　基于空地互联的飞机健康管理系统的架构

随着高通量宽带卫星、5G ATG 等空地互联技术的发展，飞机预测与健康管理技术在未来将显著推进飞机维修体系从定时维修向视情维修转变。到 2025 年，机内部分传感器采用无线传感器，减少线缆质量，增加监控参数收集数量，初步完善诊断推理知识库；利用航后传输数据的故障预测体系也将逐步转变成实时数据下传的故障诊断与预测体系，显著提升故障诊断的实时性，缩短航后备件与维修时间；初步建立飞机子系统级的高保真数字孪生模型，辅助进行故障诊断与预测。到 2030 年，推动机内传感器无线化，显著减少线缆质量；地面站可以基于下传的状态检测数据进行实时诊断，对飞机时寿件进行趋势预测；初步建立系统级数字孪生模型。到 2035 年，机外传感器无线化基本完成，极大地减少线缆质量；飞机健康管理系统初步实现集实时故障诊断、隔离、寿命预测、故障报告生成、维修计划制订等功能于一体的智能化系统，辅以全机数字化模型，推动飞机维修向基于状态的维修体系发展。

12.7 未来智能驾驶舱

目前，驾驶舱显示技术已由传统的计量器或刻度盘、两代玻璃驾驶舱发展到现在的支持触控的大尺寸显示器驾驶舱，未来将向着综合化、数字化、自动化、简洁化、智能化、互联和安全的方向发展。同时，不断提高的空中交通流量和飞机全天候运行需求，要求在飞机驾驶舱为飞行员提供更好的显示和控制界面及支持低能见度起降的综合视景系统。近年来，随着智能化技术的飞速发展及智能化概念受到越来越多的重视和青睐，智能化驾驶舱的应用已成为下一代飞机研制的亮点。

泰雷兹集团基于其对显示屏制造、反射光源、驾驶舱理念等的研究，推出了 Avionics 2020 产品。Avionics 2020 引入了"三上一下"超宽触摸屏、单色显示、可拆卸式电子飞行包、客户订制显示画面等先进理念。柯林斯公司在其面向公务机和民用客机的驾驶舱航电系统 Pro-Line Fusion 中提出了新的显示布局设计，支持航图叠加飞机位置，地图叠加气象、地形等多种显示模式，可实现全屏、半屏多种显示窗口的调度，飞行员可根据飞行阶段和飞行任务灵活配置显示窗口，获取飞行信息。国内供应商也提出在宽体客机上采用超宽触摸屏。民用客机的驾驶舱显示布局将在 2025 年后持续演化。

智能驾驶舱能够感知运营信息，进行态势感知和记忆学习，具备自主控制与规划、行为决策能力，并提供人机交互，支持智能维护。

（1）态势感知。智能驾驶舱能够动态、实时地获取飞机的内外部信息，包括飞行机组、乘客、货物及能源等，同时能够实时获取影响飞机安全的信息，包括外部场景、天气、地形等信息的分析、显示，并据此预测未来的发展趋势。

（2）记忆学习。智能驾驶舱能够利用空地一体化网络进行云存储，并能够通过机器学习产生新的知识。

（3）自主控制与规划。智能驾驶舱能够进行自主管理、行为控制及飞行操作控制，并根据飞行计划或任务请求，综合天气、航路、飞行效率等多种因素进行航路规划和行为规划。

（4）行为决策。智能驾驶舱能够结合预期任务状态，综合飞行的复杂环境和态势感知信息，做出安全、可靠、正确的飞行决策。

（5）人机交互。智能驾驶舱能够支持触控、语音控制等多源控制方式，为飞行员提供高效、及时、便捷及舒适的操作运行体验。

（6）空地一体化维护管理。智能驾驶舱以飞机为中心，空地互联，能够实现预测性维护/维修和全面状态评估，实现维护的无缝对接。

未来智能驾驶舱的一个重要特性是为飞行员提供增强的态势感知能力，确保飞行员具备更强的情景意识，保证飞行安全。针对飞机全飞行阶段，未来智能驾驶舱应能提供多元信息融合的综合态势感知功能：在地面滑行阶段，提供先进的场面引导与控制（Advanced-Surface Movement Guidance and Control System，A-SMGCS）功能，为机场交通提供监视、路径规划、引导和控制功能，提供驾驶舱交通信息显示（Cockpit Display of Traffic Information，CDTI）画面，确保飞行员了解当前的交通态势和周围飞机的飞行航迹；在起飞与着陆阶段，提供未来驾驶舱综合视景系统，降低飞机起降的跑道视程（Runway Visual Range，RVR）需求，提高飞机安全性与全天候运行能力；在空中滑行阶段，提供外部天气和地形信息的显示与预测告警，提供四维航迹运行显示画面，确保飞行员实时掌握精确的飞行航迹。

相关领域的技术难点在于如何在保障安全性的前提下，真正实现智能驾驶。因为目前人机交互领域仍处于前沿研究阶段，人为因素对驾驶系统仍有很大的影响，所以后期需要开展大量研究论证工作。

未来智能驾驶舱将通过全面触控与语音操作的人机交互技术、基于神经网络的混合辅助决策、智能化告警技术以及机器辅助驾驶等驾驶舱技术，提高飞机运行效率与飞行安全性。结合支持飞机全天候运行的综合视景技术，提高飞行员对外部信息感知的态势感知能力，共同打造一个全新的智能化的驾驶舱，全面提高飞行员的感知能力与飞行安全性。人机交互方面，2025 年实现新型交互设备的应用，2030 年实现声音控制设备的应用，并不断推进完善可穿戴感知设备的应用。驾驶舱技术方面，2025 年实现触控驾驶舱技术，2030 年实现多通道交互沉浸式驾驶舱技术，2035 年实现混合驾驶舱技术。综合视景方面，2025 年实现合成视景系统（Synthetic Vision System，SVS）的应用，2030 年实现组合视景系统（Combined Vision System，CVS）的应用，2035 年实现基于视景技术的着陆。态势感知方面，2030 年实现三维机场地图的显示应用，2030—2035 年实现立体化气象信息的显示应用，2035 年实现综合飞行环境信息的显示应用。

12.8　空地互联智慧客舱

当前主流机型波音 787 和 A350XWB 的客舱娱乐服务大多基于本地的机载服务器，乘客通过椅背观看影音娱乐节目，航空领域互联网等新技术的应用相对落后，飞机的客舱系统信息化程度较低，具体表现在如下几个方面：旅客航空出行体验不够丰富；客舱环境感知能力有待提高；空乘人员服务效率提高的潜力巨大。

一些航空公司通过选装或加改装卫星通信系统，实现了空中的互联网接入，然而卫星通信成本高昂，通信带宽较低，无法满足移动互联网时代爆炸式的信息增长需求。客舱娱乐卫星以第五代海事卫星、Viasat 等 Ka/Ku 波段高通量卫星为代表，国内的高通量卫星以中星 16、亚太 6D 为代表，未来星座尚需完善。

　　基于地面移动通信网络的 ATG 宽带无线通信技术起源于美国 GoGo 公司，该公司将地面移动网络信号向空中覆盖，民航客机作为终端接入地面移动网络，在客舱内通过转换器将蜂窝信号转换为 Wi-Fi 信号，为乘客提供上网服务，支持的服务包括浏览电子邮件、网页、微博、短视频，下载 FTP，以及通过 Wi-Fi 和语音进行在线视频。ATG 通信网络采用宽带无线通信技术，具有覆盖范围广、高带宽、低时延等特点。相比 4G，5G 具有更低的时延、更高的带宽、支持 Massive MIMO 多用户空分复用的巨大优势，可以将 ATG 通信网络的容量提升数倍，使每个区域内的多架飞机可以同时获得较大的吞吐速率，同时保障每架飞机的用户体验。

　　未来高通量卫星通信、低轨星座卫星通信与基于频谱感知的 ATG 技术将共同为智慧客舱提供空地通信链路，而在客舱内部，通过增加无线传感器网络，可以增加乘客与飞机的互联，提高系统对客舱环境的信息收集能力。目前，大量安全状态检查工作需要乘务人员通过目视手段逐一完成。航班上的乘务人员依次询问每位旅客的服务需求，限制了乘务人员的服务效率。未来，无线传感器网络节点将提高系统对客舱环境的综合感知能力，准确传递乘客的服务需求。未来智慧客舱系统将以航空互联网、客舱物联网为基础，以互联数据为驱动，将更加智能化、高效化。

　　相关领域的技术难点在于多链路管理与智能路由，传统的机载卫星通信链路和 ATG 通信链路是彼此独立的分系统，数据链协议不统一，多链路的管理和自适应切换需要在路由策略的基础上进行智能化路由选择。此外，相控阵天线的设计也是一项关键技术，其技术难点在于阵元排列要求高、天线指向控制精度要求高、扩展天线波束扫描范围难度大等。基于 5G 的 ATG 技术考虑到民航应用领域的安全性需求，应该围绕民航运行安全，构建面向未来数字民航、智慧民航发展的 5G 安全体系。智慧客舱系统的技术难点在于，要想利用无线传感器网络技术，需要解决传感器数据种类繁杂、数据量巨大的问题，这就需要对机载大规模无线传感器网络进行自组织与优化。此外，未经处理的数据直接回传对空地传输链路资源提出了挑战，这就要求新型客舱系统必须具有使用了边缘计算技术的智能网关节点。

12.9　全系统信息管理

　　全系统信息管理（System Wide Information Management，SWIM），又称广域信息管理，是 ICAO "全球空中航行计划"（Global Air Navigation Plan，GANP）的组成部分，也是 NASA NextGen 计划核心技术中民航信息化的重要组成部分。SWIM 利用通信网络和计算机技术，采用面向服务的体系结构（Service Oriented Architecture，SOA），在全系统范围内实现飞行、流量、航行情报、航空气象等信息的共享，并保证信息安全，是以提供服务为中心，以高效信息共享和协同决策为手段的民航全系统信息管理方式。其基本原理是将来自民航各方的数据在数据中心进行汇集，改变传统端到端直接连接的复杂关系，使数据用户从共同的数据终端获取所需数据服务，从而简化数据传输方式。信息领域包括飞行数据、监视信息、气象信息、航空信息和空域结构状态等，飞行区域包括场面、终端区、航路和偏远地区。信息管理包括 SWIM 所提供的核心服务及为这些核心服务提供公共接口的工具组。SWIM 可以通过信息解锁为全球空中交通系统的所有相关者提供全天候实时航行信息共享服务。

SWIM 的关键技术包括服务管理、软件交互和系统连接。美国从 2007 年开始搭建 SWIM 系统，第一阶段已集成了空中交通流量管理信息、航行情报信息及气象信息；第二阶段提供的核心服务是信息传递服务、接口建设管理服务、信息安全服务和企业信息管理服务；目前正在开展第三阶段的研究，包括航空情报数据模型（Aeronautical Information Exchange Model，AIXM）、航空气象数据交换模型和飞行数据交换模型（Flight Information Exchange Model，FIXM）的研究，以及使用云计算处理相关数据信息。我国的 SWIM 研究起步较晚，关键技术与国外之间的差距较大，可以结合我国航空国情消化吸收国外关键技术，使我国航空信息的处理和共享技术与国际接轨。

我国民航领域已于 2018 年开始支持 SWIM 系统的地面应用，数字化航行通告和气象信息通过 SWIM 系统发布，航班信息通过 SWIM 系统进行共享和实时更新，并提出了 FIXM 全球标准，当前已有 72 家单位签署了民航运行数据共享协议，计划到 2028 年实现 SWIM 系统的完全部署和航空器集成，支持 SWIM 系统的空对地应用，使航空器获得运行信息和相关服务。

相关领域的技术难点在于构建基于微服务的飞机信息系统架构，实现基于 SOA 的机载设备空地 SWIM 互联接入及数据交换，建立对全球 SWIM 复杂协议与复杂系统集合的理解和处理能力，实现无缝接入全域 SWIM 系统。

12.10 新型飞行记录系统

传统飞行记录器经过 50 多年的发展，坠毁幸存性能逐步改善，但由于采用被动防护方式，在一些相对恶劣的坠毁环境下很难幸存。针对在法航 AF447 大西洋失事、马航 MH370 印度洋失事等多起空难事故中，传统黑匣子在坠地或坠海后暴露出的生存率低、搜索和打捞困难、成本高等问题，ICAO 在 2015 年提出了全球航空遇险与安全系统（Global Aviation Distress and Safety System，GADSS）概念，并通过了运行概念草案，可弹射飞行记录器（Automatic Deployable Flight Recorder，ADFR）和云端飞行记录器是该草案中的两个建议满足项，以便在发生事故后及时获取完整的飞行数据。

12.10.1 可弹射飞行记录器

可弹射飞行记录器由弹射分离体组件、安装架组件、冲击探测传感器和浸水传感器组成，当飞机坠地或坠海时，系统根据多传感器信号、预定的弹射触发逻辑及弹射机构将记录器分离体部分自动抛出机体，远离机体着陆或在海上稳定地漂浮，同时通过无线电及北斗信标（406MHz）向国际搜索和救援卫星系统发送位置和告警信号，经卫星转发后，相关信息被发送至遍布全球的本地用户终端（Local User Terminal，LUT）、搜救任务控制中心（Mission Control Center，MCC）及搜救协调中心（Rescue Coordination Center，RCC），从而提高搜救效率，为航空公司及局方（监管机构，如 FAACAA）提供机队运行决策，进而提高飞行安全。可弹射飞行记录器的体系架构如图 12.5 所示。

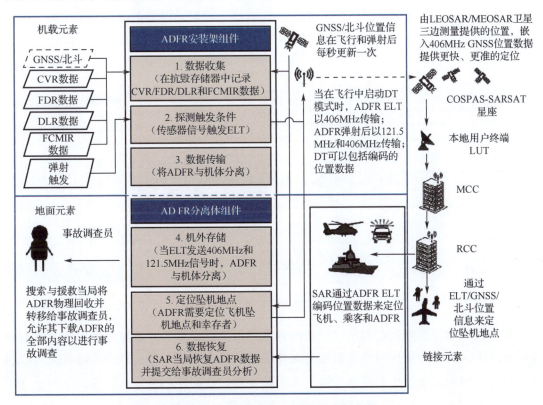

图 12.5 可弹射飞行记录器的体系架构

可弹射飞行记录器在国外已经有成熟的产品及应用案例。在民航领域，EASA 于 2021 年在其发布的《大型飞机审定规范和可接受的方法》（CS-25）第 27 次修订版中更新了对可弹射飞行记录器的适航要求，空客公司已经完成了相关试验试飞工作，预计不久后将在 A350 和 A380 两架长航程用于跨洋飞行的飞机上率先装配可弹射飞行记录器。波音公司目前完成了相关试验并且在波音 737 的军用改装型上装配了可弹射飞行记录器。

12.10.2 云端飞行记录器

云端飞行记录器内部额外集成了数据采集与内容生成器，具有采集并缓存飞行数据、驾驶舱舱音和驾驶舱数据链信息，以及根据预设优先级定义下传内容的功能，传输控制器具有控制数据向地面传输的触发逻辑及传输速率的功能，通过使用专用多频天线或复用其他系统天线，完成黑匣子数据实时下传功能。其体系架构如图 12.6 所示。

对云端飞行记录器的研究在国外已经开展了一段时间，其中以 FLYHT 公司为代表的数据流式飞行数据记录器已经完成了基于飞机异常状态触发的飞行记录器数据下传功能，FLYHT 已获得加拿大、美国和中国关于该数据流技术的专利。2021 年，霍尼韦尔和柯林斯·莱特公司合作发布了最新的 HCR-25 型飞行记录器，除了具备符合 FAA 和 EASA 各项针对传统记录器的条款之外，HCR-25 型飞行记录器具备记录数据实时下传和云端存储等功能，同时支持在地面使用专用软件直接访问飞行记录器内存储的特定数据功能。

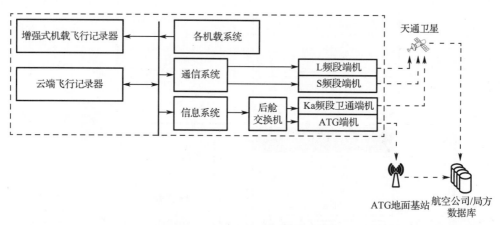

图 12.6　云端飞行记录器体系架构

相关领域的技术难点有两个。一是确定可弹射飞行记录器的遇险等级识别与弹射触发逻辑定义，确定冲击探测传感器和浸水传感器的触发阈值，定义不同遇险等级与弹射灵敏等级之间的关系、弹射敏感等级与其转换逻辑，以满足记录器误触发概率小于 10^{-7} 的定量指标要求。此外，确定可弹射飞行记录器的机上安装布置方案具有一定的挑战性，可弹射飞行记录器的安装不能对飞机结构强度、气动布局产生不良影响，弹射分离路径气动仿真验证有一定的难度，需要充分论证该技术的应用不会对飞机产生潜在风险。二是确保云端飞行记录器在极端天气和异常飞行姿态下飞参数据的有效传输，此时常规通信链路（Ka 频段卫通和 ATG）影响较大，需要利用飞参数据动态压缩技术，减少传输工作量，同时协同飞机其他通信链路（L 频段卫通、S 频段卫通等）共同完成数据下传工作。

目前，国内针对可弹射飞行记录器和云端飞行记录器已经有了一定的研制基础，下一阶段需要充分跟踪国际先进技术发展应用方向，以主机背景型号需求为牵引，进行关键技术攻关，预计到 2025 年实现可弹射云端飞行记录器和云端飞行记录器设备研制，提高国内技术成熟度；到 2030 年完成与型号飞机各系统的集成和演示验证，为装机应用奠定基础；到 2035 年完成国产民用飞机上可弹射飞行记录器和云端飞行记录器的应用示范，包括原有飞机的加改装及新研飞机的装机应用等，推动国内可弹射飞行记录器和云端飞行记录器产业的发展和自主可控。

12.11　发展路线图

基于目前的研究进度，本章整理了我国商用飞机先进航电系统发展路线图，如图 12.7 所示，供大家参考。图中标出了各先进航电技术的里程碑节点。

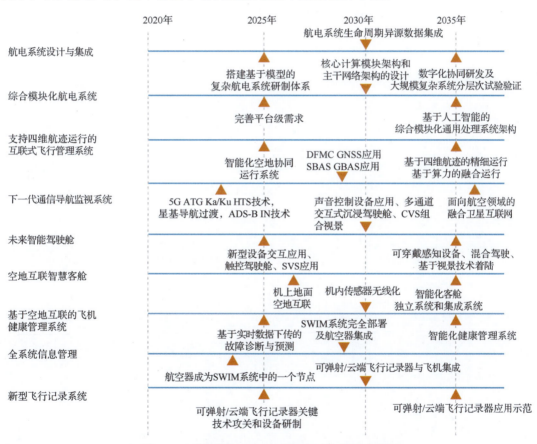

图 12.7　我国商用飞机先进航电系统发展路线图

参考文献

[1] PETERSON T J, SUTCLIFFE P L. System engineering as applied to the Boeing 777 [J]. Lenservator,

2013, 1(2): 20-24.

[2] MADNI A M, PUROHIT S. Economic analysis of model-based systems engineering[J]. Systems, 2019, 7(1): 12.

[3] 汤一峰. SCARLETT 和 ASHLEY 项目与第二代 IMA 架构探析[J]. 国际航空，2021(7): 62-66.

[4] WOLFE F. Collins wants to bring open architecture to military avionics[J]. Defense Daily, 2019(18): 9-10.

[5] KOON J. Avionics supercomputers of the future[J]. Avionics Magazine, 2018, 42(2): 16-19.

[6] 杜晨慧，向思思，黄得刚，等. 民机机上联网航空领域现状分析[J]. 计算机科学，2021，48(S1): 364-368.

[7] 张瑞齐. 高速移动场景中基于 MIMO-OFDM 的信道估计和预编码方法研究[D]. 北京：北京交通大学，2021.

[8] 郭艳颖，刘志刚. 广域信息管理 SWIM 的安全性研究[J]. 计算机应用与软件，2021，38(7): 5.

先进飞行控制技术 第13章

随着飞机运行向着更安全、更高运行能力和更高飞行效率的方向发展，新一代客机对飞控系统的要求不断提高，国内外致力于通过数字化、综合化、智能化、多电化手段，实现飞控系统向着下一代智能飞行控制系统过渡的目标。需要攻克的先进飞行控制技术主要包括：针对新一代客机向更高安全性及多功能方向发展的需求，飞控电子设计采用的非相似余度技术、高集成度飞控电子系统和高性能飞控计算机技术；用于提升飞机性能的放宽静稳定性、机动载荷控制、颤振模态抑制、阵风载荷减缓和直接力控制等主动控制技术；与空管系统协同提高飞行效率的自动进场着陆技术、四维航迹技术等基于航迹的自主飞行控制技术；针对具有强非线性、强耦合、快时变、高不确定性特点的超声速飞机控制系统的大包线、非线性、高抗扰控制技术；针对控制系统故障的智能容错控制技术和提升飞行员操作舒适性的智能化操控技术。本章对先进飞行控制技术国内外发展动态和面临的挑战进行了详细阐述。

基于目前国内外研究进度，本章提出了我国先进飞行控制技术发展路线图，2035年有望实现的技术和验证包括：高性能集成化飞控电子集成验证，阵风减缓和颤振抑制控制技术验证，自主飞行控制技术完成系统集成验证和飞行验证，超声速飞控系统实现集成验证，主动侧杆和智能容错控制系统实现集成验证和应用。

飞行控制系统是飞机的关键核心系统之一，实现飞机航迹、姿态、气动外形、乘坐品质和结构模态等控制，其性能直接影响飞机的飞行品质和性能，关系到飞行安全。为满足飞机技术发展的更高需求，飞机飞行向着更高、更快的趋势发展。源于飞机技术发展的新需求，飞控系统面临着新的机遇与挑战，系统复杂程度和控制要求不断提高，被控系统呈现多模态、多约束、多准则等特征，实现在复杂操纵控制及强不确定性条件下的有效飞行控制，提升飞机飞行的安全性、经济性和舒适性，是先进飞行控制技术的发展目标。

13.1 国内外发展概况

飞控技术在过去100多年里取得了巨大的突破，从简单的机械操纵系统到阻尼操纵系统、控制增稳操纵系统，最后发展为电传飞控系统。随着计算机技术的飞速发展，电传飞控系统在民航飞机上的应用得到了极大的推广。20 世纪 60 年代，英法合作研制的协和号超音速客机采用了电传飞控系统，此后世界各国采用电传飞控系统的飞机不断涌现，飞机性能得到了极大的提升。1988 年投入运营的 A320 全面引入电传飞控系统，采用侧杆技术，飞控系统使用 9 台数字计算机，其中 2 台用于控制襟/缝翼。在随后推出的大型宽体客机上，同期投入运营的 A330/A340 继续采用电传飞控系统，采用集成度更高的飞控计算机，包括 3 台主控计算机和 2 台辅助计算机，以及两台襟/缝翼计算机对襟/缝翼进行控制。波音公司也在 1995 年推出了配备电传飞控系统的波音 777，采用以 3 台主飞控计算机及 4 台模拟电路为主的作动器来控制电子组件。我国自主研制的 ARJ21-700 和 C919 均采用了电传飞控系统。ARJ21-700 采用两台飞控计算机实现双余度的正常模式控制。C919 的电传飞控系统能够实现全时、全权限控制，拥有主动控制和自动飞行等功能。电传飞控系统已经成为目前民航客机的主要控制系统。

虽然民航飞机的安全性已经达到了很高的水平，而且还在不断提高，但灾难性事故仍然偶有发生。2018 年 10 月 29 日，印度尼西亚狮子航空公司一架波音 737Max8 从雅加达直飞邦加槟港，航班号 JT-610。该飞机起飞 12min 后坠毁于距机场东北方向约 65km 的海面，机上 189 人全部遇难。调查结果表明，该事故可能与迎角信号错误的情况下机动增强系统对水平安定面的控制有关。

该事故表明，先进飞行控制技术的研究任务依然很艰巨。民用飞机对安全性、经济性、舒适性、环保性的追求永无止境。随着新一代客机对飞控系统要求的不断提高，国内外致力于通过数字化、综合化、智能化、多电化手段，研制出更先进、更可靠、更经济的飞控系统，以实现飞控系统向着下一代智能飞行控制系统过渡的目标。先进飞行控制技术需要攻克的技术主要包括飞控电子设计技术、主动控制技术、自主飞行控制技术、超声速飞行控制技术、智能飞行控制技术等。

13.2 飞控电子设计技术

飞控电子系统作为飞控系统运作的核心，包括飞控计算机和飞控电子软硬件。随着新一代客机向更高安全性和多功能化方向发展，飞控电子系统需要具备更高的可靠性和综合性能。

在飞控电子架构、传感器输入和计算等方面使用非相似余度技术，可以显著提高飞控系统的可靠性，使各个余度间出现的故障各自独立，避免软硬件设计或规范等方面出现错误时产生共模故障。目前，波音公司和空客公司新机型的飞控计算机均采用非相似余度技术，如波音 777 等，包括硬件非相似和软件非相似，有效抑制了共模故障，使其失效概率低于 10^{-10}/飞行小时。为了提高余度飞控系统对外部环境干扰和共模故障的抑制能力，余度通道在物理上分离，并采用独立的电气单元封装起来，建立部件之间的故障传播屏障。同时，采用不同的传感器，选用不同厂家生产的处理器，以及相同的软件任务由不同的软件包来完成，每个软件包使用不同的编程语言，从而将共模故障降到最少。泰雷兹集团为空客公司提供的飞行控制系统包括由不同供应商提供的三余度主控和备份控制系统，采用完全非相似飞控架构设计。在进行非相似余度设计的过程中，重要的是开展余度管理，折中余度数的选择和飞控系统体积、质量、成本等要求，采用合适的方法进行表决/监控，保证故障检测率并降低虚警和漏警概率。

进一步提升飞控系统的综合性能，可以大幅简化飞行员的操作。一方面是发展高集成度飞控电子系统。随着信息技术的高速发展，飞控系统面临更多与其他系统交联融合的需求，飞控电子系统向高集成度方向发展，对海量交互数据的低时延、抗干扰传输提出了更高的要求。飞控电子系统从集中控制向大系统综合管理、小系统分布式控制方向发展，并逐步向有限自主控制、完全自主的高性能飞行控制方向发展。飞控系统不仅与航电系统高度融合，还与发动机控制系统高度结合，实现能量、信息、控制一体化，减少系统质量，缩小体积，降低功耗，提升系统响应性能和可靠性，实现预测与健康管理、损伤自修复、自主决策等能力。

另一方面是发展具有更高计算性能的飞控计算机技术。随着简化飞行操作设计理念的推行，飞控系统和电子设备的复杂度显著提升。在不同等级的简化飞行操作中，需要飞行员操作的项目随着等级的提升而大幅减少，相关的控制律、故障诊断、故障隔离、恢复策略、软硬件安全性需要靠设计来保证。同时，为了适应未来单人驾驶和自主运行的发展需求，飞控系统的复杂度将呈现指数级提升，传统单核处理器的处理能力已不足以支撑计算系统所需要的算力，迫切需要开发具有更高计算性能的飞控计算机。

2022 年，柯林斯公司宣布为西科斯基公司和波音公司联合研制的 Defiant X 直升机提供 Perigon 飞控计算机。Perigon 飞控计算机采用模块化开放系统架构，可以配置为单工、双工或三工冗余，能够广泛地支持各类飞机平台，满足客户对下一代飞行控制和飞机管理的需求，因此也被称为下一代飞控/平台管理计算机系统。Perigon^{TM} 处理器方案为首款通过认证的使用英特尔 Atom x6400E 处理器的航空解决方案。在 Atom x6400E 处理器的支持下，Perigon 飞控计算机的处理能力将是柯林斯公司现有飞控计算机的 20 倍。客户能够加载各种复杂的软件应用，包括电传操纵系统和自主飞行控制系统。Perigon 飞控计算机支持识别单人飞行员的操作失误，然后根据燃料、天气和飞机降落地点等因素做出智能决策。相较于传统的自动驾驶只对航路点进行编程，这是一个根本性的进步。柯林斯公司预计后续货运航空公司最有可能使用 Perigon 飞控计算机。

随着飞控电子系统集成度和综合性能的提高，软硬件开发的复杂度和难度会迅速提升，对系统和设备研制、研发周期和成本、适航审定等都会提出严峻的挑战。

13.3　主动控制技术

主动控制技术一直是航空领域关注的热点技术。在传统飞机设计中，仅考虑气动力、结构强度和发动机三大因素进行折中设计，飞控系统和其他系统一样处于被动地位。随着飞机性能需求的不断提高，传统设计方式产生了难以克服的矛盾，因此诞生了主动控制技术。其设计理念是，在飞机设计的最初阶段，将飞行控制系统提高到和上述三大因素同等重要的地位，充分考虑飞行控制对提高飞机性能的作用和潜力，放宽对气动结构和发动机等的限制，依靠控制系统主动提供补偿，从而实现飞控、气动、结构和推进之间的综合协调。主动控制技术主要包括放宽静稳定性、机动载荷控制、颤振模态抑制、阵风载荷减缓和直接力控制等技术。

采用主动控制技术可以有效地提高飞机的操纵性和飞行品质。A320 作为全面采用数字电传系统的第一代客机，引入了放宽静稳定性、机动载荷控制等主动控制技术，可以使阵风引起的过载减小，机翼结构质量减少，从而改善飞机性能，并提高飞机安全性。此外，A330、A340、A350、A380、波音 777、波音 787、FD-728 等均使用了多项主动控制技术。

主动控制技术的应用领域也在逐步扩大，正朝着满足复杂运行条件的方向发展。放宽静稳定性技术结合先进的控制增稳系统，可以改善飞机的操纵品质，不仅可用于巡航速度慢、弹性模态小、对机动性能要求较低的民用飞机，也将应用于超声速客机，解决飞机由于气动焦点大幅度后移导致的总升力减小和机动性能下降的问题。阵风载荷减缓技术结合非线性控制方法，可应用于弹性模态较大的飞机。在空客公司 2021 年 9 月启动的超高性能机翼项目中，飞机模仿鸟类的飞行行为，机翼采用半气动弹性铰链，通过主动控制机翼形状对湍流和阵风做出反应，以减轻机身的负荷，优化空气动力学，使飞机的效率更高，为未来飞机使用该技术奠定了基础。

美国国防部高级研究计划局提出了新型无控制面飞行器概念，并于 2019 年启动了"新型效应器控制革命性飞机"项目，利用主动气流控制技术改变飞机的升力、阻力及运行姿态，可以大幅降低控制系统的复杂性，提升机动性能，是未来民航飞机主动控制技术的重要发展方向。

目前，国内民航领域主动控制技术的发展水平与国外先进技术相比存在一定的差距，迫切需要以型号研制为牵引，加快主动控制技术在民航领域的应用。

13.4　自主飞行控制技术

随着机队、航线规模的不断扩大，航空资源日益紧张，航路拥挤和航路冲突问题频发。我国新一代空管系统强调以飞机运行为中心，以协同决策为手段，以新技术为支撑，利用基于航迹的运行技术管理空域和航迹。以航迹运行为基础的自主飞行控制技术主要包括自主起飞着陆技术、自主避撞技术等。

飞机进场着陆阶段是飞行事故易发阶段，事故占比高达 45%，且多发生在下雨、大雾等能见度差的时候，因此在恶劣天气环境下实现精确可靠的自动降落具有巨大的现实意义。传统上飞机使用 ILS 实现自动着陆。随着 GPS 等星基导航机载设备在民航飞机上的推广应用，卫星着陆系统（GBAS Landing System，GLS）应运而生，旨在实现 I 类垂直引导进近指标和 I 类精密进近指标。目前，ICAO 和国际工业标准组织正在推进双频多星座机载设备作为下一代航空导航系统的核心，并发布了《下一代 GNSS 运行概念》和双频多星座机载设备工业标准。设备采用星基增强后，可以大幅提高导航定位精度，满足 I、II 类自动着陆要求。除了基于 ILS 和 GLS 的自动着陆，波音公司和空客公司也在积极探索新的技术手段以进一步改进自动着陆的控制精度和自主性。2020 年 1 月，空客公司利用一架改装的 A350，首次成功实现了基于计算机视觉引导的全自主滑行、自主起飞、自主航线飞行、自主降落，全程不依赖地面导航着陆系统，证明了基于计算机视觉的自动着陆技术的可行性。2023 年，NASA 开发了自动化飞行软件，目前正在进行模拟和飞行试验，评估该软件在冲突场景中的应用性能。

在飞机进场着陆阶段，飞机的飞行状态、外形、发动机工作状态等都会发生变化，并且可能存在复杂的外界环境，这些都对如何控制飞机按照导引系统给定的轨迹精确进场着陆提出了挑战。需要针对控制方案在鲁棒性、解耦性等方面开展深入研究，使自主着陆系统满足更严苛的飞机精确进场着陆要求，从而保证飞机安全着陆，保证机组人员和乘客的生命安全。

2018 年，ICAO 更新了第 6 版 GANP 的 ASBU 计划。该计划旨在为未来 15 年全球空中航行系统的发展提供指导，实现全球民航系统的可持续发展。该计划指出空中交通管制方式正在由基于指令运行向基于航迹运行过渡，而实现基于航迹运行的基础是四维航迹。四维航迹运行路线分为航路区的基于航迹的运行、终端区的连续下降和连续爬升。四维航迹对轨迹的精准度提出了更高的要求，不仅要求控制飞机运行轨迹与预测轨迹高度重合，还要求在保障精度和可重复性的前提下实现地面对飞行轨迹的控制。同时，四维航迹还要求通过精确控制飞机飞行速度，达到在全阶段的时间维度的精细化控制，实现"定点定时"飞行，时间精度从分钟级提升至 10s 容差之内。由于在飞机起飞和着陆阶段对飞机航迹控制要求很高，而采取串级控制方法设计的航迹控制系统动态响应速度较慢，会影响航迹控制精度，因此需要采用导引控制一体化设计技术，降低从航迹预测到飞行控制的闭环响应时间，从而提高基于航迹的飞行控制精度。

2019 年，一架具备四维航迹能力的 A320 试验飞机在天津至广州的往返航路上完成了我国也是亚太地区首次四维航迹精细化管制新技术的试验飞行。在此次飞行中，中电莱斯信息系统有限公司自主研发的民航四维航迹运行管制自动化系统发挥了关键作用，使我国成为全球第二个成功开展此项新技术试验飞行的国家。

四维航迹运行是一项复杂的系统工程，涉及机载航电、飞控、空管信息等系统的升级改造和设备/系统软硬件的优化，要求导航定位更加精准，数据传输更加迅速，飞行控制更加精确，并制定空中交通管制使用标准。

13.5 超声速飞行控制技术

超声速飞机大多采用细长机身、小展弦比和大后掠角薄机翼，全机的气动特性与常规构型的亚声速飞机相比变化显著，且在飞行过程中，环境的剧烈变化会给超声速飞机带来严重的外界干扰。机身的大型、轻质结构在严酷的力/热载荷作用下会产生结构弹性变形与弹性振动，对飞行动力学影响显著，且在飞行过程的不同阶段需要采用不同的动力装置，工作模式存在复杂的模式转换。同时，超声速飞机在飞行过程中还受到热流密度、过载、动压等复杂因素的约束。从飞控系统设计的角度看，超声速飞机的控制系统是一种具有强非线性、强耦合、快时变、高不确定性特点的复杂多变量非线性系统，传统的飞行控制方法无法满足其控制需求，对飞控系统的设计提出了新的挑战。

诞生于 20 世纪 60 年代末期的协和式飞机采用的自动飞行系统能够实现Ⅲ类自动降落和起飞，即协和号飞机能完全按照程序和指令，在无飞行员操纵的情况下自动进行起飞和降落。美国、俄罗斯、德国等积极开展了超声速飞行和高超声速飞行研究，极大地推动了超声速飞行控制技术的发展。

为了适应超声速飞机的复杂多变量非线性控制需求，开展飞行控制系统大包线、非线性、高抗扰控制技术研究至关重要。美国研制的 X-43A 超音速验证机的试飞过程采用了增益预置的控制方法，通过监测试飞过程的运动条件改变控制器的参数，可以有效补偿参数变化。此外，控制律设计包括非线性动态逆控制、鲁棒自适应控制方法、模糊逻辑控制方法等。随着控制理论的发展，衍生出了许多新的控制研究方向，有些方向是控制理论与其他学科的交叉融合，以确保超声速飞机在复杂的飞行条件下拥有稳定的飞行特性、良好的控制性能，并能对外界的干扰和不确定因素有较好的鲁棒性。

13.6 智能飞行控制技术

电传飞行控制系统的发展极大地提升了飞机的整体性能，同时降低了飞行员的操纵负荷，但其在实际使用过程中仍存在局限性，在遇到恶劣天气和发生系统故障等紧急情况时，目前的飞控系统往往不能有效地应对，甚至会出现错误作动而影响飞行安全。2009年 6 月 1 日，法航 AF477 遭遇严重湍流，空速传感器失灵，自动驾驶仪给出了错误的指令，导致飞机快速爬升，最终飞机失速并砸向海面，机上全体人员无一生还。因此，在实际飞行过程中，机组人员需要密切监视飞控系统和飞机的实时飞行状态，以便在出现任何紧急情况时，飞行员都可以迅速做出反应并接手飞机的控制权，确保飞行安全。

　　针对以上问题，飞控系统的智能化逐渐引起人们的重视。智能飞行控制系统可以通过人工神经网络向飞行员学习如何控制飞机并处理飞行中可能遇到的各种紧急情况，从而大大拓展智能飞行控制系统的能力范围。通过不断地学习，智能飞控系统能够更快速、更准确地处理更复杂的问题，逐渐承担并替代部分飞行员所要执行的任务。

　　传统飞控系统关键部件的状态检测采用的是机内自检测，其可靠性通常通过统计的方法来评估。在飞控故障诊断领域，获取故障的渠道和数据日益增多，为人工智能在飞控故障诊断中的应用奠定了基础。当前飞机智能故障诊断方法主要有基于专家知识的故障诊断方法、基于模型的故障诊断方法和基于数据的故障诊断方法。其中，基于数据的故障诊断方法因不需要使用确定的模型、只依赖历史数据而成为当前主流的飞机故障诊断方法。

　　容错控制是智能飞行控制的一项核心功能，它使飞机在某些部件发生故障的情况下，仍能按原定性能指标或损失部分性能指标安全地完成控制任务。重构控制是容错控制系统最重要的研究内容之一，其在原有控制系统的基础上，针对故障状态建立新的控制策略和执行系统，并保证系统按原定的性能指标安全地运行。重构控制的目标是快速、准确地隔离任何部件的故障，持续安全、稳定地控制飞机，提高系统的安全性和可靠性。20 世纪 80 年代，美国莱特航空实验室开展了"自修复飞行控制系统"（Self-Repairing Flight Control System，SRFCS）研究计划，资助自动维护和自修复飞行控制系统的研究。20 世纪 90 年代，NASA 将神经网络技术应用于"智能飞行控制系统"（Intelligent Flight Control System，IFCS）研究计划，开发了基于直接自适应神经网络的智能飞行控制系统，如图 13.1 所示。IFCS 通过在线自学习神经网络产生控制增强指令，在线实时调整控制律，以弥补建模误差和因故障导致的影响，在飞行包线的不同区域内取得一致的飞行性能。NASA Dryden 飞行研究中心从 2003 年起对 IFCS 项目进行飞行验证，表明 IFCS 可以应对非预料故障。目前，IFCS 已应用于战斗机，计划后续将逐步应用于民航客机。

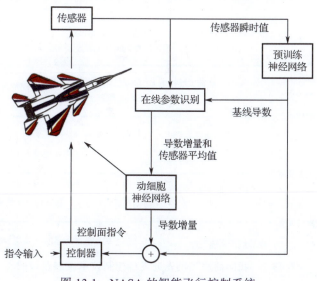

图 13.1　NASA 的智能飞行控制系统

此外，飞控操纵系统也正朝着智能化方向发展。波音飞机习惯采用中央操纵杆，这种配置存在操作视野受影响、显示屏被遮挡等缺点，飞行员需要弯腰操纵中央杆，容易疲劳。主动侧杆可与飞行控制系统构成闭环回路，实现杆力的实时调整。飞行员可以通过侧杆手柄上的力准确判断飞机的飞行状态，从而提升飞机的操纵特性。俄罗斯联合技术航空系统公司于 2015 年在 MC-21-300 飞机上应用主动侧杆，这是主动侧杆技术在大型商用飞机上的首次应用。随后，德国利勃海尔集团、英国宇航系统公司、法国萨基姆公司、美国霍尼韦尔公司等均推出了主动侧杆产品。

通过集成远程遥控系统，飞机在特殊情况下可转为无人驾驶状态。美国 Mayman Aerospace 公司展示了 Speeder 空中多功能飞行器的原型机。该机配备了 Mayman Aerospace 公司自主研发的机载计算机系统，该系统采用模块化设计，可以转为自动驾驶或远程驾驶模式。自主或遥控配置将大幅扩展飞机的潜在应用。

飞行控制系统正在向智能化方向发展，智能化算法、大数据处理等技术都将与飞行控制系统加速融合。由于智能化系统与传统航空电子系统研制在流程上存在明显的差异，因此需要构建完善的智能化系统设计和验证研制过程体系，支撑智能飞行控制系统的研制。

13.7 发展路线图

基于目前的研究进度，本章整理了我国商用飞机先进飞行控制技术发展路线图，如图 13.2 所示，供大家参考。图中标出了各先进飞行控制技术的里程碑节点。

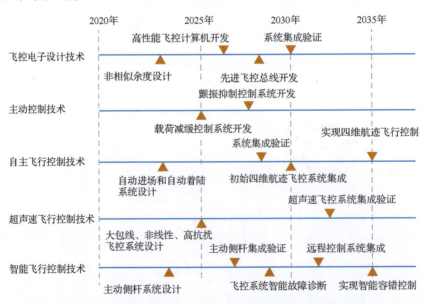

图 13.2　我国商用飞机先进飞行控制技术发展路线图

参考文献

[1] 高金源. 冯华南. 民用飞机飞行控制系统[M]. 北京：北京航空航天大学出版社，2018.

[2] 陈勇，田剑波，王晓梅，等. 支线飞机电传飞行控制系统研发及验证[M]. 上海：上海交通大学出版社，2017.

[3] 欧旭坡，朱亮，徐东光. 民机飞控系统适航性设计与验证[M]. 上海：上海交通大学出版社，2015.

[4] 吴森堂. 飞行控制系统[M]. 北京：北京航空航天大学出版社，2013.

[5] 文传源. 现代飞行控制[M]. 北京：北京航空航天大学出版社，2004.

[6] 耿志东. A320 飞控系统原理及典型故障分析[J]. 江苏航空，2013(4): 66-68.

[7] 涂林艳. 民用飞机电传飞控计算机非相似余度体系结构研究[J]. 科技创新导报，2011，30: 50-51.

[8] 秦旭东，陈宗基. 大型民机的非相似余度飞控计算机研究[J]. 航空学报，2008，29(3): 687.

[9] 陈勇，钟科林. 支线客机关键技术与发展方向[J]. 航空学报，2022，44(2): 150-174.

[10] 陈创. 主动控制技术在大型民用飞机上的应用研究[D]. 上海：上海交通大学，2013.

[11] 朱海波，张军峰. 民用航空器四维航迹预测技术总述[J]. 航空计算技术，2017，47(2): 54.

[12] 李冬青. 民用客机自动着陆控制系统的研究[D]. 大连：大连海事大学，2006.

[13] 中国民航网. 中国民航首次完成四维航迹管制技术试验飞行[EB/OL]. (2019-3-20) [2024-03-01]. http://www.caacnews.com.cn/1/3/201903/t20190320_1269654.html.

[14] 任章，白辰. 高超声速飞行器飞行控制技术研究综述[J]. 导航定位与授时，2015，2(6): 1.

[15] LANCE S, ROBERT M. Controlled Flight into Stall (CFIS): Functional complexity failures and automation surprises[C]. 2014 Integrated Communications, Navigation and Surveillance Conference. Herndon: Institute of Electrical and Electronics Engineers, 2014(4): 8-10.

[16] SALMON P M, WALKER G H, STANTON N A. Pilot error versus sociotechnical systems failure: a distributed situation awareness analysis of Air France[J]. Theoretical Issues in Ergonomics Science, 2016, 17(1):64.

[17] 孙智孝，杨晟琦. 未来智能空战发展总述[J]. 航空学报，2021，42(8): 35.

[18] 石鹏飞，谭智勇. 先进民机飞控系统发展的需求与设计考虑[J]. 中国科学，2018，48(3): 237.

[19] 王伟钢，丁团结. 智能化航空飞行控制技术的发展[J]. 飞行力学，2017，35(3): 1.

未来民用飞机电气化技术 第14章

在能源革命和节能减排的背景下，中国提出"二氧化碳排放力争于 2030 年前达到峰值，努力争取 2060 年前实现碳中和"。为提高民用飞机能量利用效率，降低飞机燃油消耗，助力实现碳达峰、碳中和，飞机电气化程度将持续提高。民用飞机电气化主要包括一次能源和二次能源的电气化。随着多电技术在 A350 和波音 787 上的成功应用，二次能源电气化日趋成熟。同时，随着电源容量的增加和功率密度的提高，民用飞机电气化正在由二次能源拓展到一次能源，从而逐步实现飞机推进系统的电气化。未来民用飞机电气化技术的研究方向主要包括飞机能源架构设计与管理、高功率密度电源、智能配电、多电化负载及新型能源形式的应用等方面，以提高未来民用飞机产品的竞争力，同时牵引技术和产业升级。本章详细阐述了国内外近年来在上述技术领域取得的重要进展及当前所面临的挑战。

基于目前国内外研究进度，本章提出了我国民用飞机电气化技术的发展路线图，2035 年有望实现的产品和技术包括：采用新型能源的全电动飞机、二次能源多电化、全机综合能量管理、混合动力技术等技术成熟度的提高和应用，以及大功率燃料电池 APU 等新型动力装置的原型样机的开发等。

针对未来民用飞机"绿色、节能、高效、安全"的发展需求，电气化是未来飞机发展的必由之路。通过开展多电和全电技术的研究，可进一步提高电气设备的集成度和能量利用率，进而实现降低燃油消耗 3%～5%、减少飞机碳排放 15% 的目标。

14.1 国内外发展概况

民用飞机电气化主要包括二次能源多电化和一次能源电气化。在国外，多电技术已成功应用于现役飞机型号，A350 采用了飞控电作动技术，波音 787 采用了电起动技术、电动环控技术、电热防除冰技术和电刹车技术。中国商飞公司依托大型民用飞机多电技术开发与验证项目，开展了多电技术攻关和系统集成，完成了电源、环控、防除冰、飞控电作动等系统的虚拟集成、半物理及物理集成，搭建了 2.7MW 电源系统集成验证平台，形成了多电系统需求定义、方案设计及试验验证能力，并达到了国际领先水平。

目前，民用飞机电气化正在由二次能源拓展到一次能源，从而实现飞机推进系统的逐步电气化。欧美等国家和地区已经开展了电推进飞机的技术验证，如空客公司开发的 E-Fan 系列小型飞机、NASA 推出的 X-57 全电推进验证机等。民用飞机电气化的核心要求是电源及电能转换设备的高效、高功率质量比，电机和控制器的一体化及能源动力系统的集成。

根据中国航空工业发展研究中心的统计，截至 2019 年 10 月，全球有超过 240 个在研的电动飞机项目。由于受电池能量密度和电机及其驱动器功率密度的限制，目前纯电动技术仅在 19 座级以下的通航飞机上应用，还无法在更大座级的民用飞机上应用。混合动力飞机采用发动机和电推进系统共同为飞机提供动力，结合了传统燃油发动机高功率密度和电推进系统清洁高效的优势，可以优化飞机的能量管理，改善飞机的气动结构，大幅提高等效涵道比，提升气动效率，降低油耗，减少碳排放。目前，国外多个研究机构正在开展兆瓦级混合动力系统地面试验和高空环境模拟测试，预计在 2025 年前后将有兆瓦级混合动力飞机开展飞行试验。

民用飞机电气化技术涉及飞机能源架构设计与管理技术、高功率密度电源技术、智能配电技术、大功率燃料电池系统开发与集成技术、高温超导电力集成技术、电环控技术、电防除冰技术、电作动技术、全机综合热管理技术、集成与适航验证技术等。未来民用飞机电气化是一项系统工程，需要从总体设计、组成部件选用、系统集成验证到适航的每个环节进行综合考虑，实现整机的电气化技术进步。因此，通过采用多种能源形式相结合的电能产生方式，优化能源配比与控制方法，针对多能源组合能源架构方案和全机综合热管理开展权衡评估，可以实现节能、减排和增推等效益最大化。针对技术创新，高功率质量比锂电池、大功率燃料电池、高温超导和石墨烯等技术正在飞速发展，为民用飞机电气化技术的发展提供了动力。

14.2　高功率密度电源技术

随着民用飞机电气化的发展，电源系统正向着高压、大容量、高功率密度方向发展。目前，交流电压已由 115V 提升至 230V，并从恒速恒频、变速恒频发展方式逐步过渡到变速变频发电方式。波音 787 采用 230VAC 交流起动发电系统，单台电机额定功率为 250kVA。A350 也采用 230VAC 交流供电体制，单台电机额定功率为 100kVA。同时，功率密度不断提高，通过新技术、新材料、新工艺的应用，发电机的功率密度已由 2kW/kg 提高到 5kW/kg 左右。

与传统交流发电系统相比，高压直流起动发电系统具有功率密度高、能够实现不间断供电等诸多优势，显著提升了飞机供电系统的可靠性，并带动了负载侧设备的轻量化发展。国外，GE 公司已开始探索±270V 高压直流供电体制。从发动机的高、低压轴分别进行功率提取，高压轴带动高速高压直流起动发电机旋转，并采用固态功率控制器进行整流。在二次电源侧采用 DC-AC 变换装置，将±270V 直流电变换为交流电用于空气压缩机等设备的运行。采用 SiC 变换器进行 DC-DC 变压，给机载系统提供 28V 的控制电能。泰雷兹集团已经开展了高压直流无刷电机研究，绕组电流达到 500A，功率变换电流达到 400A。霍尼韦尔公司开发了最高 600VDC 的三极式整流发电机，功率密度达到 8kW/kg，额定效率达到 98%。中国商飞公司北研中心已经完成±270V 高压直流起动发电机的样机开发及研制，如图 14.1 所示。

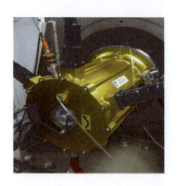

图 14.1　中国商飞公司北研中心±270V 高压直流起动发电机样机

目前，混合电推进飞机兆瓦级的功率要求进一步提升供电体制。高电压有利于降低负载电流，但也面临绝缘条件苛刻、接触器等功率开关尚未适配等诸多问题。预计到 2035 年，高压直流电源系统的电压等级将提高到 3000VDC。例如，2017 年由空客公司、罗·罗公司和西门子公司提出的混合电推进飞机 E-Fan X，采用罗·罗公司的 AE2100 涡桨发动机的核心机带动功率为 2.5MW 的发电机进行发电，其 4 台涡扇发动机中的 1 台被西门子功率为 2MW 的电动机取代，系统电压高达 3000V。

高压直流电机采用并联供电体制，从而进一步带来了功率分配、单电机故障后的控制切换等问题，还需要通过对高功率密度电源高压技术、电网架构、容错控制及保护技术的研究，解决电推进飞机高压电网的供电匹配性、稳定性、运行控制和保护等问题，从而为更高电压等级的电源系统在飞机上的应用奠定技术基础。高压直流起动发电技术发展路线如图 14.2 所示。

图 14.2　高压直流起动发电技术发展路线图

目前，高压直流电机采用油冷形式，随着发电功率的进一步提高，油冷器散热能力不足以稳定电机温升，需要在电机选型上做进一步探索，需要研究超导电机等特种电机形式，进一步提高冷却效率。通过对高速、高功率密度电机设计技术的研究，可以解决兆瓦级电机在电推进飞机上应用的轻量化、高效化问题。预计到 2025 年技术成熟度达到4 级，功率密度达到 5kW/kg，实现地面性能验证；2030 年技术成熟度达到 5 级，功率密度达到 7kW/kg，实现相关环境验证；2035 年技术成熟度达到 6～7 级，功率密度达到10kW/kg，实现装机试飞验证。

高功率密度电源系统也对供电兼容性和稳定性提出了更高的要求。随着机载系统电气化技术的发展，非线性负载和恒功率负载的比例越来越大，对电源系统的稳态和瞬态供电品质产生了较大影响。飞机电源系统供电兼容性和稳定性分析不仅与电源特性有关，还与电力电子变换器、负载特性有关，并且受飞机的运行状态及电网架构的影响，需要从系统层面综合考虑，从而提高系统供电的品质、可靠性和安全性。

14.3　智能配电技术

飞机配电系统主要包括一次配电、二次配电和负载管理 3 部分，实现从发电系统到用电负载的电能分配、电网配置和负载控制、电网故障检测和隔离、电缆保护、电网检测和控制及电网状态上报等功能。随着飞机电气化技术的发展，用电设备的功率进一步提高，数量进一步增加，电压等级进一步提高，且存在多种电压体制之间的电能变换，导致配电系统架构更加复杂。以 A350、波音 787 为代表的多电飞机均在逐步采用电环控、电热防除冰、电动液压泵和电力作动器等电气化负载，总功率接近 1MW。为保证重要负载的供电可靠性和系统的安全性，配电系统在设计阶段需要考虑余度和负载自适应管理等。为保证飞机的经济性和安全性，在配电系统架构设计、轻量化和智能化方面提出了更高的要求。

A350 和波音 787 的配电系统均采用了分布式配电架构和负载自动管理技术。随着全机用电设备功率的进一步提高，配电系统需要从架构、大功率开关和能源利用率等方面进一步优化，保证配电系统的安全性。

相较于传统集中式配电系统仅在飞机前部有一个主配电中心，分布式配电系统有前后两个配电中心，由负载所处位置将飞机划分成两个不同的区域。大功率负载接在一次配电系统中，二次配电系统采用远程配电装置。分布于飞机各处的远程配电装置可以为附近的用电设备提供电能，同时与配电中心进行联系以控制负载的通断。这样，每个远程配电装置负责各自区域的电力需求和控制，显著地减少了飞机电缆的长度和质量。节省的线缆长度能够极大限度地降低飞机的制造成本和维护成本，进而节约运营成本。

固态功率控制器（Solid Status Power Controller，SSPC）的高密度集成化、高功率密度电池和二次电源及新材料的应用为配电系统的轻量化和智能化发展提供了可能性。高功率密度电池增加了飞机一次能源的来源，可为关键负载提供更多余度，提升配电系统的可靠性，进一步提高配电系统的功率质量比。目前，SSPC 在飞机中应用的最大额定电流为 50A，且全部用于二次配电系统中。随着 SSPC 切换电压、功率等级、集成化和小型化、智能化和电弧检测等功能的发展，SSPC 将逐渐应用于一次配电系统中，为飞机配电系统的轻量化和智能化发展提供可能性。2003 年，波音公司与法国航空公司、American Airlines 及 Japan Airlines 3 家航空公司合作提出了"飞机健康管理系统"这一概念，利用智能算法实现故障信息转发、系统性能监测和系统健康管理功能。配电系统利用 SSPC 结合先进的传感器技术，可实现对配电系统健康状态的预测，实现配电系统的智能化发展。智能配电的难点集中在配电系统保护时序、电能分配与优化管理技术、负载动态管理技术、高压直流配电技术等方面，目前国内对这些技术的研究还停留在实验阶段。以±270V 高压直流配电为例，由于直流电压体制无过零点，因此具有灭弧功能的接触器的研制难度较大，目前国内外均未有成熟的产品应用。

配电系统轻量化的要求体现在新材料应用方面。其中，石墨烯在航空线缆和二次电源等领域拥有极大的应用前景，具有轻质、高强度和高导线特性的石墨烯线缆将解决复杂电气线路互联系统（Electrical Wiring Interconnection System，EWIS）与质量增大之间的矛盾。据估算，相同规格的石墨烯线缆较传统线缆的导电率提高 10%，质量减少约 50%。利用石墨烯制作的导热板具有优异的导热性能，因此石墨烯也能更好地满足高功率密度二次电源对散热的需求。

总体来说，未来民用飞机配电系统将向着高安全性、智能化和轻量化的方向发展，使未来民用飞机成为一种更安静、更高效、更可靠、低成本的绿色交通工具。民用飞机配电系统发展趋势如图 14.3 所示。

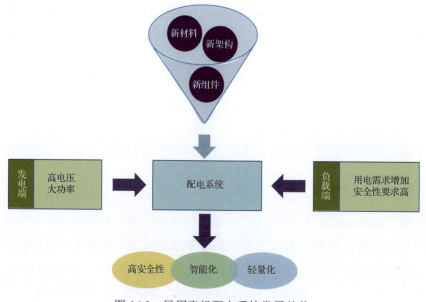

图 14.3　民用飞机配电系统发展趋势

14.4　大功率燃料电池系统开发与集成技术

随着全球航空运输业的蓬勃发展，民用飞机对化石燃料的消耗越来越大，污染物的排放也越来越多。由于多电飞机是未来商用飞机的主要发展方向，飞机的用电功率需求将进一步提高，飞机的发电效率成为影响飞机能源消耗和污染物排放的主要因素之一。

随着人们对绿色航空的追求及全球航空运输减排的发展，氢能作为一种能量密度高、绿色无污染的新能源，成为航空应用领域的主要研究方向之一，燃料电池作为氢能的一种有效利用形式，更是吸引了全球航空业的关注。相比现有传统发动机/辅助动力装置驱动发电机的供电方式，燃料电池是一种将化学能直接转化为电能的装置，其能量转化效率更高，约为 60% 以上。但氢燃料电池存在功率密度较低的问题，大功率的应用会对飞机的热管理系统提出较高的要求，因此，目前成功试飞的燃料电池混合电推进飞机均为中小型通航飞机。对于大型飞机，目前的研究方向主要是使用燃料电池为飞机上的某些系统进行单独供电。

2020 年，英国政府设立了 H2GEAR 氢能航空项目，计划开发可应用于支线飞机的氢燃料电池电推进系统，目标是在 2026 年将其实际应用于支线客机。

2021 年，英国 ATI 研究院设立了 FlyZero 项目，并于 2022 年发布了氢能飞机的发展规划，其中涉及氢燃料电池、氢气罐等技术的发展路线图及市场和经济可行性分析。

2022 年年底，巴航工业在其举办的第二届 Energia 可持续航空发布会上对其未来的支线客机减排发展计划及新能源支线机型的市场可行性进行了进一步的阐述，并重点介绍了其 Energia H_2 燃料电池机型的设计概念。

2022 年 12 月，空客公司宣布其正在开发一款氢燃料电池发动机 ZEROe，将作为未来绿色航空的动力来源，并计划以 A380 作为试验平台，完成其氢燃料电池技术的测试和验证。

2023 年 1 月，美国 ZeroAvia 公司宣布其基于 Dornier228 双发涡桨 19 座级飞机改装的氢燃料电池混合动力飞机在英国完成首飞，其一侧的涡桨发动机被一套功率为 600kW 的燃料电池电推进系统替换。ZeroAvia 公司规划开发兆瓦级氢燃料电池电推进系统，其飞机改装项目的发展规划是短期内完成 19 座级以下通航飞机的改装，中期实现 80 座级涡桨支线飞机的改装，最终计划在 2028 年将其燃料电池电推进系统应用于喷气支线客机。

2023 年 3 月，美国 Universal Hydrogen 公司宣布其基于 Dash8-300 型支线客机改装的氢燃料电池混合动力飞机成功首飞，其一侧的涡桨发动机被一台功率为 650kW 的电动机替换，并使用 Plug Power 公司的氢燃料电池供电。

2023 年 7 月，空客公司的子公司 UpNext 推出了一项新的示范验证项目，开发一种使用氢燃料电池产生非推进能源的新架构，即用氢燃料电池系统取代 A330 上的 APU。这款氢燃料电池演示装置名为 HyPower，旨在降低传统 APU 带来的二氧化碳及氮氧化物等污染物排放和噪声污染。空客公司计划在 2025 年年底开展飞行试验。

燃料电池在飞机上的应用主要可以在以下几个方向开展，且均可有效降低飞机的碳排放及噪声：①替代主发电系统中部分或全部发电机，在整个飞行包线下为全机供电；②替代 APU 成为飞机的辅助电源，在飞机地面运行阶段为飞机提供电能；③为飞机提供热能和饮用水；④为飞机提供惰性气体；⑤作为飞机电推进系统或电驱滑行系统的电能来源。

基于现有的技术水平，燃料电池的航空应用仍面临许多问题：①系统整体功率密度较低，相比传统发电机或 APU，其质量较大；②氢气虽然能量密度较大，但其能量体积比仅为燃油的 1/4，因此氢气罐在飞机中的布置将是一个巨大的挑战；③氢燃料电池的散热设计较为复杂，传统发动机的效率虽然比燃料电池低，但可通过发动机排气将热量排出，但燃料电池系统的冷却设计较为复杂；④安全性，安全是航空领域的重中之重。目前，对于燃料电池系统的适航并没有成熟的规章制度，对于燃料电池及氢气存储的安全性设计和验证，尤其是对于在飞机实际运行的高低温环境要求及振动要求下的安全性水平，没有可靠的数据支撑。

14.5　电作动技术

在飞控系统中，用电作动器替代液压作动器，可以在减少系统质量、减少环境影响、降低运营和维护成本、提高系统安全性及维修性等方面带来收益。采用电作动技术的大型商用飞机的飞控系统与采用传统液压作动器架构的飞机的飞控系统相比，驾驶舱操纵机构没有变化，飞控电子系统变化不大，实际变化的是飞控作动器的形式和能源供给架构的革新。

在当前的大型民航飞控作动领域，大多采用传统的电液伺服作动器，这种作动器响应迅速，技术成熟度与可靠性高，功率质量比高。但由于需要配备液压管路和液压源，会增加额外的系统质量，同时存在液压油泄漏问题，使用维护较为烦琐。与此同时，电作动技术正在飞速发展并在民航业主流机型上进行了应用。

A380 的飞控系统架构使用的是液电混合作动系统，即 2H/2E 能源配置架构。除了常规的电液伺服作动器（Electro Hydraulic Servo Actuator，EHSA），A380 还配备了电静液作动器（Electro-Hydrostatic Actuation，EHA）和电静液备份作动器（Electro Backup Hydraulic Actuation，EBHA），其中在方向舵和扰流板部分舵面使用 EBHA 驱动，在内副翼、升降舵等舵面使用 EHA 驱动。与 A380 类似，A350 的飞控作动系统除了采用 EHSA，也采用了 EHA 和 EBHA 两种类型的作动器，采用的是与 A380 类似的 2H/2E 能源配置架构。

波音公司与空客公司的设计思路不同，波音 787 的能源架构采用了 3 套独立的液压能源系统与 1 套电源系统。与传统的飞机作动系统相比，波音 787 除了采用 EHSA，还采用 4 个机电作动器（Electro-Mechanical Actuator，EMA）来驱动部分扰流板运动。

20 世纪 80 年代，NASA 进行了 EMA 相关研究，为未来电作动技术在全电飞机上的应用奠定了基础，并于 1998 年在 F18 上进行了飞行试验。2009 年 12 月，波音公司在最新的机型波音 787 上采用了多电系统（电动系统和液压系统同时布局）的方式。波音 787 的部分扰流片和水平安定面采用了 EMA。2011 年 11 月至 2016 年 4 月，欧盟开展了机电作动项目 "Actuation 2015: Modular Electro Mechanical Actuators for ACARE (Advisory Council for Aeronautics Research) 2020 Aircraft and Helicopters"，旨在为多种机型（如直升机、商用飞机）的多种执行机构（如飞行控制、舱门、主起落架、高升力等）的开发和验证提供通用的标准化、模块化 EMA。美国的波音公司、GE 公司、穆格公司、派克公司和美国空军研究实验室、德来登研究所，英国的 Lucas Aerospace 公司、谢菲尔德大学，瑞典的林雪平大学，德国的汉堡-哈尔堡工业大学，以及加拿大、日本、法国、新加坡等国家的多所大学、多家企业和研究所，都在进行 EMA 的研究开发。国际知名航空制造商穆格公司经过多年预研项目的积累，已经在 EMA 产品开发上具有相对成熟的经验，EMA 在航空航天、国防工业等领域的成功应用，推动了 EMA 技术的不断发展。同时，穆格公司在高性能伺服控制方面也拥有深厚的研发经验，为多种型号的飞机提供产品。

国内电作动技术方面，中国航空工业集团有限公司（以下简称"航空工业"）618 所、航空工业 609 所、航空工业 114 厂、航空工业 135 厂、中国运载火箭技术研究院 18 所、中国航天科工集团第二研究院 206 所等航天单位，以及北京航空航天大学、北京理工大学等院校均开展了 EHA、EMA、EBHA 等典型电作动器的研制工作，并推动了功率电传作动器在民用飞机工程应用上的进展。尽管国内已在学术研究和工程应用方面取得了一定的成果，但仍然缺乏在大型民航飞机上使用电作动技术的成熟经验，技术成熟度较低。

根据当前采用的电作动技术主流机型的使用经验可知，电作动技术仍然限于局部使用，在主飞控舵面使用液压和电作动器组成的混合架构，在副翼、方向舵、升降舵等舵面常采用液电主备工作模式，即以液压作动器驱动舵面为主模式，在液压作动器发生故障时切换到处于随动状态的电作动器。在这种模式下电作动器并没有长时间处于带载的正常工作状态。

电作动技术常态化航空应用场景对电作动器的动态频响及零低速稳态精度都提出了更高的要求。同时，电作动器面临更复杂的温度、振动、交变载荷、电磁环境等，因此高性能及高可靠性是电作动器未来重要的发展方向。

目前，从空客公司、波音公司在飞机上应用的飞控作动技术来看，未来民用飞机作动技术领域将朝着电气化方向发展。对电作动技术来说，高可靠性、高精度、轻量化是未来发展的必由之路，因此未来电作动技术的研究重点将放在余度管理、热管理、自适应变量泵、机电或机电液一体化设计等方面，与此同时，国内民航领域对飞控电作动系统余度设计与管理、电作动负载特性分析及验证等系统集成应用关键技术尚未完全掌握，需要进行攻关。飞控电作动系统发展趋势如图 14.4 所示。

图 14.4　飞控电作动系统发展趋势

14.6　集成与适航验证技术

在多电能源体系架构下，各系统之间的耦合关系非常复杂，当一个系统的架构或参数发生变化时，其带来的连锁效应非常强大，将影响与其交联甚至非交联的系统。此外，多电系统负载设备功率等级急剧提高，若出现故障，将导致电气系统出现灾难级事故。以电环控系统为例，在典型工况下，电环控系统在巡航阶段的功率为 360kW，占系统总功率的 30% 以上。

为满足系统的安全性要求，美国汽车工程学会（SAE）制定了《民用飞机与系统开发指南》（ARP4754A），要求系统集成验证技术需要首先根据飞机级需求，提出机载系统构型方案，开展系统级集成验证。UTS 和赛峰集团等航空公司均按照发电机系统、配电系统和负载架构对多电技术进行了集成验证，其中波音 787 90%的适航验证试验都是在实验室完成的，这也为型号的取证和快速迭代提供了思路。

中国商飞公司按照 1MW 功率等级的双通道大型民用飞机建立了功能/性能模型，以起发系统/模拟器、电气半物理仿真平台和功率在环系统为平台，通过仿真和半物理试验对多电飞机的各系统模型分别进行标定和校准，从而获得与实际物理系统性能接近、稳态精准度不低于95%的子系统模型，进而完成系统级和飞机级模型的集成。未来民用飞机航空电气化技术集成验证平台架构如图 14.5 所示。通过数字化集成设计，可以为飞机型号设计提供可信度较高的数据，同时可以实现虚拟故障注入，以验证系统的安全性，为型号快速迭代提供数据支撑，为数字化和电气化适航提供基础。同时，中国商飞公司建立了未来民用飞机航空电气化物理集成验证平台，对多电系统架构设计进行了验证，也对电气系统模型的准确性进行了验证。

综上所述，随着电能在各类能源形式中的占比进一步提高，电能在飞机上的应用逐步由二次能源扩展到一次能源，即由电驱动推进器与传统发动机组成的混合动力系统为飞机提供动力，进而达到优化飞机的能量管理、降低油耗和减少噪声的目的。未来民用飞机将向着更高的电推进功率、更有效的能源动力系统架构及智能化电气系统集成方向发展。

图 14.5　未来民用飞机航空电气化技术集成验证平台架构

14.7　发展路线图

基于目前的研究进度，本章整理了我国商用飞机电气化技术发展路线图，如图 14.6 所示，供大家参考。图中标出了未来民用飞机电气化技术的里程碑节点。

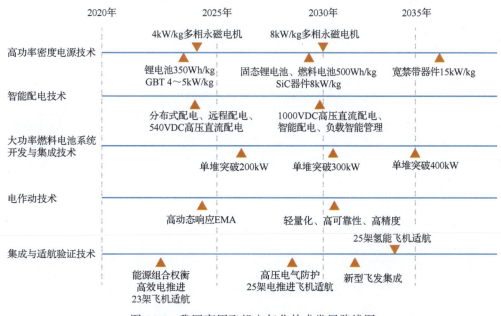

图 14.6　我国商用飞机电气化技术发展路线图

参考文献

[1] 孙侠生，程文渊，穆作栋，等. 电动飞机发展白皮书[J]. 航空科学技术，2019，30(11): 1-7.

[2] 李开省. 电动飞机技术的发展研究[J]. 航空科学技术，2019(1): 1-7.

[3] 黄俊，杨凤田. 新能源电动飞机发展与挑战[J]. 航空学报，2016(1): 56-78.

[4] 王妙香. NASA 亚声速大型飞机电推进技术研究综述[J]. 航空科学技术，2019，30(11): 22-29.

[5] NORRIS G. Airbus reveals refined ZEROe blended wing body concept[J]. Aerospace Daily & Defense Report, 2022(35): 279.

[6] 罗彧. 氢能飞机蓄势待发[J]. 航空动力，2022(2): 34-38.

[7] 廖忠权. 罗·罗的飞行电气化之路[J]. 航空动力，2020(1): 16-19.

[8] 范灵. 2020 年美欧主要发动机制造商态势分析[J]. 航空动力，2021(2): 11-15.

[9] 郑先成，张晓斌，黄铁山. 国外飞机电气技术的现状及对我国多电飞机技术发展的考虑[J]. 航空计算技术，2007(5): 120-122, 126.

[10] 吉瑞萍，李伟林，张晓斌，等. 航空固态功率控制器电弧故障检测方法研究[J]. 电气工程学报，2015，10(11): 19-26.

先进环境控制技术 第15章

近年来，随着全球绿色能源技术的发展，人们对民用飞机的能耗与污染物排放提出了更高的要求。美国与欧盟相继推出了"绿色航空"行动计划，波音公司、空客公司及其设备供应商也在持续更新技术以达到这一目标，波音787、A350等先进商用飞机都应用了多项先进环控技术，主要包括用于降低机翼防除冰耗能的机翼电热防除冰技术、用于降低空调引气对发动机性能影响的电动引气空调技术、大功率电力电子设备液体冷却技术和蒸发制冷循环技术，以及将废热再循环利用的综合热管理技术。本章详细阐述了国内外近年来在以上技术领域取得的重要进展及当前所面临的挑战。

基于目前国内外研究进度，本章给出了我国先进环控技术发展路线图，2035年有望实现的技术和验证包括机翼电热防除冰系统的技术验证与型号应用、电动引气空调系统的集成验证与型号应用、民用飞机综合热管理系统的集成验证等。

目前，绝大多数民用飞机环控系统采用的是空气循环式系统，该系统基本由气源系统和空调系统组成，主要功能包括座舱供气、压力控制、温度控制、湿度控制等，也包括机外的结冰防护等功能。环控系统是耗电量最大的民用飞机非推进系统之一，它为机组人员和乘客提供空气、热控制、湿度控制和客舱增压。传统飞机中的环控系统通过引出发动机排出的高温气体使机舱达到所需的空气温度和压力，但这会降低发动机的工作效率，引起燃油代偿损失。由于环控系统是能量消耗巨大的机载系统，具有较大的优化设计空间，所以先进的环控技术对民用飞机的经济性和环保性非常重要。

15.1 国内外发展概况

从1938年飞机气密式座舱在波音B307和道格拉斯公司的DC-4E客机上首次应用以来，飞机环控系统已经历了80多年的发展。飞机环控系统的各项关键技术取得了巨大的突破：从气密式座舱到增压式座舱，从两轮简单式低压除水系统到四轮升压式空气循环制冷系统，再到无引气的电环控系统；从防冰液防冰、机械式除冰系统到热气防除冰系统和电加热防除冰系统。20世纪90年代，波音公司开发的波音737经典机型成功投入运营，其环控系统采用了发动机中高压级压气机引气构型、三轮升压式空气循环制冷系统、热气防除冰系统。空客公司在 1988 年投入运营的 A320 系列也采用了类似的技术架构，采用发动机双发两级引气构型（发动机低功率时从高压级压气机中引气，高功率时从中压级压气机中引气）和 2 套三轮升压式空调组件。2011 年，波音公司交付运营的"梦想客机"787 系列的环控系统采用了电动压缩机引气系统、升压式除水与电动冲压风扇构型、液体冷却系统、电加热防除冰等新技术。我国自主研制的 ARJ21 和 C919 飞机的环控系统均采用发动机中高压级压气机引气构型、热气防除冰系统和左右独立的 2 套三轮升压式高压除水组件。

飞机环控系统随着飞机技术的整体发展而不断更新。美国和欧盟相继推出了"绿色航空"行动计划，聚焦持续降低噪声、二氧化碳和其他有害气体排放对环境的不利影响，并制定了极高的未来民航运输标准。2021 年 4 月，在"洁净天空 2"计划中，利勃海尔集团开发了新型电动引气环控系统，旨在为飞机上的机组人员和乘客提供可靠的空气供应、热控制和机舱增压，实现能效提升。国内外均致力于利用数字化、综合化、智能化、多电化手段，研制出更先进、更可靠、更经济的环控系统，实现环控系统向着下一代电环控系统过渡。先进环控系统需要攻克的技术主要包括机翼电热防除冰系统设计技术、电动引气空调系统设计技术、综合热管理技术等。

15.2 机翼电热防除冰系统设计技术

在全球范围内的"绿色航空"计划下，节能减排成为机载系统的发展目标。商用飞机各大机载系统均以优化能源结构为目标，以电气化新技术为支撑手段。在机翼防除冰领域，目前正在开展与机翼电热防除冰技术相关的各项先进技术的应用探索。电热防除冰技术具有温度适应范围较广、能源消耗小等优势，因此将成为大型飞机防除冰系统未来发展的主要趋势。

2006 年 11 月，吉凯恩集团将其制造的电热防除冰系统成功应用于波音 787 和 EH101 直升机上，该电热防除冰系统采用了高级复合材料制成的电加热垫片对防除冰区域进行可控的电加热，显著减少了防除冰系统的油耗与系统维护的工作量。2013 年 2 月，吉凯恩集团完成了一项针对全自动翼上结冰探测系统的试验，并通过"On-Wings"项目在直升机测试平台上完成了对新的光学结冰探测器（Optical Ice Detector，OID）的试验，该光学结冰探测系统通过光学反射与气象数据相结合计算的方式精确地监测与预测积冰，并且直接控制电热防除冰系统。其数据分析非常准确，可以确定结冰的类型、严重程度、厚度和位置。

2017 年 6 月，吉凯恩集团在固定翼飞机上成功试飞了该增强型防冰系统。除了 OID 实验，这次飞行也是对新型 Spraymat 防冰加热垫的首次测试。Type 8 型 Spraymat 具有更强的热性能、更小的质量、更高的可靠性和更低的制造成本。

使用电热防除冰系统的典型机型是波音 787，其技术由吉凯恩集团支持。现役飞机的机翼防除冰采用的基本是传统的热气防除冰技术，即由发动机引出的热空气经过压力和流量调节后，进入机翼前缘的防冰腔，沿前缘通道流动，热空气在沿通道流动的过程中，将热量传给蒙皮以保证机翼前缘缝翼结冰防护区不结冰。2011 年，波音 787 交付运营，其环控系统颠覆了以往的设计理念。一方面，它采用了多电环控系统，取消了发动机引气系统；另一方面，其机翼前缘采用的是复合材料，这种材料比金属材料导热系数小、耐高温能力差，无法使用传统的热气防除冰技术。采用机翼电热防除冰技术可以大幅提高能量利用率，降低飞机机翼防除冰系统的复杂度与维修难度。

目前，国内在机翼电热防除冰技术上的研究水平与国外差距较大，仍处于开展仿真数值研究与实验室阶段，与工程应用还有相当长的一段距离。未来民用飞机的防除冰技术将朝着电热防除冰方向发展，而相关的技术要点包括复合材料防除冰电加热垫片设计技术、光纤式结冰探测器设计技术、电热防除冰系统设计技术、防除冰系统控制律设计技术等。以上技术在国外机型上的成功应用，使民用飞机的防除冰系统能耗更低，防除冰系统性能更加稳定高效，飞机的复杂度与维修难度更低。

15.3　电动引气空调系统设计技术

环控系统既要在特定任务剖面内为机舱内的机组人员和乘客提供安全舒适的生理环境，又要为机载电子及电气设备提供安全可靠的工作环境，还要控制机载设备关键节点的温度不高于额定值。

空调系统的工作方式为空气循环式，通常由气源、制冷、通风、压调等子系统组成，涉及对机舱内的温度、湿度、压力、压力变化率、空气流速和空气洁净度等环境状态量的调节控制。飞机空调系统的功能及环境状态量控制示意如图 15.1 所示。

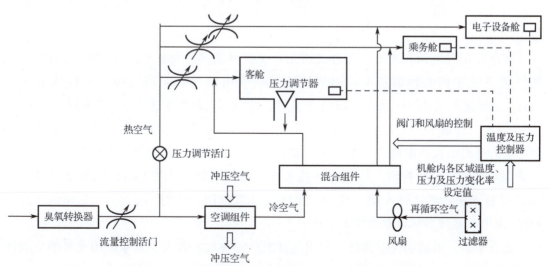

图 15.1　飞机空调系统的功能及环境状态量控制示意

空气循环系统通常采用从发动机引气的方式对机内的环境进行按需调节，结构布局简单而紧凑，能实现机舱内制冷和增压的需求，因此能广泛应用于多个型号的飞机。空气循环系统经历了从两轮简单式到两轮升压式、三轮升压式、四轮升压式，从低压除水到高压除水的发展过程。四轮升压式高压除水空气循环系统通过控制一级涡轮出口温度高于 0℃，有效解决了冷凝器的冻堵问题。而二级涡轮出口温度可以低于 0℃，用来实现高效制冷。独特的四轮升压式结构还能满足各种状况下的座舱温度控制需求。这些优势使该系统首先在波音 777 上得到了应用。A380 的空气循环系统在四轮升压式结构的基础上采用了"一个半包"结构，即每个制冷包有 2 套空气循环机且综合在冷凝循环空气调节系统中，使空调的制冷能力、抗损伤能力、经济性和灵活性得到了改善，占用空间更小，还有效降低了引气代偿损失。

飞机朝着多电化和能量优化的方向发展，电机、控制器和压气机等技术的不断成熟也为机载环控系统的电气化提供了技术支撑。波音 787 首次采用了美国汉胜公司研制的电动压气机，引机外的冲压空气作为座舱内气源，其构型为三轮升压双级涡轮、电动冲压空气风扇结构，规避了从引发动机压气机引气所带来的故障率高、零部件多和引气温度高等缺陷，实现了能量的按需供给，还明显降低了引气代偿损失并减少了质量，对远程洲际航程的机舱制冷极为有利。

为机组人员和乘客提供空调的系统是飞机上能量需求最大的子系统，占发动机总燃油消耗量的 5%。为了优化飞机系统的功耗，近年来多电技术逐渐得到广泛应用，例如，波音 787 应用电动引气空调技术后燃油消耗降低了约 3%。但由于全电环控系统的质量有所增加，给飞机的起飞总质量带来了不利影响，所以在环控系统类型的选择上要综合考虑载客量、航程等因素，从起飞总质量的角度确定电动引气环控空调技术的适用范围。对于同等航程的客机，载客量越大，电动引气空调系统越有优势；对于短航程客机，传统的引气式空调系统更加适用；对于中等航程或长航程客机，电动引气空调系统更加适用。

在电动引气空调技术上，汉胜公司走在了世界前列。例如，波音 787 所用电动引气空调系统中的关键设备电动引气压缩机就是由汉胜公司提供的，单台功率可达 125kW，转速可达 43929 转/m。2016 年 6 月，欧洲著名环控系统供应商利勃海尔集团在"洁净天空"计划中，在 A320 测试平台上完成了对其研发的电环控系统的测试，该电环控系统的电动引气压缩机的功率约为 50kW。2021 年 4 月，利勃海尔集团展示了电动引气空调系统制冷组件模型。该套电环控系统可降低二氧化碳和氮氧化物的排放量，至 2023 年技术成熟度达到 6 级，2030—2035 年实现商用，压缩机尺寸与质量可继续减小 30%~40%，系统整体可靠性提升 20%。

综合来看，电动引气空调技术给飞机带来的整体收益较大，未来民用飞机的空调技术正朝着电动引气空调技术发展。在该技术领域，目前国内外尚有较大的差距，国外产品已经实现商用或正处于实验室阶段，国内在关键设备如电动引气压缩机的研制上与国外存在差距。从具体技术来看，重点在于高性能电动引气压缩机设计技术、电动引气空调系统架构设计技术、电动引气空调系统架构权衡技术等。

15.4　综合热管理技术

综合热管理是指利用高效的热量收集、传输和排散手段，结合有效的控制技术，实现热量、热沉的综合利用和管理。飞机综合热管理系统需要立足全局，合理解决整机热量的分配与管理问题，在满足飞机系统工作温度指标的情况下，合理利用有限的热沉，实现热量控制的最优化。

目前，商用飞机多电技术使全机热载荷越来越大，各系统设备的热载荷严重限制了飞机的整体性能。目前的风冷系统、液冷系统散热能力有限，甚至会影响系统的安全性，无法满足未来飞机的散热需求。例如，在波音 787 的实际飞行过程中，需要对机电系统的发热功率情况进行密切监控并采取必要的散热降温措施。

随着未来商用飞机多电/全电技术的逐步应用，全机的电力电子设备散热功率势必急剧增大，原有制冷系统的功率无法满足大功率电力电子设备的散热需求。目前，波音 787 的电气化程度较高，采用了一系列多电技术，以及液冷和蒸发循环制冷技术解决了电力电子设备的散热问题。A350 采用了电作动技术等电气化技术，以及液冷和蒸发循环制冷技术解决了电力电子设备的散热问题。新型制冷技术的发展有效支撑了多电/全电技术对大飞机的设备升级。但 A350 和波音 787 等多电飞机并未将全机机电系统的冷热利用综合化，目前的制冷技术将无法满足未来混动飞机、多电飞机、全电飞机的散热需求。综合热管理系统通过对全机各系统设备的用冷/用热需求进行匹配设计，使机载冷热被充分利用，从而大幅提升机载系统的热稳定性，提高飞机能量的使用效率。

2010 年，诺斯罗普·格鲁曼公司对飞机的自适应动力与热管理系统（Adaptive Power and Thermal Management System，APTMS）的结构、功能开展了一系列研究。通用的 APTMS 架构如图 15.2 所示。该研究针对 APTMS 采用发动机引气驱动涡轮机械和电驱动涡轮机械两种形式的动力源对主发动机燃油消耗率的影响进行了分析，得出的结论是，当飞机在高空飞行时，电能驱动的热管理系统相对于气能驱动的热管理系统具有更低的燃油消耗率；当系统处于低电负载状态时，电能的使用占 APTMS 总功率的 18%，并减少了 12%的主发动机的引气量；相比从发动机风扇引入空气，选择冲压空气作为热沉，在应用电驱动引气技术的基础上，还可以额外减少 51%的引气量，大幅降低系统功耗。

霍尼韦尔公司的动力与热管理系统（Power and Thermal Management System，PTMS）将传统的辅助动力装置、环控系统和应急电源集成到一个系统中。这种集成套件可用于多电飞机，是业界首创，可使飞机整体质量减少约 450kg，飞机长度缩短约 0.25m，可靠性显著提升，节省飞机生命周期成本。PTMS 集成电源包为飞机主发动机启动、辅助和应急电源需求提供电力，同时提供飞机热负荷的热管理，具有发动机启动模式、制冷模式、应急动力模式，并可以在各模式之间转换运行。2013 年，霍尼韦尔公司在 PTMS 的基础上提出了 APTMS，指出了未来多电飞机和能量优化飞机的发展趋势。此外，霍尼韦尔公司对比了空气循环系统和蒸汽循环系统，发现前者更适合用于冷却座舱，后者更适合与 PTMS 一起用于功能更复杂、热载荷更大的大型飞机。

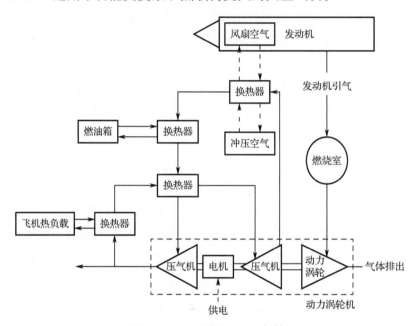

图 15.2　通用的 APTMS 架构

2022 年 8 月，霍尼韦尔公司和英国牛津郡的反应引擎有限公司（Reaction Engines Limited，REL）签署了一份谅解备忘录，双方将合作开发热管理技术，推动飞机的节能减排。霍尼韦尔公司将采用 REL 独特的微通道热交换器技术，将其应用于系统中，以提供可持续的航空热管理解决方案。这项技术可使飞机质量减少 30%以上，显著降低飞机的燃料消耗，延长航程，提高飞机载运量。

自 2017 年起，波音公司防务部、GE 公司航空部、诺斯罗普·格鲁曼公司航空航天系统部门、联合技术公司、洛克希德·马丁公司航空部门共同加入了研究周期为 7 年的"下一代热力、动力和控制"（Next Generation Thermal, Power and Controls，NGT-PAC）项目，共投资 4.09 亿美元。该项目开展了对电力与热管理架构及综合技术、热管理技术、发动机功率提取技术、机电能源转换技术等的研究，内容涉及发动机气流和燃油排热等热管理系统问题，包括降低引气等因素对发动机性能影响的技术和运行性能产生影响的技术、热交换器与发动机的综合技术、能量存储技术、载荷共享技术和先进的发动机控制技术等。

　　未来民用飞机会朝着多电、全电方向发展，波音 787 作为当前在役民用飞机型号中多电化程度最高的机型之一，全机电功率达到 MW 级，大量大功率电力电子设备的应用使飞机上的热环境变得更加恶劣，传统风冷技术已无法满足机载设备的散热需求，转而采用散热效率更高的液冷技术。随着未来民用飞机多电化程度的进一步提高，如何在满足机载设备散热需求的同时，充分挖掘飞机可用热沉，降低因散热对飞机造成的负面影响，实现对机上热量的综合管理变得尤为重要。

　　综合热管理技术目前还处于比较初级的发展阶段，其中技术难点如下。

　　（1）综合热管理系统架构的设计涉及飞机环控系统、燃油系统、液压系统、电源系统、航电系统等，各系统在飞机内的安装位置不同，跨度较大，多路径的高效热收集与热传输难以实现，需要综合考虑结构、管路质量、代偿损失等因素的影响。

　　（2）综合热管理子系统换热方案选择多，如液冷技术、蒸发循环制冷技术、微通道换热技术、蒙皮换热技术等，热管理系统换热技术通常为液体冷却换热，容易产生液冷介质泄漏问题。

　　（3）综合热管理系统的热沉选用燃油时，需要考虑飞机适航性、安全性、测试性、可靠性、维修性等要求，对飞机燃油系统的设计会产生影响。

　　（4）综合热管理系统涉及多个机载系统，需要结合完整的飞行包线下各系统的运行情况合理设计控制策略，避免过多地消耗能源。

　　（5）系统架构综合性不强、系统的控制自适应性不高、系统效能评价方法不完善等问题是综合热管理系统必须解决的问题。

　　综合热管理技术是环控领域的新兴技术，是未来民用飞机电气化进程中的关键支撑技术之一。在该领域国内与国外的技术差距较大，需构建完善的设计和验证研制过程体系，支撑综合热管理技术的探索研究。

15.5　发展路线图

　　基于目前的研究进度，本章整理了我国商用飞机先进环控技术发展路线图，如图 15.3 所示，供大家参考。根据国内对机翼电热防除冰系统设计技术、电动引气空调系统设计技术、综合热管理技术的研究现状，以及国外先进技术团队的技术应用预计节点时间，预计 2025 年前完成机翼电热防除冰系统架构设计、电动引气压缩机架构设计、综合热管理系统架构设计与权衡；2030 年前后完成电防除冰控制律及控制器设计、电动引气空调系统性能仿真验证、综合热管理系统关键组件研制；2035 年前后完成机翼电热防除冰系统机上试验验证、电动引气空调系统集成验证、综合热管理系统集成验证。

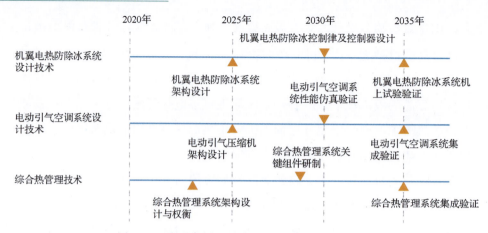

图 15.3　我国商用飞机先进环控技术发展路线图

参考文献

[1]　党晓民，马兰，马庆林. 民用飞机环控系统手册[M]. 北京：北京航空航天大学出版社，2019.

[2]　周家希. 大型飞机防冰系统研制发展研究[J]. 中国战略新兴产业，2017(24): 47.

[3]　程海龙. 多电飞机机电系统关键技术探究[J]. 科技信息，2013(19): 104-106.

[4]　邢芳芳. 民用飞机机翼结冰防护技术研究[J]. 中国科技信息，2014(13): 162-163.

[5]　霍西恒，刘鹏，贾丽杰. 民用客机机翼热气防冰系统问题初探[J]. 民用飞机设计与研究，2010(4): 16-18, 27.

[6]　ZAVAGLIO E, LE CAM M, THIBAUD C, et al. Innovative environmental control system for aircraft[C]. 49th International Conference on Environmental Systems. ICES, 2019.

[7]　SINNETT M. 787 no-bleed systems: saving fuel and enhancing operational efficiencies [R]. Seattle: Boeing Aero Mag, 2007.

[8]　黄辉，崔丹丹，崔高伟. 引气环控系统和全电环控系统性能对比分析[J]. 中国科技信息，2013，476(15): 132-135.

[9]　O'CONNELL T, LUI C, WALIA P, et al. A hybrid economy bleed, electric drive adaptive power and thermal management system for more electric aircraft[J]. SAE International Journal of Aerospace, 2010, 3:168-172.

[10]　GANEV E, KOERNER M. Power and thermal management for future aircraft[J]. SAE International, 2013:01-2273.

[11]　黄星. 飞机自适应动力与热管理系统能效分析研究[D]. 南京：南京航空航天大学，2018.

[12]　于喜奎，王伟. 飞机综合机电系统热管理技术浅析[J]. 飞机设计，2006(2): 60-62, 71.

先进制造技术 第16章

随着新材料、新结构、新工艺的涌现，以及信息技术的融入、系统集成理念的深化，民用飞机先进制造领域发生了深刻的变革，为新一代民用飞机的发展提供了基础和保障，引发了全球各国的广泛关注。例如，波音787、A350等当前新型商用飞机的先进性离不开多项先进制造技术的应用，具体包括：用于减少飞机质量、降低制造成本的热塑性复合材料成型与焊接技术和大曲率纵横加筋壁板整体成型技术；用于提高结构效率、降低维护成本的被动弹性剪裁机翼蒙皮丝束牵引成型技术；用于提高飞机装配质量和效率、降低生产制造成本的柔性加工、智能装配及智能检验技术；用于提升飞机结构轻质化和多功能化的新型材料结构功能一体化成型技术；用于降低飞机碳排放量、提高结构效率的氢燃料飞机结构集成储氢系统设计与制造技术；用于提高结构效率与减质效果的增材制造技术；用于提高绿色制造能力、生产效率和生产质量的金属加工及系统总装工艺技术。本章详细阐述了国内外近年来在上述技术领域取得的重要进展及当前所面临的挑战。

基于目前国内外研究进度，本章给出了我国先进制造技术发展路线图，2035年有望实现的技术和验证包括热塑性复合材料成型与焊接技术，大曲率纵横加筋壁板整体成型技术，被动弹性剪裁机翼蒙皮丝束牵引成型技术，柔性加工、智能装配及智能检验技术，新型材料结构功能一体化成型技术，氢燃料飞机结构集成储氢系统设计与制造技术，增材制造技术，金属加工及系统总装工艺技术等。

制造业是国民经济的主体。2015年5月，我国提出要提高创新设计能力，完善以企业为主体、市场为导向、政产学研用相结合的制造业创新体系。民用飞机制造技术涉及新材料成型工艺、精密特征加工、复杂结构装配及增材制造等技术，制造技术的水平直接影响民用飞机产品的装配精度、效率和制造周期，进而影响民用飞机的整体性能、结构效率及制造成本。随着绿色环保理念的不断深入，民用飞机制造技术提升是"碳达峰""碳中和"背景下的重要实践。从发展历程来看，高性能民用飞机的更新在很大程度上依赖先进制造技术的突破。先进制造技术是保证民用飞机安全性、经济性、舒适性、环保性的关键，先进制造水平对新机型的成功有着举足轻重的影响。

16.1 国内外发展概况

随着新材料、新结构、新工艺的涌现，以及信息技术的融入、系统集成理念的深化，民用飞机先进制造领域发生了深刻的变革，为新一代民用飞机的发展提供了基础和保障，引发了全球各国的广泛关注。例如，波音787、A350等当前新型商用飞机的先进性离不开多项先进制造技术的应用，包括复合材料、高性能铝锂合金、钛合金等轻质材料制造工艺技术，大尺寸结构件整体设计与制造技术，先进防护与长寿命连接技术，短舱吊挂机翼一体化设计与制造技术，三维数字化设计与制造技术，智能化、集成化、柔性化制造装配技术等。2020年12月，美国和欧洲等国家和地区发布了"海军制造技术""欧盟地平线"等一系列专项计划，将先进航空制造技术视为重点发展的技术之一，以不断提升民用飞机结构性能、缩短研制周期、降低成本、实现绿色环保等，并取得了一系列成果。

上述外部因素对我国未来飞机产品的性能提出了更高的要求，迫切需要多种新技术开发及应用验证。新材料、新结构、新工艺技术亟待突破，相应的制造技术是提高商用飞机性能的重要基础和保障，是国产大飞机在国际商用飞机市场竞争中必须面对的关键要素之一。当前先进制造技术理念主要体现为以轻量化制造、快速响应制造、高可靠制造和高精度制造为核心，涵盖增材制造、系统工艺、冷工艺、热工艺、装配工艺及相应装备技术等方面。面对未来民用飞机产品多品种、小批量、低成本、快速研制的需求，特别是对兼具功能化、智能化等多种功能的轻量化结构的需求，先进制造工艺及装配技术的重点发展方向包括热塑性复合材料成型与焊接技术，大曲率纵横加筋壁板整体成型技术，被动弹性剪裁机翼蒙皮丝束牵引成型技术，柔性加工、智能装配及智能检验技术，新型材料结构功能一体化成型技术，氢燃料飞机结构集成储氢系统设计与制造技术，增材制造技术，金属加工及系统总装工艺技术等。

16.2 热塑性复合材料成型与焊接技术

热塑性复合材料成型与焊接技术是一种热塑性复合材料低成本成型工艺，该工艺适用于小尺寸、大批量结构件的制备，最有可能在民用飞机功能性结构件上实现快速应用，拥有良好的应用前景。热塑性复合材料具备可焊接、可对飞机服役过程中的冲击损伤进行原位修复等优点，有利于降低飞机全寿命周期成本。同时，热塑性树脂基复合材料易于回收再利用，预浸料可常温储存，可实现绿色环保、可持续发展，满足民用飞机发展的安全性、经济性、舒适性和环保性要求。

热塑性复合材料在民用飞机结构上的应用研究经历了功能性结构件、次承力结构件到主承力结构件的发展历程（见图 16.1），从 20 世纪 90 年代初的商务机地板结构到目前大型客机的前缘结构，已有 20 多年的历史。热塑性复合材料最早在民用飞机上的应用是热塑性连接角片，最具代表性的案例是 A350 机体的热塑性复合材料连接零件，每架 A350 需要大约 8000 个此类零件，这些零件位于机身 11～15 段，用来连接机身复合材料壁板与内部的复合材料框架结构。2009 年，欧盟启动"热塑性经济可承受性航空主结构"项目，目的是为空客公司开发平尾扭矩盒和机身结构，采用碳纤维/聚醚酮酮材料开发主承力结构。热塑性复合材料将成为未来宽体客机主承力薄壁结构的主选方案，并已成为航空航天界巨擘竞相争夺的热点领域。但是，航空用热塑性树脂的加工温度高（300℃以上），黏性较大，成型困难，所需能耗多，对加工设备的要求也很高。国内对热塑性复合材料在民用飞机上的应用研究还不深入，目前未形成通用的材料牌号规范及成型工艺规范，可借鉴和参考的应用实例较少。

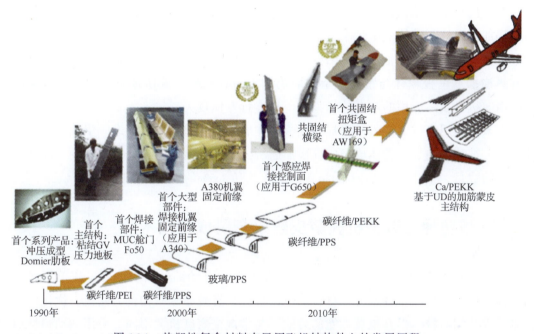

图 16.1　热塑性复合材料在民用飞机结构件上的发展历程

在未来民用飞机远景规划的驱动下，持续推进热塑性复合材料成型与焊接技术研究，加速热塑性复合材料成型制造创新能力，可以从根本上提升结构件的性能。将热塑性复合材料成型与焊接技术用于民用飞机角片连接，可以大幅减少紧固件使用数量，缩短装配周期，实现 5%以上的结构减重。

16.3　大曲率纵横加筋壁板整体成型技术

大曲率纵横加筋壁板整体成型技术是以纵横加筋结构和格栅结构设计为基础，对壁板蒙皮、长桁和隔框进行一体化成型，进而减少紧固件数量、减少装配工序、提高制造和装配效率、减少飞机质量、降低制造成本的技术。工程实践表明，纵横加筋壁板结构能充分发挥先进复合材料高比强度、比模量的特点，有效地提高材料的利用率，并可采用整体化制备技术，使飞机结构尺寸由零件级突破至部件级，减少结构质量，具有广阔的设计空间。

纵横加筋整体壁板在波音 737 的平尾壁板、A320 的尾翼和襟翼壁板、F-16 的垂尾壁板、AV-8B 的机翼与水平尾翼壁板、F-18 的垂尾壁板及 ATR72 的机翼壁板等方面已有应用。在机身方面，A350 机身加筋壁板和波音 787 机身加筋壁板等也逐步得到应用。国内航空工业成都飞机设计研究所与沈阳飞机设计研究所、中航复合材料有限责任公司等研究机构进行了一定的方法和机理研究，主要集中在纵横加筋复合材料平板整体成型技术、纵横加筋复合材料隔框的整体化 RTM 成型工艺方法等原理分析和方法验证方面。但是对于机身壁板结构，机身大曲率产生的轴向载荷、大曲率复杂变形及曲面定位问题对纵横加筋设计与整体成型带来了新的挑战。因此，基于复合材料的大曲率机身壁板结构的纵横加筋整体成型是轻量化结构要求下国内外航空领域共同面临的挑战，特别是我国在纵横加筋壁板设计与整体成型方面仍处于高校和科研院所理论探索和简单验证阶段，面向机身实际应用的综合技术集成亟待进行专项攻关。

在未来民用飞机上深入开展加筋壁板整体成型技术研究，可以进一步减少零件、简化工序，推动单向加筋整体成型向纵横加筋一体化设计制造转化，大幅减少紧固件和连接角片的数量，预计可获得 2%的结构减重收益和 1.5%的成本降低收益。

16.4 被动弹性剪裁机翼蒙皮丝束牵引成型技术

被动弹性剪裁机翼蒙皮丝束牵引成型技术依托自动铺丝曲线铺放实现单层丝束变角度连续变化，进一步释放复合材料的可设计性，有效布置结构传力路径、优化应力，达到减少结构质量、提升机翼性能的目的。与常规变弯度机翼不同，采用被动弹性剪裁的复合材料机翼无须使用额外的主动驱动系统，将进一步提高结构效率及可靠性，降低维护成本。

2010 年前后，随着自动铺丝技术在航空制造领域的应用与普及，连续纤维曲线铺放使变刚度设计具备应用可行性，相关理论研究及应用验证再次成为世界航空领域关注的热点。迄今为止，欧美各国家和地区在 NASA 航空研究任务事务部"先进航空运输技术计划"、欧盟框架计划等项目及波音公司、空客公司等的资助下，针对该技术中的气动弹性剪裁设计、变角度自动铺丝工艺、变刚度复合材料仿真与验证技术等关键环节开展了较为深入的理论研究及实验验证。2015 年，基于 NASA 标准研究模型（Common Research Model，CRM），通过理论计算对比了丝束牵引复合材料与定角度复合材料机翼的颤振及突风响应，结果表明，丝束牵引复合材料可降低 24% 的突风载荷，同时使颤振速度提高 7%。2017 年，NASA 基于 CRM 通过理论计算得出结论：丝束牵引技术可使复合材料机翼质量减少 8.8%，从而降低 2.4% 的燃油消耗。此外，基于制造的复合材料丝束牵引技术研究也在同步展开，关于自动铺丝变角度铺放路径、制造缺陷与制造约束、变刚度复合材料建模分析方法、变刚度复合材料力学性能研究等也取得一定的进展。2017 年年底，极光飞行科学公司受 NASA 委托，采用被动弹性剪裁设计、自动铺丝丝束牵引技术完成了长 11.8m 的 30% 缩比外翼盒段验证件的设计与生产，并于 2018 年通过了两轮地面静力与振动试验，下一步 NASA 计划将开展全尺寸机翼试验验证。国内方面，成都飞机工业（集团）有限责任公司、航空工业第一飞机设计研究院、中国空间技术研究院、北京航空航天大学、哈尔滨工业大学等企业及高校关于该技术的研究几乎与国外同步展开，在机翼被动弹性设计、变刚度复合材料力学性能研究、丝束牵引自动铺丝工艺技术等方面也具备一定的研究基础。

16.5 柔性加工、智能装配及智能检验技术

柔性工装是基于产品数字量尺寸的协调体系，将成组技术、信息技术、数控技术和自动化技术等先进技术引入工装设计、制造、应用与管理等各环节，构建基于模块化、标准化、信息化、自动化的工装应用体系。柔性加工既适应了现代飞机小批量、多批次的生产要求，又顺应了精益制造理念的潮流，代表了飞机装配工装的发展方向。柔性加工通过采用数字化工装驱动数据，结合先进的数字控制技术，实现了飞机装配工装的数字化定位，改变了传统工装模拟量定位方式，提高了工装的定位精度。同时，柔性加工的数字控制调形重构功能使工装重构前后具有基本相同的定位精度，保证了装配工装的协调性。

到目前为止，小到骨架柔性连接件和多足并联柔性夹具，大到波音飞机移动生产线，国外在柔性工装技术方面已经做到了技术推广并广泛应用于航空制造业，推动企业优化资源配置、节约生产成本。洛克希德·马丁公司在研制和生产 F-35 联合攻击战斗机时，采用了先进的柔性装配技术，使目前飞机制造装配周期降为原来的 1/3，采用的型架数量从 300 多件减至十几件，大幅降低了生产制造成本，同时提高了飞机装配质量和效率。在解决大尺寸薄壁件加工问题方面，具有代表性的是 CAN 公司和 M.Torres 公司所研制的多点真空吸附柔性工装系统，配合数控铣床以代替原始的手工铣切作业。CAN 公司研制的 POGO 柱柔性工装系统是一种万能式工装系统，通过调整每个 POGO 单元的高度，由多个 POGO 单元构成柔性包络面来定位/支撑工件，可用于具有型面的大尺寸薄壁件的加工、装配，已经被多家飞机制造企业应用到生产中。该系统减少了专用工装的需求，同时降低了专用工装带来的大额设计、制造、存储、维修、安装、运输费用，为大尺寸薄壁件的加工提供了一种柔性的、敏捷的、经济的解决方案。M.Torres 公司研制了 TORRESTOOL 产品，其结构具有模块化的特点，包括多个可沿 X 轴方向运动的排架，

排架上装有多个可沿 Y 轴方向和 Z 轴方向运动的 POGO 柱。POGO 柱上装有真空吸盘，可以进行 45°范围内的调整，用以夹紧工件。根据所夹工件的形状，系统可以通过更换真空吸盘完成飞机整流罩、平尾和垂尾的前缘、蒙皮、梁等工件的可靠定位与支撑。TORRESTOOL 还被广泛应用到飞机的装配过程中，如应用在空客公司、波音公司的民用飞机和部分军用飞机的生产线中。相比之下，国内在这方面的研究起步较晚，研究步伐跟随先进柔性工装技术的发展潮流，同时开始逐渐将柔性工装运用到实际生产中，但目前仍未形成技术推广和广泛应用。

智能装配技术已经成为未来飞机发展的新方向，这项技术的发展对我国飞机装配水平及航空企业智能制造水平的全面提升至关重要。国外的航空制造公司在飞机部件装配中成功应用了数字化装配、自钻孔、无型架装配等新兴技术，不仅使工装数量得到了明显缩减，还使钻孔效率和准确度得到了显著提高，航空制造业的生产效率和生产能力也随之得到了大幅提高。除此之外，数字化柔性装配生产线（见图 16.2）已被波音公司和空客公司全面应用于波音 787、A350 等新一代客机的研发和制造中。针对复合材料用量更多、结构尺寸更大的未来民用飞机，可以开发面向复合材料机体、大结构尺寸的高性能智能装配技术，发展基于网络协同的大型飞机智能化装配工艺设计技术。

B767机翼壁板柔性定位型架　　A380机身壁板柔性定位型架

卡板调形单元式柔性定位型架　　A380长桁柔性定位型架

图 16.2　数字化柔性装配生产线

除此之外，随着新型智能装配技术的不断发展，人机共融协同技术应运而生。人机共融协同技术可以通过与人类大脑逻辑思维及应变能力的结合，使机器人充分发挥其快速、准确、耐疲劳等机械性能，并通过优势互补，共同协作完成设定的目标方案，实现人机融合。人机共融协同技术有利于进一步实现加工与装配过程的智能化，提高产品质量和工作效率，缩短加工与装配周期，对未来民用飞机的发展具有重要意义。面向多场景的机器人协同自动化柔性装配技术将充分应用机器人的高柔性、灵活性，结合自动导向车等移载系统实现移动式加工和装配，提高飞机装配线的柔性。同时，飞机部件尺寸大，空间开敞性提高，采用机器人装配技术可以提高飞机装配的自动化水平，并使机器人进舱成为可能。

智能检验技术作为衡量一个国家国防科技工业基础和工业能力的重要标志，贯穿军工产品生产的全寿命周期。检验设备与检验系统是航空产品中生产量最大、应用面最广、调试最复杂的部分，直接影响民用飞机生产质量的好坏，对民用飞机质量起着举足轻重的作用。当前飞机机型设计尺寸远大于以往研制的机型，且机体复合材料占比不低于50%，而目前装配生产多为单部段尺寸不大的金属机体装配，其装配模式与装配受力许可值是否通用于复合材料机体装配需要进一步验证，故对飞机复合材料机体的总装提出了新的要求。例如，针对超大尺寸高精度测量，对测量设备的测量能力要求更高；针对复合材料机体塑性低的特点，对低应力装配要求更高；对飞机装配过程进行全面监控与分析；等等。因此，应研究新的测量方法、新的对接模式及基于工业网络的智联透明管控等技术，解决飞机总装过程中的尺寸大、协调复杂、高精度装配难保证、机体变形易受损等问题，实现飞机复合材料机体总装高质量、高效率的智能对接装配。智能检验技术可以从以下 4 个方面开展研究：机电一体化虚拟调试技术、面向超大尺寸的全域光控测量技术、大尺寸机身部段移载式协同转运及柔性对接技术、云边端协同智能管控技术。

在未来民用飞机上深入开展柔性加工、智能装配及智能检验技术研究，能够提高飞机装配质量和效率，有效降低生产制造成本，预计可获得 20%的效率提升收益和 5%的成本降低收益，对未来民用飞机的发展大有裨益。

16.6　新型材料结构功能一体化成型技术

随着民用飞机制造技术的发展，结构功能一体化设计越来越受到人们的重视。通常情况下，飞机部件除需要考虑结构的承载能力外，还应兼顾一种或多种功能，以满足结构轻质化和多功能化的要求。利用强度更高、质量更小、功能更多的新型替代材料（如轻质夹层材料、高分子材料等）实现结构多功能化，不仅能达到减重的目的，还能提高结构的刚度。

以碳纳米管、石墨烯为代表的纳米碳材料具备独特的纳米尺度、优异的力学性能、卓越的电热传输特性，因此在力学增强、电热传输、电磁屏蔽等领域具有极为广阔的应用前景。飞机在服役过程中，不可避免地会遭遇雷电天气。复合材料导电性差，必须对飞机的复合材料构件进行雷电防护。目前，复合材料构件雷电防护措施主要是在构件表面增加导电功能层，不仅需要二次工艺，而且会增大飞机的质量，造成较高的成本。碳纳米管是迄今为止世界上强度和模量最高的轻质材料之一，同时兼具优异的功能特性，其电阻率接近金属钛，载流能力大约为 $109A/cm^2$。利用碳纳米管的这些特性，通过结构功能一体化设计，可大幅提高复合材料构件的导电性能，有望为解决飞机复合材料构件的雷电防护问题提供新方法、新途径。国外在新型智能材料研究方面起步较早，并进行了大量投入。2018 年 9 月 4 日，空客公司与中国科学院苏州纳米技术与纳米仿生研究所、国家纳米科学中心等成立了"航空纳米材料联合实验室""纳米复合材料联合实验室"等，致力于开发高韧性复合材料、高导电复合材料，优化复合材料制备工艺，提高飞机服役状态健康监测技术等。

随着电子工业与航空航天工业的快速发展，电子设备的高度集成化、传输高速化及高功率化已成为必然的发展趋势，材料热管理是保障功能器件可靠运行的重要手段，因此对复合材料的高导热性能提出了迫切的需求。在碳纤维之间构筑连续的石墨烯导热通路，有助于热量的快速传输，同时改善复合材料层间剪切强度，从而获得兼顾力学与导热性能的结构功能一体化复合材料。随着空间卫星通信技术和军事电子传感技术的快速发展，因高频电磁辐射引发的电磁污染、电磁干扰、信息安全泄露等一系列问题，不仅影响通信电子设备等的正常工作，对人体健康也会产生重大危害。复合材料的结构电磁屏蔽一体化研究已经得到广泛关注，石墨烯纳米片的加入可以赋予复合材料更高的导电性能，使电磁反射效能显著提升；同时可以在复合材料内部引入更加丰富的微结构与大量界面，显著提升电磁波在材料内部的多重反射与吸收效能。此外，石墨烯混杂复合材料的多组元特性也有助于形成界面极化损耗与介电损耗，进一步提升电磁屏蔽与吸收效能。

从目前的研究与应用进展来看，结构功能一体化的先进复合材料是未来飞机发展的必然趋势。石墨烯混杂复合材料在导热方面的研究已经取得较大进展，并逐渐在电子行业作为高端散热垫、散热外壳得到初步应用。随着石墨烯的低成本宏量制备及质量控制的规范化，其在复合材料领域的应用必将得到广泛的拓展，进而发展出适用于石墨烯混杂复合材料的生产技术与设备，使石墨烯的优异特性与复合材料轻质高强的优势相结合，制备出结构功能一体化的先进复合材料。

16.7 氢燃料飞机结构集成储氢系统设计与制造技术

氢能与传统化石能源相比，具有能量密度大、热值高等优点。同时氢能储量丰富、来源广泛、转化效率高，可作为替代性能源，摆脱对化石能源的依赖，成为航空业脱碳的重要方案之一。储氢罐需要采用高强度、耐疲劳的材料和结构，这会带来较大的结构质量，使燃料存储质量与效率难以提高。如果能将机体的承力要求与气体燃料飞机燃料储罐的结构功能要求相结合，则可以大幅提高气体燃料飞机的燃油系数（燃料质量/飞机总质量），相当于间接提高了燃料存储质量与效率，从而使气体燃料的优势得到充分发挥。例如，有效利用机翼内部空间，采用复合材料机翼管梁与储氢罐，可以减少传统构型中尾翼带来的负升力和阻力。如果机翼更接近椭圆升力分布，则诱导阻力更低。复合材料机翼管梁与储氢罐一体化设计概念如图 16.3 所示。

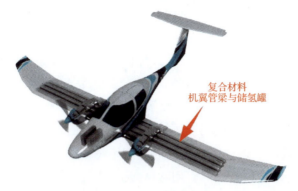

图 16.3　复合材料机翼管梁与储氢罐一体化设计概念

瑞士东部应用科技大学的材料工程和塑料加工研究所正致力于为未来由燃料电池驱动的无人机和飞机开发结构性氢气罐。APUS 公司的 i-2 无排放四座通用飞机使用管状翼梁作为储氢罐，是高效的结构集成式储氢系统。氢燃料飞机结构集成储氢系统设计与制造技术刚刚起步，拥有很大的发展潜力和发展前景。

通过氢燃料飞机结构集成储氢系统设计与制造技术，可以简化飞机在各种载荷下的传力路径，降低结构设计难度，提高机体空间利用率和结构效率，耐压储罐兼做飞机结构，节省了大量的机体结构质量，相当于提高了全机燃料携带能力。发展氢燃料飞机结构集成储氢系统设计与制造技术，针对典型飞机构型与应用场景，开展集成储氢系统结构及密封性设计与强度校核，结构集成储氢系统成型工艺设计与验证，集成与模拟环境应用验证，不仅可以形成结构集成储氢系统成型工艺控制与质量评估方法，建立结构集成储氢系统关键性能指标评价体系，还可以为氢动力在飞机上的进一步应用奠定数据基础与流程参考。

16.8　增材制造技术

增材制造技术具有制造速度快、全致密近净成型、无须使用模具等优势，与传统制造方式相比，还能够实现具有更加复杂的内部结构的零件形式，加工出传统制造方式无法获得的零部件，如复杂的拓扑结构及仿生结构等，从而取得更优的结构效率与更好的减重效果。极高的材料利用率是增材制造技术的固有特征之一，可以使增材制造零部件的生产制造成本大幅降低，有效提高其在实际工程中的应用价值。增材制造技术在快速迭代和缩短研发周期方面具有优势，使采用增材制造技术生产制造精密复杂、轻量化的民用飞机零部件成为航空制造业的革命性发展方向。

随着技术应用的逐渐成熟，增材制造近年来备受航空器主制造商和各大研究机构的关注。波音公司选用了 Norsk Titanium 公司利用快速等离子体沉积增材制造工艺加工的钛合金构件，并于 2017 年 2 月获得 FAA 的适航认证。该钛合金使用的近净成型技术降低了工装夹具、工艺流程等方面的成本，每架波音 787 的制造成本可节省 200 多万美元。空客公司将利用选择性激光熔化（Selective Laser Melting，SLM）增材制造工艺加工的 Al-Mg 合金点阵构件应用于机舱隔板，采用了跨尺度仿生点阵结构设计，通过 112 个子部件组装得到结构主体，相较于原蜂窝复合材料隔板构件减重 30kg，减重比高达 45%。空客公司计划将该结构批量应用于 A320。GE 公司基于 SLM 增材制造工艺，实现了采用 Inconel 718 镍基高温合金材料的燃油喷嘴的整体设计与制造，将原先的 20 个小部件整合为一体化燃油喷嘴构件，消除了不同部件之间冗余的连接结构，实现了更好的燃油雾化效果并减少了积碳，在减重 25% 的同时缩短了飞机制造周期，并延长了 5 倍以上的飞机使用寿命。GE 公司已将该构件应用在 A320neo、波音 737Max 与波音 777-8、中国商飞 C919 等机型的发动机上。

增材制造技术在民航领域的应用以金属增材制造为主。随着增材制造技术的发展和成熟，其应用范围逐渐从功能件向次承力件、主承力件拓展。在型号研发中，增材制造技术能够极大地推动结构设计的修改和快速迭代。在零部件的减重和成本方面，增材制造技术提供了更大的潜力和空间。目前，飞机发动机部件依赖大型铸件和锻件，高达 80% 的材料在达到最终形状之前被裁掉。通过采用增材制造技术能够最大限度地减少原材料浪费，降低能源使用和生产过程中的运输量，从而大幅减少污染物排放，降低成本，缩短交货时间。借鉴 GE 公司和空客公司的成功经验，通过创新设计及设计制造一体化，可以减少由装配带来的紧固件和零件间界面的数量，提高结构效率和可靠性。在推广增材制造技术在国产民用飞机型号的装机应用过程中，仍需要进一步提高增材制造技术的稳定性，从而更加严格地确保零部件生产质量，进一步提高无损检测技术对增材制造缺陷的检测能力，从而控制增材制造加工产生的零件内部缺陷。此外，波音公司和空客公司的增材制造零部件适航审定经验也值得我们学习和借鉴。

16.9　金属加工及系统总装工艺技术

传统的金属加工技术主要通过铸造、锻造、冲压、机械加工、粉末冶金和注射成型等方式对金属材料进行加工成型。而民用飞机系统总装工艺技术是民用飞机在总装制造（包含系统软件安装、系统功能试验）阶段对被试系统进行测量及试验，得到定量参数和定性参数，并进行处理、评定或用于试验管理、控制等所涉及的技术。

金属材料加工技术是当今工业发展的一个重要方向。金属材料加工技术水平的提升可以使加工质量、产品质量得到大幅提高。当前，民航装备及系统中越来越多的零部件结构设计趋向复杂化、结构功能一体化，而且新材料、难加工材料、难加工结构与表面对加工质量的要求不断提高，传统铸造、锻造结合机械加工的金属制造工艺已经无法适应快速迭代的研发需求和低成本制造需求。

随着民用飞机机载系统的综合程度越来越高，在系统总装阶段采用测试技术对试验对象进行测试，是验证系统装机质量是否满足设计与适航要求的重要手段。近年来，国外先进机型系统总装工艺技术正朝着开放分布式、智能信息化、模块化等方向发展。而国内民用飞机测试技术研究起步晚、投入不足，与国外主流民用飞机测试技术相比差距较大。尽管如此，国内部分相关技术已取得突破，而且成果已应用于型号，为飞机研制与生产提供了重要的技术保障。但是，与波音公司和空客公司的先进机型相比，国内民用飞机测试技术基础和能力都有较大的差距，具体体现为：测试过程主要依靠人工完成，劳动强度大；缺乏数字化、自动化、智能化测试设备/系统，测试效率低下；测试流程可追溯性差，出现问题时排故较困难；在总体规划中，设计、制造、试飞阶段总体测试架构不统一，造成测试技术和数据共享效率低。

针对以上问题，考虑结合型号需求发展关键技术，预计国内民用飞机应用将从以下两个方面寻求技术突破。

一是金属加工技术。金属加工技术将从冷加工和热加工两方面进行深入研究。

在民用飞机制造技术冷加工工艺方面的突破点有：大型钛合金整体结构件变形控制技术；大型轻金属整体结构件的工艺系统适配应用技术；金属结构件绿色低碳加工技术；大截面异型材成型工艺验证技术；机械喷丸成型技术和钛合金热冲压成型技术；时效成型技术；等等。

在民用飞机制造技术热加工工艺方面的突破点有：绿色环保型热处理工艺技术、智能化热处理设备搭建和新型材料热处理工艺技术；新材料工艺研发与验证技术、自动化与智能化涂装工艺生产线建设、面向多客户需求的涂装技术和绿色表面热处理技术；绿色、自动化焊接技术，新材料工艺研发、验证、应用技术，焊接工艺规范与标准体系完善；激光加工工艺数据库建设、激光加工设备与工艺鉴定，激光复合材料制造技术，新型激光热源加工、激光加工装备开发；等等。

二是民用飞机系统总装工艺技术。针对面向复杂电磁环境的飞机电磁屏蔽工艺技术，在线束多点接地的建模、多层屏蔽体的屏蔽效能和复杂线束屏蔽效能的测试方法等研究中，能通过实际测量积累相关数据，为型号应用提供基础数据。

针对舱内受限环境下配电盘箱全姿态安装技术，在高刚度高可靠机构设计、孔识别自动定位技术和柔性智能化调姿技术等研究中，能在定位调姿微调过程中，通过各承力接头位置、载荷传感器的反馈信息，计算出配电盘箱的调姿轨迹，实现配电盘箱的精确自动定位调姿。

针对基于激励响应式的多电飞控系统总装动态测试技术，面向多电飞控系统的激励驱动模拟技术、飞控舵面角度融合测量技术、多设备通用的 ICD 设计方法及折叠翼所需的相关功能测试等研究十分重要。

针对基于电动引气架构下的环控系统总装工艺技术，重点开展电压气设备替代地面气源及在高功率电动引气机持续工作下百千瓦级的液冷散热方法研究。

针对机翼表面防除冰电加热功能测试技术，重点开展基于机翼表面温度实时监测、监测平台开发等方面的研究。

针对起落架电刹车系统装配与测试技术，可研究影响电刹车系统装配可靠性的基础工艺和电刹车系统功能验证测试技术。

针对虚实协同测试技术在总装功能测试中的应用，重点开展基于测试场景的集成虚拟环境构建技术、基于多源感知系统的虚实映射动态测试技术、预测性故障诊断与智能决策排故技术等方面的研究。

16.10 发展路线图

基于目前的研究进度，本章整理了我国商用飞机先进制造技术发展路线图，如图16.4所示，供大家参考。图中标出了各先进制造技术的里程碑节点。

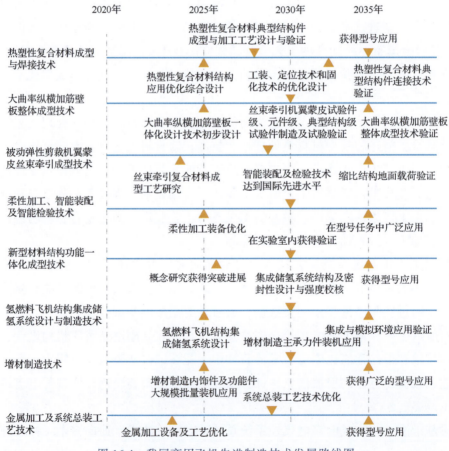

图16.4 我国商用飞机先进制造技术发展路线图

参考文献

[1] 李冰晶. "十三五"开启制造强国新战略——《中国制造 2025》解读[J]. 商场现代化, 2016(24): 249.

[2] PAL S K, MISHRA D. Industry 4.0 in welding and activities of centre of excellence in advanced manufacturing technology[J]. IIM Metal News, 2022(4): 6-10.

[3] MAO J L, ZHANG X T, FAN B Y, et al. Characteristics and development trend on advanced manufacturing technology about large aircraft[J]. Journal of Civil Aviation University of China, 2008(5): 10-15.

[4] LI S Q, PENG T, WANG J F. Mixed reality-based interactive technology for aircraft cabin assembly[J]. Chinese Journal of Mechanical Engineering, 2009(3): 403-409.

[5] 吴光辉, 张志雄, 王兆兵, 等. 航空制造业绿色低碳化发展研究[J]. 中国工程科学, 2023, 25(5): 157-164.

[6] ALAM M A, YA H H, SAPUAN S M, et al. Recent advancements in advanced composites for aerospace applications: a review[J]. Advanced Composites in Aerospace Engineering Application, 2022(2022): 319-339.

[7] GROUP C. High-performance materials for aircraft applications[J]. Composites International, 2005(14): 59-61.

[8] 杨洋, 见雪珍, 袁协尧, 等. 先进热塑性复合材料在大型客机结构零件领域的应用及其制造技术[J]. 玻璃钢, 2017(4): 1-15.

[9] 张婷. 高性能热塑性复合材料在大型客机结构件上的应用[J]. 航空制造技术, 2013, 435(15): 32-35.

[10] 佚名. 空客 A350 将使用热塑性碳纤维复合材料支架[J]. 高科技纤维与应用, 2015, 40(6): 68-69.

[11] 陈吉平, 李岩, 刘卫平, 等. 连续纤维增强热塑性树脂基复合材料自动铺放原位成型技术的航空发展现状[J]. 复合材料学报, 2019, 36(4): 784-794.

[12] 张铁亮, 丁运亮. 复合材料加筋壁板的结构布局优化设计[J]. 南京航空航天大学学报, 2010, 42(1): 8-12.

[13] 王莹, 苏霞, 肖光明. 双曲纵横加筋壁板共固化成型工艺研究[J]. 中国新技术新产品, 2023(16): 139-141.

[14] 李义, 叶宏军, 翟全胜. 纵横加筋碳纤维复合材料壁板整体成型技术研究[J]. 微计算机信息, 2018(4): 46-48.

[15] MA G, ZHANG X Z, TANG W F. Automated manufacturing technology of large stiffened panel[J]. Aeronautical Manufacturing Technology, 2018, 61(14): 91-96.

[16] 黄当明, 聂海平. 自动铺带技术在复合材料机翼蒙皮的应用[J]. 航空制造技术, 2017(4): 97-100.

[17] DUAN Y S, ZHOU X Q, HOU J S. Status of manufacturing technology in large aircraft composites

wing[J]. Aeronautical Manufacturing Technology, 2012, 55(18): 34-37.

[18] WANG L, LI D S, LIU G F, et al. Flexible tooling technology and application for digital assembly of aircraft[J]. Aeronautical Manufacturing Technology, 2010(10): 58-61.

[19] 白江波，熊峻江，李雪芹，等. 复合材料机翼整体成型技术研究[J]. 复合材料学报，2011，28(3): 185-191.

[20] GUO H J, KANG X F, WANG L, et al. Research on flexible tooling technology for digital assembly of aircraft fuselage[J]. Aeronautical Manufacturing Technology, 2011 (22): 94-97.

[21] QU L G, DONG Z L, ZHOU H J. Study on the measurement adied assembly technology of aircraft flexible assembly tool[C]. 2014 IEEE International Conference on Control Science and Systems Engineering. IEEE, 2014: 66-69.

[22] WANG L, LI D S. Low cost of flexible tooling technology for aircraft digital assembly[J]. Journal of Nanjing University of Aeronautics & Astronautics, 2012(44): 27-31.

[23] 王巍，高平，柏树生. 飞机数字化柔性装配技术研究[J]. 节能，2011，30(Z1): 4-5, 71-74.

[24] 孙永杰. 机身骨架装配柔性工装系统研究[D]. 南京：南京航空航天大学，2018.

[25] 董一巍，李晓琳，赵奇. 大型飞机研制中的若干数字化智能装配技术[J]. 航空制造技术，2016(1): 58-63.

[26] 陈亚莉. 低成本复合材料技术的新进展（一）[J]. 航空工程与维修，2001(1): 17-19.

[27] 刘炳辉. 功能结构一体化技术在雷达结构设计中的应用[J]. 电子机械工程，2013，29(6): 40-44.

[28] ZHU S, SHI R, QU M, et al. Simultaneously improved mechanical and electromagnetic interference shielding properties of carbon fiber fabrics/epoxy composites via interface engineering[J]. Composites Science and Technology, 2021(207): 108696.1-108696.9.

[29] 张莎莎. 结构功能一体化技术在航空领域的应用[J]. 计算机应用文摘，2022，38(5): 63-66.

[30] WANG H, SUN X Y, ZHANG J G. Research progress on the structure-function integration of graphene/carbon fiber hybrid composites[J]. Journal of Solid Rocket Technology, 2021, 44(6): 737-743.

[31] CONTESTABILE M, OFFER G J, SLADE R, et al. Battery electric vehicles, hydrogen fuel cells and biofuels. Which will be the winner?[J]. Energy & Environmental Science, 2011, 4(10): 3754-3772.

[32] 崔明月，朱小平，薛科，等. 氢燃料电池车储氢技术及其发展现状[J]. 汽车实用技术，2022，47(10): 173-178.

[33] 杨超凡. APUS i-2：复合材料机翼管梁+储氢罐一体化设计的氢-电飞机[EB/OL]. (2022-11-21) [2024-03-01]. https://zhuanlan.zhihu.com/p/511766924.

[34] 郑传祥，孟剑. 碳纤维复合材料高压储氢容器研究与结构设计[J]. 化工学报，2004 (S1): 134-137.

[35] MARTINA F, MEHNEN J, WILLIAMS S W, et al. Investigation of the benefits of plasma deposition for the additive layer manufacture of Ti-6Al-4V[J]. Journal of Materials Processing Technology, 2012, 212(6): 1377-1386.

[36] AIRBUS COMPANY. Pioneering bionic 3D printing [EB/OL]. (2022-11-21)[2024-03-01]. https://www. airbus.com/newsroom/news/en/2016/03/Pioneering-bionic-3D-printing.html.

[37] AIRBUS COMPANY. Aviation's material evolution: from heavy metal to lightweight high- tech [EB/OL]. (2022-11-21)[2024-03-01]. https://www.airbus.com/newsroom/news/en/ 2017/02/Materialevolution.html.

[38] KELLNER T. Fit to print:new plant will assemble world's first passenger jet engine with 3D printed fuel nozzles, next-gen materials [EB/OL].(2022-11-21)[2024-03-01]. https://www.ge.com/reports/ post/80701924024/fit-to-print/.

[39] JESSADA W, SANGOP T. Development of a semi-solid metal processing technique for aluminium casting applications[J]. Journal of Science & Technology, 2008, 30(2): 215-220.

[40] PIRES J N, AZAR A S, NOGUEIRA F, et al. The role of robotics in additive manufacturing: review of the AM processes and introduction of an intelligent system [J]. Industrial Robot, 2021, 49(2): 311-331.

[41] ALKAYA E A, DEMIRER B G N. Greening of production in metal processing industry through process modifications and improved management practices[J]. Resources, Conservation and Recycling, 2013(77): 89-96.

[42] AWUAH G B, RAMASWAMY H S, ECONOMIDES A. Thermal processing and quality: principles and overview[J]. Chemical Engineering & Processing Process Intensification, 2007, 46(6): 584-602.

[43] SALIBA M, TAN K W, SAI H, et al. Influence of thermal processing protocol upon the crystallization and photovoltaic performance of organic-inorganic lead trihalide perovskites[J]. The Journal of Physical Chemistry C, 2014, 118(30): 17171-17177.

[44] TIAN W, ZHOU W X, ZHOU W, et al. Auto-normalization algorithm for robotic precision drilling system in aircraft component assembly[J]. Chinese Journal of Aeronautics, 2013(26): 495-500.

[45] LIU J, CHENG Z. A multi-aspect simulation system for flexible aircraft wing assembly [C]. ICIRA 2008. Springer Berlin Heidelberg, 2008:679-687.

[46] ZHU W H, HAN H, FANG M L, et al. Studies on visual scene process system of aircraft assembly[J]. Journal of Manufacturing Systems, 2013, 32(4): 580-597.

[47] ZHANG J, SUN C, ZHANG R, et al. Adaptive sliding mode control for re-entry attitude of near space hypersonic vehicle based on backstepping design[J]. IEEE/CAA Journal of Automatica Sinica, 2015, 2(1): 94-101.

先进试飞技术 第17章

未来民用飞机产品研制及新技术的应用正在加速推进，试飞技术面临越来越多的挑战。试飞技术不仅是飞机研制过程中的关键环节，也是验证未来航空新技术的重要平台。先进试飞技术研究将着重放在先进测试改装技术、智能数据处理与分析技术、高可靠性飞行安全保障技术等方面。在应用层面，围绕新研飞机产品的出现，必须跟进了解先进设计技术，研究其相应的试飞验证方法。随着数字化、智能化技术的应用升级，试飞技术也需要进一步实现数字化转型和智能化提升，不断转型升级。

基于目前国内外发展进度，本章给出了我国先进试飞技术发展路线图，2035年有望实现的技术和验证包括先进试飞验证平台技术、虚拟试飞技术、机载测试技术、先进遥测技术、试飞数据智能化平台技术、飞行器自主试飞技术等。

民用飞机的研制是一项涉及众多领域的复杂系统工程，其中试飞技术作为这一工程的核心环节之一，扮演着至关重要的角色。试飞技术不仅是新技术或新系统的直接验证平台，更是民用航空器适航审查机构进行型号审定的重要依据。

在民航领域，试飞技术是确保飞机安全性和可靠性的关键步骤。每项新技术、新设计或新系统都需要经过试飞技术的检验，以确保其在飞机实际飞行中的表现符合预期。试飞技术不仅能验证飞机的性能和安全性，还能为适航审查机构提供审定型号的依据，确保飞机满足国际航空法规和标准的要求。

先进试飞技术的不断发展将推动该领域持续革新。随着新概念民用飞机（如新能源飞机、超声速飞机、智能化飞机、通航化飞机）的涌现，试飞技术面临更加复杂和艰巨的挑战。新技术的引入意味着试飞工程师需要开发新的试验方法和技术手段，以应对新型飞机的特性和性能要求。特别是在新能源飞机、超声速飞机及智能航空方面，试飞技术需要充分考虑新的飞行特性、控制系统和安全保障，以确保这些创新型号的飞机在实际运行中的安全性和可靠性。因此，试飞技术的持续创新和发展至关重要。未来，先进试飞验证平台技术、虚拟试飞技术、机载测试技术、先进遥测技术、试飞数据智能化平台技术等将推动试飞技术走向新的高峰，为提高民用飞机的试飞水平贡献力量。

17.1　国内外发展概况

试飞技术是航空航天领域的重要组成部分，它的发展对飞行器的安全性和性能提升至关重要。试飞技术发展经历了从传统飞机到无人机、垂直起降飞机和火箭等的演进。

2011 年以前，试飞技术主要集中在民用飞机的改进和测试上。随着试飞技术的逐渐成熟，新一代客机相继投入试飞。其中，波音公司的 787 梦想飞机和空客公司的 A350 是当时的热点项目，它们引入了更多的复合材料、先进的航电系统和节能设计。这些试飞项目为后续的飞机设计和生产奠定了基础。

2014—2016 年，无人机试飞技术得到了显著的推动和突破。无人机在民用和军事领域的应用越来越广泛，从航拍摄影到军事侦察和无人机武器系统等。试飞技术在无人机设计、导航、遥控和自主飞行等方面取得了重大进展，受到各行各业的使用和关注。

2017—2019 年，垂直起降和超声速飞行技术成为试飞技术的热点。随着城市化进程的加快，垂直起降飞机的需求日益增长。试飞技术在垂直起降飞机的气动设计、操控系统和安全性方面取得了巨大的进步。此外，随着超声速客机的研发如火如荼地进行，部分型号进入了试飞阶段，在超声速飞行的空气动力学、材料热防护和噪声控制等方面的试飞技术探索成为这一时期关注的焦点。

2020—2023 年，火箭试飞技术取得了重大突破。商业航天公司如 SpaceX、蓝色起源等相继进行了火箭发射，实现了可重复使用的火箭发射技术。这一时期火箭的发动机性能、飞行姿态控制和着陆回收等方面取得了重大进展。商业航天的崛起为太空探索和航天旅游带来了新的机遇。

未来飞机在产品构建上与传统飞机相比，突破了很多原先的技术构架，也采用了大量先进技术，给飞行试验技术带来了重大挑战。未来民用飞机的先进技术除了关注飞机谱系和用途，主要聚焦 4 类技术发展：以绿色低碳为目标的能源方面的革新和发展；智能技术与航空系统相结合的智能航空技术；不断加强对超声速飞机、超高声速飞机的研究；小型通用航空和城市空中机动技术研究。

随着新的飞机产品的出现，必须跟进、了解并研究先进设计技术，掌握相应的试飞验证方法。随着新技术的发展，与飞行试验相关的平台试飞、测试改装技术也在不断升级转型，在试飞方面的应用发展需要进一步提升。随着数字化、智能化技术的应用升级，虚拟试飞、试飞遥测、试飞数据智能化平台技术也需要实现数字化转型和智能化提升。

17.2　先进试飞验证平台技术

先进试飞验证平台技术指以成熟的飞机为试验平台，对新型试验平台进行全面测试和评估，以验证新型飞机的设计性能、飞行特性、系统可靠性及安全性等。试飞平台是飞机研发和生产过程中的重要环节，可以提前验证新型飞机的某些性能和功能，及早暴露飞机的缺陷，为飞机的设计修改及后续的研制决策提供与真实飞行数据相似的资料，以便缩短飞机的研制周期，降低研制风险。先进试飞验证平台技术的目标是通过全面的测试和评估，确保飞机在交付给航空公司和投入运营之前其安全性和飞行性能达到预期标准。

通过发展建设试验平台先进试飞技术，可以为未来飞机的研究与验证提供数据支持，获取真实的试飞测试数据，提高这些未来型号产品的技术成熟度，使这些新技术在实际项目中达到工程应用的水平。先进试飞验证平台技术的关键点如表 17.1 所示。

表 17.1　先进试飞验证平台技术的关键点

关　键　点	具　体　内　容
飞行性能测试	在平台试飞阶段，飞机的性能参数，如起飞性能、爬升率、巡航速度、最大速度等，会被全面测试。这些测试有助于确定飞机在不同飞行阶段的性能表现
机动性和稳定性测试	通过进行各种机动性和稳定性测试，评估飞机在不同姿态下的操纵特性，包括横滚、俯仰和偏航等。这些测试有助于确保飞机在各种操作情况下的稳定性
系统集成和可靠性测试	对飞机系统（如航电系统、引擎系统、油系统等）进行集成测试。这些测试有助于验证系统之间的协调运作，确保飞机的整体可靠性
载荷和结构测试	对飞机的结构进行载荷测试，以验证其强度和耐久性。这些测试有助于了解飞机在各种载荷情况下的应力和变形情况
环境适应性测试	评估飞机在不同的气象条件和环境下的表现，具体包括在恶劣天气、高温、低温等条件下的飞行测试
自动化和飞行控制系统测试	现代飞机通常配备复杂的自动化系统和飞行控制系统。在平台试飞中，这些系统会接受全面测试，以确保它们的正常运作和对飞行的支持

先进试飞验证平台技术的发展对新技术飞机的研究和验证具有重要意义，尤其是超声速飞机、高超声速飞机。这些飞机的特殊性能和飞行特点使试验数据需求更加复杂和全面。通过建设领先的试飞验证平台，可以为这些新技术的验证提供必要的试飞测试数据，从而提高飞机的技术成熟度，确保它们在实际应用中具备高可靠性和高稳定性。

先进试飞验证平台技术涵盖气动力、发动机、飞控系统、控制律和机载系统验证等多个方面。该技术对深入探究航空理论、验证新型机载系统与新技术方法等起着举足轻重的作用，如电传操纵、综合航电和多电技术的领先验证等。然而，值得注意的是，这些试飞验证平台都是由已经取得适航许可的飞机改装而成的。在改装过程中，试飞验证平台的气动外形和结构可能会发生重大改变。因此，这类飞机必须经过适航审查以确保其安全性和可靠性。但由于这类飞机并没有完全按照适航标准进行取证，试飞工作者和试飞管理机构面临新的挑战。如何制定并贯彻适当的适航和安全标准以确保这类试飞验证平台的正常运行与安全性，是需要解决的关键问题。

17.3　虚拟试飞技术

　　虚拟试飞是飞行试验中的一项重要技术，它利用仿真手段在试飞环节进行一系列测试和验证。利用虚拟试飞技术，可以构建一个"预测—试验—比较"的迭代模式，预先进行试飞结果的预测和风险评估。与传统的实际试飞技术相比，虚拟试飞技术具有许多优势，包括更高的安全性、更低的成本、更小的环境依赖性及更快的反馈速度。但虚拟试飞技术的局限性在于其结果的可信度尚未达到实际试飞的水平。

　　近年来，像波音公司、空客公司等装备制造商为了加快适航取证进度，逐步开展了空地一体虚拟试飞技术的研究，并将其应用于型号试飞，从而实现飞行试验的转型升级。空地一体虚拟试飞技术成为波音公司、空客公司等建立的"预测—飞行—比较"技术体系和数字化试飞平台的核心技术。这项技术通过空地数据链路将空中飞行的实时响应与地面虚拟试飞结果进行同步对比监控，从而实现试飞质量的监控，保障试飞安全，为飞机试飞带来显著的经济效益。典型的应用案例包括波音公司的 ZA000 虚拟地面仿真平台、NASA Langley 研究中心的 AirSTAR 实验平台及瑞典萨博集团基于实时同步模拟的试飞仿真验证系统。

　　国内的虚拟试飞研究水平，尤其是在民用飞机方面的虚拟试飞研究水平相比国际先进水平差距明显，但也取得了很多成果，既有针对虚拟试飞理论框架的研究，也有基于虚拟试飞的评估方法研究，一些比较典型的研究成果如下：2012 年，航空工业试飞中心设计了飞行试验实时与仿真数据综合监控平台，经过验证，完全可以满足设计需求。2015 年，成都飞机工业（集团）有限责任公司飞行试验中心研究了高精度飞行动态仿真数据生成、试飞任务环境优化验证、试飞安全实时对比监控等技术，初步创建了虚拟试飞的基本模式。

　　虚拟试飞可以参与从需求分析、方案论证、设计、试飞到训练使用的飞机全生命周期，试验周期短，反馈速度快，可以提高研发效率，允许设计人员在项目初期以较少的时间和经济投入对设计方案进行优化。

　　基于风洞的虚拟试飞原理如图 17.1 所示。通过一套允许被测试物体在若干自由度上自由运动的设备，将需要进行虚拟试飞的硬件悬挂在风洞中，随后控制指令从自动驾驶单元传输到被测试物体上的控制执行机构。控制执行机构被激活后，在被测试物体发生响应时，测量相应的空气动力学载荷和模型的移动。所测信息被传送到数据获取计算机中，计算机随后依据所测信息给出飞行器在真实飞行状况下应当给出的响应。该响应信息进一步通过遥测技术被反馈到自动驾驶单元。控制指令依据新的反馈信息给出更新后的控制指令后，新的指令被发送到被测试物体上的控制执行机构。

　　通过不断迭代这一过程，被测试物体在虚拟意义上飞行在风洞环境中，从而提供了一套地面模拟结果。基于这一地面模拟结果，可以相应地演示和评估集成后的飞行器结构与飞控系统的工作表现。

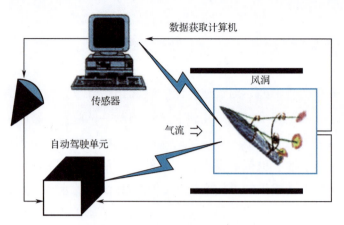

数据获取计算机

传感器

风洞

自动驾驶单元

气流 ⇒

图 17.1　基于风洞的虚拟试飞原理

　　未来虚拟试飞技术的发展方向应当密切面向任务要求，满足未来民用飞机产品试验的需求。该技术应当与实际飞行试验紧密结合，以充分发挥作用。这需要在试验设备和设施的建设方面进行深入探索，确保具备高水平的技术支持和资源保障。同时，飞行模拟器的研发也应当是未来关注的重点之一，以确保模拟系统能够准确地还原飞行环境和情境，为试验提供可靠的仿真平台。

17.4　机载测试技术

　　机载测试系统在民用飞机试飞工程中占据重要的地位，它集成了多个领域的关键技术，包括传感器技术、信号处理技术、数据采集技术、遥测传输技术、数据处理技术、数据存储技术、实时监控技术、光电跟踪技术、图像处理技术和雷达电子技术等，从而构成了一个完整的数据链路，负责从数据产生到数据归档的全过程。这一关键技术群在飞行试验中具有不可替代的作用。

　　机载测试系统的核心作用之一是通过实时监控保障试飞的安全。它能够实时监测飞行器各项参数的状态和变化，如飞行姿态、速度、高度、气动性能等，从而及时发现异常情况并采取措施，确保试飞过程中的飞行安全。这种实时监控不仅是试飞员的重要辅助工具，也是飞行试验安全保障体系的重要组成部分。

　　此外，机载测试系统还通过数据分析提高试飞的执行效率。通过收集和分析试飞过程中产生的大量数据，试飞团队可以更准确地评估飞行器的性能和操纵特性，从而指导下一步的试飞任务，提高试飞任务的效率和成功率。在综合试飞科目中，机载测试系统的重要性尤为显著。它能够采集全面的数据，从多个维度、多个参数监测飞行器的各项性能。这有助于避免重复执行试飞动作或架次，从而节约宝贵的成本和时间资源。通过实时监控（以保障试飞安全）、数据分析（以提高试飞效率）及综合试飞科目中的全面数据采集，机载测试系统为试飞工程提供了关键的技术支持，推动了飞机的研发和适航审定进程。

　　机载测试技术作为飞机试飞中的关键技术之一，随着航空产业的不断发展和新技术的不断涌现，不断演进和创新出许多分支。未来，机载测试技术将面临新的挑战和机遇，显示出许多引人注目的发展趋势。下面探讨机载测试技术未来的发展趋势，以及可能带来的影响和变革。

1. 监控系统智能化

随着人工智能技术的飞速发展，机载测试技术正朝着智能化监控系统的方向迈进。未来，机载测试系统将能够自动识别飞行中的异常情况，如不规则的飞行姿态、传感器故障等，从而及时发出警报并采取相应的措施。这将大大提升试飞的安全性，降低飞行事故的风险。智能化监控系统还可以根据历史数据和模型预测飞行器可能出现的问题，帮助试飞员做出更明智的决策。此外，通过对大量数据的分析，智能化监控系统可以识别出性能改进的机会，促进飞行器的持续优化。

2. 数据分析与大数据应用

机载测试将产生大量的数据，其中包括来自各种传感器的飞行数据、飞行参数等。利用数据分析和大数据技术，可以深入挖掘这些数据中蕴含的信息。通过对数据的分析，可以更准确地评估飞行器的性能，发现潜在的问题，优化设计；可以帮助工程师建立更精确的性能模型，加快新飞行器的研发进程；可以帮助飞行员更好地理解飞行器的行为，制定更优的操控策略。

3. 自动化技术

随着自动化技术的发展，机载测试将朝着更高水平的自动化方向发展。未来，机载测试可能引入无人飞行器，实现自主进行试验任务，无须人为操控。无人飞行器可以根据预设的任务参数执行试飞任务，从而提高试飞的效率和安全性。这种无人飞行器可以模拟不同的飞行情况，进行飞行特性测试，帮助设计更好的操控系统和飞行控制律。同时，无人飞行器还可以在危险环境下代替人员执行试飞任务，降低人员风险。

4. 多源信息融合

未来机载测试系统将趋向于多源信息融合。不仅可以融合传感器数据，还可以融合来自雷达、摄像头等多种信息源的数据，形成更全面的飞行数据集。多源信息融合可以提供更准确的飞行性能评估，帮助试飞员更全面地了解飞行器的行为。例如，结合光电跟踪技术和传感器数据，可以更准确地追踪目标物体的运动轨迹，为飞行性能评估提供更有力的支持。

5. 网络化与实时监控

通信技术的不断发展将实现机载测试数据实时传输到地面控制中心。这种网络化和实时监控的方式可以迅速检测出试飞中的问题并做出相应的调整。试飞员和地面操作人员可以通过网络进行实时交流，从而更迅速地解决飞行中的问题。同时，网络化的机载测试可以实现数据的长期存储和分析，为飞行器性能的长期监测提供支持。

6. 环境适应性

未来的机载测试系统将更加适应不同的飞行环境和场景。例如，在垂直起降飞行器或无人机等特殊类型的飞行器上，机载测试技术需要针对这些飞行器独特的特点进行相应的调整和优化。这可能包括适应高海拔、极端气候等特殊环境下的试飞需求。同时，机载测试系统还需要适应不同类型飞行器的特性，为不同类型的飞行器提供定制化的测试解决方案。

7. 高精度传感器的使用

传感器技术的不断进步将带来更高精度的数据采集能力。未来的传感器将能够更准确地感知飞行器的状态和性能，提供更精确的飞行数据。这将为试飞员和工程师提供更可靠的数据支持，帮助他们更准确地评估飞行器的性能和操控特点。高精度传感器技术还可以提供更准确的数据输入，为数据分析和飞行模拟提供更好的基础。

8. 人机交互优化

未来的机载测试系统将注重人机交互技术的创新。通过引入更直观、更易用的人机界面，试飞员可以更方便地监控飞行器的状态，调整参数和执行操作。人机交互技术的创新还可以减轻试飞员的负担，使其更集中地关注对飞行性能和特点的评估。这将有助于提高试飞的效率和准确性。

总体来说，机载测试技术的未来发展趋势将集中在智能化、虚拟化、数据分析、自动化、多源信息融合、网络化、环境适应性、高精度传感器及人机交互技术的创新方向。这些趋势将为机载测试技术带来更高效、更安全、更可靠的机载测试解决方案，推动飞行器的研发和改进。

17.5 先进遥测技术

随着民用飞机电子化程度明显提升，在新研制大型客机的试飞阶段发生故障的概率也出现了提高的迹象，遥测对大型飞机的飞行试验来说，其功能和定位已在原来安全监控的基础上又增加了任务监控。根据监控信息需要动态调整下传数据参数，这也是对遥测技术提出的新功能、新要求，即在现有遥测系统的基础上增加遥测地面站至飞机的上行传输链路。

为满足我国大型客机飞行试验的试飞测试数据传输需求，研究新型宽带试飞测试数据传输系统，在调制技术上考虑采用国内具有竞争优势的正交频分复用等多载波调制技术（4G、5G 核心调制技术）。传输系统技术指标为：在单遥测传输距离 300km、误码率 10^{-5} 等关键性能指标不降低的条件下，将当前的试飞测试数据传输速率由 20Mbps 提高到不低于

100Mbps，系统具备上行遥控能力，可实现飞机向地面站下传数据的准实时动态快速调整。

通过飞行试验需要对民用飞机新型号进行全面的性能验证和适航符合性检查，尤其是大型民用飞机试飞涉及高温、高寒、高湿等特殊气象条件和高原机场、夜航等特殊运行条件，要求试飞任务在尽可能短的周期内完成所有环境试飞验证。因此，大型民用飞机试飞科目往往覆盖面广，涉及多基地任务组织。

未来民用飞机试飞数据采集更加丰富，单型号测试参数超过 10 万条数据，单架次/小时飞行采集的参数、音视频等工程量数据达到 1T 之多，所采集数据的回传/空地/多地间任务组织也来越依赖互联互通的高效网络的支持。伴随着信息技术产业的发展，5G 工业互联网、5G-ATG、卫星互联网、基于软件定义网络技术的弹性遥测技术等日趋成熟，需要构建一张符合试飞业务特点、可跨网、多地互联互通、可数字化定义、符合专网传输安全标准、支持互联网环境受控接入、支持统一在线运维的试飞级工业网络。该网络建成后，可持续服务于试飞业务一体化、试飞移动端全在线应用、测试数据空地链路、气象/航管空地保障等各类场景。

试飞遥测技术作为试飞技术的重要组成部分，未来将面临多项创新和发展。以下汇总了一些试飞遥测技术未来发展的趋势。

1. 高带宽、高速率

未来试飞遥测技术的发展将集中在实现高带宽和高速率的数据传输上。随传感器生成的数据量的增加，如飞行参数、气动数据、结构应力等，需要更快的数据传输速率来支持实时监控和分析。传统的遥测系统往往面临数据传输速率慢的问题，导致实时性较差，因此，未来试飞遥测技术的发展将倾向于更快的数据传输速率，以更准确地捕捉飞行器的状态和性能。

例如，波音公司在其 777X 飞机的试飞过程中使用了高速数字遥测系统，能够以高达 40Mbps 的速率传输数据。这使得试飞数据能够实时传输到地面控制中心，支持实时监控和分析，确保试飞的安全性和有效性。

2. 多通道多传感器集成

未来试飞遥测技术的一个发展趋势是实现多通道多传感器的集成，以更全面地监测飞行器各个方面的性能。例如，空客公司在 A350XWB 的试飞过程中，使用了多达数百个传感器来监测飞行器的气动性能、机械结构变化、发动机状况等。这些传感器产生的多样化数据通过多通道的遥测系统传输，帮助工程师全面了解飞行器的表现。

未来，随着传感器技术的不断进步，飞行器可能会配备更多类型的传感器，用于监测更多方面的数据。例如，除了传统的飞行参数和结构应力传感器，还可能引入更先进的传感器，如红外热像仪、声音传感器等，用于检测飞行器表面温度分布和机械振动情况。这将为飞行器的性能分析和改进提供更多的信息，进一步推动多通道多传感器集成技术的发展。

3. 智能数据分析和实时监控

未来试飞遥测技术将融合智能数据分析和实时监控技术。通过引入人工智能和机器学习算法，试飞遥测系统可以实时分析试飞数据，自动检测异常情况并预测潜在问题。这种技术的发展将使试飞员和工程师能够及时地做出决策，确保试飞的安全性和有效性。

当飞行器在试飞过程中出现不寻常的动态响应时，智能数据分析系统可以立即发出警报，并根据历史数据和模型预测可能的原因。这可以帮助试飞员迅速做出反应，采取适当的措施，从而减少风险。此外，智能数据分析系统还可以在试飞结束后进行更深入的性能评估，为飞行器的改进和优化提供参考。

4. 远程遥测

随着通信技术的不断进步，未来试飞遥测技术可能会实现更远距离的数据传输。以无人机为例，未来可能会实现无人机试飞遥测数据的远程传输和监控，从而支持更广泛的应用场景，如海洋监测、灾害响应等。这将为飞行试验提供更大的灵活性和可扩展性。

当在遥远地区进行无人机试飞时，远程遥测技术可以将试飞数据传输到远程地面站，实时监控飞行器的状态和性能。这对于采集有关远程环境中飞行器的信息非常重要，如无人机在极端天气条件下的响应性能及在远程地区的导航性能。这种技术的发展将使无人机能够更广泛地执行试飞任务，从而支持更多领域的应用。

5. 数据可视化和虚拟现实

未来试飞遥测技术将融合数据可视化技术和 VR 技术，使试飞员和工程师能够更直观地分析飞行数据。传统的试飞数据分析往往需要在计算机屏幕上查看图表和数字，这种方式可能不够直观和有效。通过引入 VR 技术，试飞员可以在虚拟环境中体验飞行，同时观察和分析试飞数据。

VR 试飞系统可以让试飞员通过佩戴 VR 头盔，仿佛置身于飞行器的驾驶舱中，实时观察飞行参数和飞行路径的变化。这将使试飞员能够更直观地感受飞行器的性能，同时在虚拟环境中进行数据分析和模拟飞行，从而更好地理解飞行器的特性和性能。VR 技术的引入将为试飞遥测数据的分析和应用提供更多可能性。

总而言之，未来试飞遥测技术将朝着高带宽高速率、多通道多传感器集成、智能数据分析和实时监控、远程遥测技术、数据可视化和 VR 技术等方向发展。这些趋势将为保障试飞安全、提高试飞效率提供更强大的技术支持。

17.6　试飞数据智能化平台技术

近年来，以试飞数据库为数据中心的自动化、系统化、集成化的数据处理模式极大地促进了飞行试验的发展。建设标准化、系统化和网络化的适航试飞数据系统，并按照适航规范和要求实现适航试飞科目数据处理软件的标准化集成，将有利于民用飞机早日完成适航试飞并投入市场。波音公司早期组建了飞行试验数据库，各专业平台可方便地调用数据库中的试验数据。如今波音公司将试验过程、程序等的各种音像、文档连同试验数据一起纳入了数据库管理。

随着分级存储、云存储、航空电子全双工交互式以太网（Avionics Full-Duplex Switched Ethernet，AFDX）总线数据处理、分布式计算、云计算、高性能计算机、大数据、数据挖掘等技术的不断出现与发展，未来试飞数据智能化平台将出现革命性的转变。

大型民用飞机试飞各类业务过程的信息化、结构化能力逐渐成熟，使试飞航前、航中、航后等各类业务过程实现全面数字化，结合基于综合态势感知的试飞仿真环境和基于数据包响应的试飞仿真模型，可以构建高度逼真的试飞数字孪生模型，应用于高风险科目的提前验证，甚至替代 MOC6 真实飞行适航符合性验证方法，具有降低试飞直接成本和技术风险等十分重要的现实意义。

同时，试飞数字孪生模型的构建需要依赖可高度融合的基础遥测和统一数据服务。未来试飞领域的信息化部门在不断完善试飞业务数字化的同时，还需要规划好数据架构，构建好试飞数据智能化平台，融合集成试飞任务、试验点、改装工单、问题故障、试飞报告等各类业务过程的数据，执行计划、航前准备、放飞批准、架次快报等试飞实施组织数据，航行情报、空域气象、场站调度等航务保障数据，以及民航 ADS-B、快速存取记录器、改装测试参数配置表和测试采集等试飞运行数据。试飞数字化专业能力的发展，也需要更加注重数据和数据服务，通过构建试飞数据智能化平台，对多源数据进行集中管控、分级治理，加大数字化工程师力量的投入，提供试飞数据持续治理的工具保障和专家资源保障，确保与试飞相关的数字化定义数据规范的高效可用，为实现全面构建试飞数字孪生模型提供良好的基础支撑。

1. 整合多源数据

未来的试飞数据智能化平台将更加强调整合多源数据，包括来自不同传感器、试验设备、飞行器系统等的数据。随着飞行器系统和设备的不断增多，试飞中产生的数据种类也日益增多，如飞行参数、气动性能、结构应力、发动机状况等。以往这些数据分散在不同的系统中，处理和分析时困难重重。未来的试飞数据智能化平台将引入先进的数据整合技术，将这些分散的数据汇总到一个统一的平台中，使试飞员和工程师能够更方便地访问、查询和分析数据。例如，飞行中产生的飞行参数、发动机数据和结构应力数据可以在试飞数据智能化平台中集成，为试飞员提供更全面的飞行性能评估。

2. 实时监控和预警

未来的试飞数据智能化平台将强化实时监控和预警功能，以保障试飞安全。在试飞过程中，飞行器的各项参数和状态实时发生变化，及时监测这些数据有助于试飞员发现潜在问题并提前采取措施。例如，试飞员在进行高速飞行时，试飞数据智能化平台可以实时监测飞行器的结构应力，一旦发现异常，会立即发出警报通知试飞员，从而避免潜在风险的发生。此外，通过结合实时监测数据和历史数据，试飞数据智能化平台还可以预测飞行器未来可能出现的问题，使试飞员能够更好地做出决策。

3．数据分析与智能决策

未来的试飞数据智能化平台将融合数据分析和智能决策技术，为试飞员和工程师提供更明智的决策支持。通过大数据分析和机器学习技术，试飞数据智能化平台可以从海量数据中挖掘出有价值的信息，识别潜在问题并提供解决方案。例如，试飞员在高海拔环境下飞行时可能遇到气压异常问题，试飞数据智能化平台可以通过分析历史数据和气象预报，提前预测出可能的气压变化情况，从而帮助试飞员制订更合理的飞行计划。

4．移动访问和远程访问

未来的试飞数据智能化平台将支持移动访问和远程访问，使试飞员和工程师能够随时随地访问试飞数据。通过移动访问或远程访问接口，他们可以在试飞现场、办公室或家中查看实时数据、趋势分析和报告。例如，试飞员在试飞过程中，可以通过手机应用实时查看飞行参数和系统状态，而无须返回办公室或控制中心查看。

5．安全性和数据保护

试飞数据的集中存储和共享越来越受到人们的重视，安全性和数据保护成为重要关注点。未来的试飞数据智能化平台将采用先进的数据加密技术，确保试飞数据在传输和存储过程中的安全性。此外，试飞数据智能化平台还会遵守数据保护法规，确保数据的隐私性和合规性。例如，试飞数据在传输过程中会使用加密通道，确保数据不被未经授权的人员访问。

6．自动化数据处理

未来的试飞数据智能化平台将更加自动化，以减少人工处理的工作量。试飞数据智能化平台可能会引入自动化数据清洗和校正技术，将原始数据进行预处理，提高数据的准确性和一致性。例如，飞行参数可能存在测量误差，对此试飞数据智能化平台可以自动检测并进行修正，确保了数据的质量。这将使试飞员和工程师能够更专注于数据分析和决策，提高工作效率。

7．高效数据采集与整合

未来的试飞数据智能化平台将更加注重数据采集和整合的高效性。随着在飞行器试飞过程中数据量的增加，数据的采集和整合将成为一个挑战。为应对这一挑战，新一代试飞数据智能化平台将采用更先进的传感器技术，能够高效地获取多种类型的数据，包括飞行参数、传感器输出、图像数据等。同时，数据整合技术也将不断优化，确保不同来源的数据能够高效地融合和对应，为试飞分析提供准确的数据支持。

8. 实时数据分析与决策

未来的试飞数据智能化平台将强化实时数据分析和决策支持功能。在试飞过程中，实时数据分析能够帮助试飞员和分析人员更及时地了解飞行器的性能和状态，以便做出及时的调整和决策。未来的试飞数据智能化平台将借助人工智能和机器学习等技术，实现实时数据的自动分析和预警，使试飞过程更加安全和高效。

9. 云计算与大数据分析

云计算和大数据分析将成为未来试飞数据智能化平台的关键技术支撑。试飞数据的规模不断扩大，复杂性不断提升，传统的数据处理方式已经难以胜任。云计算技术能够提供高效的数据存储和计算能力，使试飞数据可以在云端进行处理和分析。大数据分析技术能够从海量数据中挖掘出有价值的信息，为试飞过程提供更深入的洞察和分析。

10. 云端数据分析平台

试飞数据被上传到未来的试飞数据智能化平台，通过云计算技术实现高速的数据处理和存储。云端数据分析平台利用大数据分析技术，从试飞数据中挖掘出飞行器性能的关键指标，并生成数据可视化报告。试飞员和分析人员可以通过在线平台查看实时的分析结果，及时了解飞行器的性能表现，从而做出更明智的决策。

试飞数据智能化平台技术的未来发展趋势包括数据整合、实时监控、数据分析、移动访问、安全性和自动化等。这些趋势将为试飞任务提供更强大的支持和更智能的决策能力，从而进一步提高试飞效率，保障试飞安全性和质量控制。

17.7　飞行器自主试飞技术

自主试飞技术是航空领域的又一个重要发展趋势，是未来飞行领域前沿技术的代表。最早的自主试飞器通常是无人机或遥控飞行器，用于进行探测和数据收集。这些飞行器通常受到预定飞行计划的指导，但能够在没有人工干预的情况下完成任务。然而，它们的自主性能有限，只能进行一些基本的导航和控制。

自主试飞技术的重大突破是以计算机和传感器技术的显著改进为前提的。GPS、惯性导航、激光雷达和高分辨率摄像头等传感器的广泛应用，为飞行器提供了更精确的导航和遥感能力。同时，计算机处理能力的大幅提升使飞行器能够实时处理和分析复杂的数据，做出智能飞行决策。

自主试飞技术的发展催生了其在多个领域的应用。自主试飞技术最显著的应用领域之一是无人机。无人机已经广泛应用于军事、民用、商业和科学研究领域，它们可以执行各种任务，包括航拍、巡检、搜索救援和科学研究。自主试飞技术有望用于改进空管系统。自主飞行的飞机可以更灵活地遵守交通规则，缓解拥堵，提高空中交通效率。在太空探索领域，自主试飞技术有望用于自主着陆、探测器导航和地外天体表面探测等任务。例如，美国宇航局的"毅力号"探测器就携带了一架自主试飞的直升机"坚韧号"，用于在火星上进行空中勘察。

自主试飞技术的发展涉及多项关键技术领域，具体如下。

（1）自主导航和路径规划。自主导航系统使用 GPS、惯性导航、激光雷达和视觉传感器等来确定飞行器的位置与方向。自主试飞器可以使用这些信息来规划飞行路径和避开障碍物。

（2）避障和障碍物感知。自主试飞器需要能够检测并避开飞行路径上的障碍物。为了实现这一目标，它们通常配备了激光雷达、摄像头、红外传感器和声纳等传感器。

（3）自主控制和飞行动力学。自主试飞器需要具备高级别的自主控制能力，以应对不同的飞行条件和任务。这涉及飞行动力学、控制算法和飞行器设计。

（4）数据处理和决策制定。自主试飞器需要具备强大的数据处理能力，以处理传感器和导航系统收集的大量数据。自主试飞器还需要根据数据做出智能决策，如避障、路径规划和任务执行。

（5）通信和数据链路。自主试飞器通常需要与地面控制站或其他飞行器进行通信。这涉及通信协议、数据链路和网络安全。

自主试飞技术的安全性一直是人们关注的重点。自主飞行器需要具备极高的可靠性和冗余系统，以应对传感器故障、通信中断和其他潜在问题。此外，必须建立严格的安全标准和监管框架，以确保自主试飞器的安全性。

自主试飞技术需要与航空法规和监管机构的政策同步，保持持续推进和更新。需要制定新的法规和框架，以确保自主飞行器的安全合规性。法规和监管应该能够适应不断发展的自主试飞技术，以促进创新和市场发展。另外，自主试飞技术涉及大量数据的收集和处理，必须制定严格的数据隐私政策，以保护用户的隐私和数据安全。用户应该对其数据的使用和共享拥有更多的控制权。

总体来说，自主试飞技术将在多个领域带来革命性的变革，当前必须解决一系列问题，包括安全性、法规和数据隐私等问题。通过继续研究和创新，自主试飞技术将能创造出更安全、更高效、更可持续的试飞环境。

17.8　其他先进试飞技术

大气数据校准试飞方面，研究高速客机大气数据校准试飞技术，包括空速、气压高度、大气温度、迎角和侧滑角等对飞机设计和飞行至关重要的参数的测量方法。

性能试飞方面，研究掌握高速客机爬升、飞行高度、巡航性能、速度、航程、失速特性、起飞着陆性能等方面的试飞方法；建立模型，开展试飞方法仿真技术研究，研究在特定的气动布局、动力装置条件下，飞机性能与飞行品质、飞机结构和飞控系统之间的特定关系。

飞行品质方面，研究掌握高速客机各类飞行品质和操纵品质试飞方法；建立模型，开展试飞方法仿真技术研究，研究在主动控制技术下和人机闭环条件下飞机的持续可控性，操纵响应的稳定性、快速性和精确性，以及飞行驾驶负荷的合理性等。

结构完整性试飞方面，研究掌握高速客机的飞行包线和结构完整性试飞方法。研究飞机的结构静载荷和静强度试飞、颤振/气动伺服弹性试飞、结构响应性试飞、疲劳载荷试飞，重点研究高速飞行器热载荷和热强度试飞方法。

动力系统试飞方面，研究支撑超声速、超高声速飞行的冲压发动机动力系统的特性及验证方法，研究 BWB 布局、飞发一体布局设计下动力系统的特性及验证方法，研究电推进动力试飞的特点及方法。

多电飞机系统和全电飞机系统试飞方面，研究多电飞机的发电能力、电网的特性及验证方法，研究电力驱动空调、气源、压调、刹车、起落架等系统的验证方法，研究全电动 APU 系统的工作特性及验证方法。

新能源飞机试飞方面，未来的新能源飞机试飞技术研究包括但不限于不同类型的供电系统，如新型钠电池、氢燃料电池、混合动力系统等。新型动力系统的研究和发展将使未来飞机的发动机有更大的选择空间。

单人驾驶/无人驾驶试飞方面，研究单人驾驶系统、无人驾驶系统的试飞及验证技术，研究空、天、地遥测情况下飞机的高可靠性连接和操纵指挥，研究飞机的防劫机技术试飞及验证。

除了研究各类未来客机在高温、高湿、高寒、高原、结冰、侧风等极端气候条件下的环境适应性，还需要重点研究未来飞机的内外部噪声试飞方法，以及超声速飞机、超高声速飞机声爆减轻和控制能力方面的试飞及验证。

17.9　发展路线图

基于目前的研究进度，本章整理了我国商用飞机先进试飞技术发展路线图，如图 17.2 所示，供大家参考。图中标出了各先进试飞技术的里程碑节点。

2025 年前，建成民用飞机试飞验证平台，具体包括：开展试验平台领先试飞技术研究，包括新试飞方法的空中试飞验证、新试飞测试设备集成及验证、专项测试系统体系化研制与验证、高速飞行下试飞测试通信技术研究应用等；开发研制飞行器自主试飞控制系统，完成试飞方法论证。

2030 年前，开展新研机载系统/设备领先试飞验证，具体包括：为国内机载设备制造商提供试飞验证的场所，使国内民用飞机产业链的相关产品提前得到适航认可，及早投入市场，供各主要机型选用。

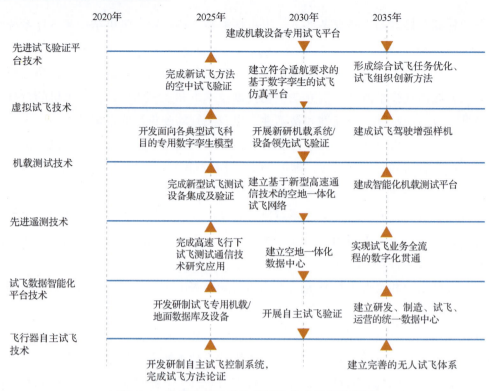

图 17.2　我国商用飞机先进试飞技术发展路线图

2035 年前，开展绿色新能源飞机和智能互联飞机等新产品领先试飞验证，具体包括：主要围绕综合试飞任务优化、试飞组织创新、信息化平台建设等领域进行大胆创新和探索，最大限度地减少试飞架次和试飞时间，降低试飞成本和碳排放；开展飞行器自主试飞验证。

到 2025 年，以试验平台的仿真模型为基础，开发面向各典型试飞科目的专用数字孪生模型，研究专用数字孪生模型的工程适用性，开展基于专用数字孪生模型的试飞工程应用，并逐渐论证基于数字孪生的试飞仿真对证明适航符合性的可行性。

到 2035 年，通过研究试飞智能辅助驾驶增强技术，研发形成试飞驾驶增强样机；通过研究态势感知技术，建立态势感知数据库；通过研究试飞安全技术并研制数字化平台，实现试飞安全业务端的数字化贯通；通过研究集成验证技术，将试飞驾驶增强样机、态势感知数据库、数字化平台进行总体集成，完成充分的地面验证后进行空中飞行试验演示验证，并利用验证结果对研究结果进行优化和改进，技术成熟度达到 6 级。

参考文献

[1] 周自全. 飞行试验工程[M]. 北京：航空工业出版社，2010.

[2] 梁相文. 未来试飞新技术挑战[M]. 北京：航空工业出版社，2014.

[3]　沈玙，肖刚，鲁岱晓，等. 虚拟试飞关键技术及应用研究[J]. 民用飞机设计与研究，2021(4): 9-14.

[4]　陶飞，张辰源，刘蔚然，等. 数字工程及十个领域应用展望[J]. 机械工程学报，2023，59(13): 193-215.

[5]　王鹏，曹先泽，张伟，等. 未来机载能力环境（FACE）技术发展综述[J]. 电讯技术，2023，63(8): 1268-1276.

[6]　王光秋. 民用飞机先进技术汇编[M]. 北京：国防工业出版社，2016.

先进运行支持技术 第18章

先进运行支持技术是航空公司运营与持续适航的重要组成部分，不仅对保持飞机的持续适航性，实现飞机固有的安全性、可靠性和维修性目标有重要意义，还有助于提高飞机签派的可靠性，降低飞机运行成本，提高飞机运行效率。此外，通过采集、分析、反馈飞机运行和维修信息，有助于改进飞机设计，改进产品性能和服务水平，从而不断提升民用飞机产品和服务的市场竞争力。通过进一步拓展新的运行支持服务模式，打造运行支持服务生态，可以提高客户满意度，降低客户运营成本，实现民用飞机经济化、规模化、网络化和全球化运营的能力。

目前，基于国内外研究进度，本章给出了我国先进运行支持技术发展路线图，未来有望实现的技术和验证包括智能维修技术、飞机智能绕机检查技术、智能供应链决策与支持技术、射频识别技术、供应链管理区块链应用技术、基于机器视觉的仓库过程管控技术、客户培训操作行为监控与评估技术等。

民用飞机运行支持指由民用飞机主制造商独立或联合第三方供应商，以其专有技术向航空公司或飞机用户提供的客户培训、维修支持、飞行运行支持、航空材料（以下简称"航材"）支持、数字化运行支持、信息收集与处理等服务产品和解决方案的总称。先进运行支持技术是新一代信息技术与运行支持业务深度融合的技术。该技术主要通过云服务平台、物联网、协作和移动社交网络、人工智能、机器人、大数据和智能分析、3D打印、MR 等技术，助力民用飞机运行支持技术向数据化驱动、平台化支撑、智慧化赋能方向迈进。

18.1 国内外发展概况

民用飞机客户服务在整个商用飞机全生命周期价值链和产业链中的作用越来越重要。国外制造商曾在 2020 年认为在未来 5～10 年中，与向客户销售更多的飞机相比，提供基于现有飞机的服务能够带来更多的利润，数据分析、健康监测及其他客户服务可作为拉动新机订单增长的重要因素。

波音公司经过几十年的准备，在客户服务方面不断提高能力、完善布局。波音全球服务集团 BGS 的成立，标志着波音公司初步完成从传统制造向制造服务的转型。波音公司此举是民用飞机主制造商在服务领域拓展的深度试水。空客公司、庞巴迪公司和巴航工业等其他商用飞机主制造商也在不断整合自身资源，提高能力，探索适合自身发展的转型道路，由传统制造业向制造服务业转变是大势所趋。

　　新一代信息技术与民用飞机运行支持业务深度融合，以波音公司和空客公司为代表的民用飞机主制造商都在加大科技创新力度，推动增材制造（3D 打印）、移动互联网、物联网、云计算、大数据、VR 和增强现实（Augment Reality，AR）等新一代信息化技术在民用飞机运行支持业务领域的应用。基于信息物理系统架构及大数据分析技术的维修决策支持、机队健康管理、油耗优化分析、基于 VR 和 AR 的培训和飞机维修、基于增材制造的航材、地面支援设备和工具制造、基于物联网技术的航材可视化供应链管理、基于移动互联网的服务门户平台等智能服务正在引领制造方式变革；基于飞行小时服务、网络协同服务、大规模个性化定制服务、精准供应链管理、全生命周期管理、电子商务等的新一代信息技术正在重塑商用飞机运营和维修产业价值链体系。新一代信息技术的发展为国产民用飞机运行支持业务的数字化和信息化发展及服务化转型提供了机遇。当前，由于新一代信息技术在航空服务领域的成熟度还较低，因此飞机制造商、发动机制造商、运营人、维修机构主要采用成立创新中心、与新一代信息技术独角兽企业开展跨界创新合作及风险投资等方式进行新一代信息技术在航空运营领域的应用探索和研究。新一代信息技术在航空运营领域的研究情况如表 18.1 所示。

表 18.1　新一代信息技术在航空运营领域的研究情况

企 业 名 称	机 构 名 称	研 究 领 域	地　点	应 用 模 式
波音公司	HorizonX	专注于投资创新型技术创业企业，并扮演孵化器的角色，以加速企业的成长	美国硅谷	风险投资
	NeXt	研制自动飞行汽车，同时解决空中交通管制和地面基础设施等问题	美国西雅图	创新中心
	航空数据分析实验室	由波音公司与卡耐基梅隆大学的计算机科学学院合作成立，准备利用人工智能和大数据来对波音飞机进行全面升级	美国匹兹堡	创新合作
空客公司	A³ 创新中心	定义未来飞行	美国硅谷	创新中心
	中国创新中心	硬件实验室、客舱体验、互联、制造业创新和城市空中交通等多个方面	中国深圳	创新中心
巴航工业	巴航工业商业创新中心	同优步达成合作伙伴关系，专注于创建"优步飞行车网络"生态系统。该系统允许在短距离城市出行时使用垂直起降电动飞机	美国佛罗里达州	跨界合作
GE 公司	上海数字创新工坊	与 GE 公司其他地区的同类设施共同组成全球网络，支持当地数字工业创新和孵化，聚合生态系统资源，与客户协作开发工业互联网新应用	美国硅谷、法国巴黎、中国上海	创新中心

续表

企业名称	机构名称	研究领域	地点	应用模式
罗·罗公司	R^2数据实验室	R^2数据实验室将与面向客户的业务单元直接协作，通过数据应用降低成本，增加收益，为客户实现更多价值。宣布与微软公司合作，结合航空工程及包括高级分析和物联网在内的云计算领域的顶级解决方案，从根本上转变与发动机相关的运行和维护工作	英国、美国、德国、印度、新加坡	创新中心、跨界合作
汉莎技术公司	汉莎航空创新中心	重点针对初创企业和数字化技术	德国柏林	创新中心
法航工业荷航工程与维护公司	维修实验室	与 RAMCO 合作，将开发的所有创新项目融合在一起。这些创新专为应对飞机维护挑战而量身定制，旨在满足航空公司运营绩效的要求	新加坡	创新中心、跨界合作

表 18.2 列出了与民用飞机运行支持服务相关的技术清单及应用领域，主要包括基础支撑技术和关键核心技术。

表 18.2　与民用飞机运行支持服务相关的技术清单及应用领域

技术名称	技术描述	主要应用领域
1. 基础支撑技术		
移动互联网	移动互联网是将移动通信和互联网结合起来，成为一体，是互联网的技术、平台、商业模式和应用与移动通信技术结合并实践的活动的总称	客户服务的所有领域
云计算	云计算是一种按使用量付费的模式，这种模式提供可用的、便捷的、按需的网络访问，通过进入可配置的计算资源共享池，实现网络、服务器、存储、应用软件、服务等资源的共享	客户服务数字化服务平台建设
物联网	物联网是物物相连的互联网。物联网通过智能感知、识别技术与普适计算等通信感知技术，广泛应用于网络的融合中，因此也被称为继计算机、互联网之后世界信息产业发展的第三次浪潮。物联网是互联网的应用拓展，应用创新是物联网发展的核心，以用户体验为核心的创新2.0是物联网发展的灵魂	客户服务航材可视化供应链管理、地面支援设备、工具管理及一部分设备（如救生衣）的飞机过站检查
工业互联网	工业互联网是全球工业系统与高级计算、分析、感应技术及互联网连接融合的结果。工业互联网是开放的、全球化的网络，将人、数据和机器连接起来，属于泛互联网的目录分类	客户服务的所有领域，构建服务大数据平台的数据输入
无线传感器	无线传感器的组成模块被封装在一个外壳内，在工作时它将由电池或振动发电机提供电源，构成无线传感器网络节点，由随机分布的集成了传感器、数据处理单元和通信模块的微型节点通过自组织的方式构成网络	飞机状态实时监控
2. 关键核心技术		
大数据分析（机器学习与深度学习）	大数据是一种规模大到必须使用新的处理模式才能具有更强的决策力、洞察发现力和流程优化能力的数据集合，具有海量、高增长率和多样化的特点。 机器学习是一门多领域交叉学科，涉及概率论、统计学、逼近论、凸分析、算法复杂度理论等多门学科。专门研究计算机怎样模拟或实现人类的学习行为，以获取新的知识或技能，重新组织已有的知识结构，使之不断改善自身的性能。它是人工智能的核心，是使计算机具有智能的根本途径，其应用遍及人工智能的各个领域，它主要使用归纳、综合等方法	客户服务的所有领域，包括故障预测与健康管理、航材预测分析、飞行品质分析、油耗优化分析、培训品质分析等

续表

技 术 名 称	技 术 描 述	主要应用领域
大数据分析（机器学习与深度学习）	深度学习的概念源于对人工神经网络的研究。含多隐层的多层感知器是一种深度学习结构。深度学习通过组合低层特征形成更加抽象的高层特征，发现数据的分布特征。深度学习是机器学习研究中的一个新领域，用于建立、模拟人脑进行分析学习的神经网络，并模仿人脑的机制来解释数据，如图像、声音和文本。机器学习技术特别是深度学习技术是现代人工智能的核心技术	客户服务的所有领域，包括故障预测与健康管理、航材预测分析、飞行品质分析、油耗优化分析、培训品质分析等
计算机视觉	计算机视觉指用计算机来模拟人的视觉系统，实现人的视觉功能，以适应、理解外界环境，控制自身的运动。概括地说，人的视觉系统主要解决物体识别、物体形状和方位确认、物体运动判断 3 个问题。而计算机视觉研究则致力于让机器代替人眼解决这些问题	无人机绕机检查、结构损伤识别、远程故障诊断等
自然语言处理	语音识别解决的是计算机"听得见"的问题，语义识别解决的是计算机"听得懂"的问题。 自然语言处理主要研究表示语言能力、语言应用的模型，通过建立计算机框架实现该模型，并根据该模型来设计各种实用系统	技术出版物翻译、运行支持聊天机器人等
VR 与 AR	VR 是一种可以创建和体验虚拟世界的计算机仿真系统，它利用计算机生成一种模拟环境，使用户沉浸在该环境中。VR 技术主要应用在包括模拟环境、感知、自然技能和传感设备等方面。模拟环境是由计算机生成的、实时动态的三维立体逼真图像。 AR 是一种将真实世界的信息和虚拟世界的信息"无缝"集成的新技术，它把原本在现实世界的一定时间、空间范围内很难体验到的实体信息（如视觉信息、声音、味道、触觉等），通过计算机等科学技术进行模拟仿真后再叠加，将虚拟的信息应用到真实的世界，被人类感官所感知，从而达到超越现实的感官体验	服务产品推荐、驾驶舱人机功效验证、维修性验证、培训、辅助维修等
区块链	区块链是利用块链式数据结构来验证与存储数据，利用分布式节点共识算法来生成和更新数据，利用密码学保证数据传输和访问的安全，利用由自动化脚本代码组成的智能合约来编程和操作数据的一种全新的分布式基础架构与计算方式。区块链是分布式数据存储、点对点传输、共识机制、加密算法等计算机技术的新型应用模式	金融服务、航材生命周期管理等
增材制造（3D 打印）	增材制造俗称 3D 打印，它融合了计算机辅助设计、材料加工与成型技术，以数字模型文件为基础，通过软件与数控系统将专用的金属材料、非金属材料及医用生物材料，按照挤压、烧结、熔融、光固化、喷射等方式逐层堆积，制造出实体物品	航材、地面支援设备、工具的增材制造等
工业机器人	工业机器人是面向工业领域的多关节机械手或多自由度的机器装置，它能自动执行工作，是靠自身的动力和控制能力实现各种功能的一种机器。它可以接受人类的指挥，也可以按照预先编写的程序运行。现代工业机器人还可以根据人工智能技术制定的原则行动	无人机维修检查、维修机器人、飞行辅助机器人等
生物特征识别	生物特征识别指通过计算机与光学、声学、生物传感器和生物统计学原理等高科技手段密切结合，利用人体固有的生理特性（如指纹、人脸、虹膜等）和行为特征（如笔迹、声音、步态等）来进行个人身份的鉴定	飞行员和维修人员管理及数字化服务网络安全认证等

　　目前，商用飞机服务行业对相关技术的应用尚处于探索阶段，结合技术发展阶段，与运行支持相关的技术在民用飞机维修领域的技术成熟度评估如图 18.1 所示。可以看出，增材制造、VR、AR 和生物特征识别的技术成熟度较高，基本能够应用于航空维修和培训实践；无人机、区块链、机器学习和深度学习已经进入开发与演示验证阶段，有

基本的数据分析平台和场景应用；物联网、智能机器人、脑-机接口及具备认知智能的人工智能技术成熟度较低，尚处于可行性研究阶段。

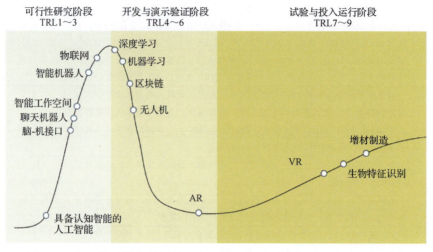

图 18.1　与运行支持相关的技术在民用飞机维修领域的技术成熟度评估

18.2　智能维修技术

智能维修技术是在维修过程及维修管理的各个环节，以计算机为工具，借助人工智能技术模拟人类专家智能（分析、判断、推理、构思、决策等）的维修和管理技术的总称。人工智能在维修领域主要应用于维修性设计、故障诊断与预测、维修培训（纳入智能培训描述）、维修决策、维修规划、预防性维修间隔期的确定、维修执行、维修管理、维修评估等方面，如图 18.2 所示。其中的关键技术主要有移动智能维修技术、预测性维修与智能维修决策技术、VR 与 AR 技术等。

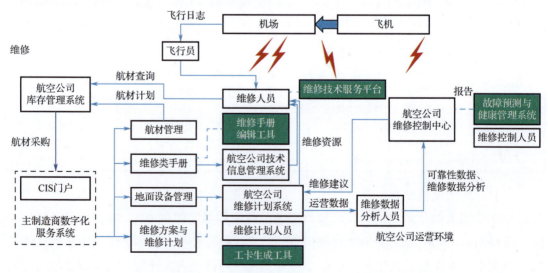

图 18.2　人工智能在维修领域的应用场景

18.2.1　移动智能维修技术

移动互联网技术为飞机的维修带来了方便，维修人员利用移动应用程序实现了随时随地的信息交互和决策支持，借助移动设备将维修手册、飞机履历、维修记录等维修数据清楚地显示在简洁的屏幕上，快速了解故障信息，快速分析和诊断故障，快速执行决策，同时可以利用移动互联网技术快速获得专家的远程协助。在执行过程中无须切换场景就可以完成维修任务工单的分发、调度、执行等。可穿戴计算机方便航线维修人员携带，甚至还可以将数据显示在平视显示器上。但是，维修技术人员仍然需要手动发送信息请求、选择想浏览的数据，或者必须手动输入零备件订购需求或发送获取其他所需信息的请求。

波音公司和空客公司通过 MPT（Maintenance Performance Toolbox）维修解决方案来实现维修数据的集成与移动化浏览。易捷航空公司采用了一套先进的工具，按需传递飞机机队的重要数据，极大地简化了维修流程。AerData 公司的数字化文档管理系统 Stream 帮助航空公司实现了维修记录的数字化，并实现了与瑞航技术等第三方维修公司的数据共享。瑞士航空软件公司的 AMOS 维修管理系统是无纸化办公的解决方案之一，该解决方案有利于提高飞机维修效率，且为日常的飞行运营和维修提供支持。

18.2.2　预测性维修与智能维修决策技术

机器学习与深度学习技术包括数据挖掘、机器学习等人工智能、商业智能技术，涉及关联规则挖掘、集成学习、遗传算法、神经网络、优化、模式识别、预测模式、回归、统计、时间序列分析、关联规则学习等技术。当前云存储的盛行、传感器价格的降低、数据分析平台（如 IBM 的 Watson 和 GE 公司的 Predix）能力的显著提升，将有利于预测性维修服务的开展。通过数据采集和监控，能够收集飞机系统运行的详细数据，将这些数据与飞机额定指标进行对比，判断飞机各个部件的运行状况，从而为创建飞机维修模型提供科学的参考。深度学习模型可以分析所有数据，确定模式并推荐自动化的最佳任务；人工智能通过解读飞行条件、位置、温度、高度、风速和风向等信息，在部件需要维护、修理或更换时进行预测。目前，飞机状态监测中常用的监测方法有温度监测法、振动监测法、噪声监测法、油液监测法、压力监测法和声发射监测法等。通过机器学习与深度学习技术在维修场景的融合应用，可以帮助维修人员跟踪管理飞机的维修信息，简化和优化排故维修工作，提高排故效率；可以提供预测性解决方案，减少非定期的排故任务，帮助客户更好地规划飞机运营，提高调度的可靠性，并降低飞机整个生命周期内的总维护成本。利用人工智能技术实现预测式维修如图 18.3 所示。

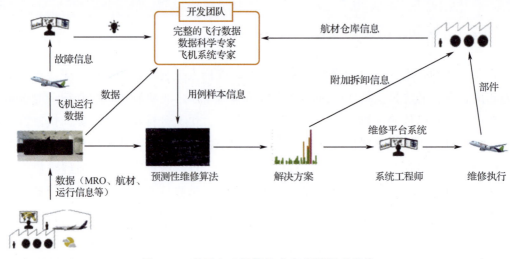

图 18.3　利用人工智能技术实现预测式维修

在 2017 年巴黎航展上，空客公司和波音公司都发布了新的数据分析平台，帮助航空公司客户减少飞机停飞事件，为其预测性维修工作提供支持。空客公司发布的"智慧天空"开放性数据平台汇集了其全球机队数据，允许航空公司客户在该平台上进行航空数据的存储、访问、管理和分析，且不需要运营商进行基础设施投资。波音公司则启动了名为 AnalytX 的数据分析服务，主要专注于维修、工程、飞机运行、机组和供应链效率等方面。该数据分析服务将把波音公司各个业务领域的 800 余名数据分析专家集中在一起，利用科学的程序和方法将数据转化为可操作性强的建议与客户解决方案，并提供给客户。

此外，发动机制造商不断利用机器学习和深度学习开展大数据分析研究。美国 Teledyne 公司和 GE 公司宣布建立战略合作伙伴关系，用 Teledyne 公司的无线数据采集和管理技术及 GE 公司的 Predix 云平台，对发动机的健康监控数据进行持续分析，帮助开展预测性维修工作，提高运营效率。罗·罗公司、新加坡航空公司和微软公司合作，收集、汇总和分析来自不同渠道的信息，以提供更好的预测工具，提高航班的签派率。普惠公司也与 IBM 展开合作，将商务、工程和制造系统都通过 IBM 云进行管理，提高数据存储和计数能力。

18.2.3　VR/AR 维修技术

VR/AR 技术在早期维修性虚拟验证中，可用于培训技术人员拆解、维修和组装程序，从而实时指导维修，可以节省不少维修成本。VR/AR 技术还可用于工具可达性审查，确认与培训，维修、修理与大修（MRO）操作可行性分析，虚拟操作培训与零培训操作以及基于数字线索的维修等。

赛峰集团开发了一项新的 AR 技术来提高飞机布线系统的维修效率，目前这一创新技术已经提供给航空公司应用，能够显著缩短飞机停场维修的时间。维护技术人员在围绕飞机机身走动时，只需使用显示三维模型的平板就可以查看飞机内饰后面的电线及出现电气故障的确切位置，如同拥有 X 射线的透射视觉一般，方便技术人员移除有问题的面板，修复有故障的电线。

该技术的难点在于样本数据不足，有些场景的数据无法覆盖和获取，无法构建可靠性较高的算法模型，导致故障诊断和预测不准确，无法发挥人工智能等相关技术的优势。

18.3　飞机智能绕机检查技术

18.3.1　无人机绕检技术

在 2016 年的范堡罗国际航空航天展览会上，空客公司展示了使用无人机对参展飞机进行外观检查的先进技术。一架配备了高清摄像头的无人机使用自动飞行控制系统，沿预先设定好的飞行路线，在地面工程师的监视下完成了对参展飞机上半部分的外观检查，并拍摄了一系列高清图片。无人机绕检利用智能视觉技术将图片与 3D 电子模型进行对照，对相关图像数据进行分析、识别、定位，从而及时发现任何潜在的非质量问题，诸如擦痕、凹痕和掉漆等。这些数据将有助于提高相关损伤的可追踪性，进一步预防和减少损伤。这一创新技术的应用为相关工作的开展带来了诸多益处，飞机检查所耗费的时间大大减少。通过无人机获取飞机状态数据只需要花费 10~15min，而传统的方法则需要 2h。有了无人机的帮助，质检员不再需要在恶劣的天气条件下使用升降梯进行飞机的外观检查。此外，图像分析工作可以在拍摄后的任何时间在办公室里完成。

18.3.2　智能机器人绕检技术

与无人机类似，智能机器人在维修检查中的应用将日益增多，如在机体检修、退喷漆、复合材料修理等过程中使用智能机器人。采用机器人绕检方式对飞机的部分部位进行检查，利用智能视觉技术对存在的问题进行快速识别和定位，快速完成飞机的绕检，同时对拍摄的高清影像进行存档以作为追溯飞机外部情况的图像记录，为未来的维修做辅助决策支持。

汉莎技术公司将机器人应用于维修实践，安排机器人在汉莎技术公司位于德国汉堡的工厂里工作，主要负责小部件仓储和接收等。此外，汉莎技术公司还在开发一款可自动检修发动机的机器人 Morfi。在热成像仪裂纹检测中，Morfi 机器人可以在机体上按照预定的轨迹快速移动，通过电脉冲加热双线圈，利用红外相机能够捕捉到 1mm 级深度的裂纹。Morfi 机器人可以同时检查 4 个区域且检查结果在 30s 内就可以被保存下来。海航航空技术有限公司自主研发了一款半自动化智能飞机外表清洗机器人，对飞机进行外表清洁，主要用于波音 737 系列、A320 系列的整机外表清洗工作，以及波音 767 和波音 787、A330 和 A340 等大型飞机的机身外表清洗工作。

此外，飞机机身内外部有很多不容易接近的地方，都可以利用机器人来操作。例如，带吸盘的爬行机器人可爬行至指定区域，且不受暴雨、高温等天气条件的影响。在对大面积区域进行缺陷寻找时，也可以利用机器人进行无差别检查，并将检查数据及时传给附近的无损检测工程师进行甄别。罗·罗公司是这方面的先行者，近期该公司开展了 4 个相关项目研究：一是罗·罗公司内部研发团队与诺丁汉大学联合开发的钻孔混合式机器人创新技术。该技术能使技术人员在发动机内部了解压缩机受损叶片的维修情况，是专为工程师进入发动机内部维修而设计的。二是罗·罗公司利用安装在发动机内部的永久性光纤网络摄像机开发的"检测"项目，可使发动机进行空中自检测并随时发出维修请求报告。三是罗·罗公司的"蜂群机器人"项目。这种小型机器人长度大约为 10mm，可进入发动机燃烧室深处，使用摄像机将发动机内部情况以视频的形式实时传送给操作人员，这样，操作人员无须拆卸发动机就可查看其内部情况。四是罗·罗公司的核心项目"蛇形机器人"。蛇形机器人可以在发动机内部穿行，以修补发动机内部受损的隔热涂层。

目前，无人机绕检技术和智能机器人绕检技术尚未得到大规模推广，还处于探索阶段。这些技术的难点在于图片样本的全覆盖和图片数量问题，由于飞机机体大，且受环境条件的限制，无法获得相关条件下充足的图片样本，建模样本的不均衡导致样本量少，在模型训练过程中很难从样本中提取出相应的特征分布规律，容易过度依赖有限数量的样本，从而造成模型过拟合等问题。而且，当模型在新的测试样本数据上应用时，模型的区分度与准确度会大打折扣，导致在实际运用场景中无法代替人工。

18.4 智能供应链决策与支持技术

通过对商流、物流等数据的收集，利用机器学习与深度学习技术对数据进行分析，可以实现智能供应链中的销售预测、需求预测、仓储网络、路由优化、补仓/分仓/调拨模型、时效与服务预测、库存分布优化、拣选路径优化、运输路径规划、运输动态路由、末端网络派送调度和智能分单等场景能力。还可以利用数据预测方式提前洞察客户需求，利用大数据技术实现根据航材件号快速查询库存情况，对库存关键指标（包括周转天数、呆滞率、缺货率和库龄结构等）进行全方位分析和监控。机器学习与深度学习技术在供应链环节的应用如图 18.4 所示。

准确的航材需求预测可以推动整个航材供应链的显著改善。将过去的航材预测结果、当前的航材采购需求、航材可用性、供应商能力和质量记录汇总在一起，利用机器学习算法，以动态的方式进行航材需求预测，可以积极地影响航材供应链中各环节的成本、生产力和质量。

图 18.4　机器学习与深度学习技术在供应链环节的应用

同样，可以使用数据分析航材采购、销售、合同中的自然语言及供应商过往的表现，结合需求预测，将动态推荐定价模型提供给直接影响收益的采购专家。

库存管理是供应链的另一个方面，通过预测分析进行库存分布优化。要优化库存，确定正确的阈值是关键。必须对库存水平进行动态调整，类似需求预测。理顺工厂和仓库的库存可以确保库存优化。新数据的使用可以进一步丰富预测模型并提高库存的准确性。

其他应用场景如下。

智能运营规则管理：未来将通过机器学习，使运营规则引擎具备自学习、自适应能力，能够在感知业务条件后进行自主决策。例如，未来人工智能将对不同场景下的订单依据航材品类等条件自主设置订单交付时效、运费、异常订单处理等运营规则，实现智能处理。

供应链风险预测：通过对异常数据的收集，对贸易风险、由不可抗因素造成的货物损坏等进行预测。

仓库选址：人工智能技术能够根据现实环境的种种约束条件，如顾客/供应商/生产商的地理位置、运输经济性、劳动力可获得性、建筑成本、税收制度等，进行充分优化与学习，从而给出接近最优解决方案的选址模式。

决策辅助：利用机器学习等技术自动识别场院内外的人、物、设备、车的状态，学习优秀管理人员和操作人员的指挥调度经验及决策等，逐步实现辅助决策和自动决策。

网络及路由规划：利用历史数据、时效、覆盖范围等构建分析模型，对仓储、运输、配送网络进行优化布局，如通过对消费者数据的分析，提前在离航空公司或 MRO 最近的仓库进行备货。甚至可以实现实时路由优化，指导车辆采用最佳路由线路进行跨城运输与同城配送。但难点在于运营数据积累不足，尚不能实现精准的计算，无法形成有效的网络布局和优化。

18.5　射频识别技术

射频识别（Radio Frequency Identification，RFID）技术是一种非接触式自动识别技术，通过射频信号自动识别目标对象并获取相关数据，识别工作无须人工干预，可以对

RFID 标签所附着的物体进行追踪定位，提供位置信息。基于 RFID 自动识别技术的工具设备管理信息系统可以实现快速采集出入库的工具信息、架位信息，快速汇总和统计库存信息，以及快速调整库存结构，使库房管理效率明显提高。

RFID 标签的价值在实际运营中已经得到了证明。2008 年，波音公司与日本航空公司、美国航空公司、新加坡航空公司合作就 RFID 的应用完成了多项案例研究，包括氧气罐、客舱顶棚、座椅及机组休息区。以检查氧气罐的有效期为例，在应用 RFID 标签后，检查时间由原来的 6.5h 缩短至 8.5min，节约了 98%的时间，为机库、库存备件等资源的管控赢得了更大的空间。

A350 使用大容量内存 RFID 标签是航空维修领域的一个重要里程碑。2008 年，空客公司提出了将大容量内存 RFID 标签应用于 A350 时寿件的要求，其中涉及柯林斯公司提供的 30 种航电部件，包括与通信、导航和着陆有关的驾驶舱航电部件等，这些航电部件上均要粘贴 8kB 内存容量的 RFID 标签。当航电箱被运送到装配线时，空客公司通过 RFID 标签可以很容易地识别这些航电部件并将它们快速安装在正确的位置。作为航电部件的 OEM，柯林斯公司在维护航电部件时通过获取其标签中的精确信息可以更快速地识别故障，缩短排故时间。

在航材仓库管理过程中，可引入 RFID 技术，对仓库到货检验、入库、出库、调拨、移库移位、库存盘点等各个作业环节的数据进行自动化数据采集，保证仓库管理各个环节数据输入的速度和准确性，确保企业及时、准确地掌握库存的真实数据，合理保持和控制库存。这方面的难点在于飞机涉及航材零部件多，品类多，包装方式多样化，当包装中的航材数量发生变化时，RFID 信息不能实时更新变化，在航材覆盖率上有所受限。

18.6 供应链管理区块链应用技术

区块链具有共识性、可追溯性、高安全性、匿名性、隐私性、开放性、透明性和不可篡改性等特点，航空制造商、航空公司、航材供应商、第三方服务商等均可以根据各自的权限读取特定的内容，获知飞机零部件的生命周期信息，用于调节采购和供应，优化航空供应链。

霍尼韦尔公司采用区块链技术构建了安全的、去中心化的、由其所有授权用户共同支持的众包数据库。每位经过霍尼韦尔公司许可的用户均持有一份数据库副本，可实时访问、查看其中的内容。相比仅凭 PDF 或引用数字飞机数据记录，霍尼韦尔公司将实际数据记录在数据链上。这些数据将用于重建飞机数据记录文件，包括由 FAA 颁发的飞机零部件飞行安全性证明等。在飞机零部件数据和文件缺失的情况下，客户只需简单地输入零部件号和序列号，便可调取区块链上的数据并重建缺失的数据和文件。区块链技术本质上是通过数字透明性在供应链上的各方之间建立信任。霍尼韦尔公司是航空航天业目前唯一使用区块链技术创建统一飞机数据记录的公司，但该公司的目标远不止于此，其将更加致力于合作共赢，使各方都能从该技术中获益。

基于空地互联的发展趋势，利用区块链技术，在飞机飞行和停场的所有阶段，可以将飞机整机、大部件、航材等信息全部发送到民航共享云平台上，由民航共享云平台根据规则生成特定区块链的信息。目前，波音公司、空客公司、汉莎技术公司及法航荷航集团等均开展了区块链技术在航材供应链上的应用验证。

当前商用飞机产业链各环节间的协同存在产业链参与者过多、供应链长且环节多、产业体系复杂、数据孤岛、关联性弱、数据管理和运营不足等缺点。为了实现飞机全生命周期价值的最大化，首先需要解决的是商用飞机产业链各环节的数据共享和信任问题。飞机制造商具有资源优势，可结合区块链技术构建可监管、可持续良性发展的绿色产业联盟平台。利用区块链基础设施，通过整合数据、流程和资源，建立统一规范的航空产业信用管理生态平台，为场景化产业应用赋能。通过航空产业信用管理生态平台可以为航材的安全流通提供电子凭证，以提高航材的可靠性和安全性；为飞机和航材的价值再评估提供可靠的数据信用支持，提高飞机和航材再交易的可靠性；为局方监管提供便利。

该技术的难点在于参与者过多，供应链涉及的环节多，无法有效协同，整合难度大，在实际操作过程中数据的实时性和真实性无法得到保证，其产生的价值脱离了预期目标。

18.7　基于机器视觉的仓库过程管控技术

机器视觉技术可广泛应用于生产、流通和服务领域。在工业检测领域，机器视觉技术主要应用于自动化生产流水线，用于非接触精密零件尺寸测量、产品表面质量检测与监控。在流通领域，机器视觉技术主要应用于高速路车牌识别。在服务领域，机器视觉技术主要应用于超市条形码检测、指纹识别、人脸识别、医学影像检测等。同时，机器视觉技术在行为监测、生产流程管理及工业品质量监管等方面有较好的落地前景。人力成本的提高导致企业对此类技术有强烈的需求。此外，结合通用型视觉计算，可以贯通零售、金融、物流场景下的所有计算机视觉相关技术，包括商品图像检索、对象检测、属性识别、文字识别、动作检测与识别等。仅凭借通用的动态模型就可以在不同领域、任意空间进行学习，提升模型通用性，大幅降低模型存储和运算消耗。

其他应用场景如下。

航材出库包装：在航材包装过程中，采用"智能识别+监控"方式，有效管理跟踪航材的包装问题。对人、时间、地点、包装过程、包装材料、航材物件等采用智能视觉方式进行有效识别和管理，对不规范的操作及时发出预警提醒，为航材损伤定责追溯提供支持。

航材入库与挂签：在航材包装过程中，采用"智能识别+监控"方式，有效管理跟踪航材入库与挂签问题。对人、时间、地点、航材物件、航材资料等可以采用智能视觉方式进行有效识别、检测和管理。

无人提货：采用智能视觉解决方案，根据提货码、人、驾驶证、车牌号对提货过程进行有效识别和验证，确保航材提货安全，未来可实现 7×24h 无人值守的航材提货能力。这方面的难点在于提货人信息的收集和信息真实性的认证。

18.8 客户培训操作行为监控与评估技术

智能视觉基于视频或图片，结合人工智能，用摄像机和计算机代替人眼对目标进行识别、跟踪和测量等，并结合人工智能对图像进行进一步处理，使其成为更适合人眼观察或传送给仪器检测的图像。智能视觉具有图像分类、物体检测、事件检测、物体识别等能力。

随着飞机的交付，飞行员的需求量增多，教员和图像处理工具（Image Process Toolkit, IPT）的数量不能满足不断变化的需求，影响了飞行员的培训效率及未来规模化运营的服务能力。针对这一问题，采用智能视觉监控识别，结合 IPT 的操作行为数据，可以解决飞行员在无教员情况下的训练飞行，通过智能视觉方式采集飞行员操作行为数据，结合样本训练及人工审核方式来识别飞行员操作行为是否符合要求，并对有误的操作行为给予指导，同时为飞行员建立操作历史档案，自动给出训练评价，制定个性化培训方案。此解决方案有助于开展规模化培训，同时通过对监控数据和飞行员操作行为数据的分析可以对飞行员因材施教，优化飞行员的培训过程；通过对飞行员操作行为的识别，可以实现自动纠错，有利于提高飞行员的学习能力；可对培训记录进行追溯，从而降低培训风险。智能视觉技术在客户培训操作场景中的应用如图 18.5 所示。

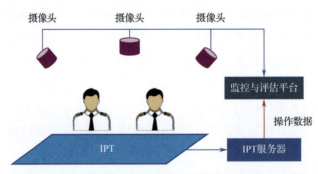

图 18.5 智能视觉技术在客户培训操作场景中的应用

目前，智能视觉技术还处在探索阶段，由于场景操作频繁，无法快速捕捉操作动作，需要更强的图像运算能力来支撑。另外，由于 IPT 的授权问题，导致操作过程数据和设备运行数据无法有效结合，使监控与评估效果大打折扣，无法实现预期目标。随着设备的自主可控、国产化程度与人工智能算力的提升，该技术将得到有效的应用落实。

18.9　发展路线图

基于运行支持技术数字化、智能化的发展目标，建议将人工智能技术应用于与运行支持相关的各项业务中。本章分析和整理了我国商用飞机先进运行支持技术发展路线图，如图 18.6 所示，供大家参考。

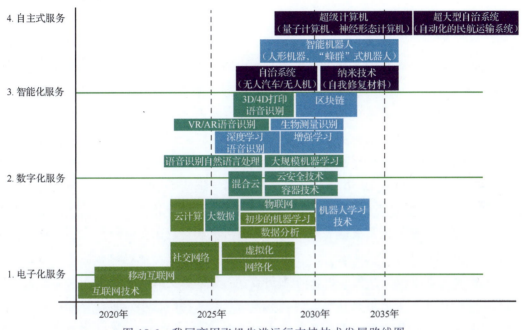

图 18.6　我国商用飞机先进运行支持技术发展路线图

第一阶段实现电子化服务，重点关注互联网技术、移动互联网技术、社交网络技术、云计算技术、初步的物联网技术、初步的机器学习技术及 VR/AR 技术等。

第二阶段实现数字化服务，重点关注移动互联网技术、混合云技术、云安全技术、大数据技术、物联网技术、大规模机器学习技术、VR/AR 技术、语音识别自然语言处理技术、3D 打印技术等。

第三阶段实现智能化服务，重点关注深度学习技术、增强学习技术、智能机器人技术、生物测量识别技术、区块链技术、3D/4D 打印技术、脑-机接口技术，以及一些高级机器人、超级计算机、自治系统与超大型自治系统技术等。

参考文献

[1] CANADAY H，李璇. 维修领域的技术创新及应用[J]. 航空维修与工程，2015 (12): 3.

[2] 德勤中国. 中国智慧物流发展报告[R/OL].（2018-01-08）[2024-03-01]. http://www2.deloitte.com/cn/zh/pages/about-deloitte/articles/pr-china-smart-logistic-whitepaper.html.

先进动力系统 第19章

　　人类航空史上的每次重要技术变革都与航空动力系统的技术进步密不可分。航空公司对飞机燃油效率的要求不断提高，发动机制造商千方百计地提高飞机燃油效率，而提高飞机燃油效率最重要的手段是改进发动机。面对不断严苛的航空减排要求，全球航空从业者在这一领域的技术创新从未停止。航空器制造商采用一切可行的技术在增升、减阻、减重和提高发动机效率方面持续优化，促使飞机的人均能耗大幅下降，当今先进的A350人均能耗相比20世纪50年代的波音707已经降低约70%，二氧化碳排放量至少减少70%。与20世纪50年代投入使用的喷气飞机相比，目前的飞机燃油效率提高了80%以上，在此基础上继续提高效率的难度极大，采用低碳排放的新能源航空动力可助力航空运输业实现零碳目标。航空运输业在实现净零排放目标中所依赖的新能源动力主要为SAF、氢动力、电推进及多要素组合的混合动力。全球航空业已将碳中和确定为未来发展的战略要求，是未来商用飞机发展的必然方向。未来要实现净零排放目标，发动机制造商需要突破传统动力构型，朝着全电推进、混合动力、涡轮电推进、氢能动力等方向发展。

19.1　宽体客机动力系统

19.1.1　小型高效核心机

　　2021年10月，NASA格伦研究中心宣布与GE公司和普惠公司共同研制新一代航空发动机小型高效核心机。GE公司和普惠公司将帮助NASA解决以下与减小发动机核心机尺寸相关的特定技术挑战。

　　（1）先进的高压压气机：开发先进的机匣处理和设计技术，减小压气机部件尺寸和间隙，使小型核心机压气机能够保持可操作性，同时优化性能和效率。

　　（2）先进的高压涡轮：通过开发先进的叶片和冷却设计及空气动力学特性，实现更高效的涡轮运行。

　　（3）增强型燃烧室材料：开发用于燃烧室的陶瓷基复合材料衬里，以提高材料的性能和耐用性。

（4）高温涡轮材料：为涡轮叶片开发陶瓷基复合材料和热障涂层，以提高涡轮温度和效率。

NASA 的研究表明，改进和缩小航空发动机的核心机尺寸将减少 5%～10% 的燃油消耗，从而减少污染物排放。这些较小的发动机核心机还可以产生大约 4 倍于传统涡扇发动机的电力，为混合动力飞机和飞机电气化奠定技术基础。NASA 预计到 2026 年将为发动机小型核心机的地面演示做好准备。与此同时，NASA 与合作伙伴将使用电动动力总成研制飞行演示飞机，利用 NASA 电动飞机试验台开展动力系统试验，并验证电动飞行的技术优势，为下一代商用飞机储备动力技术。

19.1.2　GE9X 发动机

为了匹配波音公司的新飞机 777X，GE 公司于 2010 年启动了 GE9X 发动机的研制工作，2012 年 2 月发布产品，并于 2013 年 3 月成为波音 777X 系列飞机唯一的发动机供应商。2014 年，GE 公司还更新了 GE9X 发动机的设计，以产生更大的推力。GE9X 发动机风扇直径为 3.4m，进气道直径为 4.5m，推力可达 61t，涵道比 10，成为 GE 公司有史以来制造的最大的发动机。2020 年 9 月，GE9X 发动机获得了 FAA 的 FAR 第 33 部中的发动机适航认证。

GE 公司在 2022 年上半年完成了 GE9X 延程运行测试，该测试支持 FAR 第 33 部和第 25 部中的相关认证。GE9X 发动机是现有民用发动机最先进、燃油效率最高的型号之一，比同级别中其他发动机的效率高 5% 以上。安装 GE9X 发动机的波音 777X 飞机采用的工程设计改进和创新技术包括碳纤维复合材料机翼、全新专门设计的发动机和自然层流发动机短舱，总计使波音 777-9 较竞争机型降低 10% 的油耗、二氧化碳排放和运营成本，同时噪声印迹较其替换的机型减少 40%。

19.1.3　UltraFan 发动机

UltraFan 发动机的演示样机于 2023 年 4 月 24 日在罗·罗公司的英国德比室内测试平台 80 号试车台上进行了测试，并且成功完成了首次试车，这标志着罗·罗公司的大型超扇发动机的研制工作取得了突破性进展。UltraFan 发动机是罗·罗公司未来民航发动机的标志性技术，计划于 2030 年投入使用。UltraFan 发动机是一种齿轮传动涡扇发动机，使用了可变桨距风扇系统、碳纤维/钛合金风扇叶片和复合材料机匣，使每架飞机质量减轻 680kg。

UltraFan 发动机的涵道比将达到 15，总增压比将达到 70，燃油消耗和污染物排放将比目前的遄达 700 发动机降低 25%，预计巡航段油耗为 0.48lb/（hr·lbf）。该发动机演示样机的复合材料风扇叶片组件已经生产出来了，其直径达 3.6m 左右。

UltraFan 是和 GE9X 一个量级的涡扇发动机，推力为 11～50t。相比上一代全球最节能的遄达 XWB 发动机，UltraFan 发动机的燃油效率将提升 10%。考虑到当前发动机产品的实际表现和未来技术的提升空间，UltraFan 发动机将大幅提升商用飞机的综合竞争力。

19.2 窄体客机动力系统

19.2.1 GTF 发动机

普惠公司已经研制并生产了 44.4～177.9kN 推力范围内的第一代 GTF 发动机，为 70～230 座级单通道双发窄体客机提供动力。A320neo 安装了 PW1100-JM 发动机，航空公司称该型号发动机为其节省了 20%的燃油。

经过多年的发展，普惠公司的 GTF 发动机发展战略与技术已经成熟。为了给 A321XLR 长航程客机提供动力，普惠公司于 2021 年 12 月推出了 PW1100G 发动机性能改进项目 GTF Advantage。这是自 2012 年开始认证测试以来，PW1100 发动机的首次重大更新，目标是在不影响耐久性的情况下提高推力，降低燃油消耗，预计将额定推力提高到 151.2kN。经过技术升级的 PW1100G 成为 A320neo 系列飞机中最强大的动力选择之一。与上一代发动机（IAE V2500 涡轮发动机）相比，已经投入使用的 GTF 发动机的油耗降低了 16%。此次技术升级旨在将油耗进一步降低 1%，并兼容 100% SAF。

普惠公司的 GTF 发动机存在耐久性等问题，将对航空公司的运力产生影响，对此普惠公司已经发布了多项改进方案。2023 年 8 月，美国 FAA 发布适航指令，要求在 30 天内对全球 202 台普惠 GTF 发动机的第一级和第二级高压涡轮盘进行超声波检查，如果发现有疲劳迹象，则必须在飞行之前进行更换，该指令立即生效。对此，普惠公司表示已经部署了增强的机队检查流程，并正在制订计划以进一步优化全球 MRO 服务能力，以尽快完成检查。

19.2.2 开式转子发动机

开式转子发动机因其拥有巨大的降低耗油率的潜力而被认为是下一代民航动力的备选方案之一。2019 年 CFM 公司与 GE 公司共同发布了 RISE 项目，该项目采用开式转子构型，预计 2025 年进行发动机测试。2021 年 6 月，RISE 项目将发动机油耗和二氧化碳排放的目标降低 20%以上，兼容 SAF（包括液氢），预计在 2035 年前后投入使用。

为了加速推进碳中和进程，GE 公司联合 CFM 公司启动了 RISE 项目，其主要目的是推动航空业的可持续发展。RISE 项目要在 LEAP 发动机的基础上，实现额外减少 20%的油耗和碳排放的目标，仅靠在目前的涡扇发动机设计上进行改良是远远达不到这个目标的，而开式转子构型成为实现这一目标的关键。

未来以开式转子构型研发的新一代发动机能提供与当前涡扇发动机相当的巡航速度（可达到 0.8Ma）与噪声水平。RISE 项目中验证的风扇直径可达 4m，超过宽体客机发动机 GE9X 的 3.4m。

除了突破性的开式转子构型，RISE 项目还将推进开式转子混合动力发动机的研发。混合动力系统是燃气涡轮发动机和电动机的集成，是实现降低航空运输碳排放目标的关键技术之一。RISE 项目已经完成了几次试验台测试，CFM 公司计划于 2020—2030 年进行完整的验证机地面试验和飞行试验。RISE 项目中所获取的新技术也可以应用于目前的发动机升级。通过实施 RISE 项目，CFM 公司将成为首家在单通道飞机发动机领域引入混合动力技术的公司。

开式转子发动机的高推进效率、低油耗和低排放特征使其拥有很强的竞争优势，我国应该同步开展开式转子发动机技术研究，以期在未来的民航客机及发动机市场占据有利地位。

19.3　公务机动力系统

罗·罗公司于 2021 年 5 月发布了"珍珠"10X 发动机，作为达索公司全新旗舰型"猎鹰"10X 公务机的独家动力装置。"珍珠"10X 是"珍珠"发动机系列的第三个型号，也是罗·罗公司研发的首款为达索公务机提供动力的发动机。

根据 2020 年 10 月中旬霍尼韦尔公司发布的全球公务航空展望报告，2021—2030 年，全球新公务机交付量将达到 7300 架，总价值达到 2350 亿美元。其中，大型飞机和超远程公务机获得了运营商的持续青睐，预计未来 5 年内，大型公务机将占新公务机采购支出的 70%以上。庞巴迪、湾流和达索三大公务机制造商一直在研制最大、最快和航程最远的公务机，并分别推出了各自的旗舰产品"环球"7500、"湾流"G700 及"猎鹰"10X，以争取 14000km 航程范围的公务机市场份额。随着"猎鹰"10X 的正式发布，大型超远程公务机市场正在形成新的竞争格局。

2010 年，GE 公司的"护照"发动机被选为庞巴迪"环球"7000/8000 的动力装置；2014 年，普惠加拿大公司研制的 PW800 发动机被选为"湾流"G500/G600 的动力装置；罗·罗公司曾是公务机动力市场的领导者，尽管其推力为 65～72kN 的 BR700 系列发动机一直占据着较大的市场份额，但该系列发动机在"猎鹰"5X、"环球"7000/8000 等项目竞争中接连失利，领先地位一度岌岌可危。

"珍珠"700 发动机集合了公务航空领域高效的 Advance2 核心机和全新低压系统，起飞推力高达 18250 磅，比 BR725 发动机提高 8%。在低噪声和低排放方面保持同类领先水平的同时，该发动机还将燃油效率提高了 5%。这使"珍珠"700 不仅极其高效，还能够助力飞机以接近声速的速度（0.925Ma）飞行。

"珍珠"发动机家族是罗·罗公司"智能发动机"未来愿景的一部分。数字功能的发展让产品和服务变得密不可分。除了引入新一代发动机健康监控系统，该系列发动机还提供了先进的振动监测功能。得益于高级远程诊断和双向通信功能，可以在地面上对发动机监控功能进行远程配置。

19.4　新型动力系统

19.4.1　分布式推进系统

全球航空业的发展突飞猛进，航空器制造商和运营商越来越注重航空节能、环保及可持续性发展。与传统的推进系统相比，分布式推进系统可以改善原有飞机气动布局，大幅提高等效涵道比，降低耗油率，减少噪声和污染物排放。低阻力的气动外形、高能效的推进系统给商用飞机的发展带来了新的契机。虽然分布式推进系统在电力储能装置、超导技术的研发上仍存在技术瓶颈，但是新推进方式的变革体现了飞机设计从单一动力技术研究到飞机总体、动力、机电等技术集成研究的变化，很有可能成为航空工业的革命性转折。

NASA X57 全电推进飞机的分布式推进系统（见图 19.1）通过储能系统为分布在机翼或机身上的多个电涵道风扇提供电力，并由电机驱动风扇提供绝大多数或全部推力的一种新型推进系统，其最大的优势是能够大幅降低推进系统的燃油消耗和污染物排放。

分布式推进系统与飞行器机体高度耦合，具有等效涵道比高、可吸入附面层以填充飞行器尾迹亏损、动力差可产生矢量动力、安全冗余高、有利于实现能源与动力装置的解耦等优点。该系统在传统飞行器、无人机甚至垂直起降飞行器（如 Joby S2、Lilium Jet）等领域均表现出较好的应用前景。

图 19.1　NASA X57 全电推进飞机的分布式推进系统

资料来源：NASA 网站。

欧美等国家和地区均将分布式推进系统视为有潜力在 2030 年后投入使用的、极有前景的民用飞机动力解决方案，并正在组织飞机系统集成商和动力厂商积极开展探索及预研。国外在分布式推进系统领域开展了大量研究工作，代表项目如表 19.1 所示。

表 19.1　分布式推进系统代表项目

项 目 名 称	总 体 布 局	动 力 系 统	燃 油 消 耗
静音飞机（剑桥大学和麻省理工学院）	翼身融合体	埋于机身的分布式推进系统	相较于现役的波音 787，SAX-40 的每乘客燃油消耗量预计将减少 23%
N3-X 预研方案（NASA）	翼身融合体	分布式推进系统由 3 组发动机组成，每组发动机包含 3 台并行的风扇和 1 台核心机	与波音 777-200LR 相比，预计燃油消耗量将减少 70%
X-57 纯电分布式推进（NASA）	常规布局	前缘异步推进技术	巡航能量消耗降低到原先飞机的约 1/5，效率达到 92%，相比之下原先飞机的效率仅为 28%

19.4.2　混合动力系统

混合动力技术能够优化推进系统在不同飞行阶段的性能，电动机可在起飞时增强动力，使喷气发动机在巡航过程中达到最高效率。混合动力技术能够增强并优化燃气涡轮发动机的性能，叠加先进气动技术可以提升飞机的气动性能，可应用于中程甚至远程商用飞机。

1. 混合动力支线飞机

普惠加拿大公司实施了混合动力技术与飞行验证机项目，通过优化飞机在不同飞行阶段的性能，使其能源效率获得显著提高。与现代支线涡桨飞机相比，该验证机将减少30%的燃油消耗与二氧化碳排放。普惠加拿大公司与加拿大德哈维兰飞机有限公司合作，将该混合动力技术整合到一架加拿大德哈维兰 Dash 8-100 型飞行验证机上。

波音公司和空客公司均把混合电推进系统作为 2030 年前后客机的动力选项，不仅投入了大量资金来推动相关研究计划，还积极投资收购有发展潜能的初创公司进行深度布局。波音公司投资收购了极光飞行科学公司、Cuberg 公司、Zunum Aero 公司等，并推出了 ZA10 混合动力飞机计划，捷蓝航空公司计划在 2030 年前后完成 10～50 座级、功率为 1MW 的 Zunum Aero 混合动力飞机。空客公司与西门子公司、罗·罗公司进行深度合作，开展了 E-Fan、City Airbus 等一系列研究计划，聚焦于混合电推进技术和未来绿色航空技术。在面向未来的航空推进技术发展路线图中，NASA 将混合动力技术列为重点发展方向，先后支持了 SUGAR 项目、航天推进系统研究与技术项目、可扩展集合电推进技术使用研究项目等，以支持相关企业和机构开展混合电动力技术探索。NASA 的 N3-X 方案规划在 2040 年完成 300 座级、功率为 50MW 的混合动力飞机的设计与开发。

2. 混合动力窄体干线飞机

NASA 开展了一系列 STARC 的研究，探索涡轮电力推进方案。其中的一个概念方案 STARC-ABL 的尾部风扇由功率为 2.6MW 的电机驱动，计划于 2035 年投入使用。该混合动力系统由两台翼下涡轮风扇发动机和一台电涵道风扇组成，发电机从涡轮风扇发动机中提取轴功率，并将其发出的电能传输到位于机尾的一台轴对称的边界层抽吸推进风扇。研究结果表明，与常规构型相比，该涡轮电动飞机构型的经济任务燃料消耗减少了 7%，设计任务燃料消耗减少了 12%。最初的研究使用了 0.7Ma 的巡航速度，但最近的优化结果将巡航速度提高到 0.8Ma，同时仍然保持同等水平的燃油经济效益。

美国 ESAero 公司正在开发支线和单通道电推进飞机概念方案 ECO-150（见图 19.2），该构型使用了全分布式推进系统。ECO-150 广泛考虑了电气系统中的相关技术，采用液氢冷却的超导电机和各种不同技术水平的常规电机，具有与当前飞机类似的性能。ECO-150 采用 2 台涡轴发动机，分别安装在机翼中部位置，带动发电机向嵌入式安装在内侧双层机翼之间的 16 台电涵道风扇供电，涵道比的增大和每个涡轮驱动多个风扇带来的推进效率的提高，使飞机在运行过程中能够节省大量燃油。

图 19.2　ECO-150 飞机概念方案

资料来源：NASA 网站。

NASA 与波音公司开展了 SUGAR 项目，计划在 2030 年完成 150 座级、功率为 5MW 的 SUGAR Freeze 混合动力飞机的设计。SUGAR Freeze 混合动力飞机采用一系列先进技术，包括桁架支撑翼加尾部边界层抽吸风扇，尾部风扇由固体氧化物燃料电池供电，由带有超导电源管理系统的超导电机驱动，这些技术的采用使 1448km 经济任务的能源消耗减少了 56%。

SUGAR Volt 飞机采用并联混合动力系统，通过电池带动电机驱动风扇来改善巡航性能。该构型为带有电辅助涡扇发动机的先进的 TBW 布局飞机。与波音 737-800 基准飞机相比，基于 1667km 的飞行距离，TBW 技术可使飞机燃油和能源消耗减少 53%。波音公司在 1.3MW 和 5.3MW 两个功率水平下对 SUGAR Volt 概念方案进行了评估。相比先进的 TBW 布局飞机，功率为 1.3MW 的电机构型可使燃油消耗再降低 7%，从而使飞机整体燃油消耗达到降低 60%的目标。

ZA10 混合动力飞机（见图 19.3）采用电池和涡轮-发电机两个动力系统，共同驱动两台功率为 500kW 的电涵道风扇。机载电池组提供 500kW 的功率，涡轮-发电机系统提供另外 500kW 的功率。赛峰集团将为 ZA10 混合动力飞机提供阿蒂丹 3Z 涡轴发动机，与另行选择的发电机组成涡轮-发电机，进行联合地面试验后将在试飞平台上进行飞行试验。涡轮-发电机系统将安装在 ZA10 混合动力飞机机体后部的两台涵道风扇中间，机载电池组则被置于机体、机翼和短舱中。由于 ZA10 混合动力飞机采用的是混合电推进系统，电力系统可以自动调节输出的电力，发动机可始终运行在最佳工作状态。基于混合动力架构，ZA10 混合动力飞机可降低燃气涡轮发动机的燃油消耗、延长发动机寿命并降低运营成本。

图 19.3　ZA10 混合动力飞机（涡轮电+电池）

资料来源：ZUNUM Aero 网站。

综上所述，混合动力系统由燃料、电池、发动机、发电机、电动机和控制系统等部件构成，如图 19.4 所示。相比传统动力系统，混合动力系统能够优化飞机能源结构，提高推进系统效率，增加推进系统等效涵道比，优化飞机/动力系统一体化设计。

目前，混合动力技术面临诸多技术难题，包括高功率密度电驱动、综合热管理、能量管理、电弧放电等，特别需要关注高压电缆在特定的巡航高度下可能发生的电弧故障。目前，多个研究机构正在开展 MW 级混合动力系统的地面试验和高空环境模拟测试，将在 2025 年前后对 MW 级混合动力飞机开展飞行试验。全球混合动力系统发展路线图如图 19.5 所示。

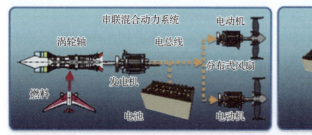
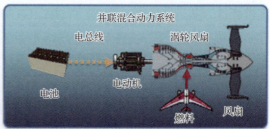
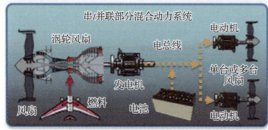
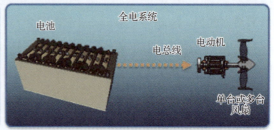
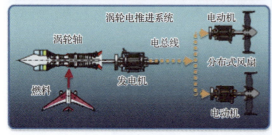
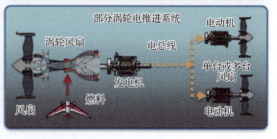

图 19.4　混合动力系统构型

HY4	DA40	Cassio 1	E-Fan X	Zunum Aero	STARC-ABL	N3-X
（DLR）	（钻石飞机工业）	（Volt Aero公司）	（空客公司和罗·罗公司）	（捷蓝航空公司）	（NASA）	（NASA）
4 座 80kW	4 座 150kW	6 座 480kW	85 座 2MW	10 ～ 50 座 1MW	150 座 2 ～ 3MW	300 座 50MW

2016年　2018年　2019年　2020年　2022年　…　2030年　2040年

AX-40s	Ampaire337	Alice	SUGAR Freeze	ECO-150
（Axter公司）	（Ampaire 公司）	（Eviation 公司）	（波音公司和 NASA）	（ESAero公司）
2 座 30kW	6 座 160kW	9 座 800kW	150 座 5MW	150 座 25MW

图 19.5　全球混合动力系统发展路线图

3. 氢能动力技术

面向未来产品与技术的发展，从新能源技术的形式和可适用的产品范围来讲，针对支线以下量级的通勤类飞机，功率需求在 1MW 以下，动力架构可采用纯电、锂电池-燃料电池混动架构，储能方式可采用电化学储能、高压储氢、液态储氢等。针对支线级飞机，功率需求达到 10MW，动力架构适合以氢涡轮动力为主要动力形式。在储能方面以液氢储存为主。未来基于氢能的支线飞机可面向特定支线机场开展运营，机场配套设施相对较少，飞机上氢能设施（如储氢罐等）质量较小，经济性较传统能源可控，综合考虑未来碳减排的要求，具有良好的发展空间。针对窄体飞机和宽体飞机，功率需求达到 20MW 以上。由于目前相关动力和储能技术尚不成熟，难以为相关飞机提供经济性较高的配套产品，早期主要通过采用 SAF 燃料实现飞机净零排放目标，远期伴随着未来技术的发展，以及氢能系统在支线飞机上应用的成熟与进一步发展，可以采用与支线飞机类似的液氢涡扇能源动力架构。

近年来，全球主要航空发动机制造公司纷纷在航空氢能动力领域进行布局。GE 公司已经在全球安装了 70 多台可燃烧氢气混合燃料发电的燃气轮机，拟将其在燃烧启停、燃料喷射、燃烧防回火及氮氧化物排放等方面积累的丰富经验推广到航空动力领域。普惠公司计划探索改造 PW1000G 发动机采用氢燃料的可行性，同时希望开发更多的发动机集成热循环设计技术，以充分利用液氢中储存的能量和液氢汽化时的吸热能力。罗·罗公司积极参与了多个制氢项目，通过小型模块化反应堆产生零碳电力，可直接为电网供电，从而驱动电解槽产生绿色氢。

氢燃料比碳氢燃料的温度更高，因此，改进过的 Passport 发动机需要新材料和新涂层，燃烧室涡轮的冷却机制也需要重新设计。此外，更高的温度会产生更多的氮氧化物，因此试飞工作将研究如何最大限度地减少氮氧化物的排放。

欧盟、德国、法国、英国和美国等国家和地区均已出台相关规划和发展路线图，将发展航空氢能动力、实现碳中和提升到国家（地区）战略高度；空客公司、波音公司、罗·罗公司和普惠公司等国际飞机/发动机制造公司分别制定了相应的航空氢能发展路线图，将航空氢能动力作为航空动力技术的革新方向和国际科技竞争的制高点。我国商用航空工业领域对未来面向零碳飞机发展的思考较少，特别是对氢能飞机的研究，仍处于对国外进展的跟踪及初步概念设计探索阶段。

19.5 发展路线图

近几十年来，航空技术的进步主要得益于航空燃气涡轮发动机技术的进步，燃气涡轮发动机技术的进步大幅提高了航空发动机的推重比，降低了耗油率，从而降低了航空飞行的成本。燃油成本占航空公司运营总成本的 35%～40%，发动机的耗油率已经成为商用飞机的一个关键性能参数，给发动机制造商提出了越来越严苛的节能减排要求。商用飞机航空发动机自诞生以来一直在追求高效节油、大涵道比、高压比、高涡轮前温度、高可靠性、长寿命、低耗油率、低噪声，以提升商用飞机的综合竞争力。

本章整理了我国商用飞机先进动力系统发展路线图，如图 19.6 所示，供大家参考。

当前基于传统石化燃料的航空动力系统的燃油效率平均每年提高不足 2%，未来采用新能源的航空动力系统可显著降低航空业的碳排放。SAF 目前已投入使用，且未来适用于所有以燃气涡轮发动机为动力的飞机。由于受到能量密度的限制，纯电推进系统仅适用于通勤飞机。氢燃料电池动力适用于通勤飞机、支线飞机，最早可于 2030 年进入市场。氢燃料发动机、混合电推进系统将竞争支线、短程和中程飞机市场，可能于 2035 年前后进入市场。由于受到氢动力和电推进系统能量密度的限制，2050 年前远程宽体客机将一直依赖 SAF。

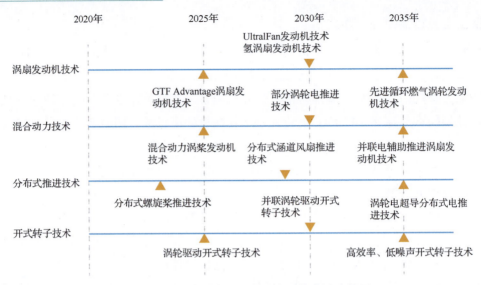

图 19.6　我国商用飞机先进动力系统发展路线图

面对我国 2030 年实现碳达峰、2060 年实现碳中和的"双碳"目标，采用低碳排放的新型能源（包括 SAF、氢燃料和电推进）动力系统，可显著减少燃油燃烧产生的碳排放，助力未来航空业的低碳发展和国家"双碳"目标的实现。纯电动发动机受制于电池质量，相同的能量下其电池质量比燃油高 40 倍。因此，全电动电动机主要用于非常短的航程和非常轻的载荷。混合电动发动机的应用场景包括城市间空中交通飞行器、支线涡桨飞机，未来可能应用于单通道窄体客机和宽体客机，氢能飞机也将迎来新机遇。

参考文献

[1] 李明. NASA 混合热效率核心机项目分析[J]. 航空动力，2021(3): 32-35.

[2] 窦磊. GE9X 发动机开始认证测试[J]. 航空维修与工程，2017(6): 54.

[3] 姚艳玲. 欧美发动机制造商应对波音 777X 发动机选型竞争[J]. 航空制造技术，2013(12): 56-61.

[4] 廖忠权，何皑. 齿轮传动成为大型燃气涡轮发动机经典结构[J]. 航空动力，2021(4): 35-39.

[5] 严成忠. 绿色动力：开式转子航空发动机[J]. 航空科学技术，2013(1): 6-12.

[6] 谭米. 罗·罗公司推出新一代公务机发动机"珍珠"[J]. 航空动力，2018(5): 19-20.

[7] 孔祥浩，张卓然，陆嘉伟，等. 分布式电推进飞机电力系统研究综述[J]. 航空学报，2018，39(1): 46-62.

[8] YILDIRIM A, GRAY J S, MADER C A, et al. Performance analysis of optimized STARC-ABL designs across the entire mission profile[C]. Multidisciplinary Design Optimization: AIAA SciTech Forum and Exposition. American Institute of Aeronautics and Astronautics, 2021(1): 551-567.

[9] 韩玉琪，王则皓，刘英杰，等. 通向碳中和的航空新能源动力发展路径分析[J]. 航空动力，2022(3): 13-15.

[10] 王翔宇. 欧洲航空业净零排放发展战略分析[J]. 航空动力，2021(4): 14-18.

[11] MRAZOVA M. Future directions of fuel efficiency in aviation industry[J]. INCAS Bulletin, 2013, 5(4): 71-86.

[12] Committee on Propulsion and Energy Systems to Reduce Commercial Aviation Carbon Emissions.Commercial aircraft propulsion and energy systems research:reducing global carbon emissions.Washington: The National Academies Press, 2016.

绿色能源技术 第20章

将航空需求增长曲线与碳排放曲线完全解耦的唯一方法是改变二氧化碳的排放源：燃料。可能替代传统航空燃料的候选能源主要有 3 种：SAF、电能和氢能。这些新燃料全生命周期内的碳排放比传统燃料大幅降低，并最终可实现零排放。预计 2050 年全球航空业飞机总量可达到 6.5 万架，根据 IATA 的预测，航空业 65% 的减排目标将通过 SAF 实现，它是控制现有和近期机队碳排放的唯一途径。到 2050 年，扩大 SAF 的生产规模，并开发新的先进原料途径，对于航空运输实现零排放至关重要。使用氢能/锂电能源的飞机将实现额外的 13% 碳减排。到 2050 年，使用氢能可缓解由于原料供应紧张造成的 SAF 需求压力，并通过降低对液体动力的需求来降低全球航空业的能源需求。从减排角度来说，电动飞机或氢能飞机（飞机由绿色能源产生的电能或氢能来驱动）将具有非常大的减排潜力，不过该领域的技术突破还需要较长时间。在未来 30 年内，SAF 将是最重要的替代现有化石燃料的低碳方案。

20.1 SAF

20.1.1 SAF 简介

SAF 指由各种可持续重复获得的原料（生物原料或合成原料）经过化学反应生成的具有可持续属性的航空煤油替代品。SAF 能将飞机飞行过程中产生的二氧化碳借助原料生产得以中和，从而降低全生命周期 80% 的二氧化碳净排放。与电能、氢能等新能源相比，SAF 为即用型燃油，适用于绝大部分现役飞机和引擎，不必改变现有供油设施，是绿色航空能源可行的替代方案。当前，美国、欧盟、荷兰、英国、挪威均已建立了政策机制来支持 SAF 的使用，国外的 SAF 已完成了几代技术迭代，实现了原料多元化与制备加工方法成熟化，其发展重点已从原材料生产、加工工艺转向商业应用，并开展了大量试飞和应用推广工作。

据 IATA 统计，全球仅 2021 年就生产了超过 1 亿升 SAF。截至 2022 年，超过 45 万个航班使用 SAF 飞上了天空，有 170 亿美元的 SAF 达到远期购买协议，超过 50 家航空公司有使用 SAF 的经验。SAF 的应用情况如表 20.1 所示。

表 20.1　SAF 的应用情况

名　　称	2016 年	2022 年	2025 年
飞行航班数/次	500	45 万	100 万
年消耗量/百万升	8	300	50000
出台 SAF 政策的国家/个	2	38	全球协议
技术路线/条	4	7	11
减排比例	~60%	~70%	~80%
远期采购金额/亿美元	25	170	300

20.1.2　SAF 战略需求

2021 年，IATA 在第 77 届年会上批准了全球航空运输业于 2050 年实现净零排放的决议，这比之前提出的"2050 年较 2005 年实现 50%碳减排"的目标更进了一步。在 2022 年 ICAO 第 41 届蒙特利尔会议上，193 个成员国就 2050 年实现净零排放的路线图达成一致意见，通过了"长期全球理想目标"决议，即到 2050 年实现净零排放，以支持《联合国气候变化框架公约》温度目标的实现。多家航空公司也公布了其碳中和计划，各飞机制造厂商和重要零配件供应商也发布了其支持行业减排的计划。

为了实现净零排放目标，公认的碳减排措施包括以下 4 个方面。

（1）新技术。飞机和发动机制造商持续提高机身和推进技术的效率；开发纯电动飞机、混合动力飞机和氢能飞机。

（2）运营与基础设施。高效运营（制订更精确的飞行计划，缩短飞行时间以减少飞机加油量）；使飞机在最接近最佳高度的高度层飞行，最大限度地提高燃油效率；利用机场协作决策减少机场拥堵产生的燃料使用量；减少跑道上的排队现象；改善基础设施。

（3）SAF。燃油提供商提供大规模、具有成本竞争力的 SAF；相关认证机构研究批准更多国际认可的 SAF 生产技术路线，加速 SAF 的应用和发展；机场运营商提供所需的基础设施，以经济高效的方式供应 SAF。

（4）基于市场的全球衡量标准 CORSIA。航空公司投资碳抵消计划，以抵消自身业务引起的碳排放；机场投资碳抵消计划，如机场碳认证计划（Airport Carbon Accreditation, ACA），并建造"绿色认证"航站楼。

在诸多措施中，新技术及运营与基础设施这两项措施需要长期持续且不断进步。过去十多年，机队的燃油效率稳步提高，不过常规技术领域的优化所产生的碳减排效果相对有限。IATA"长期全球理想目标"的报告认为，航空业减少的二氧化碳净排放量的 65% 将来自 SAF。IATA 对各种碳减排措施效果的预测如图 20.1 所示。

如果以传统的喷气式煤油为燃料，2050 年航空业的预期流量为 100 亿人次，可能会产生 18 亿吨的碳排放。按照 IATA 的预测，二氧化碳总减排量的 65%由 SAF 实现，这意味着到 2050 年，将累计减少 212 亿吨的碳排放，每年将需要超过 3.6 亿吨（4500 亿升）的 SAF。SAF 产量预估如图 20.2 所示。

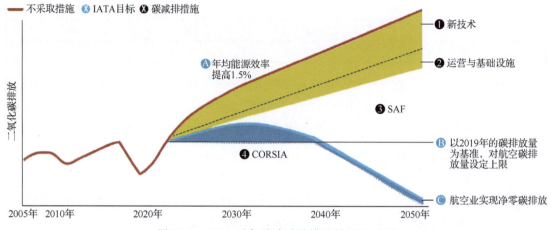

图 20.1　IATA 对各种碳减排措施效果的预测

然而现实中的挑战是，2022 年，全球 SAF 产量仅占航空燃料总需求的 0.1%～0.15%；传统航空燃料和 SAF 之间有很大的价格差异，购买 SAF 给行业带来了 3.22 亿～5.1 亿美元的额外成本。

图 20.2　SAF 产量预估

资料来源：IATA 网站。

20.1.3　各国政府的政策引导

为支持航空业到 2050 年实现净零排放目标，ICAO 要求实际刺激 SAF 生产，协助各国开展 SAF 项目，定义和促进燃油向 SAF 过渡，加快对使用新原料生产的 SAF 的认证，并促进各国获得融资。为实现这一目标，需要全球各国政府和全产业链合作伙伴的支持，政府政策必须在鼓励扩大 SAF 生产规模方面发挥关键作用。为此，美国、欧盟、英国、新加坡等纷纷提出了各自的 SAF 政策和规划，尤其以美国政府的"SAF 大挑战"行动计划最全面和具体。2021 年 9 月，拜登政府发布了一份跨部门的"SAF 大挑战"行动计划，是美国能源部、交通部、农业部、联邦航空管理局等联邦政府部门联合 SAF 产业链发出的承诺，目标是投入 43 亿美元的激励资金，促进美国 SAF 产业规模化，到 2030 年实现至少 30 亿加仑（约 906 万吨）的 SAF 年供给量，到 2050 年实现 100%的航空用油来自 SAF（约 350 亿加仑/年）。其相关政府部门、研发机构、客运/货运航空公司、燃油生产商、机场等全产业链主要参与方均做出了相应的承诺或规划。

2023 年 4 月，欧洲议会和欧洲理事会就 ReFuelEU 航空计划达成了政治协议，该协议标志着"减碳 55"一揽子气候计划迈出了重要的一步，有助于实现欧盟在《欧洲绿色协议》下的气候目标。新协议要求航空燃料供应商在欧盟机场不断提高 SAF 的使用比例，2025 年 SAF 供应占总燃料使用量的 2%，2050 年提高至 70%。

英国政府正式启动了 Jet Zero 战略，承诺到 2040 年整个英国商用航空业实现净零排放的目标，英国所有机场都将在同一年内实现净零排放。英国政府承诺到 2025 年建成 5 个商业规模的 SAF 工厂，并要求到 2030 年至少 10%的喷气燃料将由可持续资源制成。该计划得到了英国国防部和运输部的支持，里卡多高级燃料基金为该项目投资 1.65 亿英镑。

新加坡致力于成为 SAF 全球枢纽，并发布了"可持续航空枢纽蓝图"，概述了新加坡航空枢纽的航空脱碳路线图，以及 2030 年和 2050 年的目标与战略。国际咨询小组向新加坡交通部提交了航空业脱碳建议报告，包含 15 项关键举措，重点是为新加坡的 SAF 供应创建长期、安全的生态系统，并制定 SAF 原料生产的全球标准。

中国民航业未来 30 年仍处于中高速发展阶段，预期 2060 年航空客运量将达到 2019 年的 3.7 倍，碳排放量将达到约 2.3 亿吨，行业碳中和任务艰巨，迫切需要在航空碳减排领域开展关键核心技术攻关，强化国家战略科技力量。《"十四五"民用航空发展规划》指出，在绿色发展领域，民航部门需要尽快推动中国民航业合理有效管控行业碳排放，完善航空碳减排管理制度。《交通运输部　国际铁路局　中国民用航空局　国家邮政局贯彻落实〈中共中央　国务院关于完整准确全面贯彻新发展理念做好碳达峰碳中和工作的意见〉的实施意见》中明确提出积极推广 SAF 的应用。

20.1.4　SAF 工艺、产量和认证

作为国际民航业普遍认可的航煤标准制定者，美国材料和实验协会（American Society for Testing and Materials，ASTM）最新制定了 ASTM D7566-21，对包括航空生物燃料在内的替代燃料的质量标准和使用安全性做了严格的规范，SAF 技术路线扩展到 7 种：费托合成油改质工艺生产的煤油组分（FT-SPK）、酯类和脂肪酸类加氢改质工艺生产的煤油组分（HEFA-SPK）、加氢发酵糖合成异构烷烃煤油组分（SIP-SPK）、含合成芳烃的费托合成链烷烃煤油组分（FT-SPK/A）、醇制喷气燃料工艺生产的煤油组分（ATJ-SPK）、催化水热解法喷气燃料组分（CHJ）、源于藻类的烃/酯/脂肪酸加氢工艺生

产的煤油组分（HH-SPK）。目前我国具备 SAF 实际产能的企业较少，但与欧美市场类似，生产生物柴油（尤其是烃基生物柴油）的企业一般都具备转产 SAF 的能力，可以根据市场需求调整产品线。

国际上广泛认可的与航空燃料相关的技术性能验证方式以 ASTM 的 ASTM-D1655、ASTM-D4054 和 ASTM-D7566 为代表，英国国防标准 91-91 对航空煤油做了规定，中国民航局适航规定和国标标准为 GB6537—2018、CTSO-2C701、MH/T 6106-14。与 SAF 相关的可持续性政策和标准主要有美国颁布的《可再生燃料标准》、欧盟颁布的《可再生能源指令》、可持续生物质圆桌倡议组织全球认证标准、可持续生物质圆桌倡议组织欧盟 RED 认证标准、国际可持续碳认证体系，以及全球生物能源伙伴关系颁布的《生物质能可持续认证标准》和国际标准化组织颁布的《生物质能可持续性标准》（ISO 13065：2015）等。ICAO 目前批准认可的可持续认证机构有 ISCC（International Sustainability Carbon Certification）和 RSB（Roundtable on Sustainable Biomaterials）。

20.1.5 SAF 的投资、试验验证和应用

1. SAF 的投资

近两年，针对 SAF 炼油厂的投资达 20 余宗，投资金额数十亿美元，航空公司、传统能源企业和飞机主制造商均参与其中。

1）传统能源企业

耐思特油业集团在新加坡投资了 17 亿美元用于扩建项目，该项目将炼油厂的生产能力提高了 1 倍，达到每年 260 万吨，其中 100 万吨为 SAF。壳牌集团计划在其位于新加坡的能源和化学品园区建造一个生物燃料生产设施，该设施每年将生产 55 万吨低碳燃料。世界能源公司计划将其在美国休斯敦的炼油厂改为 SAF 工厂，该公司的目标是到 2030 年每年生产 10 亿加仑 SAF。美国农业集团宣布创建 SAF 生产平台 Summit Next Gen，采用霍尼韦尔公司的乙醇制喷气加工技术将乙醇转化为 SAF，预计在 2025 年投入运营，每年将生产超 2.5 亿加仑 SAF。

2）航空公司

美国联合航空公司（以下简称"美联航"）投资生产 SAF 炼油厂 NEXT，预计每天可生产 5 万桶 SAF、可再生柴油和其他可再生燃料。美联航与加拿大航空公司、波音公司、GE 公司、摩根大通集团及霍尼韦尔公司共同投资 1 亿美元用于启动美联航风险投资可持续飞行基金，以投资初创公司和开发 SAF 技术，具体包括：碳捕获技术公司 Svante 投资 1500 万美元、海藻生物燃料生产商 Viridos 公司投资 500 万美元，双方成立合资公司 Blue Blade Energy，生产乙醇制 SAF。澳洲航空公司将投资 5000 万美元支持在澳大利亚建立一个当地的 SAF 产业。英国航空公司已与多家供应商建立了合作伙伴关系，以建

立 SAF 工厂并购买燃料。英国航空公司的母公司国际航空集团将在未来 20 年内投资 4 亿美元用于 SAF 的开发。

3）飞机制造商

空客公司和澳洲航空公司针对澳大利亚早期 SAF 项目的投资事宜进行了讨论，将首次联合投资 2 亿美元以支持初创公司，发展澳大利亚的 SAF 产业。空客公司与能源供应商 Uniper、西门子能源公司、可持续燃料公司 Sasol EcoFT 合作，在德国汉堡启动了绿色燃料项目 Green Fuels Hamburg，建设了 SAF 工厂。空客公司和普惠公司合作，研究在加拿大魁北克省建厂生产 SAF，并利用 A220 试飞 100% SAF，投资约 1250 万美元。波音公司与燃料公司 Alder Fuels 合作，扩大全球 SAF 生产规模。通过合作，双方将使用波音公司生产的飞机对 Alder Fuels 的 SAF 进行试验和认证。

2. SAF 的试验验证和应用

欧美主要航空公司、发动机供应商和飞机主制造商均积极投入 SAF 的试验验证和应用。

1）航空公司

2008 年以来，欧美航空公司进行了大量的 SAF 试飞试验，通常采取 30%～50% 的掺混比例。CAL 公司 2021 年应用以糖为原料的 100% 掺混的生物航煤在波音 737Max 上进行了试飞。经过多次试飞验证，采用一定比例掺混的 SAF 执飞航班在航空公司逐渐常态化。2011 年至今，全球超过 50 家航空公司有使用 SAF 的记录，商业 SAF 执飞航班超过 45 万架次。2023 年 1 月，阿联酋航空公司首次在中东和非洲地区使用 100% SAF 进行试飞。2023 年 11 月 28 日，英国维珍航空公司的一架不使用任何化石燃料、采用脂肪和糖作为燃料的商用客机波音 787 首次飞越大西洋。它从英国伦敦的希思罗机场出发，抵达美国纽约的肯尼迪机场。这是世界上首个使用 100% SAF 的跨大西洋商业航班。

2）发动机供应商

发动机供应商为确保新型发动机具备 100% SAF 兼容能力，积极开展 100% SAF 试飞试验。GE 公司与本田公司的合资公司 GE 本田航空发动机公司（GHAE）完成了 HF120 发动机使用 100% SAF 的测试。普惠公司和巴航工业对配备 GTF 发动机的 E195-E2 飞机使用 100% SAF 进行了 70min 的飞行测试，以单发使用了 100% SAF。普惠加拿大公司在 ATR 72-600 飞机的两台 PW127M 发动机上使用 100% SAF 进行了飞行测试。ATR 和普惠加拿大公司达成了一项协议，确保到 2025 年，普惠 PW127 系列发动机（包括 PW127XT）能够使用 100% SAF 运行。GE 航空集团成功使用 100% SAF 对其 Passport 远程商务航空发动机进行了测试。罗·罗公司计划用 Jet A 和 SAF 对 Pearl 10X 涡轮风扇进行背对背测试，以检查污染物排放情况并验证清洁燃料。罗·罗公司在英国德比工厂使用 100% SAF 成功完成了 UltraFan 技术演示器的首次测试。空客公司和普惠公司合作利用 A220 试飞 100% SAF。

3）飞机主制造商

包括波音公司和空客公司在内的飞机制造商与能源生产商及发动机制造商开始合作试验 100% SAF 运行的可能性。2021 年 1 月，波音公司表示，将在 2030 年前交付使用 100% SAF 的商用飞机。空客公司、DLR 研究中心、罗·罗公司及 SAF 生产商耐思特油业集团联手启动了具有开创性的"替代燃料排放和气候影响"项目，研究使用了 100% SAF 对飞机污染物排放和飞机性能的影响。空客公司计划到 2030 年将其直升机的二氧化碳排放量减少到 50%，并实现商用飞机和直升机 100% SAF 的认证，目前空客公司正在积极推进多个型号 100% SAF 试飞验证。A350、A319neo 分别于 2021 年 3 月和 10 月完成了 100% SAF 试飞，2022 年，A380 使用了 100% SAF 进行了约 3h 的试飞；A320neo（装配普惠公司的 GTF 发动机）单发使用 100% SAF 进行了试飞，成为该公司继 A350、A319neo、A380 之后第 4 个使用 100% SAF 试飞的飞机型号。2023 年 3 月，一架 A321neo 双发使用 100% SAF 试飞，A321neo 成为空客公司 A350、A330MRTT 之后双发使用 100% SAF 试飞的飞机型号、首架双发使用 100% SAF 试飞的窄体飞机型号。此外，空客公司还积极推进运输机和直升机的 100% SAF 试飞验证，并使用 HEFA 对 A400M 运输机进行了飞行测试，采用 100% SAF 的 H225 直升机也完成了首飞。

20.1.6　启示和建议

中国航空公司对 SAF 仍处于知识储备阶段，自 2011 年以来，国内仅有中国国际航空公司、中国东方航空集团公司等 5 家航空公司进行过 6 次 SAF 相关飞行，掺混率为 10%～50%。2022 年 12 月，菜鸟联手中国国际货运航空股份有限公司，成功完成中国大陆首个国际航空货运 SAF 商业航班的飞行。中国目前还没有机场向定期航班提供 SAF 加注服务，中国航空油料集团有限公司也尚未提供常规化的 SAF 采购和加注服务。2023 年 5 月，空客公司与厦门航空有限公司合作完成中国内地首架 A321neo 加注中国航空油料集团有限公司 SAF 的商业飞行。

中国内地各航空公司目前尚没有投资 SAF 项目，SAF 商业飞行刚刚起步。航空公司的考虑有以下 3 个方面。①成本问题，目前 SAF 的价格是传统燃料的 2～4 倍，直接影响航空公司的盈利；②缺乏可落地的法令，《"十四五"民航绿色发展专项规划》中针对航空公司提出到 2025 年 SAF 消费量达到 5 万吨的指标，但未对航空公司完成该指标的路径措施进行规划；③SAF 来源不确定，目前全球 SAF 呈现供不应求的状态，中国内地虽有多家生物柴油生产企业具备转产 SAF 的能力，但尚未开展实际生产。

航空碳中和任务艰巨，已成为我国民航业发展的硬约束，航空碳减排技术肩负着避免我国航空制造业及民航业可持续发展出现重大投资风险的重任，SAF 是实现国际航空 2050 年碳中和目标的唯一能源路径。对此国外已经有了完整的产业链和路线图，国内产业滞后，现有技术路线制约了我国 SAF 产业的发展，必须全产业链谋划开展 SAF 应用研究，通过创新认证路径破解发展枷锁已成为我国民航业提升国际航空环境治理能力、争夺国际话语权的关键。因此，我国必须加快建设相关认证设施和组织机构，开展认证标准和流程研究，支撑民航业的高质量发展。

为促进 SAF 在我国落地，政府部门需要出台扶持政策或给予补贴，以支持航空公司采购和使用 SAF；中国民航局和其他相关部门需要制定 SAF 使用的相关法令，指导航空公司按照法令中的具体路径进行操作；政府和企业需要大力推动国内生物柴油企业转产SAF；科学技术部（以下简称"科技部"）、工业和信息化部（以下简称"工信部"）需要推进国产民用飞机 SAF 试飞验证。

20.2　氢能技术

20.2.1　氢能技术简介

氢能是一种清洁的二次能源，用氢能为航空提供动力是实现航空业脱碳的重要手段。相关研究显示，氢燃料的热值约为 120MJ/kg，是标准航空燃料的 3 倍。航空业使用氢能不但可以实现二氧化碳零排放，还能有效减少其他污染物的排放量，具有非常明显的优势。因此，发展航空氢能动力是航空运输业实现碳中和的主要途径，这也将成为航空技术的重要发展趋势。

航空氢能动力主要包括氢燃料电池和氢涡轮发动机。氢燃料电池具有能量转换效率高、能量密度大、零排放、低温运行及低噪声等优势，但受燃料电池功率质量比低等因素的制约，难以应用于中大型飞机。要实现大型飞机在空中无须加油且能长时间飞行的目标，主要的思路是在高性能涡轮发动机上用氢燃料替代传统的航空煤油，即使用氢涡轮发动机。

20.2.2　氢能规划

2020 年 5 月，在欧盟"地平线 2020"科研与创新框架的资助下，麦肯锡公司发布了《氢动力航空》报告，该报告给出了氢动力航空研发路线图建议，主要分为 3 个阶段。

第一阶段（2020—2028 年）：发展技术基础，完成氢动力通勤飞机认证、支线和短距离氢动力飞机试飞，制定路线图和基础工作体系。

第二阶段（2028—2035 年）：研发集中于扩大组件规模，应用于中程氢动力飞机，为投运做好准备，包括安全和高效的机场加氢设施建设。

第三阶段（2035—2050 年）：开发中远程氢动力概念飞机和原型飞机，包括新的革命性飞机设计技术及大规模燃料供应和氢能快速加注新技术。

德国、法国、英国均发布了各自的氢能发展计划，其中，德国推出《国家氢能战略》，计划投资 90 亿欧元促进氢能的生产和使用；法国环境能源署将出资 1 亿欧元用于在工业、交通及能源领域部署氢气；英国提出"英国氢能网络计划"，在全球建成首个 100% 的氢气供应管道网络，到 2030 年建成首座氢能城镇。

2020 年 11 月，美国能源部发布《氢能计划发展规划》，提出未来 10 年主要研究燃料电池和燃气轮机等氢能转化技术，打破机构和市场壁垒，实现跨应用领域的广泛部署。其近期、中期和远期依次突破的相关技术如下。

近期技术：制氢（煤炭、生物质和废弃物气化制氢、先进的化石燃料和生物质重整/转化、电解制氢）；输运氢（氢气长管拖车、液氢槽车）；储氢（高压气态、低温液态）；氢转化（燃气轮机、燃料电池）；氢应用。

中期技术：输运氢（化学氢载体）；储氢（地质储氢）；氢转化（氢燃烧、下一代燃料电池）；氢应用。

远期技术：制氢（先进生物/微生物制氢、先进热/光电化学水解制氢）；输运氢（大规模管道运输和配送）；储氢（基于材料的储氢）；氢转化（燃料电池与燃烧混合系统、可逆燃料电池）；氢应用。

日本于 2017 年和 2019 年分别发布了氢能基本战略和氢能利用进度表，其《国家氢能战略》计划在未来 10 年总投资 30 万亿日元（约合 2 万亿元人民币），其中氢能交通方面涉及汽车、航空和船舶。

20.2.3 氢燃料电池

氢能应用于航空领域的第一种形式是将氢作为燃料电池的能量来源，由燃料电池提供电能驱动电机运转，再由电机驱动推进器为飞机提供前进动力，即氢燃料电池。氢燃料电池具有能量转换效率高、能量密度大、零排放、低温运行及低噪声等优势，氢燃料电池飞机具有巨大的发展潜力，是未来航空装备清洁能源领域的核心技术。

当今锂电池组的能量密度为 200Wh/kg，循环寿命为 1000～2000 次，充电时间为 45min 以上。在从旧金山到洛杉矶的航线上，一架波音 737 一天最多可以往返 4 次，但目前锂电池技术还无法满足飞行的航行需求。未来即使可以将锂电池的循环寿命提升至 4～8 个月，一架飞机在全生命周期内也需要更换 50 多次电池，这对航空公司来说是一项巨大的成本。与锂电池比，氢燃料电池系统的使用寿命长了 10 倍，能量密度高了 5～20 倍。

氢燃料电池在航空领域投入使用后，面临的最大障碍是轻量化、比功率不够高及氢燃料的安全性等。在保证氢燃料作为飞机燃料电池的安全性的基础上，未来的研究应该朝两个方向进行；一是防止氢泄漏，即保证氢在飞行过程中的密封性；二是在氢燃料存储防护技术上采用整体式结构，以保证在飞行颠簸过程中不会造成连接管路的断裂、变形和氢气的大量泄漏。对于目前燃料电池质量大、比功率难以满足多座飞机需求的动力源问题，燃料电池飞机的实现在一定程度上可以效仿混合动力汽车技术到全电动汽车技术的过渡，发展燃料电池与蓄电池混合动力技术，以初步降低飞机对燃料电池瞬时功率的需求，在提高燃料电池比功率的技术路线上，可以选择燃料电池轻量化和提高燃料电池功率密度两条技术路线。未来在发展燃料电池轻量化技术方面，可以发展薄金属双极板技术、空压机轻量化技术，以及膜电极等关键部件轻量化材料的开发和研制。在提高燃料电池功率密度的技术路线上，可以研发航空用高性能具有增湿功能的复合膜，研制有多孔隙结构和低密度的气体扩散层及燃料电池管理技术。考虑到设备的尺寸、质量、成本及当前的技术水平等诸多因素，航空氢燃料电池目前仅可用于小型支线飞机和无人机领域。

2021 年年初，英国启动了 H2GEAR 项目，由吉凯恩集团牵头，开发一种新的氢燃料电池混合动力系统，初期目标是将该系统用于 19 座级通勤飞机，最终扩展到 70～90 座级支线客机。2023 年 1 月，美国 ZeroAvia 公司基于 Donier 228 双发涡浆 19 座级飞机改装的氢燃料电池混合动力飞机成功首飞。2023 年 3 月，美国氢能航空初创企业 Universal Hydrogen 公司研制的基于 Dasher 8-300 型支线客机改装的氢燃料电池电推验证机成功首飞，这是全球第一架改装为电推进的 25 部机型，也是目前在飞的最大、最重的氢燃料电池飞机。

20.2.4 氢涡轮发动机

氢能应用于航空领域的第二种形式是以氢作为航空涡轮发动机的燃料，以此替代传统航空燃料，即氢能涡轮推进飞机。飞机使用液氢燃料的主要优点在于，燃烧后基本不会产生过多的污染物。相比飞机的传统燃料（航空煤油），氢燃烧的产物主要为水，零排放，通过稀薄燃烧还能减少氮氧化物排放。氢燃料自身所具有的热值较高，约为传统航空燃油的 3 倍。但氢燃料的主要缺点在于其密度低且储存所需的温度极低。液氢的温度约为 20K，密度仅为煤油的 1/11。因此，为了产生同样的能量，储存液氢所用的加压燃料箱的体积约为常规飞机油箱的 4 倍。由于其尺寸过大，因此无法安装在传统飞机的机翼内，影响了整机的布置方案。

上述特征使氢能涡轮推进飞机与传统飞机存在显著的差别，主要在于氢能涡轮推进飞机需要使用异常庞大的机身或大型机翼安装式流线体，以提供额外的燃料箱体积。鉴于必须在低温下储存氢燃料，液氢燃料箱必须实现广泛绝热并进行增压，因此液氢能涡轮推进飞机的气动效率相对较低。尽管如此，采用氢燃料依然可使飞机总质量大幅减少，燃料总需求下降 5%～20%，燃料总质量减少 65%～70%。此外，起飞总质量的减少还允许整机配备质量和尺寸更小的航空发动机。

虽然目前世界各国一直在致力于研发飞机用氢燃料系统，但不同机型对任务持续时间、系统寿命、运行周期、飞行安全等的要求各有不同，因此必须针对不同的设计要求提供不同的设计方案。如需以液氢作为航空发动机的燃料，则必须对动力装置及其系统进行技术调整。航空发动机的涡轮机构可以维持不变，但必须对燃烧室和燃油控制系统进行重新设计，并布设换热器，实现氢燃料的汽化。

空客公司将目光聚焦在氢能上，该公司发布的全球首款零排放商用飞机的 3 个概念机型分别代表了实现零排放飞行的不同方法，探索不同的技术途径和空气动力学构型，具体如下。

第一款概念机型的外观类似传统机型，但机身更长，载客量为 120～200 人，相当于目前 A220 或 A320 机型的载客量，航程超过 3500km。这款飞机依靠氢能驱动的涡轮发动机提供动力，氢能则储存在位于飞机后部的燃料仓内。该机型只需在现有机型的基础上做小幅改动，加装一块同样使用氢能的燃料电池，以便在需要时为发动机提供额外的动力。

第二款概念机型是使用涡轮螺旋桨发动机的支线飞机，载客量为 100 人左右，航程为 1800km。涡轮螺旋桨发动机同样由氢燃料驱动，适用于短途飞行任务。

第三款概念机型采用 BWB 布局方案，航程可达到 3700km。BWB 布局可以灵活设计客舱布局与氢燃料存储，载客量可达到 200 人左右。根据空客公司的规划，到 2035 年前后其氢能飞机就要投入商业运营。为了配合这个计划，空客公司细化了具体的技术实现时间表：2021 年进行地面技术演示；2023 年氢燃料技术验证机实现首飞；2024 年确定氢能涡轮推进飞机选型；2025 年氢燃料验证机实现首飞。

20.2.5 总结

综上所述，氢能涡轮推进和氢燃料电池是航空氢能动力的主要形式。氢燃料电池正在成为中小型支线飞机动力装置的主流选择，但燃料电池受功率质量比等的制约，在大型客机上的应用空间有限。氢能涡轮推进飞机有着高效、环保的技术特点，就当前的技术水平而言，其距离商业应用还有 10～15 年。另外，考虑到氮氧化物的排放和噪声的进一步降低，远期可采用氢涡轮机与氢燃料电池组合动力架构作为商用飞机的动力。

氢燃料的机上储存是亟待解决的关键技术之一。为使绝热层实现轻量化、更可靠且耐久性更好，燃料箱可采用泡沫或超级绝缘型多层材料制造。在储存条件下，氢燃料会面临从液体到气体及从气体到液体的连续相变过程。在飞机停止航行时，部分氢气难免会因蒸发而产生汽化损耗现象。将加压燃料箱集成到飞机上是氢燃料应用面临的另一项重要挑战。

推广和使用氢能飞机的关键，除了对航空发动机和飞机本体的技术改装，还包括对氢燃料的制取、供应及储运等方面。

20.3 发展路线图

本章分析和整理了我国商用飞机绿色能源技术发展路线图，如图 20.3 所示，供大家参考。

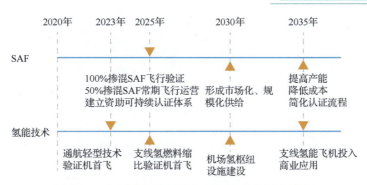

图 20.3 我国商用飞机绿色能源技术发展路线图

SAF 后续以逐年提高产能、降低成本和简化认证流程为目标，不断拓展全球应用。2025 年前，实现 SAF 商业应用试点；完成 50%掺混 SAF 在国产商用飞机上的飞行验证，完成基于安全性认证新路径的认证设施建设，完成 SAF 可持续标准的制定，完成 100%掺混 SAF 的发动机地面试车试验。2030 年前，完成 SAF 的定期航线运行，完成 100%掺混 SAF 在国产商用飞机上的飞行验证；SAF 系统安全性认证体系得到推广和应用；建立自主的可持续认证体系。2035 年前，SAF 完全形成市场化、规模化供给，售价与传统航煤相当，实现商业成功。航空运输业可依据产品价格、减排能力选择燃料，SAF 用量占比达到 40%。

氢燃料商用飞机设计概念于 2023 年实现氢燃料技术验证机（通航轻型技术验证机）首飞，促进机场氢枢纽概念的发展；2025 年实现支线氢燃料缩比验证机首飞（支线飞机）；2030 年加速机场氢能设施建设；2035 年支线氢能飞机投入商业应用，机场氢枢纽设施提供地面服务。

参考文献

[1] 丁奕如，杨雷，郑平，等. 中国可持续航空燃料发展研究报告现状与展望[R]. 北京：北京大学能源学院，2022.

[2] 何皓，邢子恒，李顶杰，等. 可持续航空生物燃料的推广应用及行业影响与应对措施[J]. 化工进展，2019，38(8): 3497-3507.

[3] 陈佳慧，王斐菲，张乃丽，等. 生物航油的制备与应用发展前景[J]. 能源研究与利用，2021(4): 21-31.

[4] 任博扬，刘涛，张琦. 航空发动机替代燃料验证方法研究[C]. 2019 航空装备服务保障与维修技术论坛暨中国航空工业技术装备工程协会年会. 中国航空工业技术装备工程协会，2019: 5.

[5] 杨智渊，曾萍，杨晓奕，等. 生物航煤的管理、验证标准及验证流程[J]. 航空动力学报，2018，33(2): 440-447.

第4篇
技术融合

　　未来，新一代飞机或将实现真正意义上的陆、海、空、天、电、网一体化，实现基于物联网的互联、互通、互操作。跨界技术融合将是未来技术创新发展的重要途径，有可能颠覆现有行业模式，对商用飞机的技术生态和行业生态带来重大变革及一系列新的可能性。跨界技术融合可创新性地解决商用飞机的复杂工程问题，将推动商用飞机向着更安全、更环保、更经济、更舒适、更快捷、更智能的方向发展。

　　第4篇主要总结了新一代信息通信、新材料、新制造等领域的热点方向，具体包括：

5G 是第五代移动通信技术（5th Generation Mobile Communication Technology，5G）的简称，是具有高速率、低时延和大连接特点的新一代宽带移动通信技术。5G 将大幅提升万物互联能力，赋能工业制造。

本章首先介绍了 5G 的国内外发展概况。我国一直将 5G 作为国家创新发展的重要战略性技术，2018 年完成了技术研发试验，2019 年发放了 5G 临时牌照，标志着我国 5G 商用的正式启动。国外以美、欧、韩、日等国家和地区为代表的科技大国也将 5G 发展作为国家战略，与我国开展了 5G 产业标准、话语权和市场份额的争夺。2018 年以来，中国商飞公司以 5G 为支点，以工业互联网为平台，以行业知识为内核，以人工智能和软件定义为主攻方向，深入推进新一代信息通信技术与大飞机研制的融合创新，打造了全球第一个 5G 工业园区，建成了国内第一个 5G 全连接工厂，搭建了一个自学习、可进化的新型工业互联网平台——"商飞大脑"，开发了一批"5G+工业互联网"创新应用场景，汇聚了一个全产业链的 5G 制造创新生态联盟。

本章重点从 5G 空地互联、5G 赋能飞机产品、5G 赋能飞机设计、5G 赋能飞机制造、5G 赋能飞机试飞、5G 赋能飞机运营 6 个方面对 5G 在航空领域的应用场景与应用挑战进行了描述，介绍了 5G-ATG、基于 5G 的数字飞机、"5G+机器视觉"的产品质量检测、"5G+MR"的机型培训等，分析了基于 5G 的工业制造模式变革的影响，对基于"5G+工业互联网"的"商飞大脑"和基于 5G 专频专网的无线工业控制两项具有变革性的创新模式进行了描述。

本章最后结合 5G 的发展趋势及其在航空领域的应用场景落地成熟的规律，将 5G 在商用航空领域的应用分为应用培育期（2020—2022 年）、应用扩展期（2023—2025 年）、全面融合期（2026—2030 年）3 个阶段，给出了发展路线图，并对其经济性和环保性进行了预判与分析。

5G 的数据传输速率可达 10Gbps 以上，是 4G 的 100 倍以上。5G 是打破端到端移动通信瓶颈的关键技术，与前几代移动通信技术相比，5G 不仅在速度上有了革命性提升，更重要的是，5G 的外延将远远超出人与人连接的范畴，它将开启万物互联的时代。

21.1 国内外发展概况

5G 技术在全球范围内受到普遍关注。在我国，5G 已成为新时代国家战略的重要部分，成为引领科技创新、实现产业升级的重要推动力量。在宏观政策的指引和未来市场需求的牵引下，我国 5G 已处于世界领先地位。图 21.1 为移动通信代际技术演进示意。

5G：2019年至未来

5G网络的主要优势在于数据传输速率远远高于以前的蜂窝网络，具有较低的网络延迟和超大的网络容量，为千亿台设备提供连接能力，满足物联网通信

5G的传输速率最高为20Gbps，带宽为100kHz

4G：2013年至今

4G网络的关键技术有：OFDMA，它提升了频段的使用率；ICIC，它通过提高有效信号的功率，实现了更好的信噪比；MIMO，它使用了更多天线，实现了多点收发，提高了频谱利用率

4G的最高传输速率为100Mbps，带宽为20kHz

3G：2009年至今

3G网络的关键技术是Rake接收，它改变了信息接收方式，智能天线可以自适应用户的移动，使信号更稳定，主要采用多用户检测和码分复用的调制方式，提升高频谱利用率和信噪比

3G的最高传输速率为2Mbps，带宽为1.6MHz

2G：1991年至今

2G网络的关键技术是TDMA和CDMA。主要采用时分复用的多址方式及更高阶的调制方式，增大了相同带宽下携带的信息量，从而提高了频谱的利用率

2G的最高传输速率为64kbps，带宽为200kHz

1G：1986—1999年

1G网络采用模拟信号传输，将300～3400Hz的语音转换到高频的载波频率（150MHz以上），实现信号传输。1G诞生后，模拟信号被数字信号代替

1G的最高传输速率为2.4kbps

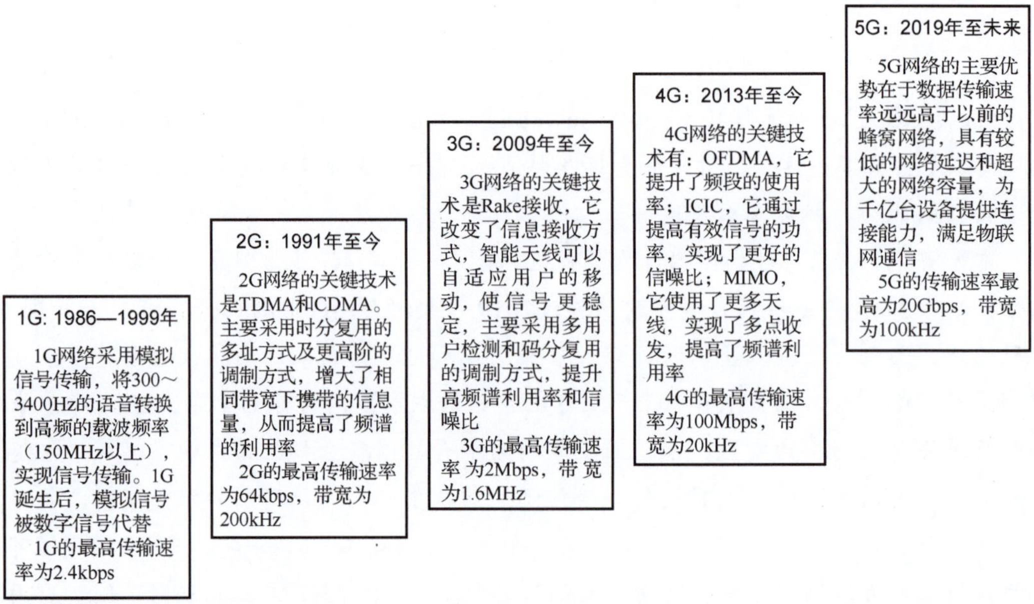

图 21.1　移动通信代际技术演进示意

我国已于 2018 年 10 月之前完成了 5G 研发试验，当前全球 1/3 的 5G 专利来自我国。2019 年工信部发放 5G 临时牌照，并宣布中国正式启动 5G 商用。国外对 5G 同样高度重视并将其上升到国家战略层面，以美、欧、韩、日等国家和地区为代表的科技大国与我国开展了 5G 产业标准、话语权和市场份额的竞争。美国一直按照"五步走"战略，从强化频谱统筹、松绑运营商制度、促进安全立法、构建战略同盟、打造创新生态 5 个方面争夺其在 5G 产业中的主导权。欧洲正在大力推进"5G+"，英国、法国、德国分别发布《英国 5G 战略》《法国 5G 发展路线图》《德国 5G 战略》，抢占未来 5G 产业制高点。日本和韩国则领跑商用进程，注重战略的前瞻性。5G 将是全球移动通信领域新一轮技术竞争的开始，各国都力争在未来 5G 业务中取得领先优势。

中国商飞公司深入实施制造强国和网络强国战略，积极探索新一代信息通信技术与飞机研制的融合创新。2018 年 1 月以来，中国商飞公司积极抢抓新一轮信息技术革命，以 5G 为支点，以工业互联网为平台，以行业知识为内核，以人工智能和软件定义为主攻方向，打造了全球第一个 5G 工业园区，建成了国内第一个 5G 全连接工厂，搭建了一个自学习、可进化的新型工业互联网平台——"商飞大脑"，围绕飞机设计、制造、试飞、

运营等全生命周期开发了 400 多个 5G 工业创新应用场景,凝炼了 5G 工业创新核心能力体系架构,提出了以数据为核心的三层架构体系,构建网络建设、工业物联、平台架构、终端应用、场景开发、知识沉淀、安全治理、生态建设八大核心能力,建成 12 个重点实验室,攻克 25 项关键核心技术,形成了 200 余项 5G 工业创新智力成果。中国商飞公司联合中国联通、上海交通大学、华为、联想、阿里巴巴、中国信息通信研究院等 31 家行业翘楚打造了一个全产业链的 5G 制造创新生态联盟,成为国内推动产业数字化的重要力量,相关成果获得了世界互联网大会创新成果奖、工信部全国 5G 创新大赛一等奖等荣誉,获批全国"5G+工业互联网"试点示范单位、"上海市重点实验室""上海市人工智能创新中心和智能制造示范工厂"等称号,成为国内开展 5G 工业融合创新的标杆示范。2019 年 8 月 12 日,工信部在中国商飞公司召开"5G+工业互联网"全国现场会。2020 年 9 月 18 日,国务院国有资产监督管理委员会在中国商飞公司召开全国央企数字化转型现场会,时任工信部部长苗圩评价中国商飞公司的 5G 工业创新工作顺应了新一代信息技术和实体经济深度融合的要求与方向,具有前瞻的视野、创新的能力、开放的格局和显著的成效。

"5G+工业互联网"的应用可以实现软件定义生产的理想,可以实现生产现场的设备、物料、工装等生产资源的高效配置,有效提高产品品质和生产效率。同时,5G 可以实现一系列创新场景在工业生产上的落地应用,如工业物联网、数字孪生、自动驾驶汽车和机器人、扩展现实等。2022 年 11 月,在中国 5G+工业互联网大会上,工信部宣布飞机、船舶、汽车、电子、采矿等一大批国民经济支柱产业正在开展"5G+工业互联网"创新实践,全国在建项目已经超过 4000 个。

21.2 技术特征与应用优势

5G 作为新一代移动通信技术,其与 4G 的指标对比如表 21.1 所示。5G 的特征体现在两个方面:一是通信方面,5G 移动通信具有高速率、大容量、低时延的显著技术特点;二是网络架构方面,5G 与互联网深度融合,将移动通信的连接范围从人与人的连接发展到了人与人、人与物、物与物之间的万物互联。

5G 有三大特点:增强移动带宽(enhanced Mobile Broadband,eMBB)、海量大连接(massive Machine Type Communications,mMTC)和低时延高可靠通信(ultra Reliable Low Latency Communications,uRLLC),其中 uRLLC 可以支持垂直行业尤其是航空领域的特殊应用需求。

5G 具有超高传输速率、万物互联的泛在连接和接近工业总线的实时能力,正逐步向工业制造领域不断渗透。核心技术指标包括 1～20Gbps 的峰值传输速率、10～100Mbps 的用户体验速率、1～10ms 的端到端延时和 1～100 倍的网络能耗效率提升。

表 21.1　5G 与 4G 的指标对比

技 术 指 标	4G 参考值	5G 目标值	提 升 效 果
峰值传输速率	1Gbps	10～20Gbps	10～20 倍
用户体验速率	10Mbps	0.1～10Gbps	10～100 倍
流量密度	0.1Tbps/km^2	10Tbps/km^2	100 倍
端到端时延	10ms	1ms	10 倍
连接数密度	10 万台/km^2	100 万台/km^2	10 倍
移动通信环境	km/h	km/h	1.43 倍
能效	1 倍	100 倍	100 倍
频谱效率	1 倍	3～5 倍	3～5 倍

　　5G 在无线传输技术和网络技术方面均有新的突破。在无线传输技术方面，引入先进的多天线技术、新编码调制技术、灵活帧结构技术、新的波形设计技术、超级上行技术等；在网络技术方面，采用更灵活、更智能的网络架构和组网技术，如采用控制与转发分离的软件定义无线网络的架构、网络切片服务、边缘计算、超密集部署等。

　　5G 已经超越了单纯的新一代移动通信系统的范畴，正在成为国家之间博弈、拉动投资、引领科技创新、实现产业升级、发展数字经济的战略性基础平台，它能够为跨领域、全方位、多层次的产业融合提供基础设施，并可加速释放数字化应用对经济社会发展的放大、叠加和倍增作用。我国正积极采取措施，抓住当前 5G 发展的领先优势，积极探索，将 5G 充分应用于工业领域，抢占产业制高点，加速信息化与工业化的深度融合，助力工业企业的数字化转型。

21.3　航空领域应用场景与应用挑战

　　5G 的低时延、高可靠通信能力能够满足航空通信领域的众多需求，特别是 5G 与人工智能、大数据、云计算、工业互联网等技术的深度融合，将为大型商用飞机全生命周期的各个阶段带来创新性变革。5G 将在协同设计、智能制造、试飞验证、高效服务及空中飞行等各个方面发挥其万物互联能力，带来产品研制效率的提高，改变现有飞机服务模式，提升空中飞行旅客体验，引发机载系统架构全新变革，实现空天地一体化高效运行。

　　5G 在航空领域的应用场景将围绕商用飞机生产研制和商用飞机产品两个维度，从飞行、设计、制造、服务、试飞等方面，凸显"智慧飞行、空地互联""协同设计、互联感知""协同制造、柔性生产""智慧服务、互联试飞"的特点。

21.3.1　基于 5G 的工业制造模式变革

1. 基于"5G+工业神经网络"的工业数字化系统

5G 的到来推动了企业业务对象、业务过程、业务知识的全面数字化，使数据成为企业的生产资料，将企业的生产经营模式由传统的"以流程驱动为核心"变革为"以数据驱动为核心"。通过围绕航空企业过程管理体系，推动企业全业务流程的数字化定义，原创性提出"工业神经网络"概念，基于工业神经网络打造工业数字化系统。建立新型数据架构，实现生产数据的实时在线，并将人工经验、工艺文件、机理模型代码化，通过优化引擎、认知引擎、人工智能引擎、仿真引擎的训练与学习，实现工业机理的持续迭代，根据实时在线的数据与不断迭代的机理，打造集硬件驱动、终端控制、工业算法、数据集成、逻辑运算等组件一体化的工业操作系统，打造"商飞大脑"的智能设计、智能质量、智能采购等板块，形成数据驱动的新一代飞机研制模式，将烟囱式信息化系统变革为自学习可进化的企业大脑，实现工业软件驱动模式的变革。

如图 21.2 所示，目前中国商飞公司围绕飞机研制全流程开展研制活动的数字化，构建了 21421 个设计活动的神经元，开展研制路径的网络化，搭建了 122091 个设计路径的神经回路，最终实现了涵盖 38 个专业、11 个研制阶段的设计活动研制地图，第一次将复杂巨系统工程用数字化方式进行完整描述，沉淀了大飞机正向设计的规律和经验，实现了数据驱动设计。

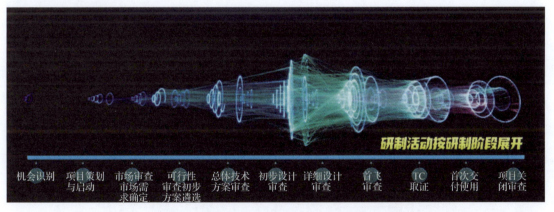

图 21.2　"商飞大脑"智能设计飞机研制地图

2. 基于 5G 专频专网的无线工业控制

2022 年 10 月 21 日，工信部向中国商飞公司颁发了国内第一张 5G 工业专用网络频率使用许可，这意味着民航制造业专频专网时代的到来。专频专网实现了与当前 5G 运营商公网的物理隔离，为一张确定、安全、隐私、可靠、本地化、自管理的工厂无线内网提供支撑，推动自主研发无线工控协议，推动 5G 真正进入工业生产的核心环节，实现对西门子、博世等西方国家传统有线工控的替代，推动机器人点对点通信、多机协同、远程实时控制等无线化生产模式的应用，将传统固定式产线变革为可移动的柔性产线，打造软件定义、可移动、柔性、智能的机器人社群式生产模式，实现工业硬件组织模式的变革。

5G专频专网变革了传统固定式产线打地基、建导轨的建设方式，可实现对工业机器人的稳定、可靠控制，以移动式自动导向车代替固定式导轨，以一个移动式站位代替多个固定式站位，无须企业布线、打地基，可节省66%以上的时间成本和50%以上的经济成本。图21.3为基于5G专频专网的复材活动面检测线。

图21.3　基于5G专频专网的复材活动面检测线

21.3.2　5G空地互联

1. 5G-ATG

ATG是一种沿航线部署地面基站，利用基站和空中机载通信设备，使飞机与地面实现双向通信的技术。5G-ATG主要利用5G专用的频段来解决对空网络的频率及无线电干扰等问题，它将彻底解决飞机在空中的网络孤岛问题，为飞机提供高带宽、低时延、低费用的通信链路接入，实现空天地一体化。5G-ATG架构如图21.4所示。

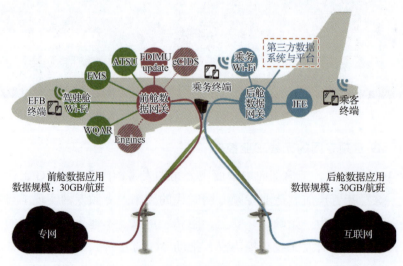

图21.4　5G-ATG架构

2. 5G 低空专网

与 ATG 针对航线运输不同，5G 低空专网面向无人机和通航飞机领域，无线信号覆盖 3000m 以下全空域。5G 低空专网将替代传统无人机的数传、图传通信链路，替代通航飞机的高频、甚高频通信链路，构建无人机和通航飞机全域宽带互联网络。

通过 5G-ATG 和 3000m 以下空域全覆盖的 5G 低空专网，可以构建空地之间的宽带通信网络，为基于 5G 的智慧客舱应用、运营健康管理、商用飞机智能网联等场景提供基础支撑技术。

21.3.3　5G 赋能飞机产品

1. 5G 的智慧客舱应用

通过 5G-ATG，可以为旅客提供在空中飞行过程中的宽带互联网接入，实现实时购物、云共享办公、高清视频点播、在线互联游戏、视频对话聊天等多种娱乐功能，大幅提升旅客的飞行过程体验，为旅客带来增值服务。5G 的智慧客舱应用如图 21.5 所示。

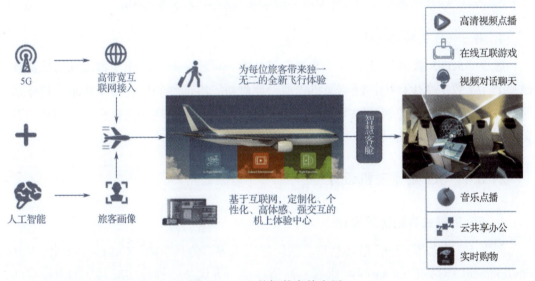

图 21.5　5G 的智慧客舱应用

2. 基于 5G 的数字孪生及运营维护

建立飞机数字孪生模型，通过 5G-ATG，将飞机状态数据和机载系统相关数据实时传输至地面，驱动虚拟飞机在线仿真，优化飞行性能，实现对飞机系统健康状态的预判和诊断，提高飞机维护维修效率。

3. 5G 航电总线架构

基于 5G 网络，构建机载无线主干网络，实现无线网络备份，提升主干网络设计的灵活性，减少电缆质量；通过 5G 网络和传统有线网络构成异构冗余、互为备份的航电系统架构，如图 21.6 所示。

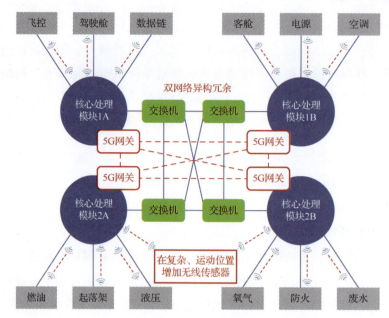

图 21.6　5G 网络和传统有线网络融合的航电系统架构

4. 基于 5G 的数字飞机

通过"5G+大数据""5G+人工智能"等技术，可将一架飞机全生命周期的数据整合到一个三维数字孪生体中，涵盖飞机构型、原材料、零部件制造、质量状态、设备清单等实时信息，形成可追溯的数字飞机产品，从而开创一种全新的交付模式，即在向客户交付物理飞机的同时交付数字飞机。

21.3.4　5G 赋能飞机设计

1. 5G 沉浸式异地协同设计

利用 5G 的大带宽、低时延特性，利用洞穴式虚拟仿真系统（Cave Automatic Virtual Environment，CAVE）、AR/VR 眼镜、高清摄像头等设备，构建实时共享的虚拟空间，连贯预研、设计、制造、客服、供应商等环节，支持异地技术人员"面对面"交流，实现设计人员异地协同迭代。5G 沉浸式异地协同设计平台如图 21.7 所示。

2. "5G+AR"远程适航目击

利用"5G+AR"技术，开发符合目击试验的 AR 体验程序，让异地的适航审定代表以第一人称的视点与现场技术人员共同完成符合性检查，不断提高适航效率，节省时间与经费。

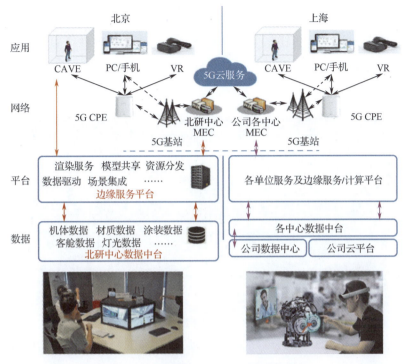

图 21.7　5G 沉浸式异地协同设计平台

21.3.5　5G 赋能飞机制造

1. 基于"5G+物联网"的全连接工厂

基于"5G+物联网"的全连接工厂可实现全生产要素、全流程互联互通，即设备互联、人员互联、工装互联、刀具互联、物料互联、产品互联，实现工厂物理世界与数字世界的实时互联。利用条形码、二维码、RFID 等数字化技术，结合智能终端与物联网系统，实现全生产要素数据的实时跟踪，并进行大数据智能分析决策，实现实时生产优化，如图 21.8 所示。

图 21.8　基于"5G+物联网"的全连接工厂

2. 基于"5G+机器视觉"的飞机产品质量检测应用

基于 5G 大带宽的特点，将像素为 8k 的相机或工业相机采集的超高清视频图像由

5G 网络传输至检测平台并进行智能分析，通过三维数据感知、数模匹配和图像识别等技术，智能完成航空大部件表面缺陷识别、复合材料拼缝及紧固件检测，可减少人工，提高效率，同时更好地保障产品质量。基于"5G+8k"的蒙皮表面质量检测系统如图 21.9 所示。

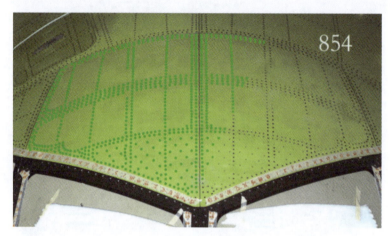

图 21.9　基于"5G+8k"的蒙皮表面质量检测系统

3. 基于"5G+AR"的智能装配辅助应用

基于 5G 大带宽的特点，将云平台上的各种飞机数模实时下载到现场 AR 眼镜端，通过将带有工艺信息的虚拟图像与现实画面精准叠加，实现辅助技术人员完成装配。此外，还可以依托 5G 的低时延性能实现现场与远程专家的实时协同，起到快速提供技术支持和防错作用，大幅提高装配效率和装配质量。基于"5G+AR"的智能装配辅助应用如图 21.10 所示。

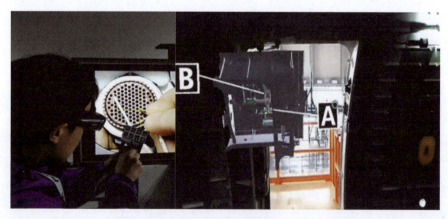

图 21.10　基于"5G+AR"的智能装配辅助应用

4. 基于"5G+人工智能"的工业机理快速沉淀

5G 与云计算、物联网和自然语言处理等技术的结合，将带来多源、实时、海量的工业数据，可以实现工业更强大的感知、更精准的决策、更实时的控制，带来数据的优化闭环，极大地促进人工智能在工业中的应用，实现工业机理的快速沉淀，大幅缩短喷丸成型与强化、复合材料无损检测等复杂工艺的技术研发和迭代周期。

5. 基于 5G 的工业元宇宙平台

应用 5G 可实现飞机制造全生命周期百万量级生产要素的实时在线和万物互联，结合数字孪生技术，打造集全生命周期、全要素、全产业链数据和模型资产于一体的工业元宇宙，开创无边界协同设计、虚拟研发优化、多维仿真推演、远程运维巡检、产品质量追溯、客户沉浸式监造等业务新范式，构建一种虚实融合、软硬兼容、人机协同的新生产模式。基于 5G 的工业元宇宙平台如图 21.11 所示。

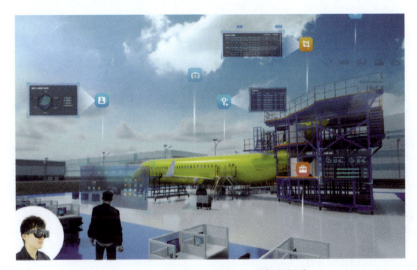

图 21.11　基于 5G 的工业元宇宙平台

21.3.6　5G 赋能飞机试飞

1. 基于 5G 的飞机试飞验证协同应用场景

应用 5G 可实现试飞跑道两侧分布式的试飞测量与指挥监控系统高速无线组网，并能应用边缘计算技术实现试飞数据的实时高效处理、分析和可视化展示，以支持试飞航前准备、实时指挥监控、航后讲评与试飞数据快速处理交付等试飞试验业务的高效开展，最终有效提高试飞试验效率，确保以更高的质量和安全性开展试飞试验。基于 5G 的飞机试飞验证协同应用场景如图 21.12 所示。

2. 基于 5G 高速率的多地远程协同试飞改装

将基于"5G+MR"技术的多地远程协同、远程交互与验证、智能工作流等功能应用于试飞改装的协调、设计、工艺和实施流程，可丰富试飞改装设计和协同工作手段，加大改装现场的支持保障力度，并提高改装工作效率和质量。通过在不同地区试飞改装现场部署"5G+MR"设备及软件，可以满足多地试飞改装的业务场景需求。

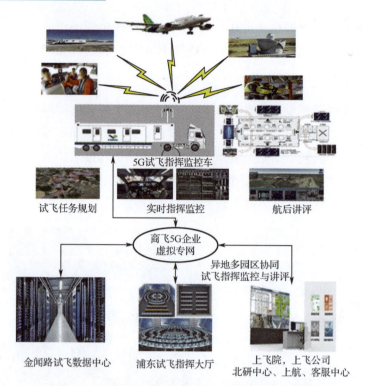

图 21.12 基于 5G 的飞机试飞验证协同应用场景

21.3.7 5G 赋能飞机运营

1. 基于"5G+MR"的机型培训

使用 MR 设备，并结合飞机机务培训的起落架实物模型、APU 实物模型、驾驶舱窗实物模型及真机等，能提供高交互性与高逼真性的系统组成展示、部件位置识别与拆装程序展示等 MR 培训课程。基于"5G+MR"的机型培训如图 21.13 所示。

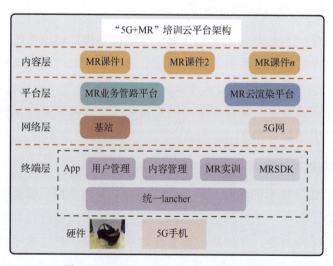

图 21.13 基于"5G+MR"的机型培训

2. 基于 5G 高速率的 AR 模拟机维护及远程指导

基于 5G 网络高速率、低延时的特性，建设一套以 AR 技术为载体的模拟机维护指导系统，可以实现智能检修，支持远程专家指导、多人互动协作等业务。这能极大地缩短维修人员的培训时间和适应时间，也能降低由于人为疏忽导致的错装和漏装，让维修工作更安全、更容易。

21.4　发展路线图

目前，5G 正处于快速发展阶段，但一方面相关标准还在不断迭代升级，另一方面 5G 基础建设仍需不断完善，尚未实现全国独立组网，所以 5G 的众多优势尚未完全发挥出来。根据 5G 的发展趋势及商用航空技术成熟度的提高，5G 在商用航空领域的实施大体可分为应用培育期（2020—2022 年）、应用扩展期（2023—2025 年）、全面融合期（2026—2030 年）3 个阶段。本章整理了具体发展路线图，如图 21.14 所示，供大家参考。

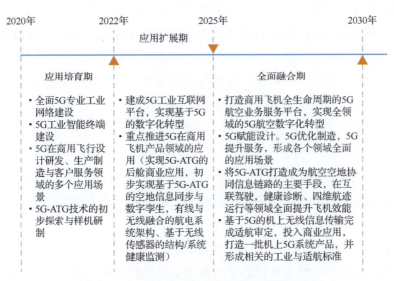

图 21.14　5G 在商用航空领域的发展路线图

在应用培育期，以建立基于 5G 的企业无线内网和推动 5G 与商用飞机的研发链条紧密结合为主，推动 5G 在商用飞机研发设计、生产制造、试飞测试、服务运营等各个环节和场景中的应用。这一阶段将实现 5G 技术在"点"上的应用突破，形成多个可提效增速的 5G 应用解决方案，重点针对 5G 在商用飞机型号上应用的技术基础、基础设施等开展研究与建设工作。

在应用扩展期，以全面数字化转型下的企业 5G 工业互联网平台建设与应用和推动 5G 在商用飞机上的机载应用为主，建成基于 5G 的商用飞机工业互联网平台，实现 5G 在商用飞机全生命周期的覆盖及应用。借助 5G 的万物互联能力，在这一阶段将实现企业全面数字化转型，实现 5G 在商用飞机研制过程中"面"上的应用突破，打通 5G 各个场景，并通过 5G 工业互联网平台实现"设计—制造—装配—测试—运营"全过程的 5G 场景链接，打破数据孤岛。

在全面融合期，主要推动 5G 在商用飞机产品中的全面应用，进一步发掘 5G 与商用飞机机载系统的创新融合点，解决 5G 在重大关键系统、关键场景（如基于 5G 在飞控传输链路中的应用、5G-ATG 在飞机地面远程控制中的应用）中应用的难点问题。在该阶段将进一步发挥 5G 在减少飞机质量、增强机载系统之间的信息互联能力方面的作用，重点实现 5G 在商用飞机研制过程中的"体系"突破，打通型号主制造商与供应商之间的 5G 互联平台，实现商用飞机研制供应链上的全场景和全过程 5G 应用。

21.5 经济性和环保性分析

5G 是一项赋能技术，其对商用飞机全生命周期的赋能主要体现在研制过程的效率提升、周期缩短及质量保障等方面。例如，5G 所提供的异地沉浸式协同设计和 5G 异地远程适航目击试验均可以减少研究人员和实验人员的差旅经费与交通时间，大幅提高协同办公的效率。"5G+试飞"提供的空天地试飞网络可以实时动态地传递试飞数据，在一次试飞中可以完成更多的测试任务，大幅提高试飞效率。"5G+制造"所构建的全连接工厂，为所有的制造数据提供一朵云存储、管理与应用服务，通过人工智能算法可不断优化生产流程的执行细节，节省时间，做到预加工、预制造。

5G 在产品型号上的应用也将显著提升飞机的经济性。例如，将 5G 应用在机载总线后，部分航电总线将被替换为无线方式，在减少线缆质量的同时优化空间结构布局。5G-ATG 技术将构建高速空地宽带信息链路，基于 5G-ATG 提供的宽带链路，PHM、飞行安全健康监测等用于提升飞机维护维修效能、提前预判飞行风险的技术将真正发挥作用，从而提升飞机在运营全生命周期内的经济性。

综上所述，5G 将从飞机设计研发、生产制造、试飞服务、运行运营等方面带来经济性的提升，是未来国产商用飞机打造非对称竞争优势的重要手段。

参考文献

[1] 徐庆飞，沈杰. 移动通信发展历程及其在战术通信中的应用[J]. 宇航总体技术，2021，5(4): 59-66.

[2] 苑朋彬，杨帅，赵蕴华，等. 5G 全球趋势与中国战略[J]. 全球科技经济瞭望，2019，34(9): 18-22.

人工智能 第22章

人工智能是计算机科学的一个分支，它试图了解智能的实质，并生产出一种新的能与人类智能相似的方式做出反应的智能机器，主要用于翻译、智能控制、专家系统、机器人学、语言/图像理解、遗传编程、自动程序设计等，或者执行一些生命体无法做到的、复杂的或规模庞大的任务。本章介绍了人工智能的技术起源、发展与演进及关键技术的发展等，阐述了人工智能在技术发展和行业应用上的特点和优势，系统分析了人工智能在航空领域的智能飞行、智能设计、智能制造、智慧服务、智能试飞等场景下发挥赋能作用的研究实践与探索，最后展望了人工智能在航空领域的应用蓝图和前景。

目前，计算机视觉、自然语言处理、语音识别、生物特征识别、VR/AR、人机交互等人工智能关键技术在实体经济领域发挥了重要的驱动力。例如，计算机视觉技术在智慧城市、智慧安防、智慧物流、智慧金融、智慧医疗、无人驾驶等领域得到广泛应用。深度神经网络和超大规模的训练数据能够帮助语音识别系统处理多语种、多场景的数据，并和自然语言处理技术结合被开发成多种以语音为媒介的人机交互应用或接口，比较著名的有苹果公司的 Siri、亚马逊公司的 Alexa、讯飞和阿里巴巴提供的语音开发接口，以及具备语音控制功能的各类物联网家电、设备，乃至工业、民用机器人等。

伴随着数据可用性、先进算法和大规模计算能力的提升，人工智能在航空领域的全部潜力将逐步显现，使航空领域的智能化水平得到实质的提高。人工智能必将在广阔的范围内深入地影响航空业的发展，并且像信息技术一样，会发生多层次序列性变革，发展趋势具有很强的确定性。

国际标准《信息技术—人工智能—概念与术语》（ISO/IEC 22989：2022）将人工智能（Artificial Intelligence，AI）定义为已工程化（设计并制造）的系统感知环境的能力，以及获取、处理、应用和表示知识的能力。AI 是计算机科学的一个分支，它试图了解智能的实质，并生产出一种新的能以与人类智能相似的方式做出反应的智能机器。

22.1 国内外发展概况

从应用角度来看，AI 领域的关键技术包括计算机视觉、自然语言处理、语音识别、生物特征识别、VR/AR、人机交互等，主要用于翻译、智能控制、专家系统、机器人学、语言/图像理解、遗传编程、自动程序设计等，或者执行一些生命体无法做到的、复杂的或规模庞大的任务，如图 22.1 所示。

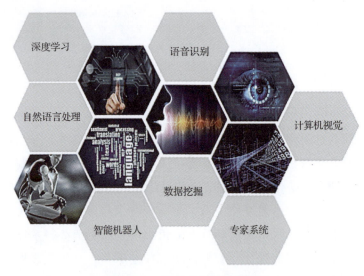

图 22.1　AI 的主要研究领域

22.1.1　发展历史

20 世纪 60—70 年代，AI 的发展迎来了黄金期，以逻辑学为主导的研究方法成为主流。AI 利用计算机实现机器化的逻辑推理证明，但最终难以实现。1974—1980 年，AI 技术的不成熟和过誉的声望使其进入"寒冬"，与 AI 相关的研究和投资大幅减少。1980—1987 年，专家系统研究方法成为 AI 研究中的热门内容，资本和研究热情再次燃起。1987—1993 年，计算机的计算能力有了长足的进步，人们试图通过建立基于计算机的专家系统解决问题，但是由于数据较少且局限于经验知识和规则，难以构筑有效的系统，资本和政府支持再次撤出，AI 迎来第二次"寒冬"。20 世纪 90 年代以后，随着计算力和数据量的大幅提升，AI 获得进一步优化。至今，计算力和数据量的进一步提升帮助 AI 在机器学习领域取得重要进展，特别是 2016 年深度学习项目 AlphaGo 战胜围棋世界冠军，标志着由神经网络主导的深度学习领域得到了极大的突破。2017 年 8 月，经过短短两周的学习之后，OpenAI 机器人"DOTA2"（大型电子竞技锦标赛"The International"的核心游戏）比赛中击败了几名世界顶尖选手，标志着强化学习的巨大进展，表明了这些系统可以高效地自我学习并能掌握新的技能。自此，AI 市场开始了新一轮的爆发，AI 发展历史如图 22.2 所示。

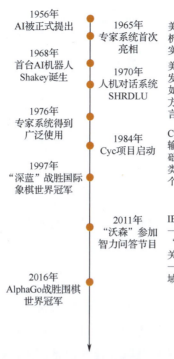

由香农和其他10位学者在达特茅斯会议上正式提出AI的概念

美国斯坦福国际研究所研制了移动式机器人Shakey，这是首台采用AI技术的机器人。Shakey能自主进行感知、环境建模、行为规划并执行任务。

美国斯坦福大学的爱德华·肖特里夫等人发布医疗咨询系统MYCIN，可用于对传染性血液病患的诊断。这一时期还陆续研制出了适用于生产制造、财务会计、金融等领域的专家系统

IBM公司的国际象棋计算机"深蓝"（DeepBlue）战胜了国际象棋世界冠军卡斯帕罗夫。它的运算速度为每秒2亿步棋，并存有70万份大师对战的棋局数据，可搜寻并估计当前步棋之后的12步棋

AlphaGo是由谷歌旗下的DeepMind公司开发的AI围棋程序，具有自我学习能力。它能够收集大量围棋对弈数据和名人棋谱，学习并模仿人类下棋。DeepMind公司已进军医疗保健等领域

1956年
AI被正式提出

1965年
专家系统首次亮相

1968年
首台AI机器人Shakey诞生

1970年
人机对话系统SHRDLU

1976年
专家系统得到广泛使用

1984年
Cyc项目启动

1997年
"深蓝"战胜国际象棋世界冠军

2011年
"沃森"参加智力问答节目

2016年
AlphaGo战胜围棋世界冠军

美国科学家爱德华·费根鲍姆等研制出化学分析专家系统程序DENDRAL。它能够通过分析实验数据判断未知化合物的分子结构

美国斯坦福大学计算机教授T.维诺格拉格开发的人机对话系统SHRDLU，能分析指令，比如理解语义、解释不明确的句子，并通过虚拟方块操作来完成任务。由于它能够正确理解语言，被视为人工智能研究的一次巨大成功

Cyc项目试图将人类拥有的所有一般性知识都输入计算机，建立一个巨型数据库，并在此基础上实现知识推理，它的目标是让AI能够以类似人类推理的方式工作，成为AI领域的一个全新研发方向

IBM开发的AI程序"沃森"（Watson）参加了一档智力问答节目并战胜了两位人类冠军。"沃森"存储了2亿页数据，能够将与问题相关的关键词从看似相关的答案中抽取出来。这一AI程序已被IBM公司广泛应用于医疗诊断领域

图 22.2　AI 发展历史

22.1.2　技术演进

当前，AI 已成为科技创新的关键领域和数字经济时代的重要支柱。自 2016 年起，先后有 40 多个国家和地区将推动 AI 发展上升到国家战略高度。近两年来，越来越多的国家认识到 AI 对于提升全球竞争力具有关键作用，并纷纷深化 AI 战略。

2016 年，美国发布全球首份国家层面的 AI 发展战略计划——《国家人工智能研究和发展战略计划》，制定了 AI 的七大发展战略，具体包括以下内容。①2 项基础战略：长期投资数据分析、机器人、硬件、类人 AI、AI 可扩展性、AI 架构、理论限制、感知领域；"人-AI"协作，包括具有人类意识的 AI、增强人力、自然语言处理、人机界面和虚拟化。②5 项交叉分割研究：AI 的道德、法律和社会影响；安全；标准和基准；数据集和环境；具有 AI 能力的劳动力。

美国陆续成立了国家 AI 倡议办公室、国家 AI 研究资源工作组等机构，各部门密集出台了一系列政策，将 AI 提升到"未来产业"和"未来技术"领域的高度，不断巩固和提升美国在 AI 领域的全球竞争力，确保其"领头羊"地位。

欧盟发布《欧洲新工业战略》（2020 年 3 月）、《2030 数字指南针：欧洲数字十年之路》（2021 年 3 月）等，拟全面重塑欧盟在数字时代的全球影响力，其中将推动 AI 的发展列为重要的工作。

2017 年，我国发布《新一代 AI 发展规划》，明确提出我国 AI 三步走的目标。《中共中央关于制定国民经济和社会发展第十四个五年规划和二〇三五年远景目标的建议》指

出，要瞄准 AI 等前沿领域，实施一批具有前瞻性、战略性的国家重大科技项目，推动数字经济健康发展。

未来 AI 除了重视技术创新，还应关注工程实践和可信安全，由此构成了新的三维发展坐标，牵引 AI 产业迈向新的台阶。事实上，业界在各个维度上的努力早已开始，并且从未停止过，只是时至今日，工程实践和可信安全被摆在了更加重要的位置。三维发展坐标并非完全独立的，而是相互交织、相互支撑的。

22.1.3 关键技术的发展

AI 领域的关键技术有计算机视觉、自然语言处理、语音识别、生物特征识别、人机交互等，它们是目前 AI 应用于实体经济的重要驱动力。

1. 计算机视觉

计算机视觉是使用计算机模仿人类视觉系统的科学，让计算机拥有类似人类提取、处理、理解和分析图像及图像序列的能力。自动驾驶、机器人、智能医疗等领域均需要利用计算机视觉技术从视觉信号中提取并处理信息。近年来，随着深度学习技术的发展，预处理、特征提取与算法处理渐渐融合，形成端到端的 AI 算法技术。

计算机视觉大致可以分为目标检测、图像分割、图像增强、图像生成、人脸分类识别、姿态估计、立体视觉、计算成像学、图像理解、三维视觉和视频编解码等几大类。其产业链可分为基础层、技术层和应用层。基础层包括硬件支持、算法支持和数据集；技术层包括视觉技术平台、视频识别、图片识别和模式匹配；应用层包括计算机视觉技术在智慧城市、智慧安防、智慧物流、智慧金融、智慧医疗、无人驾驶等领域的应用。

目前，计算机视觉技术发展迅速，已具备初步的产业规模。未来计算机视觉技术的发展主要面临以下挑战。一是如何在不同的应用领域与其他技术更好地结合，计算机视觉技术在解决某些问题时可以广泛利用大数据，计算能力已经逐渐成熟并且可以超过人类，但在某些问题上无法达到很高的精度。例如，无论是自动驾驶还是工业检测，要求的精度都非常高，但现阶段计算机视觉技术还达不到行业实践所需要的精度，从而在一定程度上阻碍了技术推广和商业化落地。二是如何降低计算机视觉算法的开发时间和人力成本，计算机视觉算法需要大量的数据与人工标注，需要较长的研发周期以达到应用领域所要求的精度与耗时，海量的数据几乎全部依赖数据标注师手工进行标注，因此计算机视觉算法开发周期较长。三是如何加快新型算法的设计与开发，随着新的成像硬件与 AI 芯片的出现，针对不同芯片和数据采集设备的计算机视觉算法的设计与开发也是挑战之一。计算机视觉早期的应用是采用服务器的软件算法完成计算的，随着互联网技术的不断成熟，扩展到采用云端完成计算，这对网络带宽和云服务器的计算量要求非常高。因此，计算机视觉算法的大规模产业化应用必然需要专业的芯片来完成。英特尔和高通等芯片制造商正在投资加速机器视觉推理的专用处理器。

2. 自然语言处理

自然语言处理是计算机科学领域与 AI 领域的一个重要发展方向，其研究实现人与计算机之间用自然语言进行有效通信的各种理论和方法，涉及的领域较多，主要包括机器翻译、语义理解等。其中，机器翻译指利用计算机技术实现从一种自然语言到另一种自然语言的翻译过程，基于深度神经网络的机器翻译在日常口语等一些场景中的成功应用已经显现出了巨大潜力，随着上下文的语境表征和知识逻辑推理能力的发展，自然语言知识图谱不断扩充，机器翻译将在多轮对话翻译、篇章翻译等领域取得更大进展。语义理解指利用计算机技术实现对文本的理解并回答与文本相关的问题的过程。随着MCTest 数据集的发布，语义理解技术受到了更多的关注，获得了快速发展，相关数据集和对应的神经网络模型层出不穷，并将在智能客服、产品自动问答等相关领域发挥重要作用，进一步提高问答与对话系统的精度。

自然语言处理面临以下四大挑战。一是在词法、句法、语义和语音等不同层面存在不确定性；二是新的词汇、术语、语义和语法导致未知语言现象的不可预测性；三是数据资源的不充分使其难以覆盖复杂的语言现象；四是语义知识的模糊性和错综复杂的关联性难以用简单的数学模型描述，语义计算需要进行参数庞大的非线性计算。

3. 语音识别

语音识别常被称作自动语音识别、计算机语音识别或语音转文本等，它利用语言学、数字信号处理及 AI 技术将人类的语音进行处理后转换为文本格式。尽管语音识别技术的发展已经有 60 多年的历史，但直到 2010 年，语音识别的性能才真正进入日常应用。在某些特定的数据集上，语音识别的准确率已经超过 95%，达到并超过了人类专业转写员的水平。深度神经网络和超大规模的训练数据能够帮助语音识别系统处理多语种、多场景的数据，并和自然语言处理技术结合被开发成多种以语音为媒介的人机交互应用或接口，比较著名的有苹果公司的 Siri、亚马逊公司的 Alexa、讯飞和阿里巴巴提供的语音开发接口，以及具备语音控制能力的各类物联网家电、设备，乃至工业、民用机器人等。在大多数常见的应用场景中，语音识别已被视为一个"已解决的问题"。其实语音识别技术仍然面临如下挑战。①在极端声学环境下（如高噪声环境下）的语音识别；②专业领域（如医疗、航空、生产等具备大量专业词汇和特定语法的领域）的语音识别；③多语种混合的语音识别；④稀疏资源语种的语音识别。

4. 生物特征识别

生物特征识别指融合计算机、光学、声学、生物传感器、生物统计学，利用人体固有的生理特征或行为特征，如指纹、人脸、虹膜、静脉、声音、步态等进行个人身份识别认证的技术。从应用流程看，生物特征识别通常分为注册和识别两个阶段。在注册阶段利用传感器对人体的生物表征信息进行采集，如利用图像传感器对指纹和人脸等光学信息进行采集，利用麦克风对说话声等声学信息进行采集，利用数据预处理及特征提取技术对采集的数据进行处理，得到相应的特征进行存储。

5. 人机交互

人机交互主要研究人和计算机之间的信息交换，主要包括人到计算机和计算机到人两部分信息交换，是 AI 领域重要的外围技术。人机交互是与认知心理学、人机工程学、多媒体技术、VR 技术等密切相关的综合学科。传统的人与计算机之间的信息交换主要依靠交互设备进行，主要包括键盘、鼠标、操纵杆、数据服装、眼动跟踪器、位置跟踪器、数据手套、压力笔等输入设备，以及打印机、绘图仪、显示器、头盔式显示器、音箱等输出设备。人机交互技术除了包括传统的基本交互和图形交互技术，还包括语音交互、情感交互、体感交互及脑机交互等技术。目前较常应用的是语音交互技术，如各类消费电子设备提供的语音助手能力，以及军用战斗机上的语音指令识别系统等。

22.2 技术特征与应用优势

AI 涉及哲学和认知科学、数学、神经生理学、心理学、计算机科学、信息论、控制论、不定性论、仿生学、社会结构学与科学发展观。它的研究范畴包括语言的学习与处理、知识表现、智能搜索、推理、规划、机器学习、知识获取、组合调度、感知、模式识别、逻辑程序设计、软计算、不精确和不确定的管理、人工生命、神经网络、复杂系统和遗传算法等人类思维方式,最关键的难题是机器的自主创造思维能力的塑造与提升。新一代 AI 技术在发展和行业应用上具有以下 5 个特点。

（1）从人工知识表达到大数据驱动，再到数据驱动和知识驱动相结合的知识学习体系。

（2）从分类型处理的多媒体数据转向跨媒体的认知、学习、推理，这里的"媒体"不是新闻媒体，而是界面或环境。

（3）从追求更高水平的智能机器、人机与脑机的相互协同和融合走向混合型人机增强智能。

（4）从聚焦个体智能到聚焦基于互联网和大数据的群体智能，把很多人的智能集聚融合起来变成群体智能。

（5）从拟人化的机器人转向更加广阔的智能自主系统，如智能工厂、智能无人机系统等。

AI 技术被逐步纳入航空流程和应用程序中，以提高生产力和效率。作为战略前沿技术，AI 技术与航空领域的结合有其特殊优势。首先，AI 技术能够在复杂的现实世界数据中识别出人类和传统计算机辅助分析系统难以识别的模式，这使得 AI 非常适合航空领域。其次，航空应用场景的空间环境广袤单纯，飞行任务流程标准化程度高，飞行器自主性需求高，控制系统自动化基础较好，特别是大型民用飞机试飞和运行阶段积累了大量的、多维的、完备的基础大数据和知识库等，为 AI 技术在民用飞机制造领域的应用提供了良好的基础。智能感知、主动认知、自动控制、自主管理、复杂处理、互联互通、重构升级等已经成为未来民用飞机制造系统的基础能力。随着时间的推移，以及数据的可用性、先进的算法和计算能力的大幅提升，AI 在航空领域的全部潜力将逐步显现出来，为航空领域带来真正的进步。

22.3 航空领域应用场景与应用挑战

随着现代通信与信息、大数据、AI、网络、智能控制等新一代智能化技术的发展及其与制造业的深度融合，民用飞机的智能化发展被认为是运输类飞机的下一个发展方向。

22.3.1 智能飞行

随着 AI 技术与大数据技术的快速发展，越来越多的飞机系统运行数据采集和分析工具被开发与使用，基于 AI 技术的算法模型与系统故障识别和性能预测领域的应用结合越来越深入。民航业巨头波音公司和空客公司在已有的软件系统平台基础上相继推出了升级的数据分析服务，以进一步提高系统故障识别和性能预测领域的技术水平。例如，波音公司于 2017 年宣布启动 AnalytX 数据分析服务，该服务涉及飞机油耗分析、系统健康管理、驾驶员疲劳风险管理等领域，利用科学的程序和方法，最大限度地提高了飞机的智能化水平。同期，空客公司也发布了航空数据开放平台"智慧天空"（Skywise），该平台通过整合运营商和制造商拥有的数据进行运营分析，并为飞行员和地面机务人员提供决策参考。

近年来，国内外民用飞机制造企业非常重视智能飞行技术的发展，如空客公司旗下的 A3 实验室于 2018 年 6 月推动"自主滑行及起降"（Autonomous Taxi, Takeoff & Landing, ATTOL）项目与 Wayfinder 项目的并行，将机器学习与深度学习技术直接应用于机载系统的功能优化上，两个项目团队于 2020 年 1 月和 4 月协同实现了基于视觉的大型运输机的滑跑、起飞与降落。

根据新一代 AI 技术的发展趋势与赋能特点，以 AI 促进大型客机创新变革为目标，以智能飞行作为"大飞机+AI"的核心应用，聚焦飞机飞行过程智能化和旅客乘坐体验智能化的智能飞行应用场景如图 22.3 所示。智能飞行是未来空中交通出行的新模式、新流程与新体验，是大型客机、空管、机场场面管理、航空公司运维同步智能化，且共同受益的一种飞行模式。智能飞行将改变飞机现有的飞行驾驶模式，升级旅客客舱体验，实现更精准的航迹控制、更智能自动的飞行操控、更安全的飞行过程。

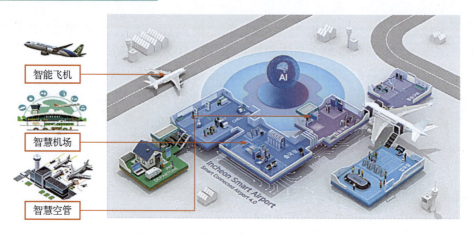

图 22.3　基于 AI 的智能飞行应用场景

22.3.2　智能设计

智能设计围绕未来智能飞机的内涵和先进设计过程的定义，以提高大型客机全过程设计效率、优化设计流程、提升机载系统智能化水平为目标，利用已积累的设计数据（如气动参数、结构方案、强度数据等），重点开展基于机器学习的概念方案快速定义技术、气动外形自动优化技术、深度学习下的强度网格划分技术、智能试验技术、智能航电系统等关键技术研究及系统原型研制。基于 AI 的智能设计应用场景如图 22.4 所示。

图 22.4　基于 AI 的智能设计应用场景

近年来，国内外民用飞机主制造商都非常重视智能设计技术的发展。例如，中国商飞公司联合华为公司开展了东方·御风项目，该项目基于华为昇腾 AI，打造了面向国产大型民用客机的流场高效高精度 AI 仿真预测模型。在昇思流体仿真套件的支持下，该模型可有效提高对复杂流动的仿真能力，减少风洞试验的次数。同时，该模型可对流场中变化剧烈的区域进行精准预测，如图 22.5 所示。

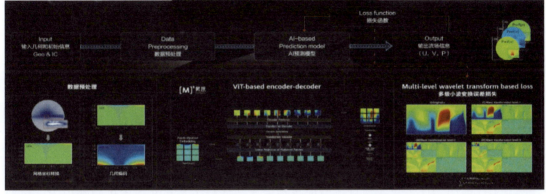

图 22.5　中国商飞公司与华为公司联合开发的面向国产大型民用客机的流场高效高精度 AI 仿真预测模型

22.3.3　智能制造

基于 AI 的智能制造应用场景——智慧工厂如图 22.6 所示。智能制造以提高生产效率和产品质量为目标，重点开展基于机器视觉的复合材料机翼拼缝检测、复合材料质量缺陷检测、装配物料的智能配送、工艺流程自主决策、5G 网络覆盖下的虚拟孪生工厂等技术研究和工厂建设，推广流程智能制造、网络化协同制造、远程诊断与运维服务等新型制造模式，推进制造全生命周期活动智能化。

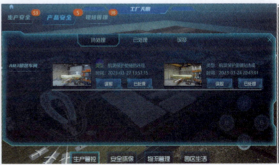

图 22.6　基于 AI 的智能制造应用场景——智慧工厂

民航飞机零件，特别是长周期、长流程零件，在工艺设计与制造过程中缺乏有效的知识推荐与集成，工艺人员凭个人经验进行大量的重复性设计，容易导致工作效率低下，同时在工艺设计过程中有效知识提取难度大，知识复用率与共享能力低，供应链协同设计制造能力差，缺乏一个协同设计与知识共享的全功能平台，由此开展了知识驱动的零件制造智能工艺设计技术研究。通过研究面向零件智能工艺设计的柔性管理技术，提高知识的有效积累与应用，开展零件智能机加工艺规划、智能成型工艺设计、智能加工编程技术研究，构建面向网络协同的工艺设计与模型管理集成平台，突破供应链联合研制的数字化协同核心技术，推动新一代飞机向数字化设计制造协同模式转变。某型号飞机典型零件为左侧蒙皮，其数模如图 22.7 所示。

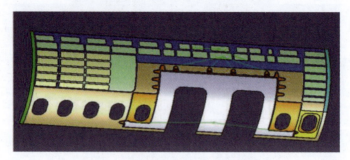

图 22.7　某型号飞机左侧蒙皮数模

基于反馈的零件工艺知识自适应优化技术主要通过工艺员在使用机加知识库、成型知识库过程中的点击、选择、偏好等反馈行为进行强化学习，从而形成符合工艺员使用习惯的推荐信息，形成用户界面友好的"人在环中"智能交互框架，提升零件工艺知识推送的实用性和准确性。

在零件工艺知识方面，在平台上存储大量的制造大纲资源，对于新加入的工艺员而言，会出现资源过载、选择困难的问题，无法满足新工艺员学习的个性化需求。自适应学习路径推荐是用于解决新工艺员基于零件工艺知识进行培训学习的"一致性"问题，是以分析工艺员的各种工序删改、工序顺序安排以及相关注意事项备注方面的行为，建立个性化学习者模型为前提，以构建零件工艺知识领域知识图谱为数据支撑，将学习者模型与领域知识图谱相结合制定自适应学习推荐路径策略为关键研究内容。零件制造大纲知识图谱构建策略是以自适应学习路径策略推荐的学习者模型、零件工艺领域模型、推荐策略为核心，通过对国内外发展现状的分析，研究一种利用知识图谱对零件工艺知识进行结构化表达的方法，并结合工艺员个体特征给予其自适应调节，有利于提升工艺员培训效率。

22.3.4　智慧服务

围绕大型客机生命周期后半程的持续服务，以降低航空公司运营成本、提高维护维修效率、增强支援保障能力为目标，在培训、运行支援、运营管理、维护维修等场景下，重点开展基于大数据的智能运营分析与决策，基于快速数据存取记录器数据的飞行操作改善，机载系统的实时监控与智能健康诊断，无人机外观检测、机器人检测与维修等技术研究及产品研制。基于 AI 的智慧服务应用场景如图 22.8 所示。

健康状态诊断

最优维修决策

运营策略分析

飞行操作改善

航材智能管理

图 22.8　基于 AI 的智慧服务应用场景

　　要保证民航飞行安全，最关键的是保证飞机的持续适航。要保证飞机的持续适航，就需要按期、按规程对飞机进行安全可靠的维修。飞机维修业务一直伴随着航空业特别是民航业的发展而发展。近年来，国内外民航业发生了多起由于机务人员维修不当引起的飞行安全事故，造成了重大人员伤亡和财产损失。面对更高效、更经济、更精确的民航维护维修需求，智能维护维修体系建设和特种维检机器人的研制应用得到了普遍的关注。传统的民用飞机维护维修任务工作量较大，人力成本较高，而其过程又易受人为因素的干扰，导致修理质量难以控制，给飞机的最终修理质量带来不确定性影响。采用新构型的机器人进行民用飞机的维护维修工作，对我国未来民用飞机先进维护维修技术研究有重大意义，能在有效提高检测准确度的同时，降低维护成本和机体结构设计难度。

　　以飞机油箱检修为例，自 1959 年以来，全球共出现过 18 起燃油箱着火事故，造成542 人遇难，损失了 12 架飞机。因此，预防燃油气的燃烧是适航当局、飞机制造商和用户迫切需要解决的任务。而飞机油箱着火主要是由于飞机燃油渗漏造成的。飞机在空中飞行时，由于受到空气动力的影响，油箱会承受一定的载荷，在受载的情况下材料会变形和相对蠕动，紧固件会因变形而松动，导致密封材料剥离、老化变质，以上原因均会导致飞机的燃油出现渗漏现象。在民航机务维修中，针对燃油渗漏而进行的油箱修补的关键是查找渗漏油点。飞机油箱由位于机身的中央油箱、位于大翼的两个主油箱和位于翼梢的通气油箱组成。民航飞机油箱内部结构复杂，底部均布桁条，侧边分布着燃油管路和各种线路等，空间十分狭小，油箱内部因长期浸油，排空后空气中有毒气体浓度较高，作业环境极其恶劣。目前，在机务维修中主要通过人工方式进行内漏点及腐蚀位置的检测，存在检查效率低及威胁机务人员身心健康等问题。机翼内部检修环境如图 22.9所示。

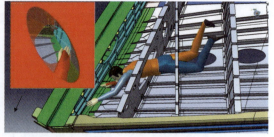

图 22.9　机翼内部检修环境

同时，飞机机翼油箱等狭小的空间也有维检需求，在结构设计之初需要依据维护维修中的可达可检要求，提前预留结构设计维修孔径，满足维修工人的进出作业，这一预留结构设计会对机翼结构强度设计产生影响，开放维修孔径的尺寸将直接影响机翼结构设计过程，不利于对翼形的结构设计做进一步优化。

新构型机器人可适应现有飞机狭小空间的维护维修作业需求，在解决上述问题的同时，可以提高飞机维检的效率和精确性，加快民航智能维护维修体系的建设进程，满足民航领域对安全性、经济性和效率日益增长的需求。

英国 OC Robotics 公司研制了 II-X125 型超冗余机器人，其臂杆长度范围为 1.0～3.1m，由 12 段连杆（24 个自由度）构成，臂杆直径为 125mm，末端负载可达 10kg。根据配置的不同，机械臂的弯曲半径可达 160～950mm。该机器人提供的控制方式有遥控操作、关节空间控制、笛卡儿空间控制及末端跟踪控制等。这类机器人可以在翼盒油箱等狭小的空间下及环境恶劣的条件下执行基本任务，已经被逐步应用于核电站监测、飞机内部焊接等领域。中国民航大学的高庆吉教授团队针对民航飞机油箱复杂环境的监测问题设计了一款油箱检查机器人。该款连续型超冗余机器人在设计上考虑了油箱环境的危险性，采用了电机后置驱动绳索的控制方式。该机器人由 3 段组成，每段都通过中间的 7 个支撑盘作为绳索的导引，实现在三维空间的俯仰和偏航两个自由度运动。

22.3.5　智能试飞

智能试飞以提升试飞能力、降低试飞风险为目标，通过试飞数据分析不断改进设计，重点开展空地镜像的虚拟试飞技术，基于真实飞行数据的地面试飞技术，进行大数据的试飞方案自主设计、试飞数据智能化分类与分析等技术研究，建立试飞数据库，形成试飞与设计的数字化闭环，应用智能试飞技术减少空中实际试飞的频次和时间。试飞智能态势感知是以安全大数据为基础，从全局视角提升对安全威胁的发现识别、理解分析、响应处置能力的一种方式，最终目标是采取决策与行动，实现安全能力的落地。基于 AI 的智能试飞应用场景如图 22.10 所示。

从试飞的角度看，智能辅助增强愿景下的试飞过程是对当前飞行的全面优化，具体包括以下几项。①在滑行阶段，提供自动塔台信息交互与指令识别，以及安全、高效率且环境适应能力强的自主场面引导与运行。②在起飞阶段，进行精准的导航与起飞策略规划，提供更安全的起飞任务执行方案，提高对试飞区及周边空域气象信息、周边态势的灵敏感知，依据试飞任务的特征制定满足测试要求的飞行策略，提供协同式实时空管体系、全球覆盖的高精卫星定位、适应多飞行模态的飞行控制算法、灵活的机体气动外形主动控制。③在下降阶段，主动提供丰富的地面信息，为着陆做足必要的准备。④在进近与着陆阶段，提供灵活的空管支持，保证飞机成功降落跑道并安全无障碍地滑行至指定位置。

图 22.10　基于 AI 的智能试飞应用场景

　　智能综合试飞任务规划与优化技术以民用飞机试飞项目为工作对象，围绕试飞任务核心，解决试飞全周期内存在的复杂约束、在不确定条件下分配任务、统筹资源、管理进度、控制成本、降低风险的问题。通过建立结构化数学模型，依据可调节项目决策准则，针对每个选项，提供进程预判和推演，建立决策模型，在风险、周期、成本等维度提供可供选择的方案，并利用先进的计算工具，集成试飞信息数据库，实现人机交互功能良好的可视化优化系统，解决当前依靠人工规划，无法实现全局性、实时性、预判性试飞进程规划的问题。

　　近年来，国内外民用飞机主制造商对智能试飞技术的重视程度越来越高，如中国商飞公司正在研制一套数字化试飞智能辅助系统，该系统包括机上部分和地面支持部分。整个试飞智能辅助系统包括智能试飞驾驶辅助增强系统、态势信息采集传输和管理系统、试飞数字化平台系统。全套系统既可以在飞行试验实施时在飞机上使用，也可以在地面模拟机验证时使用。

22.4　发展路线图

　　AI 必将在广泛的范围内深入地影响航空业的发展，并且像信息技术一样，会发生多层次序列性变革，发展趋势具有很强的确定性。航空业作为高技术产业，处于 AI 应用的前沿，但航空领域严苛的安全性要求使 AI 的可信度成为不可忽视的应用障碍，航空业必将成为解决这一障碍的先驱和主力，正面面对和重视这一障碍并采取切实的措施是唯一的对策。EASA 于 2020 年 2 月发布了 AI 技术发展路线图，如图 22.11 所示，预计到 2025 年可实现首个用于飞机系统的 AI 认证。这也表明了航空 AI 应用已经处于技术快速发展期，应用项目蓄势待发，即将全面进入旨在形成 AI 航空产品的研发阶段。AI 不仅会影响航空业提供的产品和服务，促生新商业模式，还会引发航空安全认证核心流程的变革。从技术层面来讲，从封闭式的自动化地按程序执行，发展到灵活的人机交互，再发展到将数据、情境、推理纳入其中的机器学习，在技术逐步升级、自适应的智能逐渐进化的经验基础上，EASA 的路线图给出了非常明确的机器学习方向的发展建议。

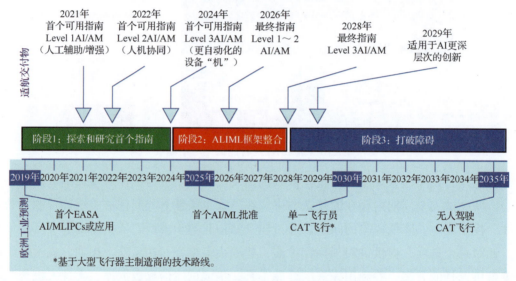

图 22.11　EASA 发布的 AI 技术发展路线图

我国 AI 技术发展态势良好，为其在航空业的应用奠定了良好的基础。为了推动 AI 在公司全产业链应用场景的深入发展，中国商飞公司于 2018 年 9 月成立了 AI 创新中心，2019 年对 AI 发展的技术保障与技术实施进行了规划，整理了 2020—2035 年我国商用飞机 AI 技术发展路线图，如图 22.12 所示。中国商飞公司计划经过 15 年的发展，逐步建立统筹内外研发重点、精准匹配应用场景的 AI 创新平台，搭建助力 AI 共性技术研发与原理验证的实验条件，组建自主可控、专精博通的"AI-航空"融合型研发团队，完善民用飞机领域 AI 知识产权的整体布局与规划，为中国商飞公司 AI 的研发提供坚实的保障。同时，通过挖掘 AI 在民用飞机全生命周期场景下的痛点，有序推进智能飞行、智能制造、智能试飞、智能设计与智能服务领域的 AI 项目谋划及应用落地，为公司在役/在研飞机型号的智能化升级与未来产品的技术储备奠定坚实的技术基础。

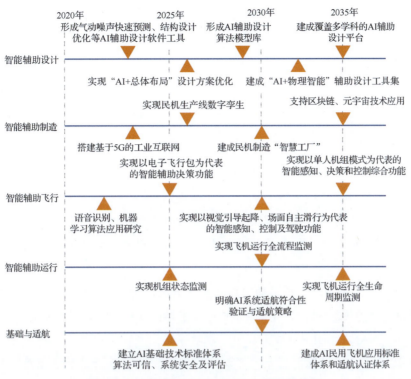

图 22.12 我国商用飞机 AI 技术发展路线图

22.5 经济性和环保性分析

由于受到环保要求和能源限制的双重影响，民用飞机市场对民用飞机的噪声和污染物排放指标提出了更高的要求，各传统航空专业领域的渐进式技术进步无法满足未来的发展需求，需要在新动力、新布局及具有全局性影响的关键技术方面取得突破性进展。在航空领域创新中，积极融合 AI 的自主学习、跨媒体认知、人机交互增强智能、群体智能等特点，率先实现智能驾驶、智慧客舱、智能运行支持等领域的技术突破，能够极大地促进国产大飞机降本增效、绿色环保等发展目标的实现。

参考文献

[1] HOLDREN J P, BRUCE A, FELTEN E F, et al. The national artificial intelligence research and development strategic plan[R]. Washington D.C. : National Science and Technology Council, 2016.

[2] 中华人民共和国国务院. 新一代 AI 发展规划[R]. 北京：人民出版社，2017.

[3] 中国信息通信研究院. AI 白皮书（2022 年）[R]. 北京：中国信息通信研究院，2022.

[4] PATRICK K. Aritificial intelligence roadmap: a human-centric approach to AI in aviation[R]. Cologne: EASA, 2020.

数字孪生 第23章

　　数字孪生是一种通过建立物理实体与数字孪生体之间的映射关系，使数字孪生体能够实时地感知、诊断、预测物理实体的状态，从而实现虚实之间的交互与迭代优化的一种技术手段。

　　本章首先介绍了数字孪生技术的国内外发展概况，对其技术积累、概念提出、应用萌芽与快速发展4个发展阶段进行了概述，并对数字孪生在航空领域的一些探索进行了阐述，包括美国空军、NASA、DLR、波音公司等在数字孪生领域提出的概念和一些应用案例。

　　数字化技术、虚拟化技术的介入可以实现数据、模型、产品的多维度可追溯，改进研发设计流程，加快迭代速度，缩短产品设计周期，降低试错成本。对于数字孪生技术，其关键技术特征在工业领域尚未有明确的定论。考虑到数字孪生技术在航空领域的潜在应用，本章主要关注其交互性、可扩展性、实时性、保真性等特征。

　　基于以上特征，数字孪生技术可应用于飞机产品的设计研发阶段、产品制造阶段、产品服务阶段。然而，数字孪生技术的应用与落地依赖多项关键技术的提升。本章对系统工程、体系工程与数字孪生的结合应用进行了思考。针对数字孪生在飞机设计研发领域应用的部分支撑技术，本章认为应从资源云端集成、数字模型关联、多学科建模、数字孪生体构建等几个方面进行研究，首先构建基础数据库、模型库、工具库，并在云端集成，之后研究数模联动、多学科建模、分布式仿真等关键技术，最终实现数据、模型驱动的数字孪生体与真实物理实体的对应及融合。

　　应用数字孪生技术可以将物理实体进行数字化与模型化，表达数字孪生体及其与物理实体之间的映射关系，通过仿真测试完善数字孪生体模型，实现虚实之间的交互与迭代优化，从而影响物理实体全生命周期的决策活动。数字孪生系统主要分为3个关键部分：物理实体、数字孪生体及两者之间的信息传输与映射关系。通过对这3部分进行描述、定义与建模，数字孪生技术在航空航天领域能够发挥重要作用。

23.1　国内外发展概况

　　当前，全球正处于百年未有之大变局，数字经济成为全球经济发展的热点，美国、英国、欧盟等纷纷提出数字经济战略。习近平总书记强调,在创新、协调、绿色、开放、共享的新发展理念的指引下,中国应高度重视发展数字经济,充分抓住以新一代信息技术为代表的新兴技术快速发展带来的机遇与挑战,多领域、跨技术的融合成为工程应用的必然趋势。数字孪生技术作为新一代信息技术,通过数字化、虚拟化、智能化的技术手段,可以融合云计算、大数据、AI、VR 等新兴技术,对传统的产品设计、开发、制造、服务过程进行改进与提升。

如图 23.1 所示,数字孪生技术的发展经过了技术积累、概念提出、应用萌芽、快速发展 4 个阶段。①技术积累阶段(21 世纪之前),以第一代计算机辅助制造(Computer Aided Manufacturing,CAM)软件 APT 为开端,开启了信息技术在工业领域的应用,在之后的几十年间,各类计算机辅助技术 CAX 软件(如 CAD、CAM、CAE、CAPP、CAS、CAT 等)蓬勃发展,为数字孪生的出现奠定了技术基础。②概念提出阶段(2000—2015 年),数字孪生概念逐渐清晰。2003 年,密歇根大学 Michael Grieces 教授首次提出数字孪生的理念,之后又陆续提出镜像空间模型、信息镜像模型等概念。2012 年,NASA 和美国空军共同对数字孪生技术进行分析与判断,并发表论文,论述了数字孪生对驱动未来飞行器发展的关键作用。③应用萌芽阶段(2015—2020 年),西门子公司、达索公司、GE 公司等工业巨头纷纷开始部署数字孪生业务。2019 年,DLR 在德国不来梅州建立了虚拟认证的集成和测试中心,该中心作为联合各行业与监管机构合作伙伴的基地,推进飞机设计及技术验证的数字化与虚拟化,从而显著减少物理试验和飞行试验的次数。④快速发展阶段(2020 年以后),随着云计算、AI 等新一代信息技术的发展,数字孪生技术快速发展。2020 年,美国空军推出"数字战役"计划,将数字孪生体作为技术要点核心。2021 年,波音公司发布了《数字系统/数字孪生体白皮书》,指出波音公司的整体数字化建设思路将从传统的 V 型系统工程模型向基于模型企业的钻石模型转化,在传统系统工程模型上增加了数字孪生体。

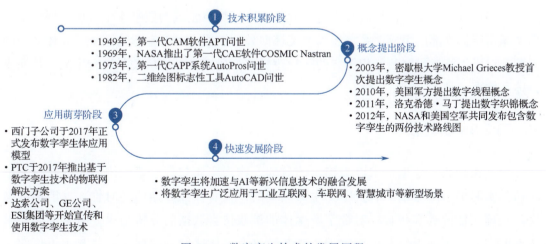

图 23.1　数字孪生技术的发展历程

23.2 技术特征与应用优势

工业领域数字孪生的关键技术特征尚未有明确的定论，结合其根本原理、发展过程及其在航空领域的潜在应用方式，本章主要对以下几个技术特征进行说明与分析。

23.2.1 交互性

在数字孪生中，物理实体与数字孪生体之间可以构建双向的映射关系，物理实体向数字孪生体传输状态数据，在数字孪生体中建立模型并开展预测、控制等活动。通过物理实体与数字孪生体之间的动态交互和实时连接，可以进行双向反馈并提升数字孪生体的精准度。需要注意的是，对于航空领域，通常在飞行器设计早期阶段进行数字孪生体构建，在该阶段，往往不存在真实的物理实体，通常利用既往设计经验、机理模型等进行数字孪生体的初步构建。随着设计阶段的不断深入，可以进行不同程度的监控、预测、控制等活动，并将结果反馈给物理实体，从而实现交互迭代，完善数字孪生体的功能逻辑。

23.2.2 可扩展性

数字孪生可以有针对性地选择将单个或多个物理对象作为一个集合，然后构建模型与数字孪生系统。在产品设计制造过程中，面向不同的设计或试验需求，往往关注不同的子系统集合。如果每次都需要构建新的数字孪生系统，会违背数字孪生技术本身对于降低设计制造成本的愿景。这就要求数字孪生技术具备集成、添加和替换单一模型（如组件模型、系统模型、设备模型）的能力，能够根据不同的仿真需求，针对多系统、多层级、多尺度的模型进行扩展与组合。此外，对于航空领域的数字孪生，可扩展性除了应考虑飞行器内部的组成关系，还需要能够向外部扩展，对航空运输系统建立体系级的模型，对民用飞机研制利益相关方的运行逻辑进行建模并对接口关系进行定义，从而支持体系仿真。

23.2.3 实时性

为了实现数字孪生技术以虚控实的目的，物理实体与数字孪生体之间的映射关系应该是实时的、不间断的、贯穿全生命周期的。只有保证数据的实时性，才能用数据反映物理实体的真实状态，对数字孪生体的试验仿真数据的分析结果才有意义。如果数据的实时性不能得到保证，物理实体与数字孪生体之间的映射关系将是不可信的，也就不能实现两者之间的自我优化、自我反馈闭环。同时，全生命周期的数据一致性对航空领域来说也是一个较大的挑战，考虑到在飞行器维护维修方面的数字孪生应用中，需要对部件、零部件级数据进行监测，其维护维修、替换等可能会影响飞行器零部件关联关系的更迭，因此，应在构建数字孪生体的过程中将数据的时空特性纳入考虑范围。

23.2.4 保真性

保真性指物理实体与数字孪生体之间多维度、多方面的接近性。除了基础的几何结构相像，两者还应在状态、相态和时态上相像。为确保保真性，首先，应保证传感器数据的准确性，足够高的数据准确性是保证数字孪生系统保真性的重要前提。其次，保真性对数字孪生体的建模精准度、数字孪生体内部组件关联关系的准确度等有着严苛的要求，在飞机孪生体的构建过程中，保真性至关重要。

23.3 航空领域应用场景与应用挑战

在航空领域应用数字孪生技术，能够在研发、设计、生产、服务和运维等方面产生积极影响。首先，数字孪生技术可以用于改进研发设计流程，加快迭代速度，缩短产品设计周期，降低试错成本。在制造与运维阶段持续应用数字孪生技术，可以做到数据、模型、产品的多维度可追溯，提高管理水平。此外，在运维阶段，数字孪生技术结合大数据、AI 等技术，可以进行故障诊断或预测性维修，极大地提升运维的安全可靠性。同时，飞机产品的数字化表达及其带来的孪生监控、预测服务，在航空领域逐渐商业化，飞机产品是否提供此类服务已成为制造商的竞争力衡量指标之一。

23.3.1 应用场景

在航空领域，数字孪生技术的应用探索可以从产品的设计研发阶段开始，覆盖产品制造、产品服务等全生命周期。应用领域涵盖飞行器设计方案验证、飞行器虚拟试验、飞行器故障预测、飞行器维护维修、机组人员安全监控、生产及装配优化、供应链数字化、发动机设计与管理等。

在产品设计研发阶段，数字孪生技术的引入可以改变现有的设计方式与验证流程。结合基于模型的系统工程理念，通过对飞机产品全生命周期各阶段的特征进行标准化的数据定义及数字化表达，可以构建飞机的数字孪生体，将物理实体中的数据、模型及逻辑关系映射到数字孪生模型中。陆清等通过对飞机架构模型设计、多模型架构集成及模型参数识别和验证几个方面的研究，探讨了数字孪生技术在飞机设计验证过程中的应用。基于数字孪生的交互性与实时性，可以在数字孪生体模型中进行动态测试与分析，能够在早期设计阶段就对飞机概念方案或初步方案进行虚拟加工与验证，及时发现产品缺陷，避免反复迭代带来的高昂的成本和漫长的周期。

在产品制造阶段，利用数字孪生技术可以对飞机产品的生产过程进行监控，也可以对供应商链条进行链接后加入零部件层级的孪生与管控。利用数字孪生技术可以进行基于生产实测数据的智能决策与分析，实现对实体飞机或飞机零部件产品生产过程的动态控制与优化，达到虚实融合、以虚控实的目的。北京理工大学在虚拟装配领域取得了较多成果，近年来研究了数字孪生在产品设计阶段、制造阶段和服务阶段的实施途径，以航空航天产品的装配过程为对象，提出了涵盖物理装配车间、虚拟装配车间、车间孪生数据及装配车间服务系统的数字孪生装配车间架构，研究了物理装配车间数据的实时感知与采集、虚拟装配车间建模与仿真运行、装配车间生产管控等关键技术。在产品制造阶段引入数字孪生技术，进行数字化变革，能够监控生产数据，降低生产风险，提高生产效率。

在产品服务阶段，利用数字孪生技术可以对飞机产品的运行数据与维护维修数据进行跟踪，对产品的健康状况进行预测与分析，从而对潜在质量问题进行预警，提供预测性维修服务，提高产品运行安全性。NASA 和美国空军共同提出了未来基于数字孪生的航天器构建模型，即基于真实场景的航天器数据，包括历史数据与实时数据，进行多维仿真，构建高保真的虚拟物理模型。通过对该虚拟模型的操控与分析，可以预测飞行器的健康状态、剩余寿命、任务可达性等。达索公司、GE 公司则聚焦于数字孪生在故障预测和维护方面的应用。GE 公司在航空发动机全生命周期引入了增材制造和数字孪生等先进技术，将航空发动机传感器的实时数据与性能模型相结合，随运行环境的变化和发动机性能的衰减，构建了自适应模型，可以精准地监测航空发动机的部件和整机性能，并结合历史数据和性能模型进行故障诊断和性能预测，实现数据驱动的性能寻优。

中国商飞公司构建了从设备级孪生、系统级孪生、飞机级孪生到体系级孪生的技术研究路线。在设备级和系统级，利用数字孪生技术构建关键核心设备、系统的物理特性、数据接口、行为特性的关联逻辑，从而对设备、系统方案进行参数优化与性能预测。在飞机级，通过对系统之间的功能接口、电气接口进行仿真，实现对系统集成的接口验证及对飞机级的特性验证。在体系级，中国商飞公司提出了考虑飞机利益相关方的运行场景仿真与航空运输体系全要素孪生，从而测试飞机与外界环境的交互。图 23.2 是中国商飞公司在数字孪生及其关键技术点上的部分探索与尝试，该公司在单一数据源的集成与分析、航空运输体系仿真要素的构建、真实场景与虚拟场景的数据驱动与逻辑交互、飞机各系统机理模型的构建、各层级的孪生可视化等方面都进行了初步的探索，并将相关成果应用于其在研型号和运营型号。

图 23.2　中国商飞公司在数字孪生及其关键技术点上的部分探索与尝试

23.3.2　应用挑战

基于数字孪生的数字化、智能化仿真技术是未来大型商用客机设计仿真技术发展的必然趋势，也是当前航空新技术不断涌现对大型商用客机发展提出的必然诉求。在飞机设计过程中，概念设计阶段和初步设计阶段的问题与缺陷将极大地影响研发周期与成本。同时，面对新布局、新结构、新系统，由于缺乏相关设计经验，会提高设计失误发生的概率，传统的设计研发思路和工具往往不能满足需求。虽然应用数字孪生技术可以有效地改善产品设计、制造、服务等多个阶段的流程，降低成本，但数字孪生技术的应用与落地依赖多项关键技术能力的提升。具体来说，应研究以下几项关键技术来支撑数字孪生技术的实际应用。

1. 数字孪生资源云端集成技术

魏一雄等以航空航天装配领域为对象，搭建了面向真实物理行为高保真映射的虚拟仿真环境，采用了面向事件响应的数据管理方法构建模块化、通用化的数字孪生车间系统。在研究过程中，魏一雄等发现大多数的数字孪生应用对时效性与算力有着非常高的要求，这些都依赖云计算、边缘计算等技术的提升。

对于数字孪生技术在民用飞机预研领域的应用，首先应研究数字孪生资源云端集成技术，保证数据存储、计算等资源的集成与高效使用。参照华为、浪潮等企业的仿真云平台架构，研究数字孪生资源云端集成技术，一方面通过构建高性能混合计算资源池、高并发数据存储资源池、计算及存储资源调度系统，支撑数据的高性能计算，实现多种计算资源的混合计算，并整合现有的零星计算资源。另一方面搭建分布式云仿真系统的基础设施即服务（Infrastructure as a Service，IaaS）、平台即服务（Platform as a Service，PaaS）、软件即服务（Software as a Service，SaaS）三层架构，如图 23.3 所示。集成仿真硬件资源，对仿真数据与模型、仿真工具进行云端部署。结合云计算、边缘计算等新兴科技，研究数字孪生资源云端集成技术，保证数据存储、计算等资源的集成与高效使用，为数字孪生的实现提供基础支撑。对于数字孪生系统，使用"云-边-端"架构，一方面在云端集成软硬件资源，能够极大地提升数字孪生系统的时效、容量、算力等性能。另一方面可以将数字孪生体或数字孪生模型部署在更靠近物理实体的边缘端，完成一些需要快速响应以开展时效性较强的应用的数据分析或仿真验证。此外，边缘端数据经过清洗与处理后，依旧可以传输回云端数字孪生总控中心，对整个数字孪生系统的数据进行统一存储、管理及调度。

图 23.3　数字孪生资源云端集成框架

2. 孪生体数据模型关联管理技术

在数字孪生系统中，考虑到对物理实体全生命周期的数字化构建，为保证虚拟的数字孪生模型的真实性及传感器数据的时序正确性，虚拟端需要接收、存储和处理庞大的传感器测量值等动态数据，并利用这些数据驱动孪生模型的各子系统。数据作为数字孪生体构建的基础底座，对数据进行集成与融合，为数字孪生的高质量开发提供基础支撑。对大量数据的分析与应用，使数字孪生体具备"先知先觉"的能力。

数字孪生体的本质是通过数字化和模型化，用信息交互构建虚拟孪生体，消除面向复杂系统进行试验的不确定性。其中的关键一方面是数字孪生体本身的构建逻辑，另一方面是数字孪生体的动态驱动问题，其核心是数据、模型之间联动映射关系的建立。数模联动不仅要考虑数字孪生内外要素的结合联动，还要考虑数据的时间与空间特性，只有这样才能保证物理空间与虚拟空间的正确映射，使其动态紧密地结合。类似波音公司基于模型企业的钻石模型，将数字孪生体涉及的模型、物理和物理系统连接起来，保证全生命周期、全过程数据的一致性。在飞机设计、研制过程中，首先应建立基于真实场景的体系仿真模型数据库，关联耦合多类系统模型的数据、运营、运行仿真任务场景及机场、保障设备、地理信息等可视化模型数据库，形成模块化的体系仿真场景构建架构，实现数据库中同类数模组件的快速替换，完成仿真场景的高效构建，实现数据驱动模型的便捷复用，如图 23.4 所示。

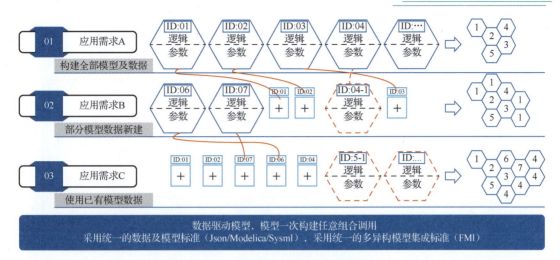

图 23.4　数据驱动模型的便捷复用

3. 多学科建模与模型聚合技术

数字孪生技术的可扩展性要求其能对数字模型的某一组件进行集成、添加和替换，对多尺度、多物理、多层级的模型内容进行扩展。完整的数字孪生体并不是基于单一数据结构的数字、模型表达方式，而是从多层级、多角度对物理实体进行数字化定义的一种参数化体系。同时，多领域耦合是民用飞机产品的一个显著特征，多专业模型集成与联合仿真已经成为飞机系统设计的必需技术。因此，对多学科统一建模技术的研究是实现数字孪生技术应用落地的关键。基于 Modelica 建模语言，简化多学科模型库开发及交互逻辑构建方式，解决不同领域仿真工具之间存在的模型数据交互与异构系统聚合的难题，全面支持系统仿真，有助于推进数字孪生技术的应用。

同时，数字孪生需要将物理实体的每个细节和动作都精确地反映出来，从而开展各层级的数字孪生分析与应用。为了达到这种效果，要保障信息之间的快速传递。在数字孪生技术研究过程中，应开展基于云的多学科数据模型构建及聚合技术研究。在民用飞机预研中，可以通过构建多物理域建模仿真及功能模型统一接口标准，定义民用飞机研制过程中多专业、多层级仿真模型与学科之间的耦合关系，整合各专业的仿真模型，进行模型转换与聚合技术的测试和验证。多学科模型构建与聚合如图 23.5 所示。基于分布式仿真模型信息传输协议，搭建多专业仿真模型聚合应用，形成不同学科模型的转换方式和聚合规范，实现基于云平台的动态联合仿真。

4. 数字飞机孪生体本体定义技术

为确保利用数字孪生技术构建的虚拟孪生体与现实高度统一，在数字孪生技术的应用中，数字孪生体的定义是非常关键的一步。数字飞机孪生体本体作为对飞机产品的完整数字化描述，不单纯是飞机设计方案的三维设计模型，还是涵盖设计、仿真、实验、制造等飞机产品研制过程中所关联的各类研制要素的完整数字化描述，参照建筑信息模型的思想，以三维模型为牵引，以民用飞机产品为导向，关联各个研制阶段的研制要素，实现民用飞机产品研制各阶段状态的记录，可有效支持研制进度管控，设计状态回溯、适航审定佐证等工作。

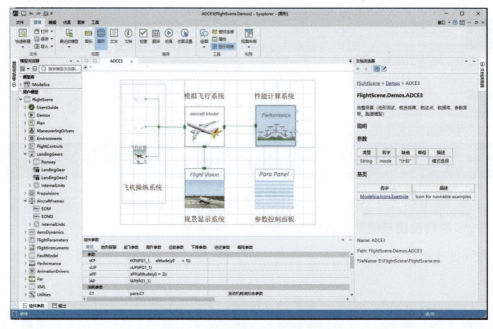

图 23.5　多学科模型构建与聚合

对于飞机的预先研究，应定义数字飞机的统一表达方式（统一的飞机描述），如图 23.6 所示。使用高性能计算设备从数学和数值方面全面地标识飞机，抽取飞机设计的关键参数数据结构。在数字飞机架构的基础上，开展基于飞机产品数字化本体的多维数据管理及展现技术研究，打通数字飞机和三维模型之间的可视化软件接口，完善数字飞机多维度可视化模块的定义，基于云渲染、MR 等技术形成多维度、多终端的数字飞机，灵活、快速地展现聚合技术。

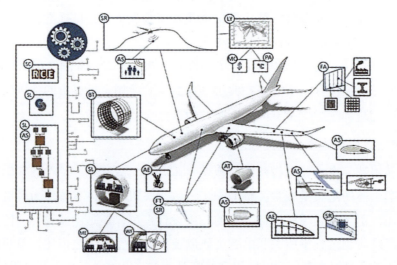

图 23.6　数字飞机的统一表达方式

23.4　发展路线图

基于目前研究进度，本章分析和整理了我国商用飞机数字孪生技术发展路线图，如图 23.7 所示，供大家参考。图中标出了各项数字孪生技术的里程碑节点。数字孪生技术的发展与应用落地，依赖各相关技术的发展，主要包括云计算、大数据、建模仿真等。具体到数字孪生领域，应从资源云端集成、数字模型关联、多学科建模、数字孪生体构建等几个方面进行研究。首先构建基础数据库、模型库、工具库并在云端集成，然后研究数模联动、多学科建模、分布式仿真等关键技术，最终实现数据、模型驱动的数字孪生体与真实物理场景的虚实对应及融合应用。

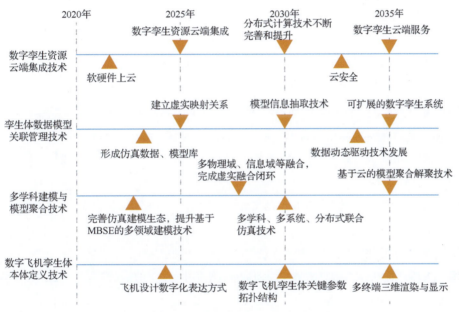

图 23.7　我国商用飞机数字孪生技术发展路线图

23.5　经济性和环保性分析

在工业领域，随着产品复杂程度的提高，产品设计、研发、制造阶段的经济成本与时间成本都会大幅上升。利用数字孪生技术，可以在多个方面降低产品全生命周期的成本。首先，基于数字孪生技术，在产品设计制造的每个阶段充分对产品及其性能进行仿真，可以改善生产，提高产品的可靠性与可用性，降低产品全生命周期内出现问题的风险。同时，越早发现产品的不足与其更新需求，在后续设计迭代与制造过程中，所需投入的金钱成本与时间成本越能得到显著降低。因此，使用数字孪生技术，在产品设计研发早期对其性能进行仿真分析，可以避免在制造后期发现产品问题后重新返工的风险，一定程度上缩短了产品研发周期，创造了经济效应。其次，对数字孪生体进行模拟试验，能够将需要在物理世界真实进行的难度大、花费高的试验在虚拟世界进行模拟，减少在真实世界进行模拟产生的耗损。使用数字孪生技术构建数字化工厂，可以分流部分试验到虚拟世界，降低能源消耗与生产成本，服务于更绿色的工业建设方案。

参考文献

[1] 沈娟斐，李超，陈岳飞. 数字孪生在建筑工程领域的应用[J]. 中国检验检测，2022，30(3): 6-10.

[2] 任萍萍."云数智"融合视域下孪生图书馆应用情境模型与生态体系构建[J]. 情报理论与实践，2021，44(12): 41-47, 9.

[3] 李鹏，潘凯，刘小川. 美国空军机体数字孪生计划的回顾与启示[J]. 航空科学技术，2020，31(9): 1-10.

[4] 王巍，刘永生，廖军，等. 数字孪生关键技术及体系架构[J]. 邮电设计技术，2021(8): 10-14.

[5] 刘洛宁. 面向复杂产品装配质量的数字孪生模型评价方法[D]. 哈尔滨：哈尔滨工业大学，2021.

[6] HENDRIK M, ANN-KATHRIN K, FLORIAN R. Digital twin concept for aircraft components[C]. 33rd Congress of the International Council of the Aeronautical Sciences. ICAS, 2022:9.

[7] 陆清，吴双，赵喆，等. 数字孪生技术在飞机设计验证中的应用[J]. 民用飞机设计与研究，2019(3): 1-8.

[8] 陈振，丁晓，唐健钧，等. 基于数字孪生的飞机装配车间生产管控模式探索[J]. 航空制造技术，2018，61(12): 46-50.

[9] 袁胜华，张腾，钮建伟. 数字孪生技术在航天制造领域中的应用[J]. 强度与环境，2020，47(3): 57-64.

[10] 刘魁，王潘，刘婷. 数字孪生在航空发动机运行维护中的应用[J]. 航空动力，2019(4): 70-74.

[11] 魏一雄，郭磊，陈亮希，等. 基于实时数据驱动的数字孪生车间研究及实现[J]. 计算机集成制造系统，2021，27(2): 352-363.

[12] 郑孟蕾，田凌. 基于时序数据库的产品数字孪生模型海量动态数据建模方法[J]. 清华大学学报(自然科学版)，2021，61(11): 1281-1288.

[13] 陶飞，马昕，戚庆林，等. 数字孪生连接交互理论与关键技术[J]. 计算机集成制造系统，2023，29(1): 1-10.

[14] 吴雁，王晓军，何勇，等. 数字孪生在制造业中的关键技术及应用研究综述[J]. 现代制造工程，2021(9): 137-145.

[15] ALDER M, MOERLAND E, JEPSEN J, et al. Recent advances in establishing a common language for aircraft design with CPACS[C]. Aerospace Europe Conference 2020. AEC, 2020.

VR/AR/MR 第24章

VR/AR/MR 技术是依据真实世界的不同参与程度划分的 3 种虚拟仿真技术，是计算机技术、可视化技术、人机交互技术、多媒体技术、传感技术、网络技术等多种技术的集成，VR/AR/MR 技术的发展依赖上述技术的融合与支撑。

本章首先从显示技术、交互技术、开发平台、应用情况 4 个方面介绍了 VR/AR/MR 技术发展的重要节点和发展历程，总结了 VR/AR/MR 技术现状与发展趋势。VR/AR/MR 技术在航空领域应用需求广泛，包括前期设计评估、虚拟装配、虚拟维修等方面，但是受限于软硬件技术的发展水平，距离落地应用还有一定时间。

VR/AR/MR 技术的核心特征是沉浸感和交互性。沉浸感指在视觉、听觉和触觉等方面给用户带来的临场感。交互性主要体现为用户在与虚拟场景的互动过程中，可以摆脱现实世界的约束，自由创建交互逻辑，构建定制化的仿真场景。基于以上技术特征及应用优势，本章总结了 VR/AR/MR 关键技术在航空领域的应用场景与应用挑战。VR/AR/MR 技术与仿真技术紧密结合，对仿真过程和结果的表达更具直观性、逼真性。不同的仿真模型和数据可以利用 VR/AR/MR 技术进行逼真的展示和交互，从而帮助人们加深对仿真结果的理解，在飞机预研、设计、制造、试飞、运维和培训中均能借助"人在环"的仿真方式大幅提高设计效率，缩短研制周期。

本章最后结合 VR/AR/MR 技术的发展趋势及其在航空领域的应用场景，从真实感渲染技术、集群渲染技术、自然人机交互技术、与 5G 结合、与 AI 结合、元宇宙技术 6 个方面提出了我国 VR/AR/MR 技术发展路线图，并对其经济性和环保性进行了分析。

24.1 国内外发展概况

24.1.1 VR/AR/MR 技术的发展历程

VR/AR/MR 技术是计算机技术、可视化技术、人机交互技术、多媒体技术、传感技术、网络技术等多种技术的集合，VR/AR/MR 技术的发展依赖上述技术的融合与支撑，其具体发展历程如图 24.1 所示。

图 24.1　VR/AR/MR 技术的发展历程

　　20 世纪 80 年代，Jaron Lanier 提出了 VR 的概念，并开发了第一个被广泛使用的头戴式显示器（Head Mounted Display，HMD）和触觉输出设备数据手套，得到了以 NASA 和波音公司为代表的科研机构、高校、军工和大企业的关注和应用，但昂贵的价格使 VR 技术难以推广普及。直到 2010 年，随着立体显示设备性能价格比的进一步提高，以及计算机性能尤其是图卡性能的大幅提升和网络的快速普及，VR 技术得到了大规模的应用。微软公司推出的 Hololens2，用于美军的作战任务和训练，一举将 AR 技术的工业应用推向了一个新的高度。

　　近年来，VR/AR/MR 技术逐步沉淀，其发展方向主要为设备的轻量化、渲染真实感、渲染效率、传输效率、交互性能等。2021 年年初，芬兰 HMD 厂商 Varjo 推出 Varjo XR-3 头戴式显示设备，该设备是目前最先进的 MR 设备之一。该设备的分辨率超过 70PPD（Pixel Per Degree），视野角达 115°，支持 1200 万像素视频直通技术，可以实现自然、逼真、低延迟的 MR 体验。同时，该设备集成了 Ultraleap 公司的手势追踪软件和用于自然交互的 200Hz 眼动追踪软件，便于工业设计评估的人因仿真应用。2022 年，英伟达公司推出 RTX40 系显卡，通过深度学习超级采样算法和光线追踪算法，在满足 4K 分辨率的同时，最低刷新率达到 90Hz；集成了 PhysX 物理运算引擎，使 VR/AR/MR 体验更具沉浸感与真实感。同时，5G 网络的高带宽、低延迟特性可以保证 VR/AR/MR 中海量数据传输的实时性，有效解决用户在虚拟环境中的眩晕感问题。手势识别技术与眼动追踪技术的发展也丰富了 VR/AR/MR 的交互模式，补充了动作捕捉系统的交互维度和精度。

　　VR/AR/MR 技术经历了科研探讨、高端设备及应用、性价比提高的方案及应用、便携大众化的发展路径，其应用日益广泛，性能日益改进。从大学和科研机构的实验室，到专业软硬件制造商，再到国际著名公司的纷纷投入，预示着 VR 技术拥有巨大的应用潜力。在发展过程中，VR/AR/MR 技术被应用于军事、医学、重大装备制造业、能源工业、数字媒体等诸多行业，并产生了广泛的影响。

24.1.2　VR/AR/MR 技术现状与发展趋势

技术成熟、消费升级、产业升级、资本持续投入、政策推动这 5 个因素共同促进了 VR 产业的快速发展。在全球市场中，欧美等发达国家和地区在核心硬件技术、硬件整合设计、软件算法开发等方面处于领先地位，并引领了 VR/AR/MR 技术在工业领域的创新应用。近年来，中国 VR 产业发展势头强劲：硬件方面，国内企业参与的重点逐渐从整机集成和低端代工向芯片、显示器件等重要部件的研发延伸；软件方面，国内企业在网络架构、AR 开发平台、算法创新等方面都取得了一定的进展，尽管与国外软件研发水平仍有差距，但已初步补齐软件研发短板。在工业应用方面，中国商飞公司在民用飞机研制全生命周期中进行了一定程度的 VR/AR/MR 技术研究及应用推广，包括概念设计、数字样机评审、人因仿真、虚拟维修、虚拟装配等环节。

随着计算机、数字化显示、网络、AI 等关键技术的快速发展，VR/AR/MR 技术水平持续快速提升。VR 技术方面，大型 VR 系统的技术发展主要体现在激光投影机的广泛使用和多视点显示技术上，便携式 VR 头盔则向一体机和 PC 端 HMD 两个方向发展，5G 基建的实现将使基于 VR 的异地协同成为可能，全景视频 VR 化将使 VR 内容变得更加丰富和便捷。AR 技术方面，基于智能信息叠加特性，逐渐诞生了远程支持、辅助制造等具体的应用场景，多模态人机交互将成为未来 AR 产品的发展趋势，智能识别算法的提升将有力促进 AR 在工程中的应用落地。MR 技术方面，工业界对 MR 仿真技术的需求非常迫切，人体的快速、准确建模与跟踪成为 MR 工效分析的关键，工业级实时碰撞检测算法水平亟待提高，基于混合传感的运动跟踪技术的应用将更加广泛。

此外，VR/AR/MR 技术相互融合统一，成为新一代的扩展现实（Extended Reality，XR）技术，基于 XR 技术提供的沉浸式虚拟环境和自然交互式体验，出现了整合多种新技术的新型虚实相融的互联网应用——元宇宙，它基于数字孪生技术生成现实世界的镜像，基于区块链技术搭建经济体系，将虚拟世界与现实世界在经济系统、社交系统、身份系统等方面进行密切融合，并且允许每个用户进行内容生产和世界编辑。

VR/AR/MR 技术在航空领域应用需求广泛，包括前期设计评估、虚拟装配、虚拟维修等方面。前期受限于软硬件技术水平，距离落地应用还有一定的时间。近年来，随着高性能 VR 设备的研发，结合 Unity3D、Unreal Engine 等功能完善的软件开发平台，同时基于运动跟踪、碰撞计算等实用算法的支持，VR/AR/MR 技术在航空领域已实现初步应用：波音公司将 VR 技术融入其整个飞机设计研制周期中，正积极探索 VR/AR/MR 技术与 AI 的有效集成及异地协同的工作模式和方法；空客公司在整个飞机设计过程中积极部署 VR 工具，解决飞机不同研制时期遇到的问题，并提出智能工厂概念。VR/AR/MR 技术相关专利方面，波音公司和空客公司远超中国商飞公司，如图 24.2 所示。VR/AR/MR 技术在航空领域应用前景广阔，我国企业需加大技术研发和专利部署力度，提高技术竞争力。

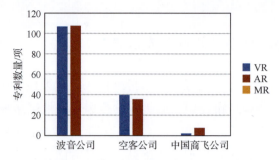

图 24.2　波音公司、空客公司与中国商飞公司的专利数量对比

技术特征与应用优势

　　VR 技术的 3 个主要分支 VR、AR、MR 在技术层面虽同源，但在具体工业应用中具备各自的特征，三者之间的关系如图 24.3 所示。VR 技术的重点在于构建沉浸感强的虚拟环境，将人带入虚拟世界，其应用侧重在虚拟场景中仿真真实环境；AR 技术的重点是在现实场景中叠加虚拟物体，将虚拟带入现实，其应用侧重在现实场景中叠加虚拟信息；MR 则更进一步，追求虚拟场景与现实场景的融合，其应用侧重真实的触觉反馈与虚实联动的复杂动作仿真。

图 24.3　VR、AR、MR 三者之间的关系

　　VR/AR/MR 技术的核心特征是沉浸感和交互性。沉浸感指在视觉、听觉和触觉等方面给参与人员带来的临场感。沉浸感主要体现在视觉仿真效果方面，可以实现让用户难以分辨真假的效果，使用户完全沉浸在虚拟世界中。交互性体现在用户与场景之间的互动上。以下是影响 VR/AR/MR 技术的沉浸感与交互性的关键技术。

24.2.1　真实感渲染技术

1. 技术特征

　　真实感渲染技术通过计算机模拟 3D 场景，尽可能接近真实世界场景。制约真实感渲染技术的两个重要问题是：如何使渲染场景更加真实，以及如何使计算机绘制效率更高。影响绘制真实感的因素众多，主要包括真实感材质模型、符合物理规律的光线传递模型等。目前，主要的渲染方式是光栅化渲染。光栅化渲染是以模型三角面片为对象，计算光线直接照射到物体上产生的阴影等效果。但是，在真实世界场景中，光线并不是只照射到物体上就结束了，光线会在物体之间进行二次甚至多次反弹，这就需要在场景中设置额外的灯光来模拟光线反弹之后的效果，如此势必会增加计算负荷，导致渲染效率不高。光线追踪渲染与光栅化渲染的原理不同，前者只需要把灯光放置在实际所在的位置，通过计算光线与物体的交点，以及光线反射和折射，即可实现光线在三维场景中的反弹，使渲染效果更加逼真。但是光线追踪渲染需要计算光线在每个三角面片上的反射、折射情况，计算量庞大，因此光线追踪技术在离线渲染中应用较多。目前，业界还有一种混合渲染方式，它综合了传统的光栅化渲染和光线追踪渲染，以光栅化渲染为主，附加使用光线追踪技术表现次级光线效果。英伟达公司于 2018 年 8 月月底发布了新一代 RTX 实时光线跟踪技术，采用了光线追踪专用处理器 RTCore，通过将光线与场景求交算法固化到硬件中，提供了光线追踪硬件加速能力，使渲染技术向实时光线追踪更进一步。但是，实现纯粹的基于光线追踪的实时渲染仍然还有很长的路要走。

2. 应用优势

利用真实感渲染技术可以构建全尺寸、高真实感的仿真场景，实现"以虚拟实"。用户可以置身其中，以第一人称的视点"走入"虚拟世界，进行全方位、立体式的观察与交互。沉浸式 VR 环境相比实物样板，可以自由、快速地切换内容，相比桌面软件，增加了立体感与沉浸感的体验；可以更加直观地向用户展示设计内容；可以应用于概念方案展示、新产品评估、虚拟维修、虚拟培训等方面。

24.2.2　集群渲染技术

1. 技术特征

大规模工程数据渲染技术主要依赖计算机硬件的计算能力，将渲染任务划分成可以并行执行的任务模块，从而达到加速渲染的目的，这就是集群渲染系统，又称渲染农场。集群渲染系统通过以太网将计算机集群组成一种分布式并行集群系统，然后通过统一管理调度系统分配渲染场景。集群渲染的质量和效率主要受网络性能、节能控制、负载均衡 3 个因素的影响。渲染集群之间的通信、统一调度都依赖稳定的高性能网络。网络服务器的性能与负载容错能力、路由器与交换机的配置和兼容性、网络传输过程中信道的使用率和吞吐量，对网络的整体性能都有至关重要的影响。在集群渲染系统中，由于不同的渲染节点在处理能力上有差异，以及任务分配不均匀，会造成渲染节点完成任务的时间不一致，必须等所有渲染节点完成渲染任务才能显示完整的场景，这就降低了渲染效率，同时造成了渲染资源的浪费。因此，负载均衡问题是集群渲染系统优化最主要的研究方向。

2. 应用优势

VR/AR/MR 技术为飞机设计评估提供了软硬件支撑环境，通过多通道立体显示、自然人机交互等多种方式，实现对复杂的飞机系统更加真实的仿真。工程评审更加关注产品结构与布局、力学分析结果，促进产品设计人员、分析人员、管理人员之间更好地沟通与协调。这就需要使用大规模工程数据实时渲染技术。对于飞机这种复杂的系统，模型可达上亿个三角面片，超出了单个图形工作站的处理能力，集群渲染技术可以把更多的计算资源集成起来，从而有效解决算力不足的问题。

24.2.3　自然人机交互技术

1.　技术特征

VR 技术的交互性体现在用户与构建场景之间的互动中，可以总结为"输入"与"反馈"两部分。交互主要体现在用户与纯虚拟场景的互动中，其"输入"主要为用户动作及操作手柄的空间位姿与触发状态，其"反馈"则集中于视觉层面的画面更新。由于交互对象为纯虚拟场景，所以可以摆脱现实世界的束缚，自由创建交互逻辑，构建定制化的仿真场景。由于 AR 技术在真实世界的基础上叠加了虚拟场景，因此在交互层面增加了与真实场景交互这一维度。AR 技术可以通过在设备中安装传感装置感知并识别真实世界中的信息，并根据实际应用场景，经过可视化处理，将信息展示在用户的视野中，从而强化用户对环境的感知能力，帮助用户获取更加丰富的信息。MR 技术的特点在于同时对虚拟世界和真实世界产生影响，由于与真实世界产生了交互，用户的感官体验尤其是触感得到了显著的提升，通过在场景中设置关键的实物样件并使用虚拟场景补充不需要进行交互的环境信息，可以在保证快速生成沉浸式仿真环境的前提下提升用户的感官体验。同时，由于增加了实体支撑物，用户可以做出诸如攀爬、支撑等在 VR 环境下无法做出的动作，从而拓展了仿真内容，可用于开展人机工效分析、逃生仿真等。相比 VR 和 AR 的交互方式，MR 对自然人机交互的要求更高，技术难度也更大。

目前，与虚拟场景的人机交互大多通过鼠标、手柄、多点触控、力反馈设备、数据手套、动作捕捉设备等实现。基于额外硬件设备的交互并非人类最自然的交互方式，更好的解决方案是利用动作捕捉设备及碰撞检测算法帮助计算机理解人体行为，满足交互需求。但是，动作捕捉设备烦琐的穿戴方式、光学动作捕捉的遮挡问题、惯性动作捕捉的漂移问题，都大大降低了用户的自然交互体验。基于多 RGB 相机的全身人体运动捕捉技术和无标记点的手部跟踪技术可以有效解决上述问题。利用多相机并行架构算法、空间定位修正等，使用 RGB 相机直接通过图片对目标特征点的监视和跟踪，同时结合骨骼解算的算法完成动作捕捉，可避免额外的穿戴设备。其他交互模式包括味觉交互、嗅觉交互甚至脑机交互。

2.　应用优势

自然人机交互指人们通过视觉、听觉、触觉等自然的感知方式感知 3D 虚拟场景，是 VR/AR/MR 技术重要的支撑技术。自然人机交互功能的好坏直接影响用户在

VR/AR/MR 环境中的体验，例如，虚拟装配、虚拟维修、虚拟培训都需要更加自然的人机交互技术。VR/AR/MR 技术辅助飞机装配制造，可以对装配工艺进行验证仿真，提前发现制造装配中出现的问题，为飞机装配制造生产线提供准确有用和最新的制造信息，从而显著缩短生产时间，减少返工，提高生产效率。

24.2.4　与 5G 结合

1. 技术特征

VR 技术的引入，将人与人交流的媒介从二维的平面图像提升至三维的虚拟世界。应用 VR 技术，可以构建沉浸式虚拟世界，利用网络技术构建虚拟世界之间的互联，使身处异地的人在虚拟世界"面对面"直接交流，真正实现"远在天边，近在眼前"。以往，由于 VR 场景内容数据量庞大，传统网络的带宽问题成为 VR 异地协同的瓶颈之一。但随着 5G 的发展，其高带宽、低延时的特性打破了这一瓶颈，5G 与 VR 形成了天然的契合，使 VR 异地协同成为可能。利用 5G 网络传输可以解决用户在 VR 环境中的眩晕感问题。以 4K 分辨率、60fps 的视频实时传输为例，其上行速率为 60～100Mbps，下行通常采用具有更高压缩比的策略，下行速率为 20～50Mbps，可用于异地协同设计、全景现场监控、远程教学等。

2. 应用优势

AR 技术可以在真实世界指定位置叠加自定义的虚拟内容，也可以利用传感器采集环境信息并将其传递到远端，这使 AR 设备成为异地用户共享周围环境并进行交流的良好媒介。本地用户可以将视野共享给异地用户，异地用户可以直接在本地用户视野中进行标注，有效提升了异地交流的便利性。结合 5G 大带宽、低延时的特性，用户可以摆脱空间的制约，在任何地点均可以实现自然、流畅的交流，开展专家远程支持、异地协同等。

24.2.5　与 AI 结合

1. 技术特征

早期的 VR/AR/MR 技术应用场景受到显示质量、交互质量的制约，而 AI 技术可以在算法层面提高立体显示场景的运算效率及交互的准确性。例如，3D 模型建模流程复杂，人工建模耗时长，借助 AI 机器学习算法可以学习 3D 模型的拓扑表征，以模型数据集为学习样板，约束模型结构关系，实现模型的自动或半自动生成，从而提升建模效率和建模质量。

2. 应用优势

利用数据驱动的方法实现智能化建模成为建模领域一个新的发展方向。一种方式是通过部分几何和结构的特征提取，推断模型整体几何形状。另一种方式是基于对用户操作的识别，判断用户的建模意图，提供一种智能化的建模建议。这使得在 VR 环境中以手绘模式建模成为可能。相信随着深度学习几何结构算法的进一步发展，建模过程会更加智能化、简便化、高效化，为产品设计师提供更加丰富的设计可能性。

AR 在辅助功能开发方面具有得天独厚的优势，可作为一名"随身助手"辅助用户开展工作。结合 AI 技术，应用程序能够感知用户的需求并及时为用户提供所需的信息，同时能够拓展用户的感知能力，帮助用户从场景中获取有效信息，从而有效提高用户的工作效率，减少操作失误，可用于辅助制造、辅助装配、工艺检查等方面。

24.2.6 元宇宙技术

1. 技术特征

元宇宙技术是多元技术融合的产物，包括 VR/AR/MR 技术、脑机接口技术、数字孪生技术等，其核心目标是构建细节极为丰富的拟真环境，打造沉浸式在场体验，创造一个包罗万象的虚拟世界，同时这个虚拟世界与真实世界存在很强的映射关系。其中，VR 技术提供了沉浸式体验，通过全面接管人类的视觉、听觉、触觉及动作捕捉实现元宇宙中信息的输入/输出；AR 技术在保留现实世界的基础上叠加一层虚拟信息；MR 技术通过向视网膜投射光场，可以实现虚拟与真实之间的部分保留与自由切换；脑机接口技术提供一种利用"意念"实现的人机交互方式，在交互自然性方面达到了极致，虽然当前主要用于医学领域，但可以预见该技术将成为科技巨头争夺的焦点；数字孪生技术通过各类传感器为元宇宙提供虚拟世界与现实世界联动的桥梁，用于构建细节极为丰富的拟真环境。

2. 应用优势

随着虚拟世界和物理世界的融合，由数字孪生、模拟环境和 MR 组成的元宇宙正在成为一流的平台。借助数字孪生技术，可以对任何资产或场所进行建模，并使数字孪生保持实时更新，跟踪数字孪生的历史数据并预测未来状态，从而构建不断学习和改进的自主系统，同时可以支持领域专家使用低代码/无代码解决方案扩展数字孪生数据并与之交互，VR/AR/MR 设备则为实时协作提供支持。

24.3 航空领域应用场景与应用挑战

VR/AR/MR 技术与仿真紧密结合，要求仿真过程和结果更具直观性、逼真性。不同的仿真模型和数据可以利用 VR/AR/MR 技术进行更加逼真的仿真结果展示和交互，从而加深人们对仿真结果的理解，使飞机在预研、设计、制造、试飞、市场推广和运营的全生命周期均能借助"人在环"的仿真方式大幅提高设计效率，缩短研发周期。VR/AR/MR技术在民用飞机全生命周期中的应用如图 24.4 所示。

图 24.4　VR/AR/MR 技术在民用飞机全生命周期中的应用

24.3.1　预研阶段

在预研阶段，需要多次考察或更新设计方案，以便选出生产成本最低、创意良好的方案。通过把 VR 技术引入计算机辅助设计系统进行概念设计，利用丰富、直观的交互手段，在虚拟环境中进行概念设计与展示，并利用三维输入设备将相应的数据输入虚拟环境，与虚拟环境进行交互，对概念方案的部分功能进行仿真分析。中国商飞公司利用大型五面 CAVE 系统进行未来机型的概念设计。图 24.5 为基于 C-CAVE 的概念方案 VR演示。

图 24.5　基于 C-CAVE 的概念方案 VR 演示

24.3.2　设计阶段

自然人机交互技术在设计阶段就能对可装配性、可维修性及人因工程进行评估、优化与验证，从装配和维修的角度改进产品功能和结构设计，如图 24.6 所示。波音公司开发的 3D 可视化应用程序能够在单次会话中交互地查看整架飞机，允许用户访问更多的数据，并将数据作为战略资产加以利用，使波音 787 的研制时间缩短了 1 年，节约了约 20% 的成本。中国商飞公司利用自主研发的光惯混合动作捕捉系统和双模型碰撞干涉算法，在沉浸式环境中开展维修性 VR 仿真验证，从设计之初就开始不断迭代维修性设计，实现高效的设计评审、优化，极大地提高了型号研制的质量。

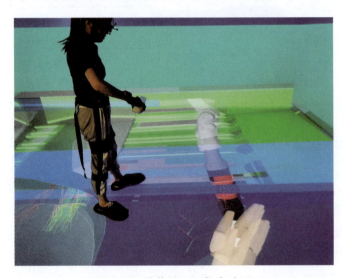

图 24.6　维修性 VR 仿真验证

24.3.3　制造阶段

VR/AR/MR 技术辅助飞机装配制造，可以对装配工艺进行验证仿真，提前发现制造装配中出现的问题，为装配生产线提供准确的改进建议，从而显著缩短生产时间，减少返工，提高生产效率。波音公司利用 AR 技术，为安装人员提供实时的三维交互布线图，使用 AR 技术协助装配，信息获取量提高 90%，布线时间缩短 30%。空客公司于 2001 年启动基于 AR 技术的解决方案，目前已经在该公司位于法国、德国和西班牙的生产线上应用该解决方案来研制 A320、A380、A350 和 A400M。

VR 技术在数字化车间和智能工厂的应用，主要是通过 VR 技术与制造业数据采集与分析系统的融合，实现生产现场数据的可视化管理，提高制造执行、过程控制的精确度，推动协同制造、远程协作等新型制造模式的发展；构建工业大数据、工业互联网和 VR 相结合的智能服务平台，提高制造业的融合创新能力。在智能制造中，一个关键的理念是虚实一体化,利用物联网,实现实(真实物体)与虚(数字模型)的 1:1 对应。在这个先进的制造理念中,VR 技术将得到进一步升华。

24.3.4　试飞阶段

VR/AR/MR 技术在试飞阶段的应用主要是在执行飞行任务之前,利用反映物理特性或实际过程的数字模型和仿真算法,对试飞过程进行仿真,提前发现飞行问题,确保试飞安全。波音公司为波音 787 客机开发了虚拟地面研究平台 ZA000,为试飞员、试飞工程师等提供联合工作平台。试飞员可以利用该平台体验飞机性能、飞行品质和系统响应,试飞工程师能够在真实试飞开始之前了解飞机的鲁棒性及在各种情况下的响应。利用 ZA000 平台进行模拟试飞能够发现许多试飞计划中存在的问题,为测试评估人员提供改进评估程序的机会,帮助试飞工程师解决数据处理中的问题,有效提高波音 787 的试飞效率和试飞安全。

24.3.5　市场推广阶段

面向飞机客户,VR/AR/MR 技术的高度逼真、高沉浸感特性可以很好地还原飞机产品,实现方便快捷的交互,是打通感性、植入理性的最佳媒介。VR/AR/MR 技术还可用于飞机内饰选型,利用 VR/AR/MR 系统构建三维虚拟客舱环境。以客户的视角在虚拟场景中漫游。通过虚拟漫游可从不同的角度观察内饰效果,还可以对场景中的任何物体进行点击查询,再加上灵活的交互功能,如开关行李架门、规划细节、方案替换等操作,为内饰展示、客户选型提供了强有力的技术支持。中国商飞公司首次采用 VR 方式开展客舱内饰虚拟选型工作,为航空公司提供了多种备选方案的 1:1 展示,获得了航空公司的认可,如图 24.7 所示。

图 24.7　采用 VR 方式开展客舱内饰虚拟选型工作

24.3.6　运营阶段

虚拟维修培训依托 VR 技术为受训者提供一个和真实环境完全一致的虚拟环境。通过虚拟操作和维修过程仿真进行维修性分析评估，在培训阶段就能发现维修人员在维修过程中的不足和缺陷，有效减少因缺乏实际经验而造成的重大差错，并为维修保障分析、维修资料编写、维修培训等工作提供重要信息。波音公司和空客公司在维修、维护、培训等方面大量应用了 VR/AR/MR 技术。波音公司建立了全特征的 777 虚拟飞行仿真系统，用于首飞人员训练和在真实飞机上的技术对照。空客公司应用主动学习与能力训练技术建立了能力训练系统，用于客户机务培训等各个方面。可利用 AR 技术指导操作人员通过各种飞机区域，自动优化维修路径，用户可以根据自己的位置直接引导维修流程的环节。2021 年，EASA 批准首个 MR 飞行模拟训练器认证，该训练器用于训练飞行员在虚拟环境中进行风险操作，使飞行员能够更高效、更安全地飞行。

综上可以看出，VR/AR/MR 技术在飞机研制的各个阶段都有应用，包括产品展示、设计评估、虚拟装配、虚拟维修、虚拟培训等，这些应用在设计前期利用仿真手段预见设计问题，可极大地提高生产效率，缩短研制周期。利用 VR 技术构建飞机全生命周期的虚拟世界，为 AI 提供大量数据以完善数据分析、数据挖掘等技术。与 5G 结合，可通过云渲染快速完成民用飞机各阶段数模的可视化处理。未来飞机全生命周期中的各项流程都能够在虚拟环境中集成，多学科设计在虚拟环境中融合，推动飞机研制从桌面向立体设计转变。

但是，虚拟维修、虚拟装配及人机工效分析，均依赖自然人机交互的硬件技术和软件技术。硬件技术方面，目前的数据手套、数据衣等自然人机交互硬件（尤其是力反馈硬件）的可靠性和方便性还有待提升。软件技术方面，软件的算法和工作效率往往成为实际应用中的技术瓶颈。

24.4　发展路线图

针对大型民用飞机研制类的工业应用，可以将 VR/AR/MR 技术的发展分为可视化技术、交互技术和新技术结合 3 个主要方向。总体来说，可视化技术集中于解决针对不同应用需求完成仿真场景构建的问题；交互技术集中于优化用户使用体验；新技术结合集中于应用拓展。经过研究和分析，本章整理了 VR/AR/MR 技术在商用航空领域的发展路线图，如图 24.8 所示，供大家参考。

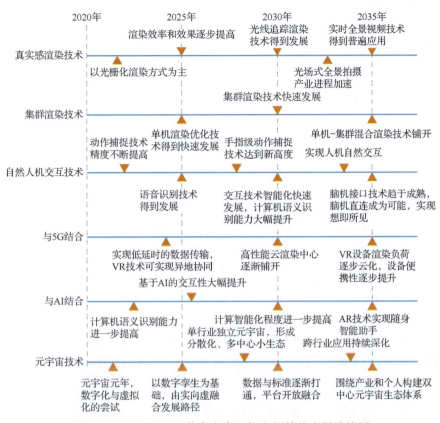

图 24.8　VR/AR/MR 技术在商用航空领域的发展路线图

24.5　经济性和环保性分析

在制造业，利用 VR/AR/MR 技术可以构建与真实环境一致的虚拟环境，设计人员可以在虚拟环境中对产品设计进行评估、优化，开展虚拟试验，减少出现失误的概率，从而大幅缩短整个产品的研制周期。由于出错率降低，用于制作原型机的材料就会减少，制作原型机的次数也会随之减少。同时高质量的产品可以被更快地研发出来，并且让整个行业在更短的时间内获得巨大的 VR/AR/MR 投资回报率。根据 XR Today 的报告，总体来说，采用 VR 技术可以使设计过程加快 10%，使产品本身的制造过程加快 7%。企业所节省的时间可以用来关注其他部门的运作，如生产和物流。在业务培训方面，VR/AR/MR 技术能够提供更安全、更有效的培训方式。正确的 VR/AR/MR 工具还可以帮助员工发展新技能，避免将他们置于危险的环境中。有了 AR 眼镜，专业人士甚至可以远程指导在生产现场的团队成员，还可以为企业节省大量资金。

减少工业对气候的影响是许多政府和大企业关注的重点，而将 VR/AR/MR 与生产制造结合构建数字化工厂，可以降低能源消耗和生产成本。数字工厂中的每台设备都是数据接收器，通过数据收集和数据分析，可以有效优化生产流程，在提高企业生产力的同时降低能源消耗和生产成本。一些从事 VR/AR/MR 技术研发的企业已经开始在环保领域进行了技术应用。

在工业市场，企业对成本节约、高效和绿色解决方案的需求越来越大。边缘计算、物联网和 5G 等互补的垂直技术将为工业企业带来新的机遇。

参考文献

[1] 濮清璐，庞瑜萍，彭博，等. 未来已来：全球 XR 产业洞察[R]. 上海：德勤中国，2021.

[2] MANN S, FURNESS T, YUAN Y, et al. All reality: virtual, augmented, mixed (X), mediated (X, Y), and multimediated reality[J]. University of Toronto, 2018(4):2.

[3] 刘文强. VR 产业发展白皮书（2021 年）[R]. 南昌：2021 世界 VR 产业大会，2021.

[4] TANNER S. The use of virtual reality at Boeing's Huntsville laboratories[C]. Virtual Reality Annual International Symposium. IEEE, 1993:135.

[5] 中国信息通信研究院. "5G+云+AI" 数字经济新时代的引擎[R]. 北京：中国信息通信研究院，2019.

[6] 华为技术有限公司. AR 洞察与应用实践白皮书[R]. （2021-06-23）[2024-03-01]. http://www.sohu.com/a/473613550_121094725.

[7] 仝伯兵，杨昕吉，谢振平，等. 集群渲染系统构建及优化[J]. 软件导刊，2015(1):89-91.

[8] 温晓君，赵燕，李旭东，等. 元宇宙产业链白皮书[R]. 北京：中国电子信息产业发展研究院，2022.

[9] XUE Y, XU S, WANG L, et al. Dual-model approach for engineering collision detection in the CAVE environment[C]. 2019 IEEE International Symposium on Mixed and Augmented Reality Adjunct (ISMAR-Adjunct). IEEE, 2019,10.

首先，本章介绍了区块链的国内外发展概况，区块链的发展整体上经历了以可编程数字加密货币体系为主要特征的区块链 1.0 阶段，依托智能合约、以可编程金融系统为主要特征的区块链 2.0 阶段，以及以区块链与大数据、AI 技术融合，利用新的区块链技术实现新的存储模式的创新为特征的区块链 3.0 阶段。本章通过分析区块链的五大特征，即去中心化、开放性、自治性、信息不可篡改和匿名性，总结了区块链的五项应用优势：减少交易中间环节，促进降本增效；助力数字资产确权，激发创新活力；缩短信任距离，拓展协作空间；驱动互联网革命，加速价值传递；强化信任体系约束，净化社会环境。

其次，本章基于对区块链在航空领域的应用场景及应用挑战的分析，结合波音公司、空客公司等商用飞机主制造商，GE 公司、罗·罗公司等主供应商及部分航空公司的区块链应用研究情况，梳理了基于区块链授权认证的可信软件加载、基于区块链的飞机零部件增材制造全流程数据上链、云端"黑匣子"信息系统安全性保护、以区块链为核心的适航审定数据管理 4 个潜在应用场景，研究分析了区块链技术在航空领域应用中面临的挑战，主要包括融合创新机制不完善、合适的应用场景仍需甄别、资源投入和技术积累不足 3 项。

最后，本章从航空应用场景识别与发展跟踪、航空制造、航空通信、适航审定等方面思考了区块链技术的应用并进行了重点探索研究，提出了我国区块链技术应用的发展路线图（2020—2035 年），并从经济性与环保性两个方面开展分析，证明航空业区块链技术应用具有非常高的收益和强大的应用动力。

区块链技术是一种全新的去中心化基础架构与分布式计算范式，其采用加密链式区块结构对数据进行验证与存储，采用分布式节点共识算法对数据进行生成与更新，采用智能合约对数据进行编程与操作。区块链技术在制造业应用广泛，可改进制造过程的可追溯性，优化管理，提升数据安全性，消除人为错误，并可进行有效的人才管理。区块链是制造业未来发展的关键，飞机制造商越早接受区块链，就越容易从中受益。

25.1　国内外发展概况

区块链发展经历了以下 3 个阶段。①区块链 1.0 阶段，即以可编程数字加密货币体系为主要特征的区块链模式。2008 年年底，中本聪提出比特币概念，并在 2009 年 1 月创造了第一个序号为 0 的创世区块和序号为 1 的创世区块，两者链接成链，标志着区块链 1.0 阶段的到来。随着区块链在比特币领域应用的普及，人们开始意识到作为比特币底层技术的区块链具有去中心化的优良性质。②区块链 2.0 阶段，即依托智能合约、以可编程金融系统为主要特征的区块链模式，主要应用在金融或经济市场，延伸到股票、债券、期货、贷款、按揭、产权、智能资产等合约上。③区块链 3.0 阶段，即广泛创新应用阶段。在该阶段，区块链广泛应用在某些全球性公共服务上，能够满足更加复杂的商业逻辑。区块链 3.0 与区块链 1.0 和区块链 2.0 之间最重要的一个区别在于区块链技术的使用方式和领域。在区块链 3.0 阶段，区块链技术的应用已经超出金融领域，扩展到人类生活的各个方面，为各种行业提供去中心化的解决方案，包括在航空航天、医疗、物流等领域，利用区块链技术解决信任问题，实现信息共享，将数据进行分布式存储和连接，能够实现真正的大数据化，提高整个系统的运转效率。

我国针对区块链的研究是从 2015 年前后开始的，之前一直着眼于阐释比特币的运行原理及其内在经济逻辑。2016 年 2 月，时任中国人民银行行长的周小川在谈到央行数字货币相关问题时，提到"区块链技术是一项可选的技术"，从而引发了金融界对区块链技术的讨论。2016 年 6 月，工信部、中央网络安全和信息化委员会办公室联合发布《关于加快推动区块链技术应用和产业发展的指导意见》，该意见指出，到 2025 年，区块链产业综合实力达到世界先进水平，产业初具规模。2016 年 12 月，在《国务院关于印发"十三五"国家信息化规划的通知》中，区块链被写入"十三五"国家信息化规划，被列为重点加强的战略性前沿技术，提高了学术界和产业界对区块链的重视程度。2019 年 1 月 10 日，国家互联网信息办公室发布《区块链信息服务管理规定》，提出对区块链信息服务进行监管。2021 年 12 月公布的《国家区块链创新应用试点入选名单》将区块链的创新应用分为综合性和特色两大领域，其中后者包含 16 个细分领域。2022 年 8 月，全国首例数字人民币穿透支付业务在雄安新区成功落地，实现了数字人民币在雄安新区区块链支付领域应用场景的新突破。2023 年 6 月，我国首个获批发布的区块链技术领域国家标准《区块链和分布式记账技术参考架构》（GB/T 42752—2023）正式发布。

25.2　技术特征与应用优势

25.2.1　技术特征

区块链为价值的有效传递提供了技术支持，其构建的纯粹的点对点价值转移体系在不需要各个节点相互信任的情况下，脱离了第三方信任背书，通过共识机制保证价值的安全可信转移。

区块链有以下五大技术特征。

（1）去中心化。区块链数据的验证、记账、存储、维护和传输都不基于中心机构，而是利用数学算法实现。去中心化使网络中的各节点之间能够自由连接，进行数据、资产、信息等的交换。

（2）开放性。区块链具有源代码开源性，即网络中设定的共识机制、规则都可以通过一致的、开源的源代码进行验证，任何人都可以加入（公开链），或者通过受控方式加入（联盟链）。

（3）自治性。区块链技术采用基于协商一致的规范和协议，整个系统中的所有节点都能够在去信任的环境中自由、安全地交换数据，任何人为的干预都不起作用。

（4）信息不可篡改。区块链使用了密码学中的哈希函数、非对称加密机制，保证区块链上的信息不被篡改。由于每个区块都是与前续区块通过密码学证明的方式链接在一起的，当区块链达到一定的长度后，要想修改某个历史区块中的交易内容，必须将该区块之前所有区块的交易记录及密码学证明进行重构，从而有效实现了防篡改。

（5）匿名性。由于节点之间的交换遵循固定的算法，其数据交互是无须信任的，区块链中的程序规则会自行判断活动是否有效，因此交易对手无须通过公开身份的方式让对方产生信任。

区块链模型如图 25.1 所示，主要分为 7 个层级，分别为物理设施层、账本层、网络层、共识层、合约层、系统管理层和应用层。

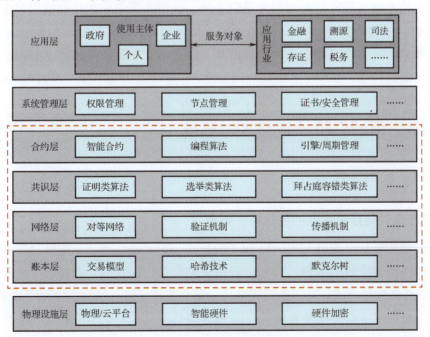

图 25.1　区块链模型

物理设施层针对区块链运行的硬件支撑基础设施提供算力支持与加密防护，诸如硬件、云平台等。账本层是区块链架构中的关键部分，包括交易模型、哈希技术、默克尔树等。网络层是链上信息传输的基础，主要包括对等网络、验证机制、传播机制，对数据的传输方式进行了定义。共识层，顾名思义，就是各节点达成系统一致性，即针对某种提案，多方达成共识。共识层主要包括证明类算法（如工作量证明机制算法）、选举类算法（如委托股权证明算法）、拜占庭容错类算法与混合类算法。合约层处于上层，其针对脚本、算法等进行编程，从而实现自动运行与定义的智能合约，是应用层的关键技术设施。系统管理层对区块链系统的操作、运营与管理进行封装，创建节点的不同角色。应用层包括使用主体可触及的应用，服务于个人、企业与政府，包含金融、溯源、司法、存证、税务等多方面的应用。

25.2.2 应用优势

区块链技术在不断的应用中，优势不断凸显。当前，区块链技术的应用优势主要有以下 5 项。

（1）减少交易中间环节，促进降本增效。

（2）助力数字资产确权，激发创新活力。

（3）缩短信任距离，拓展协作空间。

（4）驱动互联网革命，加速价值传递。

（5）强化信任体系约束，净化社会环境。

区块链技术的发展将带来生产关系的革命，深刻改变企业和社会组织形态，重构商业信用体系。由区块链形成的下一代互联网，其规模将是当前互联网的数十倍、数百倍。在实际应用中，我们应习惯运用区块链思维，倒逼技术升级，开拓产业空间。同时，应善于运用区块链技术，提升技术架构的可靠性、分配过程的公平性及成员行为的规范性。

25.3 航空领域应用场景与应用挑战

25.3.1 应用场景

1. 基于区块链授权认证的可信软件加载

机载系统的外场可加载软件（Field Loadable Software，FLS）数据分发流程通常需要经历机载系统供应商、主机厂和航空公司 3 个节点，在数据分发过程中通常使用网络传输、点对点传输等方式，可能出现网络传输信息丢失、信息错乱、"黑客"劫持等风险。同时，在飞机内部进行数据加载时，仅对 FLS 进行格式检查，不能保证其来源和内容的正确性，非正常的 FLS 极易对飞机系统造成破坏，从而影响飞机的正常运行。

在现有 FLS 数据分发和数据加载流程的基础上，提出将区块链技术与现有流程相结合，构建一套基于区块链授权认证的可信软件加载流程。在 FLS 数据分发和数据加载流程中，利用区块链的高安全性保证软件在各相关方的流转过程中的信息安全，最终在机载系统内利用区块链的可溯源性验证 FLS 的内容和来源。在流程中，由中国民航局作为业务主管角色，负责制定上链规则、分配密钥及监督工作；机载系统供应商完成 FLS 后负责签名和上链工作；主机厂集合各供应商的 FLS 后根据密钥解码验证 FLS 的正确性，随后综合打包并完成签名和上链工作；航空公司通过密钥解密验证获取 FLS 的内容，并完成软件加载工作。最后，飞机机载系统在数据加载的过程中，溯源验证区块链内部的签名信息，确保 FLS 的正确性并进行加载。基于区块链授权认证的可信软件加载流程如图 25.2 所示。

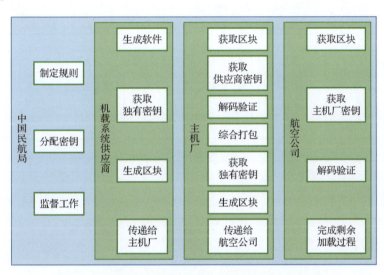

图 25.2　基于区块链授权认证的可信软件加载流程

2. 基于区块链的飞机零部件增材制造全流程数据上链

作为飞机主制造商，波音公司提出基于物联网和区块链技术提高飞机制造运营水平的概念方案，通过物联网与区块链技术的组合跟踪各个零件的来源，期望实现零件全生命周期的跟踪和维护。其中物联网技术的应用是为了追溯各个零部件的流转记录，区块链的引用则是为了保障数据的可靠性。GoDirect Trade 平台（由霍尼韦尔公司设计）的经理称，截至 2020 年，波音公司已将超过 10 亿美元的过剩飞机零部件加入该平台，该平台旨在证明这些零部件的来源，并确保它们符合安全标准，这也是区块链技术在航空增材制造领域的优秀应用案例。

在识别相关技术需求的基础上，探索零件增材制造区块链数据平台——增材制造全程追溯平台（见图 25.3），记录零件设计、制造、测试与验证的全过程，为实现在线适航审定和零件可追溯提供数据支撑。

主机厂商首先建立私有链，将原材料、设计、制造、后处理、测试、验证等数字线程上链，利用区块链高效共识、不可篡改的特性实现飞机零部件增材制造全流程数据的互联共享和安全可信；然后串联现有增材制造软件和硬件资源，以促进增材制造件在型号上的装机应用为宗旨，开展区块链模式下自主制造增材件的适航取证研究。同时，以主机厂商自主制造的增材零件为对象，利用 5G、大数据技术、AI 技术创建增材制造云平台，提高增材制造件的质量。

未来将基于"主制造商-供应商"模式，建立在中国民用航空局监管下的以主机厂商为中心的半去中心化联盟链，包括设计单位、供应商（如原材料供应商、设备供应商、零件供应商等）、航空公司、维修基地等成员。

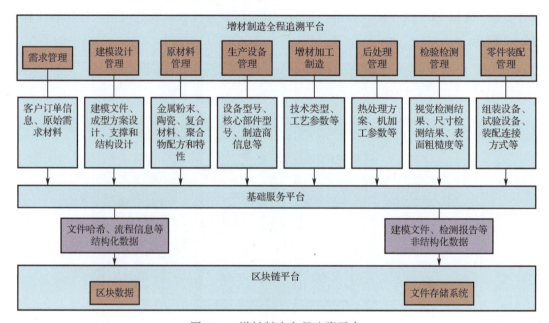

图 25.3　增材制造全程追溯平台

3. 云端"黑匣子"信息系统安全性保护

MH370 航班失联事件发生后，云端"黑匣子"概念被提出，该技术通过将关键飞行参数实时保存至云端，降低空难事件发生后搜寻传统"黑匣子"的高昂成本。随着东航MU5735 航班坠毁事故的发生，这一技术又引起广泛关注，但是在实际应用中仍有一些问题需要解决。

2019 年 1 月，NASA 提出了一种用于安全、身份验证和隐私的空中交通管理区块链基础设施工程原型，可使用开源许可的区块链框架实现飞机隐私和匿名，用于任何特定飞机和任何特定授权成员之间的安全通信。

云端"黑匣子"目前面临的安全问题主要是容易遭受外部干扰与欺诈及外部非法侵入。与 NASA 空中通信区块链技术的发展思路类似，将区块链技术应用于云端"黑匣子"是一个创新性的选择。该技术可利用区块链的非对称加密机制，通过私钥加密并将飞机数据发送至云端"黑匣子"，云端"黑匣子"利用飞机的公钥实现身份的有效验证，防止虚假身份欺骗。此外，飞机可将飞行数据发送至云端"黑匣子"的公钥，云端"黑匣子"通过私钥解密后获取数据，防止出现虚假数据，保证数据的安全性与真实性，使数据在适航调查过程中拥有权威性。云端"黑匣子"概念如图 25.4 所示。

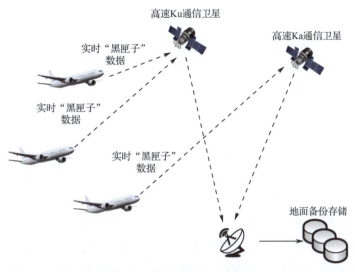

图 25.4　云端"黑匣子"概念

4．以区块链为核心的适航审定数据管理

民用飞机的适航审定数据管理涵盖飞机从设计、生产直到报废的全过程的所有信息，包括但不限于每个系统设备的序列号、每种航材的物料信息、每次维修过程的记录等。从飞机完成生产并出厂开始，应该完整地存储这架飞机的全部资料档案，并持续记录与这架飞机相关的所有数据和资料信息。利用区块链技术的去中心化和信息不可篡改的特性，为每架飞机创建一个"账本"，对飞机上每个航材供应商的详尽信息都进行完整有效的记录。

在设计阶段，通常一架飞机的研制周期长达 10 年，期间涉及几十万到几百万个部件资料和大量设计文档，大部分资料会随着设计过程而迭代更新，最后主机厂需要向民航局适航审定机构提交相应的资料，完成飞机的适航认证。若在飞机研制初期，利用区块链技术存储这些数据，形成完整的数字化数据信息，将各个区块的信息分散到符合民航局要求的多方区块链数据库和系统中进行保存，就可以加快飞机适航审定过程中的数据提交和保存速率。后续设计资料的更新通过区块链技术链接到上一版设计资料的区块中，当出现问题时，通过区块链的链接关系就能第一时间发现并寻找问题，通过追溯的方式找到设计资料发生错误的时间点，再通过调查、测试和重新认证确定部件的适航性，确保飞机基础核心信息的准确性和可靠性。

25.3.2　应用挑战

区块链技术在航空领域的应用面临不少挑战，主要有以下 3 项。

1. 融合创新机制不完善

区块链技术作为一种新兴技术，是否适用于航空领域，是否可以促进航空领域的创新发展，是否能够实现有显著效果的应用，目前还面临诸多质疑。作为一种有潜力改变生产关系的技术，区块链技术需要从底层构建，需要各阶段、各环节相关方的共同努力和实践。因此，在区块链技术的应用发展过程中，还需要各方统一思想，共同合作，创新应用研发模式，促进跨界合作创新。当前，推动区块链技术应用快速发展的多方合作创新机制尚不健全，尝试性应用大多集中在单一组织内部，应用的广度和深度尚处于初期阶段。

2. 合适的应用场景仍需甄别

当前，诸多企业和研究机构已经在零部件溯源、与 3D 打印融合发展、航空运营管理等方面进行了探索应用，并根据自身的业务探索应用场景。新进入的企业可以借鉴参考相关应用经验，但是最终的应用场景必然要与自身的业务重合。应用场景的甄别对后续区块链技术的发展具有重要意义，企业需要对自身全链条业务进行有效的梳理，在充分理解区块链技术的基础上，有效识别自身业务场景中适合应用区块链技术解决的问题，并投入资源进行研究。在这一过程中，企业需要充分理解自身业务的过程和重点，并投入大量沟通成本，沟通的成果是指导后续研究工作的关键。

3. 资源投入和技术积累不足

航空产业规模大，发展时间长，内部分工清晰。这一特点使整个行业能够稳定地发展，但是对创新有一定的掣肘。区块链技术发展时间短、技术新，航空业缺少既懂航空又懂技术的专门人员从事底层研究。由于相关基础研究和积累不够深厚，因此需要不断加强和完善独立支撑项目应用落地的能力，持续投入资源。

25.4 发展路线图

航空领域业务范围庞大，涉及的产业链极长，分工明晰，区块链技术在航空领域大有可为。在开展业务探索的过程中，可以从航空制造应用、航空通信、适航审定等方面思考区块链技术的应用，尤其可以针对其中的去中心化、多方参与和写入数据的应用、初始情况下参与方互不信任的场景及对数据要求真实性高的场景进行重点探索研究。发展路线分析主要从 4 个方面开展，即区块链航空应用场景识别与发展跟踪、区块链航空制造应用、区块链航空通信应用及区块链适航审定应用。经过研究和分析，本章整理了区块链技术在商用航空领域的发展路线图，如图 25.5 所示，供大家参考。发展路线图的主要内容如下。

（1）区块链航空应用场景识别与发展跟踪：利用文献查阅、走访调研、开会研讨等方式，梳理潜在应用场景，开展研判和识别工作，并保持对业内区块链发展应用情报的追踪。

（2）区块链航空制造应用：以增材制造为对象，探索区块链在航空制造中的应用。通过构建基于区块链的增材制造数据处理平台，记录零件设计、制造、测试与验证全过程，实现零件全生命周期的跟踪和维护。

（3）区块链航空通信应用：以高可信空地飞行数据传输区块链平台为对象，探索区块链在航空通信中的应用。该技术可以防止出现云端"黑匣子"与地面通信中的虚假数据，保证数据的安全性与真实性，使数据在适航调查过程中拥有权威性。

（4）区块链适航审定应用：适航审定过程中存在数据存储分散、纸质材料审查效率低下等问题，且在型号事故调查中存在数据造假及隐瞒关键信息的可能性。通过与中国民用航空局、航空公司等的合作，构建以区块链为核心的适航审定数据管理区块链平台，可将型号数据安全地存储在多方认可的区块链平台上，有利于适航审定与事故调查。

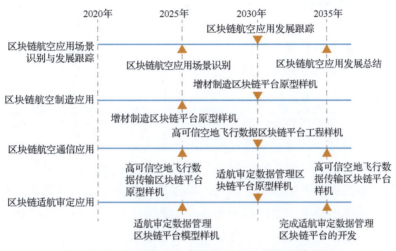

图 25.5　区块链技术在商用航空领域的发展路线图

25.5　经济性和环保性分析

25.5.1　经济性分析

将区块链技术应用于航空业，可以产生巨大的经济效益。目前，航空工业链中的各家企业都将自身生产的数据独立保存，形成数据孤岛，这不仅会产生额外的沟通费用，还会产生数据冗余，导致企业成本上升。区块链技术的主要优势之一是通过建立实时可信的交易环境，提升交易双方之间的互信，减少数据核查校对工作。区块链技术的分布式记账功能能够保证在数据仅输入一次的情况下完成数据的去重工作。

除了在数据存储、共享方面的作用，区块链技术还可以在加强飞机运营维护方面发挥作用，从而提高工作效率，降低总体成本。例如，将飞机构型信息与历史维护信息通过区块链技术进行记录，可以支持更准确和更广泛的维修预测，降低飞机单位时间内的维修成本。此外，区块链技术的大规模分布式记账功能意味着航空公司可以更快地向监管机构反映其机队中受故障影响的飞机状态，从而使监管机构快速发布适航指令，变更服务公告。在航线维护和重大维修方面，使用分布式账本功能可减少人工检查部件的需求，简化工作流程，提高航班运行效率。

GE 航空集团研发的区块链技术可以对发动机部件从最初的安装到使用寿命结束的全过程进行跟踪。尽管该集团的区块链技术尚处于开发阶段，但发动机及涡轮机联盟弗里德希哈芬股份有限公司表示，该区块链技术已经帮助其从共享收益对账中释放了 1000 万美元的未结算现金。虽然 GE 航空集团的分布式账本研究仍处于起步阶段，但其刚投入应用就产生了丰厚的收益。随着区块链技术的成熟与运用，其可能会创造更大的经济效益。

25.5.2　环保性分析

区块链可用于服务"双碳"背景下的生产过程改造、管理模式创新、供应链和产业链多环节优化，促进参与主体之间的可信协作，特别表现在以下三个方面：

（1）区块链有助于构建实时、可信的碳监管环境。区块链技术可在碳排放权的登记、交易、结算及碳排放管理和监管过程中提高信息的透明度与可信度，降低信息管理和监督的成本，实现碳监管的数字化管理，提高监督效率。

（2）区块链赋能产业转型升级，促进行业提效降本，降低碳排放水平。区块链可赋能传统高耗能产业开展数字化转型。由于区块链具有去中心化、可验证及不可篡改等技术特点，可以利用其构建多方信任的协作和产能共享平台，从而打破行业数据孤岛，提高协作效率，减少能源与物质消耗，降低行业碳排放水平。

（3）区块链可用于碳交易平台的构建。可以利用区块链的实时性与不可篡改等技术特点，构建碳交易相关方均信任的市场交易平台，完成对碳资产和碳排放权的管理，有助于打造碳交易主体、交易机构、监管机构等多方共建的、灵活互动的碳资产交易模式，从而实现碳交易、监管全过程的透明化和全生命周期的追踪溯源。

参考文献

[1] NAKAMOTO S. Bitcoin: a peer-to-peer electronic cash system[J]. Consulted, 2008.

[2] 郭上铜，王瑞锦，张凤荔. 区块链技术原理与应用综述[J]. 计算机科学，2021，48(2): 271-281.

[3] ALEX, DERBER. 区块链技术在航空业的应用[J]. 航空维修与工程，2020(4): 2.

[4] 佚名. NASA 拟利用区块链技术保障飞行数据安全与隐私[J]. 无线电工程，2019(5): 446.

[5] 王宁，王煜，张志雄. 区块链技术航空应用与发展展望[J]. 航空科学技术，2020，31(6): 7.

首先，本章介绍了石墨烯的国内外发展概况，从石墨烯材料制备、应用技术研发、产业化技术 3 个方面介绍了自石墨烯被发现以来国内外在石墨烯领域取得的重要进展。在石墨烯材料制备方面，主要实现石墨烯大规模批量化生产技术及高品质石墨烯材料制备方法的突破；在应用技术研发方面，主要涉及石墨烯在新能源、电子信息、海水淡化等方面的技术突破；在产业化技术方面，石墨烯环保涂料、散热大功率 LED 灯、RFID、铅酸电池及智能穿戴等产品已经实现产业化。除此之外，本章还分析了石墨烯相关知识产权的情况。

其次，本章分析了石墨烯在航空领域的应用场景，石墨烯有望成为一种塑造未来航空业的新型材料，是我国新材料产业乃至制造业实现弯道超车的突破口。具体的应用方向包括下一代民用飞机轻质航空电缆、新型石墨烯客舱内饰、石墨烯高效热管理材料、飞机轻量化用高强高韧石墨烯铝合金、石墨烯特种耐磨钢、石墨烯聚四氟乙烯复合材料、民用飞机用石墨烯"三防"特种涂料、石墨烯柔性传感器。

最后，本章结合石墨烯的发展趋势及其在航空领域的应用场景，从石墨烯传感器技术（石墨烯薄膜）、石墨烯非金属复合技术（石墨烯粉体）、石墨烯金属复合技术（石墨烯粉体）3 个方面给出了石墨烯民用飞机应用技术发展路线图（2020—2035 年），并对其经济性和环保性进行了分析。

石墨烯是目前世界上发现的最轻、最薄、载流子迁移率最高、电流密度耐性最大、强度最大、最坚硬、导热率最高的一种新型纳米材料，由于其在电、热、光等诸多领域表现出了卓越的性能而被称为"新材料之王"。科学家甚至预言石墨烯将"彻底改变 21 世纪"，掀起一场席卷全球的颠覆性新技术、新产业革命。

26.1 国内外发展概况

石墨烯是碳的一种同素异形体，是一种由单层碳原子构成的二维结构材料，如图 26.1 所示。碳是一种神奇的材料，它的同素异形体具备零维、一维、二维、三维结构。由 60 个碳原子组成的富勒烯（也称足球烯）是碳的零维同素异形体，线性结构的碳纳米管是碳的一维同素异形体，单原子层状的石墨烯是碳的二维同素异形体，金刚石是碳的三维同素异形体。自从 1985 年和 1991 年科学家先后发现足球烯和碳纳米管以来，碳纳米材料就成了科学研究和创新的前沿领域。特别是 2004 年石墨烯的发现，不仅充实了碳材料家族成员，更引起了新一轮的研究热潮。

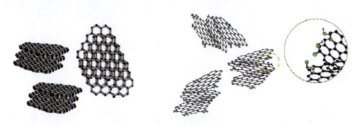

图 26.1　石墨烯的结构

目前，全球已有 80 多个国家投入了石墨烯的研发和生产。美国、欧盟、日本、韩国等相继发布一系列相关研究计划，资助石墨烯项目。例如，欧盟制订了石墨烯旗舰计划，计划投入 10 亿欧元。全球石墨烯研发、生产综合实力排名前三的国家是美国、日本、中国。不仅如此，IBM、英特尔、陶氏化学、三星等知名跨国企业纷纷将石墨烯及其应用技术研究作为长期战略发展方向，而且涌现出了一大批专门从事石墨烯研发、生产和应用的机构与企业。

在石墨烯材料制备方面，主要在石墨烯大规模批量化生产技术及高品质石墨烯材料制备方法方面实现突破；在应用技术研发方面，主要涉及石墨烯在新能源、电子信息、海水淡化等方面的技术突破；在产业化技术方面，石墨烯环保涂料、散热大功率 LED 灯、RFID、铅酸电池及智能穿戴等产品已经实现产业化。

石墨烯相关知识产权的申请数量逐年递增。2008 年之前，石墨烯相关专利技术还处于萌芽阶段。2010 年之后，每年都会新增大量的发明专利，新的技术不断出现。国内相关政策的出台使石墨烯技术进入快速发展阶段。

全球石墨烯专利申请授权趋势（截至 2023 年 10 月）如图 26.2 所示。从图中可以看出，2010—2018 年全球石墨烯行业专利申请数量呈现逐年增长的态势，随后开始下降。2010—2021 年全球石墨烯行业专利授权数量呈现逐年增长的态势，2021 年达到 40008 项，随后开始下降。其中，我国的石墨烯专利授权数量占全球的比例从 2010 年的 17.5% 提高至 2021 年的 73.0%，2022 年为 71.5%。我国石墨烯产业已经从基础材料研发向应用产品开发转变。

我国有着丰富的石墨烯资源，国家高度重视石墨烯产业的发展，在研发和产业化方面走在世界前列。近年来，石墨烯已经成为我国前沿新材料的重点发展领域，是我国加快推进新一轮技术革命的重要抓手。国内石墨烯企业数量急剧增加，目前在工商部门注册的营业范围包含石墨烯相关业务的企业有近万家，其中 70% 以上的企业集中在东部沿海地区。从各产业链环节的石墨烯企业数量分布来看，石墨烯应用环节的企业数量最多，占比达 39%；石墨烯研发环节的企业数量占 19%；石墨烯技术服务、制备、销售、投资、设备、检测环节的企业数量分别占 14%、14%、7%、4%、2%、1%。在石墨烯细分领域，导电剂用石墨烯和涂料用石墨烯所占市场份额较大，石墨烯粉体和石墨烯薄膜的市场份额占比也在逐年攀升。

图 26.2　全球石墨烯专利申请授权趋势（截至 2023 年 10 月）

2021 年 3 月，工信部发布《2021 年工业和信息化标准工作要点》，提出"开展高端钢铁材料、航空发动机高温合金材料、化工新材料、民用飞机铝材、石墨烯、电子专用材料等新材料和关键材料标准制定"。2022 年 1 月，工信部、科技部、自然资源部联合发布《"十四五"原材料工业发展规划》，明确到 2025 年，新材料产业规模持续提升，占原材料工业比重明显提高；初步形成更高质量、更好效益、更优布局、更加绿色、更加安全的产业发展格局。

26.2　技术特征与应用优势

石墨烯日益成熟并不断发展的优异性能符合民用飞机的需求特征。一方面，石墨烯未来很有可能发展出超高纵横比、高刚度和表面改性等特征，这为飞机材料的轻量化设计打开了一扇新的大门；另一方面，石墨烯特种材料在防腐、耐高温、耐磨、抗电磁干扰、超导和快充等方面具有性能提升的潜力。因此，结合飞机场景开发的石墨烯传感器、晶体管、散热膜、改性织物和橡胶等，可应用于防雷击、防除冰、抗菌净化和结构监测等领域。新型功能石墨烯材料在以上领域的应用有助于持续推动民用飞机制造业的改进、升级和换代。石墨烯航空领域大事记如图 26.3 所示。

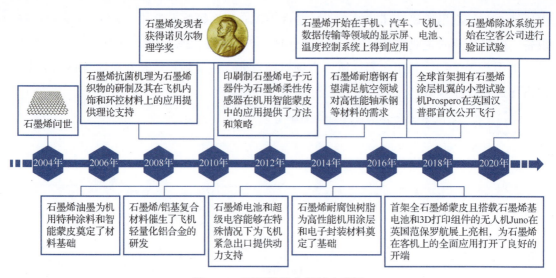

图 26.3 石墨烯航空领域大事记

26.3 航空领域应用场景与应用挑战

"一代新材料,一代大飞机"已经成为飞机设计师的共识,石墨烯正处于从实验室走向产业化的关键时期,有望成为一种塑造未来航空业的新型材料,是我国新材料产业乃至制造业实现弯道超车的突破口。

2020 年 10 月,国家发展和改革委员会、科技部、工信部、财政部四部门联合印发《关于扩大战略性新兴产业投资 培育壮大新增长点增长极的指导意见》,明确提出加快新材料产业强弱项,保障大飞机等重点领域产业链供应链稳定,加快拓展石墨烯在航空装备领域的应用。

目前,石墨烯在航空领域的应用尚处于起步探索阶段,随着人们对石墨烯材料认识的发展,更多的潜在应用有望实现。石墨烯技术在未来飞机上的潜在应用场景如图 26.4 所示。

26.3.1 下一代民用飞机轻质航空电缆

随着现代飞机电气化、信息化、智能化程度的不断提高,对飞机电气线路互联系统(Electrical Wiring Interconnection Systems, EWIS)的需求日益增加。航空电缆是 EWIS 的重要组成部件,国内某型飞机 EWIS 中的导体成品质量已达 600kg 以上,占飞机总质量的 3%左右,这一占比还将随着飞机智能化程度的提高而不断增大。如何在提高 EWIS 性能的同时不增大其质量,是 EWIS 研究中的关键问题。通过详细分析国产飞机的 EWIS,发现对非金属材料的质量优化已经做到极致,要进一步实现 EWIS 的减重,采用轻质、高导电、高强度的新型电缆材料是一个可行且重要的方法。

热管理
石墨烯可以提高循环热管（卫星和航空航天仪器中使用的冷却系统）的传热效率。环形热管利用电子设备产生的热量蒸发内部流体以对其进行冷却，可以通过在其内壁涂抹石墨烯来改善电子单元和流体之间的热传递

除冰
基于石墨烯的防除冰系统可以防止冰积聚在飞机的关键部位上，提高飞行安全性并替代昂贵的化学除冰技术

超光谱相机
石墨烯可用于检测可见光，也可用于近红外相机、短波红外相机、长波红外相机。这样，即使在极端条件下也可以检测出肉眼无法检测出的元素

◆ 石墨烯作为前沿研究和颠覆性技术，可以应对航空产业持久存在的挑战

传感器
使用石墨烯复合材料，可以使许多传感器（如流体传感器、压力传感器和光学传感器）变得更小、更灵敏，从而使消耗的功率更少

避雷
石墨烯优异的导电性能可用于创建导电框架，从而提高对电磁干扰的抵抗力，并分散机体和机翼表面的雷击能量

空气过滤
可加热的航空石墨烯泡沫可以缩短航空材料过滤器的清洁时间，节省大量的维护成本，甚至可以去除空气中的杂质

减震
石墨烯复合泡沫可以抑制震动，降低机械内部的噪声，还可以改善这些机构的性能和耐热性

增强
石墨烯的高纵横比、柔韧性和机械强度使其能够增强当前使用的复合材料的弱点强度，如在两个不同组件之间的界面处

环保设计
将石墨烯和相关材料聚合到纤维增强复合材料中，可以大幅提高复合材料的强度和刚度，使航空工程师能够设计和部署更轻的部件，飞机质量的减轻有助于提高燃油效率，并大幅减少温室气体的排放

节油
使用石墨烯复合材料的飞机可以携带更大的有效载荷而无须使用更多的燃料，也可以在给定的燃料量下飞行更长的距离

石墨烯将减少飞机的污染物排放，并助力航空业实现可持续发展

图 26.4　石墨烯技术在未来飞机上的潜在应用场景

石墨烯是理想的电缆导体材料。采用石墨烯改铜、铝等电缆导体材料，能有效提高电缆导体的强度和导电性能。理论计算表明，在与常规铜电缆导体相同的导电能力下，石墨烯铝电缆导体能减少约 50% 的质量，这有望解决飞机智能化升级需求与 EWIS 质量之间的矛盾，具有显著的经济效益。石墨烯铝电缆如图 26.5 所示。

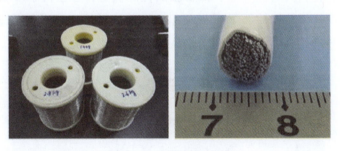

图 26.5　石墨烯铝电缆

26.3.2　新型石墨烯客舱内饰

飞机客舱内饰除要求材料软、轻、耐用外，还要求具备一些优异的附加功能以提升乘客在乘机过程中的舒适度和安全性。石墨烯改性聚合物纤维经编织成型获得织物，随后加工成各种内饰和环控产品，作为新型石墨烯客舱内饰。石墨烯织物具有以下优势：①提高聚合物纤维的断裂强度；②使纤维具有良好的阻燃性；③增强产品的紫外线防护

性能；④具有优异的远红外发射功能；⑤使织物具有导电性。因此，石墨烯织物在飞机客舱中的用途非常广泛。例如，将石墨烯的导热性和自发热特性应用在飞机客舱座椅上，能让坐垫的温度更加均匀。

石墨烯具有良好的抗菌、抗病毒性能，而且石墨烯不挥发、不流失，具备长效抗菌能力。石墨烯具有超大比表面积，一方面可以大幅减少用量，降低成本；另一方面可以负载其他抗菌物质，发挥协同抗菌效果，抗菌抗病毒性能超过现有产品。自 2010 年起，石墨烯材料开始应用于抗菌抗病毒领域，其抗菌抗病毒能力已在多种材料体系中得到了验证。新加坡南洋理工大学系统地研究了石墨烯及其衍生物的本征抗菌性能，其中氧化石墨烯具有较强的抗菌能力。中国科学院上海应用物理研究所研究了氧化石墨烯的抗菌性能，研究结果表明，氧化石墨烯 2h 内的灭菌效果达到 98.5%。华中农业大学研究了氧化石墨烯的抗病毒性能，研究结果表明，在 1.5mg/L 的低浓度下，氧化石墨烯在 1h 内可以杀灭 95%的病毒。

26.3.3　石墨烯高效热管理材料

石墨烯具备低密度（2.2g/cm^3）和极高的导热系数［5300W/（m·K）］，是理想的散热材料。将石墨烯与铝基体进行复合，能获得轻质、高导热系数的石墨烯铝基全固态热管理材料，其导热性能可达到铜的 2 倍以上，同时密度仅为铜的 1/4，是理想的飞机散热封装材料，可应用在大功率电子器件封装、电池封装等领域，提高系统运行的稳定性。

在满足电子封装材料其他基本要求的同时，民用飞机电子封装材料必须考虑轻质低密度的问题。在最新一代电子封装材料技术的基础上，北京石墨烯技术研究院研制的石墨烯改性电子封装材料具有高导热、低膨胀的性能优势，并获得了多项石墨烯电子封装材料的自主知识产权，其样件如图 26.6 所示。目前该样件已经顺利通过焊接性能、气密性、表面防护工艺的符合性测试，可满足高功率电子器件的需求。

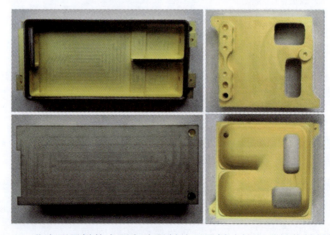

图 26.6　北京石墨烯技术研究院研制的石墨烯改性电子封装材料样件

研究发现，经过石墨烯改性后的电子封装材料不仅能保持原有电子封装材料的性能优势，而且由于其导热性能大幅提高，其制造工艺和焊接性能也有了明显改善。目前，制备的石墨烯电子封装材料的导热系数可以达到 $200\sim230$W/（m·K），线膨胀系数可以达到 $9\times10^{-6}\sim11\times10^{-6}$/℃。与未添加石墨烯的电子封装材料相比，其导热系数提高了 10%，线膨胀系数降低了 15%，进一步提高了电子封装材料导热性能和热膨胀性能的匹配度。石墨烯电子封装材料的优异性能为高集成化电子器件、多功能航空电子系统提供了更大的发展空间。

石墨烯可以提高循环热管（卫星和航空航天仪器中使用的冷却系统）的传热效率。环形热管利用电子设备产生的热量蒸发内部流体以对其进行冷却，可以通过在其内壁涂抹石墨烯来改善电子单元和流体之间的热传递。

26.3.4　飞机轻量化用高强高韧石墨烯铝合金

石墨烯材料兼具高模量、高强度、高导电、高导热、高比表面积等特点。与 SiC、Al_2O_3 等常规陶瓷材料增强相相比，石墨烯在弹性模量、拉伸强度等方面具备明显的优势，是理想的铝基复合材料增强相。2011 年，美国陆军武器研究发展与工程中心贝尼特实验室率先开展了石墨烯/铝基复合材料研究。该实验室利用机械球磨、热等静压和挤压的方法，将质量分数为 0.1% 的石墨烯纳米片添加到纯铝基体中，首次制备出了石墨烯/铝基复合材料，随后业界便掀起了石墨烯/铝基复合材料的研究热潮。韩国延世大学学者利用机械球磨的方法将石墨烯均匀地分散到 2024 铝合金基体中，并在较低的热轧温度（450℃）下利用轧制的方法制备出了质量分数为 0.7% 的石墨烯/铝 2024 复合材料板材，其抗拉强度高达 700MPa，相比不加石墨烯的材料，强度提高了 100%。大量研究结果表明，加入少量石墨烯（$0.3\sim1.0$wt%）能够使铝合金材料的强度提高 $20\%\sim200\%$，同时能保证良好的塑性。高强高韧石墨烯铝合金是实现飞机轻量化的理想材料。

26.3.5　石墨烯特种耐磨钢

石墨烯是目前已知的世界上比强度最高、最坚硬的纳米材料之一，杨氏模量约为 1100GPa，断裂强度约为 130GPa，分别是最好的超高强度钢的 6 倍和 60 多倍。因此，利用石墨烯的超高强度和超高硬度特性，并将其与钢或钢基复合材料复合，制备出来的石墨烯/钢复合材料具有非常好的强度和硬度。测试结果证明，石墨烯在航空轴承领域具有巨大的潜力，经过石墨烯改性，轴承钢磨损性能可提升 35% 以上，同时摩擦系数降低，材料硬度提升。针对国产大飞机制造要求开发的高性能石墨烯改性长寿命航空轴承有望满足我国航空工业的迫切需求，改变我国高端高性能轴承材料比不上进口材料的现状，对我国高铁、动车、汽车等机械行业也具有重要意义。

石墨烯耐磨钢技术还可应用于石墨烯不锈钢、石墨烯高速钢和石墨烯硬质合金等高端合金材料及零件产品。石墨烯不锈钢可以在保持耐蚀性的前提下，解决不锈钢在强度、耐磨性方面的问题，满足航空航天对高强耐磨不锈钢的需求。石墨烯高速钢可以打破我国国产粉末高速钢产品为零的局面。将石墨烯添加到硬质合金中有望进一步提升硬质合金的耐磨性。石墨烯高速钢和石墨烯硬质合金未来有望应用到各种航空产品的轴承、齿轮等零部件中。

26.3.6　石墨烯聚四氟乙烯复合材料

石墨烯聚四氟乙烯复合材料的磨损率仅为 $150×10^{-9}mm^3/Nm$，同时摩擦系数可降低至 0.12 左右（干摩擦系数为 0.12，油摩擦系数为 0.012）。与几种国产聚四氟乙烯产品横向对比，石墨烯聚四氟乙烯复合材料显著改善了摩擦性能和磨损性能。石墨烯聚四氟乙烯在摩擦系数保持一流水平的情况下，比其他产品的磨损率降低一半，使用寿命延长约 1 倍，能够大幅延长航空密封部件的使用寿命和维护周期。石墨烯聚四氟乙烯密封制件如图 26.7 所示。

图 26.7　石墨烯聚四氟乙烯密封制件

26.3.7　民用飞机用石墨烯"三防"特种涂料

石墨烯"三防"特种涂料（防高温高湿、防盐雾腐蚀、防霉菌）具有防腐效果好、涂层厚度小、附着力强、漆膜质量小、耐盐雾性能极佳等优势。石墨烯独特的二维片层结构和极高的比表面积能够有效延长腐蚀路径，如图 26.8 所示。石墨烯可以分散到漆膜中，层层相叠，能形成致密的隔离层。石墨烯还可以与树脂分子发生交联，进一步强化隔离效果，使涂料具备良好的阻隔和屏蔽作用。石墨烯还具有高导电、高强度等性能，并且具有良好的化学稳定性和抗氧化性。石墨烯改性防腐涂料的加入能使水的渗透速率下降到原来的十万分之一以下，铜的腐蚀速率下降到原来的 1/4，镍的腐蚀速率下降到原来的 1/20。

除了性能的大幅改善，石墨烯"三防"特种涂料还具有施工工艺简便的优势，可在常温下施工和固化，并可以采用喷涂、刷涂、喷雾罐喷涂等各种喷涂方式，不受场地限制。同时，它还具有环保和成本优势，添加石墨烯后成本的增加远远低于其带来的防腐收益，因此石墨烯涂料有望成为传统防腐涂料良好的升级替代品种。

石墨烯片：厚度纳米级，长度微米级

图 26.8　石墨烯片层延长腐蚀路径

26.3.8　石墨烯柔性传感器

柔性传感网络的基本单元是柔性电子器件。石墨烯具有超大的比表面积、超高的电导率，在应力应变电子传感器件的应用中具有响应速度快、灵敏度高、种类多的明显优势，可兼容各种应用场景。石墨烯强度高、轻质，易于集成化形成柔性大面积分布式传感器阵列，因此基于石墨烯的柔性传感器和柔性电子印刷技术在飞行器智能蒙皮中展现出了极大的应用潜力和广阔的应用前景。

飞机健康监测用石墨烯金属薄膜传感器也是未来石墨烯在民用飞机中的应用场景之一。基于应变效应的金属薄膜应变传感器可以将应变、转角、位移转化为电信号，实现对被测物体的准确测量。石墨烯金属薄膜传感器芯片中设计有石墨烯过渡碳层，通过自发氧化，结合其他绝缘薄膜材料，生成抗腐蚀、耐高温、氧化绝缘膜。在被测物体表面直接形成的防护层为多层复合结构，具有抗氧化冲击、抗摩擦、绝缘等功能，能够减少被测物体的损伤。

使用石墨烯金属复合材料制备的薄膜传感器，可以利用石墨烯作为微传感器的供电电源，通过光能或其他方式充电；在不需要外接电源的条件下实现传感测量，使传感器的应用空间更加广泛，可实现传感器结构的微型化和功能的集成化；可以在不破坏被测物体结构的前提下，利用溅射沉积等方法在被测物体表面或内部直接形成金属薄膜传感器，保持被测物体结构的完整性和性能的稳定性，真正实现被测物体的近距离实时监控。

26.4　发展路线图

石墨烯目前已经走出了实验室，正在逐步实现产业化应用。产业化发展重点集中于石墨烯产业链的延伸及对不同领域的引领作用。通过石墨烯材料的开发，将全面拓展石墨烯在航空航天、电子信息、新能源等领域的产业化产业集群。

2020—2035年，石墨烯技术在商用飞机领域的应用推进主要集中在石墨烯金属复合技术（石墨烯粉体）、石墨烯非金属复合技术（石墨烯粉体）、石墨烯传感器技术（石墨烯薄膜）3个方面，本章整理了其发展路线图，如图26.9所示，供大家参考。

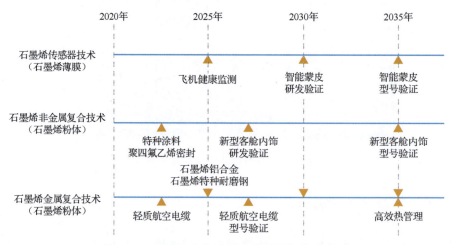

图26.9　石墨烯在商用飞机领域的发展路线图

在石墨烯金属复合技术的应用方面，主要推动下一代民用飞机用轻质航空电缆、全电飞机用石墨烯高效热管理材料、民用飞机用新型石墨烯电子封装材料、飞机轻量化用高强高韧石墨烯铝合金、民用飞机用新型主干材料石墨烯特种耐磨钢等的发展。在石墨烯非金属复合技术的应用方面，主要推动新型石墨烯客舱内饰、民用飞机用石墨烯"三防"特种涂料、石墨烯聚四氟乙烯密封材料等的发展。在石墨烯传感器技术的应用方面，主要推动飞机健康监测用石墨烯金属薄膜传感器、未来飞机智能蒙皮石墨烯柔性传感器等的发展。

26.5　经济性和环保性分析

石墨烯是一种新型纳米材料，在电、热、光等诸多领域表现出了卓越的性能。石墨烯在产品型号上的应用将显著提升飞机的经济性。

石墨烯在环保产业的应用主要集中在海水淡化和节能环保领域，而在空气治理和污水处理领域的应用前景还不是很明确。虽然石墨烯在大气污染的预防与治理、水污染处理、土壤污染治理、节能环保及海水淡化领域研究成果丰硕，但由于其价格高昂，在相当长一段时间内，多领域的应用仍将停留在研究阶段。但是，石墨烯在海水淡化和节能环保领域将具有非常大的应用价值及潜在的市场空间。

参考文献

[1] 陈玉华. 新型清洁能源技术[M]. 北京：知识产权出版社，2019.

[2] incoPat 全球专利数据库[EB/OL]. [2024-03-01]. https://www.incopat.com/.

[3] LIU S, ZENG T, HOFMANN M, et al. Antibacterial activity of graphite, graphite oxide, graphene oxide, and reduced graphene oxide: membrane and oxidative stress [J]. ACS Nano, 2011, 5(9): 6971-6980.

[4] HU W, PENG C, LUO W, et al. Graphene-based antibacterial paper [J]. ACS Nano, 2010, 4 (7): 4317-4323.

[5] 孙龙. 氧化石墨烯复合材料对病原菌的抗菌效应研究[D]. 武汉：华中农业大学，2017.

[6] 杨文澍，武高辉，肖瑞，等. 石墨烯/铝复合材料的研究现状及应用展望[J]. 新材料产业，2014(11): 20-23.

[7] 房昺，杨瑞，杨亮，等. 石墨烯冷涂锌防腐涂料的制备及性能[J]. 科技导报，2022，40(5): 44-51.

超导技术　第27章

　　超导技术是一项具有卓越电性能的材料科学和工程领域的前沿技术。其基本原理为将材料冷却到极低的温度，使其能够以零电阻电流的形式传导电能，同时产生强磁场。这一项技术的突出特点之一是超导体在零电阻状态下耗能极少，使其在电力传输、磁共振成像、粒子加速器等领域具有巨大的应用潜力。由于超导技术具有显著的电性能优势，各国航空业均加紧推进超导技术在航空领域的应用，ATI 于 2022 年 3 月发布的《电力推进系统发展路线图》报告提出，为了实现英国的 FlyZero 计划，应在 2030 年前实现超导电机在电力推进系统中的应用。

　　本章首先从超导技术的国内外发展概况、技术特征与应用优势、航空领域应用场景与应用挑战 3 个方面介绍了近几年来国内外在超导技术领域取得的重要进展。结合超导技术的发展趋势及其在航空领域的应用场景，从超导电机技术、超导电缆技术、低温冷却技术、高安全功率变换技术等方面提出了超导技术发展路线图（2020—2035 年）。最后对超导技术在航空领域应用的经济性和环保性进行了分析，探讨了其潜在的经济效益和环保优势。

27.1　国内外发展概况

　　1986 年 10 月，瑞士 IBM 研究员 K. Alex Müller 和 Johannes Georg Bednorz 宣布发现了第一个高温超导材料——钇钡铜氧化物（Yttrium Barium Copper Oxide，YBCO），其临界温度超过液氮的沸点，使制冷成本大幅降低，这一发现为超导技术的商业应用创造了更多的可能性，标志着超导技术进入实用阶段。中国科学院、清华大学、中国船舶重工集团有限公司、中国电子科技集团有限公司、国家能源超导电力技术研发中心、IBM、麻省理工学院、欧洲核子研究中心、GE 公司、西门子公司等国内外科研机构、高校及企业陆续布局超导技术的产业发展；NASA、空客公司等陆续开展超导技术在航空领域的应用。

　　美国在超导技术领域一直保持领先地位，其研究重点包括高温超导材料、超导电力传输、超导磁体及超导电子器件等。美国国家超导研究中心和美国能源部等机构积极支持相关研究项目，不断寻求新的高温超导体，并改进现有的材料。美国超导公司（AMSC）是全球领先的能源技术公司，其于 2008 年实现全球首条商业超导电缆应用，2009 年为美国海军开发了首台 36.5MW 高温超导电动机。欧洲超导研究中心和欧洲超导协会等组织促进了超导技术的研究与合作。2021 年，西门子公司发布全球首台采用高场磁共振设计结构水平磁场的 0.55T 超导磁共振系统，该系统具备中等场强组织信号衰减时间更长和水平磁场高信噪比、高加速因子等优势。

2020 年，瑞士洛桑联邦理工学院的科学家在高温超导体制备方面取得了显著进展，他们成功合成了一种镧系铜氧化物高温超导材料，其临界温度达到液氮的临界温度，这对降低制冷成本具有重要意义。美国超导磁共振仪器制造公司发布了一款基于超导技术的高精度磁共振成像设备，具有卓越的图像分辨率和信噪比，可用于医学诊断和研究。2021 年，日本国立强磁场研究所的研究团队成功研发了一种高性能超导磁体，其磁场强度达到 20T，创下了新的纪录，这将对磁共振成像等领域产生深远的影响。美国超导电缆制造公司宣布推出新一代高性能超导电缆，其电导率比以往提高了 20%，可有效提高电能传输效率，降低电力系统的运营成本。2023 年，麻省理工学院的科学家宣布成功研发了一种高温超导材料，其临界温度达到了 -130℃，较之前的材料更接近室温，降低了制冷成本。同年，欧洲航空航天集团宣布计划在电动飞行器的电力系统中使用高温超导电缆，提高飞行性能和效率。美国电动飞行器制造公司 Electric Aviation Group 发布了将高温超导电缆集成到电动飞行器的电力系统中的计划，以提高系统效率，延长续航时间。

国内的超导技术研究和应用涵盖多个领域，包括能源、交通、医疗、科研和国防等。早在 20 世纪 80 年代，中国科学家就开始研究高温超导材料。最著名的成果是中国科学院物理研究所的研究团队于 1987 年成功合成的稀土铁氧体高温超导体，其工作温度升高到液氮温度以下，大幅降低了制冷成本。此后，中国在高温超导材料的研究和制备方面不断取得突破，涵盖多种类型的超导材料，如铁基超导体和镁钙铜氧体等。中国船舶集团有限公司第七一二研究所分别于 2007 年、2012 年研制出 100kW 高温超导电机样机和国内首台兆瓦级高温超导电机样机。2021 年，中国南方电网有限责任公司在深圳实现全球首个超大型城市中心区的超导电缆应用。2022 年，中国科学院物理研究所的研究团队成功合成了一种铁基高温超导材料，其临界温度首次达到了液氮的临界温度，约为 -196℃。2023 年，中车长春轨道客车股份有限公司研制的国内首套高温超导电动悬浮全要素试验系统完成首次悬浮运行。此外，中国的科研机构正在积极探索将超导技术应用于粒子加速器、核聚变研究等领域，为基础科学研究提供强大的工具和设备。

总体来说，当前我国在超导技术方面起步较早、成果不断，但仍处于跟跑阶段。国外在超导技术的研究和应用方面处于领先地位，其技术进展和应用案例丰富多样。我国在超导技术的国际竞争中也面临压力，但通过与国外的合作和持续研发，有望在超导技术领域实现更多突破，推动其在航空领域的广泛应用。

27.2 技术特征与应用优势

27.2.1 技术特征

超导技术的特征包括零电阻、高电流密度、完全抗磁性，这些技术特征为其在航空领域的应用提供了巨大的潜力。

1. 零电阻

超导材料在超导状态下表现出零电阻的特性，这意味着电流可以在其中流动而不损耗能量。在传统的导体中，电流的传输会产生热量和能量损耗，而超导体的零电阻特性消除了这些损耗。这一特性对电力传输至关重要，因为它可以降低电网的能量损耗，提高电能传输的效率，减少能源浪费，进一步推动可持续能源的应用。此外，零电阻还有助于提高电子设备的性能，如超高频通信系统和微波器件。在这些应用中，超导电路的高能量效率使设备运行更加稳定，减少发热问题，提高设备的可靠性和性能。

2. 高电流密度

高温超导材料具有较高的电流承载能力，可以在较小的截面积内传输大电流。这一特性对电力传输和电机设计非常重要。在电力传输中，高电流密度的超导电缆可以缩小电缆尺寸，降低输电线路的成本，并减少能量损耗。这对长距离电力传输尤为重要，特别是在可再生能源集中的地区。在电机应用中，高电流密度意味着电机可以在紧凑的空间内传输更多的电流，提高电机的功率密度。这在电动汽车、风力涡轮机、航空发动机等领域具有显著的优势，可以实现更高的性能和效率。

3. 完全抗磁性

超导材料对外部磁场有极高的抗磁性，因此在磁场应用中具有广泛的用途。当将超导体置于外部磁场中时，它会排斥磁场，产生磁场排斥力，这种现象称为悬浮效应。这一效应被广泛应用于磁悬浮列车和磁悬浮传输系统，使列车或车辆可以无接触地悬浮在轨道上，减少摩擦和磨损，提高交通系统的效率和速度。这不仅改变了城市交通系统的面貌，还减少了噪声和污染。此外，超导磁体还用于磁共振成像设备，磁共振成像利用强磁场和无害的射频信号来获取人体内部的影像。超导磁体完美的磁性性质使磁共振成像设备可以产生极高的磁场强度，从而提高成像的质量和准确性，对医疗诊断产生了革命性的影响。

27.2.2 应用优势

超导技术在航空领域具有以下几项应用优势。

1．轻量化和高功率密度电力系统

在电推进技术成为航空技术发展重要方向的背景下，超导电力系统成为下一代飞行器的一种必选方案，主要包括超导电缆和超导电机，超导电缆和传输线较为轻便，可以在飞行器中减少电线和线缆的负载。与传统铜电缆相比，超导电缆的传输功率更大，有助于提高电推进的性能。超导电机有助于提升电机功率密度和电机转换效率，并通过更高的功率密度实现系统减重。

2．强磁场应用

超导磁体能够产生极强的磁场，有助于改进飞行器导航和控制系统。例如，超导磁体可以用于改进磁测仪器，以提高磁场测量的精度；也可以用于飞行器的地磁导航系统，以提高飞行控制的精度和稳定性。

27.3　航空领域应用场景与应用挑战

27.3.1　应用场景

在航空动力总成系统中应用超导技术，理论上可以减少系统质量和损耗并提高系统的效率。目前，航空超导电驱动力系统被视为未来飞机电推进的重要突破点，是实现航空脱碳目标至关重要的解决方案。相关科研单位和研究机构已经开展超导电推进技术预研和验证工作，探索其应用于大功率支线飞机动力系统的可能性。

2007 年，GE 公司为美国空军研制并测试了一款 1MW 超导单机发电机样机，完成了在 10000rpm 下的测试，实验室条件下的效率达到 97%，功率密度达到 9.2kW/kg。其结构如图 27.1 所示，电枢绕组采用 BSSCO 材料。罗·罗公司和西门子公司合作对直接耦合在涡轮机上的 10MW 级别机载超导发电机展开设计，该发电机采用部分超导结构，转子绕组采用跑道型线圈，定子绕组使用常规的铜绕组。两家公司还论证了该发电机的功率密度达到 20kW/kg 具有可行性，同时可改善电机功率因数以减少系统总质量，证明了高温超导技术在超轻型多兆瓦发电机中巨大的应用潜力和机载超导发电机的可行性。2019 年，日本新能源和工业技术开发组织设计了用于飞机电推进系统的 5MW 全超导电机，并通过有限元仿真进行了验证。通过采用空气芯结构和较高的电流密度线圈，其功率密度可达到 20kW/kg 以上。2019 年，NASA 格伦研究中心完成了一款 1.4MW、6800rpm 的部分超导电机的设计开发，其设计目标为效率大于市面上 98% 的电机，其功率与电机电磁部分的质量之比大于 16kW/kg。迄今为止，该超导电机已完成定子、超导线圈等关键部件的测试。2020 年，美国伊利诺伊大学提出了一种用于飞机电推进的全超导电机设计方案，以最小化电机质量和交流损耗为目标，基于遗传算法进行了设计优化。根据初步设计结论，该超导电机的功率密度为 50kW/kg，效率高达 99.9%。

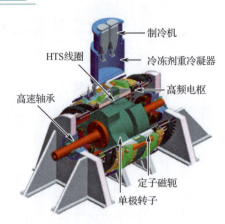

制冷机

HTS线圈

冷冻剂重冷凝器

高频电枢

高速轴承

定子磁轭

单极转子

图 27.1　GE 公司 1MW 超导单机发电机样机的结构

俄罗斯中央航空发动机研究院于 2017 年在莫斯科航展上宣布了其首个混合电推进系统研究计划，并展出了 500kW 混合电推进概念模型。俄罗斯中央航空发动机研究院与 SuperOx 公司于 2020 年 12 月将其研制的 500kW 超导电机安装在了作为试飞平台的雅克-40 飞机上，将超导电机、冷却系统和螺旋桨安装在机体头部，并进行了螺旋桨试运行，于 2021 年 2 月开始进行地面台架测试，随后进行了地面滑行测试，于 2021 年 7 月 24 日在莫斯科航展上完成了首次试飞。SuperOx 公司将继续生产功率为 1MW 的超导电机，并计划在伊尔-114 飞机上安装 2 台以取代型号为 TV7-117 的涡桨发动机。SuperOx 公司称其计划在 2030 年前后研制出功率不低于 2MW 的超导发电机，为俄罗斯超导混合电动系统的发展助力。

为探索超导材料在航空领域应用的可能性，空客公司成立了"先进超导和低温试验动力总成系统演示器"（Advanced Superconducting and Cryogenic Experimental Powertrain Demonstrator，ASCEND）项目，计划在 3 年内研制一套通用的 500kW 超导航空电驱动力总成验证系统，结合液氢冷却和超导技术演示纯电/混合电推进，探索超导材料和低温系统对飞机电力推进系统性能的影响。该项目的地面演示器将由空客公司的子公司 UpNext 建造，其目标是将动力总成质量和电气损耗至少降低 50%，同时将效率提高 5%～6%。ASCEND 项目中动力总成系统在 2023 年年底测试和评估了适用于纯电/混合电推进的解决方案，为空客公司决策未来飞机所需要的推进系统架构类型提供支持。赛峰集团等公司及研究实验室也加入了超导电驱的研究之中，预计 2025 年完成系统方案的飞行演示，2026 年确定飞机开发方案，2035 年投入使用。此外，在机载超导电缆研究中，空客公司研制了适合机载的超导直流电缆（5kV/10MW），质量为 100kg 左右，且证明了传输距离 10m 以上超导电缆相比传统电缆更有优势，确保了超导电缆机载的可行性。

NASA 在航空航天领域积极研究和应用超导电气化技术。其参与了名为 HYDRA 的项目，该项目旨在研究高温超导电缆的性能，以在未来的可重复使用飞行器中提高电力传输效率。此外，NASA 还与美国能源部合作，推动高温超导电缆技术的研发，以用于太空任务中的电力传输和储能系统。NASA 成立了超导电动飞行器研究小组，旨在利用超导技术改进飞行器的电力系统。超导电缆和磁体可以提高电动飞行器的电机效率，减少电力系统质量，延长续航时间，从而改善飞行性能。SUGAR Freeze 是波音公司在亚声速超绿色飞机研究项目支持下研发的一款混合电推进飞机，其尾端搭载了带有超导电源管理系统的超导电机。

27.3.2　应用挑战

超导技术在航空领域的应用主要以实验性技术和前沿探索类技术为主。当前面临的挑战主要体现在以下几个方面。

1．机载制冷技术

当前超导技术通常需要极低的温度才能发挥最佳性能，这导致制冷需求较高。现有的超导系统通常使用液氮、液氢、液氦或液氖作为冷却介质，对应的低温制冷设备大多应用于特定的地面基础试验，且质量和体积较大。机载超导冷却设备必须根据飞机的尺寸和型号进行特殊的设计，保证在飞机质量和体积裕度内发挥制冷作用，保证超导材料的超导特性和电机的冷却。因此，超导电机的质量和体积优势需要在电机功率和尺寸足够大的背景下才能展现出一定的实用价值。如何有效地实现超导技术的制冷功能是一个需要解决的问题。

2．高可靠性设计问题

飞机特别是商用飞机对安全性的要求是极为苛刻的。局部低温环境的丧失等因素可能导致失超现象。在超导系统的运行过程中，失超开始点总要经受最高温升，此局部温升既可能破坏线圈的绝缘，又可能熔化超导体，严重时将破坏整个磁体。在失超过程中，几乎所有的压降都发生在线圈内部。出现在失超区的这种反向电压常达几百伏甚至上千伏，可使匝间产生电弧。因此，如何工程化地降低失超现象的出现概率是超导技术需要解决的一个问题。

3．高安全功率变换器技术

超导航空电推进系统的动力来自超导电机，要实现对超导电机的精准控制，需要大容量、高效率的功率变换器，实现交流电和直流电之间的转换，目前亚兆瓦级和兆瓦级大容量电力电子功率变换器的性能仍需大幅提升。

27.4　发展路线图

超导技术在航空领域的应用发展具有巨大的潜力，为了实现这一潜力，需要制定清晰的发展路线图。本节将讨论超导技术在航空领域的发展路线图，包括关键技术领域的重点、发展阶段和预期成果。

民用飞机领域作为超导技术的重要应用领域，应积极布局并投入资源开展超导技术应用的探索研究，结合超导技术的发展趋势及其在航空领域的应用场景，重点解决关键设备与技术的研制问题，包括超导电机技术、超导电缆技术，并解决装机关键难点，包括低温冷却技术、高安全功率变换技术等。本节从以上 4 个方面整理了超导技术在商用航空领域的发展路线图，如图 27.2 所示，供大家参考。

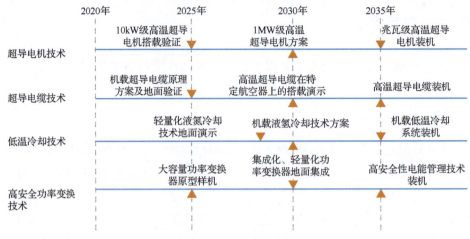

图 27.2　超导技术在商用航空领域的发展路线图

27.5　经济性和环保性分析

超导技术在航空领域的应用不仅可以提高电力传输效率和飞行性能，还具有潜在的经济性和环保性优势。超导电力系统的高电导率和零电阻特性可以减少电能传输过程中的能量损耗。此外，超导电缆、超导电机相对轻便，可以减少飞行器的整体质量，进一步提高系统效率，降低能源成本。另外，超导技术的高功率传输能力可以缩小电力分配系统的尺寸，减少质量，降低材料成本和制造成本，提高整体的经济性。超导技术的应用还有助于减少航空领域的碳排放。电动飞行器的开发和推广可以减少对传统燃油的依赖，进一步降低碳排放。这符合航空工业日益重视可持续发展和减少环境影响的趋势。

参考文献

[1] ALAFNAN H, ELSHIEKH M, PEI X, et al. Application of SMES-FCL in electric aircraft for stability improvement[J]. IEEE Transactions on Applied Superconductivity, 2019:1-1.

[2] SIVASUBRAMANIAM K, LASKARIS E T, LOKHANDWALLA M, et al. Development of a high speed multi-megawatt HTS generator for airborne applications[C]. 2008 IEEE Power & Energy Society General Meeting. IEEE, 2008:387-390.

[3] FILIPENKO M, KÜHN L, GLEIXNER T, et al. Concept design of a high power superconducting

generator for future hybrid-electric aircraft[J]. Superconductor Science & Technology, 2020, 33(5): 054002.

[4] TERAO Y, SETA A, OHSAKI H, et al. Lightweight design of fully superconducting motors for electrical aircraft propulsion systems[J]. IEEE Transactions on Applied Superconductivity, 2019, 29(5): 1-1.

[5] JANSEN R H, KASCAK P, DYSON R, et al. High efficiency megawatt motor preliminary design[C]. 2019 AIAA/IEEE Electric Aircraft Technologies Symposium. Institute of Electrical and Electronics Engineers, 2019:871-883.

[6] BALACHANDRAN T, LEE D, SALK N, et al. A fully superconducting air-core machine for aircraft propulsion[J]. IOP Conference Series Materials Science and Engineering, 2020(756):012030.

[7] SIVASUBRAMANIAM K. Development of a high speed HTS generator for airborne applications[J]. IEEE Transactions on Applied Superconductivity, 2009, 19(3):1656-1661.

[8] RIVENC J, PERES G, BERG F, et al. An evaluation of superconducting power cables for airborne applications[C]. 2019 AIAA/IEEE Electric Aircraft Technologies Symposium 2018. American Institute of Aeronautics and Astronautics, 2018:689-709.

量子计算技术 第28章

量子计算指通过量子力学效应，利用叠加和纠缠等量子现象，在专门的硬件上进行高速运算、存储、信息处理，可以比传统计算机更快地解决复杂的问题。

本章首先从量子芯片、基础软件和应用服务 3 个方面介绍了近几年来国内外在量子计算领域取得的重要进展。2022 年 8 月，波士顿咨询集团发布的研究报告介绍了全球量子计算的规模和发展，预计量子计算在未来 15～30 年内将创造 4508 亿～500 亿美元的价值。当前，全球各国量子计算技术发展迅速，市场竞争日趋激烈，各个国家和地区纷纷提出相应的发展战略和法规，如欧盟的"量子技术旗舰计划"、英国的《英国量子技术愿景报告》、美国的《量子计算网络安全防范法案》等。谷歌公司和 IBM 均在量子芯片方面进行布局：谷歌公司用具有 53 个量子比特的超导量子芯片耗时 200s 实现单量子电路的采样实例；IBM 宣布研制出了具有 433 个量子比特的超导量子计算机。国内本源量子计算科技（合肥）股份有限公司（以下简称"本源量子"）推出了 XW S2-200 半导体量子芯片；中国科学技术大学先后研制出了可编程超导量子计算原型机"祖冲之号"（62 比特）和"祖冲之二号"（66 比特）；百度发布超导量子计算机"乾始"。

量子计算的技术特征包括量子叠加、量子纠缠和量子测量，应用优势主要体现为并行能力更强、能耗更低。基于以上技术特征与应用优势，主要航空组织均成立了相应的机构与实验室以探索量子计算在航空领域的应用。NASA 设立了量子 AI 实验室，以证明量子计算和量子算法可能显著提高 NASA 解决航空、地球和空间科学及太空探索任务中出现的困难和机器学习问题的能力。德国量子计算公司 D-Wave 和美国南加州大学的洛克希德·马丁量子计算中心合作，使用量子计算模拟飞机的飞行姿态，改进飞机设计模型。空客公司将量子计算应用于翼盒设计优化及 CFD 等。波音公司成立了颠覆性计算和网络部门，开发运行在量子计算机上的用于解决复杂问题的算法。

本章最后结合量子计算的发展趋势及其在航空领域的应用场景，从量子比特、量子编译和量子操作系统、量子算法、量子计算与 CFD、量子计算与优化、量子计算与 AI 6 个方面给出了量子计算技术发展路线图（2020—2035 年），并对其经济性和环保性进行了分析。

量子计算是一个多学科领域技术，涵盖计算机科学、物理学和数学等各个方面。量子计算指利用量子力学效应在专门的硬件上进行高速运算、存储、信息处理，可以比传统计算机更快地解决复杂的问题。量子计算的优越性为信息科技革命和产业革命的推进提供了革命性的解决路径，正受到全球主要国家和科技企业的关注。虽然当前量子计算还处于基础研究阶段，尚未实现大规模、大范围的落地应用，但其在 AI、生物医药、金融安全、交通运输等领域的应用已经成为研究热点，研究者们期待通过量子计算解决目前即使是市面上最强大的超级计算机也无法处理的问题。量子计算承载了人类对科技的想象与探索，将给现有的计算理论带来深刻的变革，同时加深人类对物质与信息的理解。

28.1　国内外发展概况

"量子计算"中的"量子"指系统用来计算输出的量子力学。在物理学中，量子是所有物理特性的最小离散单元。量子计算由尤里·曼宁（Yuri Manin）和理查德·费曼（Richard Feynman）于 1982 年首次提出，该领域包括硬件研究和应用程序开发。量子计算是通过量子力学效应，利用叠加和纠缠等量子现象，进行高速运算、存储、信息处理，在特定案例上能够实现经典计算技术无法比拟的巨大信息携带量和超强并行计算处理能力。未来随着量子比特数量的增加，量子计算机的存储能力与计算能力将呈指数级拓展。当前量子计算开始由科研机构主导的基础理论探索与编码算法研究阶段进入由产业和学术界共同合作的工程实验验证与原理样机攻关阶段。谷歌、微软、IBM、亚马逊、华为、阿里巴巴、百度、腾讯等国内外科技巨头纷纷开始布局量子计算产业发展。虽然当前对量子计算的研究还不成熟，但小规模量子计算机已经初具雏形。随着量子计算技术的发展，未来将产生一系列重要的落地应用，量子计算已成为各国抢占军事、科技、经济、安全等领域全方位优势的战略制高点。

2022 年 8 月，波士顿咨询集团发布的研究报告介绍了全球量子计算的规模及进展，预计量子计算在未来 15～30 年内将创造 450 亿～8500 亿美元的价值。2023 年 8 月，IDC 在最新报告《2023—2027 年全球量子计算预测：冲浪下一波量子创新浪潮》中预测，全球量子计算技术（包括硬件、软件和即服务解决方案）的支出将从 2022 年的 11 亿美元增长到 2027 年的 76 亿美元。当前全球各国量子计算技术发展迅速，各个国家和地区之间的竞争日趋激烈。美国于 2020 年 7 月发布《推进与中国进行管理战略竞争的政策》，提出采取联盟的方式与中国开展关于包括量子计算在内的科技竞争；欧盟委员会于 2018 年 10 月发起"量子技术旗舰计划"，目的是确保欧洲在未来全球产业蓝图中的领导地位；英国政府科学办公室于 2016 年 11 月发布《量子技术：时代机会》报告，提出重视原子钟、量子成像、量子传感和测量、量子计算和模拟、量子通信五大量子应用领域，以保证英国的领先地位。习近平总书记在中央政治局第二十四次集体学习时强调，要充分认识推动量子科技发展的重要性和紧迫性，深刻认识推进量子科技发展的重大意义，加强量子科技发展战略谋划和系统布局。美国众议院于 2022 年 11 月通过了《量子计算网络安全防范法案》；英国物理研究所发布了《英国量子技术愿景报告》；欧洲议会公布了总投资 24 亿欧元的量子卫星网络计划；德国投资 2 亿欧元用于开发离子阱量子计算机。

量子计算主要包括量子芯片、基础软件和应用服务 3 个方面。量子芯片主要为计算机提供底层计算资源，是量子计算机的核心部件之一。基础软件主要面向开发人员，为量子计算提供软件开发环境、编程框架和量子算法库。应用服务主要面向用户，根据特定的应用场景和需求，提供计算服务等。近年来，国内外在这 3 个方面均取得了一些进展。

量子芯片方面，2019 年 10 月，谷歌公司在《自然》（*Nature*）上发表了一篇里程碑论文，其用具有 53 个量子比特的超导量子芯片（见图 28.1），耗时 200s 实现了单量子电路的采样实例，而这在当今运行速度最快的经典超级计算机上需要运行大约 1 万年。谷歌公司宣称实现了"量子霸权"。IBM 于 2019—2021 年陆续研制出了具有 53 个、65 个、127 个量子比特的超导量子计算机。2022 年 11 月，IBM 发布了当时最强大的量子计算机处理器，名为 Osprey，这是一台具有 433 个量子比特的机器，其量子比特数量是 IBM 2021 年发布的 Eagle 机器的 3 倍。2023 年 6 月 15 日，IBM 宣布实现了量子计算的新突破，首次证明了量子计算机可以超过 100 个量子比特的规模产生准确的结果，超越了领先的经典超级计算机。2023 年 6 月，英特尔公司发布了一款在主流 CMOS 工艺技术上构建的具有 12 个量子比特的量子芯片 Tunnel Falls。

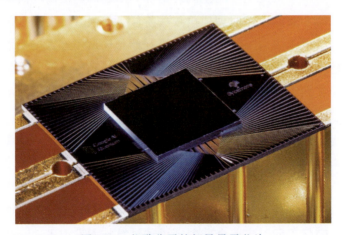

图 28.1　谷歌公司的超导量子芯片

国内本源量子在 2020 年和 2021 年先后发布了超导量子芯片"KF-C6-130"（6 比特）和"KF-C24-100"（24 比特）。2020 年，中国科学技术大学采用光学路线构建了 76 个光子、100 个模式的量子计算原型机"九章"，实现了具有实用前景的"高斯玻色取样"任务快速求解，其速度比谷歌公司的"悬铃木"快 100 亿倍，同时弥补了后者依赖样本数量的技术漏洞。2021 年，本源量子推出二代硅基自旋二比特量子芯片"XW S2-200"。2021 年，中国科学技术大学先后研制出可编程超导量子计算原型机"祖冲之号"（62 比特）和"祖冲之二号"（66 比特）。2021 年年初，南方科技大学在超导量子线路系统中实现了快速高保真度的两比特量子门操作。浙江大学也在 2021 年研制出了专用量子芯片"莫干 1 号"和通用量子芯片"天目 1 号"。百度于 2022 年 8 月 25 日发布超导量子计算机"乾始"。2023 年 8 月，中国科学院物理研究所/北京凝聚态物理国家研究中心开发了 43 比特一维超导量子芯片，并以战国时期思想家和哲学家庄子的名字命名。

　　基础软件方面，国外主要有 IBM 的 Q Expericence 量子云平台、亚马逊的 Braket 量子云平台及微软的 Azure Quantum 量子云平台。这些云平台可以为开发者和客户提供解决方案及软硬件服务，有助于开发人员、研究人员和科学家去探索、评估、实验测试量子计算。国内的华为公司于 2018 年发布了量子云平台 HiQ，阿里巴巴达摩院于 2020 年将开源的自研量子计算模拟器"太章 2.0"及一系列量子应用案例集成到阿里云量子开发平台，以支持相关从业人员设计量子硬件、测试量子算法，并探索其在材料、分子发现、优化问题和机器学习等领域的应用。本源量子于 2020 年发布了超导量子计算云平台。百度于 2022 年 8 月发布了全球首个全平台量子软硬一体解决方案"量羲"，其集量子硬件、量子软件、量子应用于一体，提供移动端、PC 端、云端等全平台使用方式。

　　应用服务方面，国外的谷歌公司于 2020 年使用量子计算机实现了化学反应的模拟。该公司使用 Sycamore 处理器模拟由两个氮原子和两个氢原子组成的二氮烯分子异构化；同年还发布了量子机器学习软件框架 TensorFlow Quantum，该框架可以使研究人员使用 TensorFlow 的功能。IBM 和西班牙凯克萨银行合作，使用量子机器学习算法评估相关投资组合的金融风险。在航空领域，空客公司关注利用量子计算解决各种飞机设计和操作问题，包括翼盒设计优化和 CFD 等。德国量子计算公司 D-Wave 和美国南加州大学的洛克希德·马丁量子计算中心合作，使用量子计算模拟飞机的飞行姿态，用于飞机设计模型的改进。此外，D-Wave 还与大众汽车合作，利用量子技术实时计算出单独最快行驶路线。2023 年 8 月，空客公司、宝马集团联合 Quantinuum 公司建立了氢燃料电池膜模型。国内的本源量子于 2019 年 9 月发布国内首个一站式化学应用软件 ChemiQ，用于模拟计算化学分子在不同键长下对应的能量。2019 年 9 月，华为公司发布国内首个一站式量子化学应用云服务 HiQ 2.0 模拟器，成功模拟了乙烯、氨气甲硅烷等分子基态的能量。

　　当前我国在量子计算技术方面发展迅速，并取得了部分突破，但仍处于跟跑阶段。鉴于我国进入量子计算领域的时间较晚，与欧美等国家和地区之间还存在较大的差距，要实现一个真正可商用的量子计算系统，还面临巨大的挑战。

28.2　技术特征与应用优势

28.2.1　技术特征

量子计算的主要技术基础源自量子力学的以下 3 个技术特征。

1. 量子叠加

在量子世界，物体可以同时处于不同状态的叠加上。量子计算机的信息单位是量子比特，1 个量子比特既可以表示"0"，也可以表示"1"，还可以表示"0"和"1"的叠加。

2. 量子纠缠

在量子世界，相互作用的物体之间存在一种不受距离限制的、用任何经典规律都无法解释的关联。这种关联携带着信息，使发生纠缠的各个物体处于一种不可分割的整体状态，不能分别描述。在这种纠缠状态下，1 个量子比特发生的变化会立刻反映在另一个相关的量子比特上，无论这两个量子比特相隔多远。

3. 量子测量

在量子世界，不存在安静的暗中观察者，测量不是被动地读取信息，而是从根本上改变被测物体的状态。量子测量的这种必须干扰被测物体的"诡异"属性使人们从量子系统中获取信息变得极其困难。实际中，人们在制造量子计算机的过程中遇到的大部分难题最终都能归结到量子测量上。

量子计算的工作原理如图 28.2 所示。量子计算的信息单位（量子比特）是一个展开的二维空间，可以是 0，也可以是 1，还可以是两者的叠加。N 个比特，展开的空间就是 $2N$ 维空间。量子计算的工作原理是把待计算的经典输入（低维）经过初始化，放到一个量子（高维）空间，通过量子运算，计算出末态，再经过测量转化为可识别的经典输出（低维）。其中，量子酉运算要选择适合于待求解问题的量子算法，然后按照量子编程的原则转换为控制量子芯片中量子比特的指令程序，实现运算。

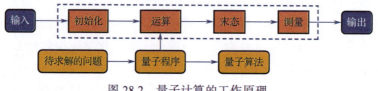

图 28.2 量子计算的工作原理

28.2.2 应用优势

与经典计算相比，量子计算具有以下两个方面的应用优势。

1. 并行能力更强

经典计算和量子计算的过程都可被分解为简单的逻辑门运算，包括"与"门、"或"门、"非"门、"异或"门等，每次逻辑门运算都会消耗一个单位时间。经典计算通常是逐步进行的，对 N 个数字进行一次运算要消耗 N 个单位时间。量子计算一次同时对 $2N$ 个数字进行运算，相当于经典计算重复实施 $2N$ 次操作，量子比特数 N 越大，并行优势越明显。

2. 能耗更低

在经典计算中，对于输入两串数据的"异或"操作，处理器输出的结果只有一组数据，计算之后数据量减少了，根据能量守恒定律，消失的数据信号必然会产生热量。在量子计算中，输入多少组数据，就输出多少组数据，在计算过程中，数据量没有改变，不产生热量，只在最后的测量环节产生能耗。经典计算的计算规模越大，集成度越高，散热也越困难，随着摩尔定律渐近极限，要提高算力，只能堆积更多芯片，这将导致更大的能耗。

目前，量子计算主要集中在以下几种类型的计算问题上。

（1）模拟。使用量子计算模拟自然界中发生的过程，这些过程很难或不可能用当今的经典计算机来表征和理解。这在制药、电池设计、流体动力学及衍生品和期权定价方面具有巨大潜力。

（2）优化。使用量子计算在一组可行的选项中确定最佳解决方案。这适用于路线物流和投资组合风险管理。

（3）机器学习。识别数据中的模式以训练机器学习算法。这可以加速 AI 的发展（如用于自动驾驶汽车）及防止欺诈和洗钱。

（4）密码学。使用量子计算可以突破传统加密技术并启用更强大的加密标准。

传统行业研发环节所面临的计算压力已经显现，尤其是那些需要进行超大规模模拟仿真的产业，以现有人类科技的计算能力，所消耗的时间和成本巨大。大量高科技公司开始布局量子计算技术研发，包括量子计算机、量子算法、云计算服务的研发等，潜在的应用领域包括生物医药、金融工程、汽车交通、航空航天、材料化工等，一个十分广泛的量子计算产业生态正在形成。

28.3　航空领域应用场景与应用挑战

28.3.1　应用场景

航空领域的全球知名企业纷纷开始探索量子计算软硬件和应用场景，旨在通过量子计算激发本行业的技术革命。主要的航空组织均成立了相应的机构与实验室探索量子计算在航空领域的应用。

NASA 设立了量子 AI 实验室（Quantum Artificial Intelligence Lab，QuAIL）以证明量子计算和量子算法可以显著提高该机构解决航空、地球和空间科学及太空探索任务中出现的困难和机器学习问题的能力。QuAIL 的研究主题包括解决 NASA 在许多任务中发现的用经典方法难以解决的组合优化问题、量子噪声对高维优化问题中的绝热量子计算精度的影响，探索在规划和调度领域应用量子算法，以解决在有限时间内最高效地利用有限资源的问题。

洛克希德·马丁公司（以下简称"洛马公司"）很早就开始关注量子计算领域，是 D-Wave 公司的早期投资者之一。2010 年，洛马公司成为 D-Wave 公司的第一名客户，相继购买了后者生产的 D-Wave1 和 D-Wave2 量子退火计算机，并成立了量子计算中心来测试和使用这些量子退火计算机。洛马公司的研究主要关注需要处理复杂系统和大量数据的领域、为确保超大型软件开发的质量和可靠性而完成的软件验证与确认及消除集成系统的计算层和物理层的错误等。

2018 年 10 月，波音公司成立了颠覆性计算和网络部门，开发运行在量子计算机上的用于解决复杂问题的算法。例如，波音公司在下一代空管系统的研发中面临与网络优化相关的挑战，该部门将探索运用量子计算机与 AI 的解决方案。

2015 年，空客公司在英国纽波特成立了量子计算团队，拟将量子计算技术应用于航空领域，以解决需要处理和存储大量数据的特定问题。空客公司与 D-Wave 公司合作进行了故障树分析研究，证实了量子计算在解决这类问题上具有潜在价值。2019 年 1 月，为了进一步拓展量子计算在航空领域的应用，空客公司发起了全球量子计算挑战赛，邀请了全球 36 个量子计算团队、超过 800 位研究人员参加，研究将量子计算应用于以下 5 个关键飞行物理问题：飞机爬升优化、CFD、求解偏微分方程的量子神经网络、机翼机体设计优化和飞机载荷优化。2021 年 6 月 8 日，空客公司加速布局量子计算产业，在参与法国量子计算硬件公司 C12 Quantum Electronics 新一轮融资的同时，与荷兰量子计算软件公司 Qu&Co 达成合作，双方将研究、开发和测试用于飞行物理模拟的量子计算方法。

量子计算在航空领域的应用主要有以下几个方面。

1. CFD

目前，飞机的空气动力学外形设计大量使用精度折中的 CFD 进行，但利用经典计算机的精确 CFD 模拟极其耗时耗力。如何使用量子计算算法或混合量子传统方式运行 CFD 模拟，以更快地解决问题，以及如何扩展可求解问题的复杂性成为航空领域研究者关注的重要方向。

流体模拟中的权衡是在速度和准确性之间进行的。为解决由于网格数增加带来的计算资源和计算时间的大幅消耗问题，本源量子与中国科学技术大学的研究团队联合提出了可支持经典数据输入和输出的量子有限体积法。该方法运用量子线性求解器作为子过程，并结合自主设计的量子随机存储器和量子数据结构，将经典算法的线性复杂度降到亚线性。2021 年 11 月，双方联合发布了 CFD 仿真软件"本源量禹"，该软件用量子线性求解器代替了传统的求解器，基于量子虚拟机运行（未来可直接对接真实量子计算机），理论上可以实现对 CFD 仿真计算的亚线性加速。量子线性求解器包括 HHL 和 FOM-HHL 算法，为降低系数矩阵的条件数和提高计算速度提供了静态稀疏近似逆等多种预处理器，适用于不可压缩流动和可压缩流动的求解、定常和非定常流动的求解。经典线性求解器（共轭梯度法）的算法复杂度与矩阵维度 N 成正比，而量子算法的时间复杂度与矩阵维度 N 的对数成正比。因此，只有当矩阵维度较大时，量子算法的加速效果才能真正显现。

2. 优化问题

空客公司于 2019 年发起的全球量子计算挑战赛设置的 5 个问题中有 3 个为优化问题，分别为飞机爬升优化问题、机翼机体设计优化问题和飞机载荷优化问题。

1）飞机爬升优化

随着短途航班数量的不断增加，爬升和下降成为燃料和时间优化问题的关键，这些优化对航空公司非常重要。该问题主要考虑如何应用量子计算来得出低成本指数（燃料和时间），优化爬升效率。

2）机翼机体设计优化

鉴于传统计算的局限性，机身载荷、质量建模和结构分析等配置必须同时计算，这会导致产品交付时间长、过程复杂和评估保守。在飞机设计中应考虑如何发挥量子计算的特长，同时评估不同的参数，在保持结构完整性的同时优化质量，降低运营成本和减少环境影响。民用飞机多学科设计优化已有多年的发展，但由于设计变量众多，设计空间范围宽广，当前的计算能力难以满足计算需求，只能在小范围的设计空间寻找局部最优解。借助量子计算的优化算法，有可能在更加宽广的设计空间找到全局最优解，从而实现设计指标的最优化。

3）飞机载荷优化

航空公司希望充分利用飞机的有效载荷，以使收益最大化，优化油耗并降低运营成本，其优化范围受到飞机运行范围的限制，该范围由每项任务的最大有效载荷容量、飞机重心及其机身剪切极限确定。相关挑战是在耦合操作约束下计算最佳的飞机配置。

2020 年，专注于研究 AI 的机器学习应答（Machine Learning Reply）团队赢得了空客公司发起的第一届全球量子计算挑战赛。该团队通过提交"飞机装载优化"问题的解决方案入围，并因开发了一种使用量子退火方法实现的算法而获奖。该解决方案同时考虑几个飞行物理约束，包括飞机的最大质量和重心，从而确定飞机的最佳布局和运载能力，这对飞行安全和运输效率至关重要。

3. AI

机器学习在民用飞机的设计、试验、生产、运行和维护中的作用越来越大，量子优化算法与机器学习结合，即量子机器学习，将进一步提高效率。许多经典的优化算法可利用量子计算的特性进行加速，实现量子深度学习和基于量子特性实现的量子强化学习等。目前，AI 与机器学习开始应用于偏微分方程的求解。2019 年，空客公司在其发起的全球量子计算挑战赛中设置的一个问题是"用于求解偏微分方程量子神经网络"。在解决空气动力学问题时，需要求解偏微分方程，在求解过程中需要复杂的数值方案和高昂的计算成本，传统上使用数值方法求解，空客公司对该问题拟议的挑战是利用量子计算增强神经网络来解决空气动力学问题。

28.3.2　应用挑战

量子计算目前还处于原型机研发阶段，对粒子状态的控制是亟待突破的难点，要达到超越量子计算苛刻的容错阈值（>99.999%），实现对规模化多体量子体系的精确制备、操控与探测，预计还需要进行至少 10 年的探索。当前面临的挑战主要体现在以下 5 个方面。

1.　扩展性

外界环境对量子的相干叠加态及计算结果的稳定性干扰较大。量子计算机通过使用超导材料对抗外界的干扰，但超导材料需要在-268.15℃以下的环境中工作，该温度低于宇宙星际空间的平均温度。同时，随着量子比特数量的增加，保持量子比特相干叠加态的难度越来越大。

2.　相干时间

量子计算机容易受外界环境的影响而导致量子比特退相干，为保持运算结果的可靠性，必须在发生退相干之前完成全部计算。但目前相干时间的上限一般为 100μs，这给量子逻辑门之间的切换速度带来了严峻的挑战。

3.　去相干纠错

由于量子计算机通常难以避免因量子比特退相干而出错，因此引入了纠错机制，但目前的退相干纠错机制还无法实现一个真正能够容错的满足量子计算的逻辑比特。

4.　输入和末态的测量

量子计算机运作时需要把量子比特初始化为一个标准态，即要求量子计算的输入是已知的，同时具备对量子计算末态进行测量的能力，目前该能力尚不成熟。

5.　量子算法

目前，量子计算只能执行用于分解质因数的 Shor 量子算法、用于无序数据库搜索的 Grover 量子搜索算法等有限的算法。

28.4　发展路线图

量子计算有 3 个指标性的发展阶段：一是发展具备 50～100 个量子比特的高精度专

用量子计算机，实现计算科学中的"量子计算优越性"里程碑；二是研制可相干操作数百个量子比特的量子模拟机，用于解决一些超级计算机无法胜任、具有重大实用价值的问题；三是研制可编程的通用量子计算原型机。结合量子计算的发展趋势及其在航空领域的应用场景，本章从量子比特、量子编译和量子操作系统、量子算法、量子计算与 CFD、量子计算与优化、量子计算与 AI 6 个方面整理了量子计算技术在商用航空领域的发展路线图，如图 28.3 所示，供大家参考。

民用飞机领域作为未来量子计算技术的重要应用领域，应该积极布局并投入资源开展应用探索研究，包括利用量子计算进行气动、材料、健康监测等设计；利用量子计算技术处理或实时分析航空、飞机、维修等大数据；利用量子计算技术提升商用飞机运营过程中信息通信的安全性；利用量子计算技术辅助完成 AI 在航空领域的应用；利用量子计算技术提升软件验证认证的可靠性等。

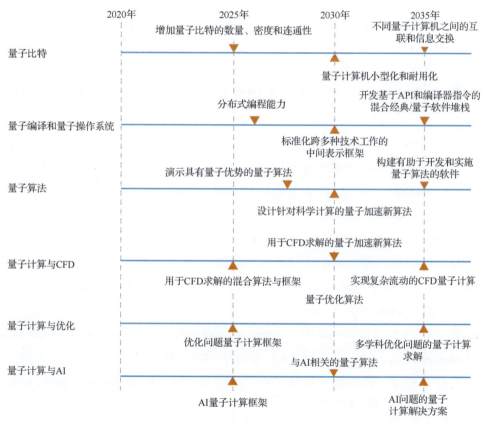

图 28.3 量子计算技术在商用航空领域的发展路线图

28.5 经济性和环保性分析

关于"量子优越性"有两个典型的预判案例。一是求解大数分解问题。如果利用万亿次经典计算机分解 300 位的大数需要 15 万年；如果利用万亿次量子计算机分解 300

位的大数，则只需要 1s。二是求解线性方程组。如果求解 10^{24} 个变量的方程组，利用亿亿次经典计算机需要 100 年，而利用万亿次量子计算机只需要 0.01s。由这两个典型的预判案例可以看出，量子计算机可以节省大量的研发时间，缩短研制周期，节约成本，同时由于其本身具有低能耗特性，因此具有较好的环保性。量子计算目前尚无垄断性巨头公司，较高的技术专利壁垒尚未形成。量子计算有望成为中国在全球科技产业中实现弯道超车的核心技术。但也需要认识到，量子计算与经典计算之间并非竞争关系，量子领域应加深和传统技术领域的合作，利用现有技术成果加速自身发展。未来，量子计算和经典计算将相辅相成、并行存在，分别面对不同的市场需求。

参考文献

[1] FEYMAN R P. Simulating physics with computers[J]. International Journal of Theoretical Physics, 1982, 21(6-7): 467-488.

[2] 冯晓辉. 2019 年量子计算发展白皮书（上）[N]. 中国计算机报，2019-10-21(8).

[3] 汪晶晶,杨宏,雷根,等. 量子计算产业化国内外发展态势分析[J]. 世界科技研究与发展,2022, 44(5): 631-642.

[4] ARUTE F, ARYA K, BABBUSH R, et al. Quantum supremacy using a programmable superconducting processor[J]. Nature, 2019, 574(7779): 505-510.

[5] GONG M, WANG S, ZHA C, et al. Quantum walks on a programmable two-dimensional 62-qubit superconducting processor[J]. Science, 2021, 372(6545): 948-952.

[6] WU Y, BAO W S, CAO S, et al. Strong quantum computational advantage using a superconducting quantum processor[J]. Physical Review Letters, 2021, 127(18): 180501.

[7] ZHONG H S, WANG H, DENG Y H, et al. Quantum computational advantage using photons[J]. Science, 2020, 370(6523): 1460-1463.

[8] ARUTE F, ARYA K, et al. Google AI Quantum and Collaborators, Hartree-fock on a superconducting qubit quantum computer[J]. Science, 2020, 369(6507): 1084-1089.

[9] KIM Y, EDDINS A, ANAND, S. et al. Evidence for the utility of quantum computing before fault tolerance[J]. Nature，2023,618(7965): 500-505.

[10] SHI Y H, LIU Y, ZHANG Y R, et al. Quantum simulation of topological zero modes on a 41-qubit superconducting processor[J]. Physical Review Letters, 2023, 131(8): 080401.

航空仿生技术 第29章

本章首先介绍了仿生学的国内外发展概况，重点阐述了仿生学的应用。然后介绍了仿生技术的特征和应用优势。仿生技术是以仿生学为理论基础，综合生物物理学、光学、声学、微电子学、机器人、微机电系统、传感器、计算机、模式识别、AI等多门基础科学和工程技术科学所形成的一门交叉、边缘、新兴学科。接着对仿生学进行了分类介绍，主要包括结构仿生、功能仿生、材料仿生、力学仿生、控制仿生等，阐述了将仿生技术应用到航空领域所面临的挑战，如适航条款的符合性验证、仿生技术的工程可实现性等。最后结合仿生学在航空领域的应用前景给出了仿生技术在航空领域的发展路线图（2020—2035年）。

仿生学是近年才发展起来的一门工程技术与生物科学相结合的交叉学科。植物和动物在几百万年的自然进化中，不仅完全适应自然，而且其适应程度接近完美。仿生学试图在技术方面模仿植物和动物在自然界中的功能，这种技术就叫仿生技术。随着仿生学的发展，人们越来越重视如何从自然界获得解决工程问题的手段。

29.1 国内外发展概况

1960年，第一届仿生讨论会在美国召开。仿生学的研究内容是复制自然和从大自然中获得想法，并随着现代科学技术的发展而不断丰富和发展。

空客公司的工程师们从进化了几百万年的自然界中学到了很多提高减阻效率的手段。传统的方法是在加工飞机气动表面时，尽可能地使气动表面更加光滑，增加层流区域的流动面积，进而减小流动剪切力。鲨鱼在大海中高速游动时，水的密度比空气的密度大1000倍左右，鲨鱼可能会受到非常大的来自海水的阻力。空客公司的工程师们通过对鲨鱼进行研究，发现鲨鱼高速游动时受到的海水的阻力可能比想象中的要小，这得益于鲨鱼皮肤表面覆盖了一层微小的牙齿状减阻沟纹。通过此项研究，空客公司的工程师们对正在服役的空客飞机的机身和机翼安装了类似鲨鱼皮表面减阻沟纹的蒙皮，用来仿生鲨鱼皮效应。测试发现，"鲨鱼皮"表面更适合长航程飞机减阻，因为这种减阻沟纹在飞机处于高速巡航状态时减阻效率更高。

信天翁在海面仅靠拍打翅膀就能飞行数百千米，原因除了信天翁非常会利用气流飞行，还在于信天翁翅膀的展弦比比现在空客飞机机翼的展弦比大很多。例如，A320 机翼的展弦比是 9.5∶1，而信天翁翅膀的展弦比达到 18∶1。

在空客公司，很多部门开始在飞机设计过程中应用仿生学来提高飞机性能。空客公司牵头与汉莎技术公司合作成立了一个致力于探索利用鲨鱼皮状材料的项目。2022 年年初，该项目研发了一项全自动、大面积使用的鲨鱼皮状涂层技术，并考虑将这项技术应用在 A350XWB 的机翼和平尾上。该项目的飞行物理团队与相关高校开展了一系列仿生学应用研究，其中包括传感器和驱动的研究，用于智能自适应机翼项目。空客公司目前正在孵化一些项目，以探究生物仿生学在未来进一步应用的可能性。

我国的仿生学研究工作始于 1964 年前后，科技部于 2003 年 10 月和 12 月分别召开了两次香山科学会议，主题分别是"飞行和游动的生物力学与仿生技术"和"仿生学的前沿和未来"，内容包括仿生结构与力学、仿生材料与微系统、仿生功能与物质、能量、信息传输等。这两次会议的召开对我国仿生学的发展具有非同寻常的意义。进入 21 世纪以来，随着技术手段的不断进步，以前难以理解的生物活动现象得到了很好的展示和解释，有利于人们进行深层次的研究。仿生技术由浅层次向深层次发展，表现得更加专业，即根据各种生物的特点，研制出更多种类的能适应特定自然环境的特种仿生机器人。仿生技术的发展也更加广泛，涉及的领域更广，如医疗、机械、机器人、飞行器、纺织和制药等领域。随着仿生技术的继续深化和拓展应用，其将被应用于各行各业。

29.2 技术特征与应用优势

仿生学思想在生物学和技术之间架起了一座桥梁，并为解决技术难题提供了帮助。通过再现生物学的原理，人类不仅找到了技术上的解决方案，而且解决方案完全适应自然的需要。仿生学的目的是分析生物过程和结构，并把得到的分析结果用于未来的设计。

总之，仿生技术是以仿生学为理论基础，综合生物物理学、光学、声学、微电子学、机器人、微机电系统、传感器、计算机、模式识别、AI 等多门基础科学和工程技术科学所形成的一门交叉、边缘、新兴学科。根据应用目的的不同，可以将仿生技术做如下分类。

29.2.1 结构仿生

结构仿生是通过研究生物肌体的构造，建造类似生物体或生物体的一部分的机械装置，通过结构相似实现功能相近。例如，昆虫仿生模仿昆虫独特的形体结构和运动方式，蛇类仿生模仿蛇类运动的高冗余自由度，变形虫仿生模仿变形虫形体的几何可变性和自重构，人体仿生模仿人体的高度灵活性和功能复杂性等。

29.2.2　功能仿生

功能仿生是使人造的机械能够部分地实现诸如思维、感知、运动和操作等高级动物功能的仿生技术。功能仿生必须以结构仿生为基础,在智能机器人的研究中具有重大意义。

1. 人脑功能仿生

人脑功能仿生是用仿生芯片代替脑部的部分特定功能区,既可以用于脑损伤的治疗,也可以为未来仿生脑的发明奠定基础。

2. 感知仿生

感知仿生是对动物视觉、听觉、触觉等感知功能进行模仿的仿生技术。由于感知系统是生物体的信息输入通道,对生物体的行为和决策具有重要作用,因此对动物感知功能的研究有助于许多工程问题的解决。

3. 运动仿生

动物经过亿万年的物种演化,产生了形式多样的运动形式,如行走、奔跑、跳跃、爬行、蠕动、游泳、飞行等,使它们的生存范围遍布水中、陆地和空中。人们模仿自然界中动物的运动方式和相应的运动器官,可使仿生机器人飞天、下海、钻地、潜水、在缝隙中爬行、在小空间内蠕动等。目前,机器人所采用的运动方式主要有轮式、履带式、足式、蠕动式、振动冲击式、泳动式、飞行式等。

29.2.3　材料仿生

材料仿生是模拟生物的各种特点或特性而进行各种材料开发的仿生技术。材料仿生以阐明生物体的材料构造与形成过程为目标,用生物材料的观点考虑材料的设计与制作。在进行材料仿生研究时,以人体自身为研究对象具有非常广阔的应用前景。例如,人体材料仿生为众多患者带来了福音。尽管器官移植已经取得了相当大的成功,但是患者对器官的需求量远大于供给量,所以人工器官的研制可以缓解器官移植的压力,及时缓解患者的痛苦,延长他们的寿命。

29.2.4　力学仿生

力学仿生主要研究人体结构与精细结构的静力学性质,以及人体各个组成部分在体内相对运动和人体运动时的动力学性质,从生物力学的角度为疾病预防、诊断和治疗,以及人工器官、医疗康复器械的设计与研制提供科学根据。

1. 智能假肢

智能假肢与普通假肢相比，其主要功能特点是能根据外界的条件变化和工作要求自动调整假肢系统的参数，使其工作可靠、运动自如，具有更好的仿生性。目前，已开发出的或正在研究的智能假肢有上肢智能假肢和下肢智能假肢两大类。

2. 刑事侦察

除非经过刻意训练，否则人的走路姿态一般来说很难伪装。因此，步态有可能起到与面容类似的作用，可以帮助警方识别犯罪分子的身份。目前，英国南安普敦大学初步研究出两种步态分析方法，一种是考察人腿部关节的摆动特性；另一种主要以数据分析为基础，通过分析肢体形状、手或脚在行走时的角度等，对不同的人进行识别。

29.2.5　控制仿生

1. 高级神经系统仿生

高级神经系统仿生是模仿动物高级神经系统机理实现控制的仿生技术，主要有人工神经网络、模糊控制等。高级神经系统仿生构造了一个庞大的信息处理系统，在复杂的环境中具有很强的自适应性和鲁棒性。

2. 低级神经系统仿生

低级神经系统仿生又称行为主义控制理论，是对昆虫低级神经系统的模仿。基于昆虫智能产生的这种行为主义控制方法的基本思路是：机器人的运动由一系列同时发生的简单动作或"能力"组成，通过自组织实现系统的复杂行动，这种"无思考智能"具有即时性和自组织的特点，在非结构化环境中具有良好的适应性。

3. 进化机制仿生

进化机制仿生是模拟生物自然进化现象实现控制的仿生技术。目前，在控制理论领域用得比较多的是遗传算法和克隆选择算法。

29.3　航空领域应用场景与应用挑战

目前，仿生技术在航空领域的应用主要集中在结构仿生、功能仿生等方面。

29.3.1　结构仿生

结构仿生主要分为两种，一种是气动外形仿生，另一种是飞机内部结构仿生。在气动外形仿生方面，其中一个案例是采用信天翁翅膀外形的超高展弦比来大幅提高飞机的升力。另一个案例是 B-2 轰炸机，该案例一直被视为仿生学的经典之作。B-2 轰炸机的侧面造型与游隼展翅飞行时的侧面极其相似。

在飞机内部结构仿生方面，随着制造技术的不断提高，人们对飞机内部结构仿生的关注度也越来越高。在空客公司的"透明客机"概念中，乘客可以通过机舱两边及机顶 360°观看天空中的景观，同时在舱内享受全息互动游戏，使未来的飞行体验大幅提升。未来飞机将采用模仿鸟类骨骼的仿生结构。鸟类骨骼质量轻且强度高，这得益于其内部的多孔结构。采用这种仿生结构，飞机机身的强度不仅能够满足飞行要求，机舱内部的空间还能得到大幅扩展。这样既能减少飞机的质量，减少燃油消耗，又能增加超大尺寸登机门和全景窗户等相关配套设施。

"透明客机"的概念方案极为复杂，从弧形机身到仿生结构，再到能让乘客一览蓝天白云的透明蒙皮，都需要使用各种全新的制造方法。尼尔斯·奥格（Niels Aage）在《自然》杂志上曾发表了一篇名为"Giga-voxel Computational Morphogenesis for Structural Design"的论文。在文中，作者用拓扑优化的方法设计了一个全尺寸机翼，如图 29.1 所示。为了更好地观察内部结构，图中只显示了机翼的下半部分。优化前的机翼是一种典型的盒段结构，由梁、肋和蒙皮构成。拓扑优化之后的机翼质量比原始机翼轻 2%～5%，减重 200～500kg。拓扑优化之后机翼的内部结构和鸟嘴骨骼的内部结构相似。鸟类在长期的进食过程中，进化出了既能承受食物载荷又很轻的骨骼，与拓扑优化的计算有异曲同工之妙。

图 29.1　用拓扑优化的方法设计的全尺寸机翼

在结构仿生方面，机翼的桁架结构参考了蜻蜓膜翅的结构。蜻蜓的膜翅由翅膜、支撑翅膜的沿翅翼纵向外伸的主翅脉及与主翅脉相互连接在一起的若干支翅脉组成，形成了一种坚固的类桁架结构。膜翅前缘翅脉的网络结构分布可以提高膜翅在翼展方向的抗弯强度，同时可以很好地防止整个膜翅结构产生屈曲。人们根据对蜻蜓膜翅承力结构的分析对机身加强框进行设计，沿主应力和主要承载方向布置主加强筋，用主翅脉和支翅脉共同围成由四边形、五边形和六边形组成的拓扑网络结构，这样的结构设计可以用最少的材料承受最大的力。

29.3.2 功能仿生

在功能仿生方面，比较典型的案例是通过仿生信天翁的飞行技巧研制的半气动弹性铰链翼尖。在空客公司"原型空间"的支持下，"信天翁一号"作为一款灵感来自信天翁的小型遥控飞行验证机在英国菲尔顿被研发出来。这款验证机配备了半气动弹性铰链翼尖。铰链翼尖的概念并不新鲜，军用喷气飞机经常用它来提高航空母舰的存放能力。然而，"信天翁一号"是首款测试在飞行中自由摆动翼尖的飞机，其翼尖占据机翼长度的1/3。与自由摆动的翼尖相比，传统飞机的机翼在颠簸时会将巨大的载荷传递到机身，这就需要在机翼根部配备非常牢固的翼盒，从而大幅增加飞机的质量。通过允许翼尖对阵风进行反应和变化，负载会得到显著降低。同时，该技术有助于减少阻力并降低颠簸造成的影响。利用大自然的灵感革新机翼设计，如借鉴信天翁的飞行革新机翼设计是"信天翁一号"的目标之一。这款验证机是基于A321开发的，由碳纤维和玻璃纤维增强聚合物及增材制造的部件构成。

在2019年7月下旬举行的英国皇家国际航空航展上，空客公司公布了一款用于区域航空运输的混合动力电动涡轮螺旋桨飞机。这款客机受鸟类高效力学的启发，拥有模仿猛禽的机翼和尾部结构，其独立控制的"羽毛"可以提供主动飞行控制。

"猛禽客机"的概念基于现实的理念，对未来支线飞机的外观提供了参考。它包括一个反映了鹰或猎鹰优雅的空气动力学姿态的混合翼身连接，证明了仿生学的潜力。

仿生学在航空发动机领域的典型应用是模仿新月形沙丘形态的沙丘驻涡火焰稳定器，如图29.2所示。北京航空学院（现北京航空航天大学）于1981年提出了新的燃烧室火焰稳定性标准，并成功研发了沙丘驻涡火焰稳定器。这一创新提高了燃烧效率和火焰稳定性，降低了流体阻力和振荡损失，显著提高了航空发动机的合格率。钱学森认为它是一项为中国人争气的、很有价值的重要发明，是一个很大的技术突破，是在航空发动机领域的重大建树。这种稳定器的设计灵感源自沙漠中的新月形沙丘，这种沙丘无论风力多大都能保持其原有的月牙形状。沙丘驻涡火焰稳定器不仅适用于航空发动机，还适用于工业锅炉和船舶等。

（a）新月形沙丘形态　　　　　　　　　（b）沙丘驻涡火焰稳定器

图29.2　模仿新月形沙丘形态的沙丘驻涡火焰稳定器

　　减小阻力和气动噪声技术是流体机械设计技术中的关键，为机翼、叶轮机、螺旋桨等翼型的设计与开发提供了理论和实践依据。美国宾夕法尼亚州西彻斯特大学通过研究飞鱼的鳍和身体尺寸，分析了形态参数的变化与空气动力学性能之间的关系，并基于仿生学原理，提出了一款具有高升力和低阻力特性的仿生翼型设计。此外，借鉴座头鲸胸鳍的前缘锯齿状凸起，设计出了前缘呈现凹凸变化的飞机叶片，能够显著提高叶片的升力。这种独特的结构也可以应用于风力发电机叶片和飞机机翼的设计，如图 29.3 所示。

（a）座头鲸胸鳍外形　　　　　　　　　　　（b）模仿座头鲸胸鳍外形的飞机叶片

图 29.3　模仿座头鲸胸鳍外形减阻的仿生设计

　　2021 年 9 月 22 日，空客公司在法国图卢兹开展了 Extra-Performing 机翼演示项目。该项目旨在通过聚焦验证一系列技术改善和优化机翼的空气动力学性能来实现这些技术在未来飞机上的应用。该项目借助 Cessna Citation Ⅶ公务机飞行验证平台整合了在典型飞行工况下所有能带来突破性进展的技术应用。空客公司期望通过 Extra-Performing 机翼演示项目找到在飞机飞行过程中能实现机翼变形以提高飞行效率和降低碳排放的方法。该项目采用的新技术包括可变后缘机翼、半气动铰链、用以探测湍流的先进传感器和可弹出式扰流板等。

29.4　发展路线图

　　现代科技进步迅速，航空器在现代科技的支持下，不断改善大众的出行与运输方式。民用航空器具有快速、舒适、安全、稳定性好等优点，但在实际运营过程中依然有可能发生故障。民用航空器在飞行时，一旦出现安全事故，不仅会造成经济损失，更会导致重大安全事故。因此，要从多个方面对航空飞行器加以研究，并结合自然界的动物和植物的结构、习性特征，将其应用在航空飞行器的设计与制造中。这不仅可以提升飞机的整体飞行性能（如提升飞行稳定性和安全性），还能提升航空公司运营的经济性，在践行环保绿色发展理念的同时，可为大众提供安全的出行环境，也可为企业带来巨大的经济效益。

本章整理了仿生技术在商用航空领域的发展路线图，如图 29.4 所示，供大家参考。在气动仿生方面，2030 年之前利用半气动铰链技术实现大展弦比机翼的应用；2035 年之前利用智能材料智能控制技术实现飞机在飞行过程中像真实飞鸟的翅膀那样自由变形，大幅提高飞机的飞行效率。在结构仿生方面，不仅要实现大展弦比机翼的应用，还要实现结构功能一体化技术的应用，即实现飞机的功能结构一体化设计技术。在功能仿生方面，2035 年之前实现整机模拟鸟类飞行技术。在智能仿生方面，随着 AI 技术的不断发展，实现全程智慧飞行技术。在修复功能仿生方面，随着智能材料和维修技术的不断进步，在 2035 年前后实现局部蒙皮涂层智能修复技术和复材结构智能修复技术，大幅提高飞机飞行的安全性。

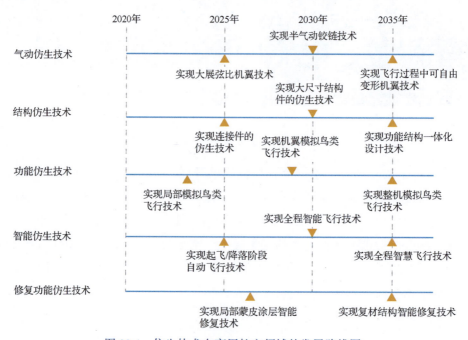

图 29.4　仿生技术在商用航空领域的发展路线图

29.5　经济性和环保性分析

随着社会环保意识的不断增强，利用仿生技术实现飞行器的环保性能提升，成为仿生学在飞行器设计中的重要应用。例如，在小型飞行器设计中，可以利用形态仿生原理，提高飞行器对气流、空气浮力的利用率，降低飞行过程中对燃油、电能源的消耗，进而提高飞机的环保性能。同时，在飞行器配套技术的应用中，仿生学也可以发挥重要的环保作用。例如，在客机设计中，可以利用仿生学原理为客机提供环保的服务系统，如利用可再生材料研制的座椅设备等，从而践行环保理念。

参考文献

[1] AAGE N, ANDREASSEN E, LAZAROV B S, et al. Giga-voxel computational morphogenesis for structural design[J]. Nature, 2017, 550(7674), 84-86.

[2] 孙培培，李雯，胡文颖. 仿生学在航空发动机领域的应用[J]. 航空动力，2018(5):12-15.

[3] 高歌. 沙丘驻涡火焰稳定器发明经过[J]. 北京航空学院学报，1986, 2: 17-25.

[4] 采访高歌教授——沙丘中藏着航空密码[EB/OL]. [2022-09-20]. https://sepe.buaa.edu.cn/info/1176/5645.htm.

[5] 张照煌,李魏魏. 座头鲸胸鳍前缘仿生叶片空气动力学特性研究[J]. 工程力学,2020, 37(S): 376-379, 386.

　　脑机接口技术目前正处于技术爆发阶段。当前，全球各国纷纷针对脑机接口技术提出了相应的发展战略和研究计划，因此在全球范围内呈现出脑机接口研究投入激增、应用领域和应用场景不断扩展的发展趋势。美国白宫最早于 2013 年提出了可与人类基因组计划相媲美的"脑科学计划"，计划未来 12 年共投入 45 亿美元。欧盟紧随其后，投入 10 亿美元启动了为期 10 年的"人类脑计划"。2014 年，日本启动了大脑研究计划，预计在 10 年内投入 3.65 亿美元。"中国脑计划"于 2013—2014 年开始酝酿，2021 年正式启动，启动资金超过 30 亿元。

　　脑机接口系统包括信号采集、信号处理、控制设备和反馈环节。首先通过信号采集设备从大脑皮层采集脑电信号，经过放大、滤波、A/D 转换等处理，将脑电信号转换为可以被计算机识别的信号。然后对信号进行预处理，提取特征信号。最后利用这些特征进行模式识别，并将其转化为控制外部设备的具体指令，实现对外部设备的控制。2013 年美国明尼苏达大学的实验证明了人类受试者可通过脑电波在三维空间控制飞行器实现空中飞行、俯冲、上升，甚至穿过一个环。2017 年美国约翰斯·霍普金斯大学的研究表明，测试对象在不同的场景中能成功驾驶喷气飞机和螺旋桨飞机。以上研究均表明脑机接口系统具有在三维空间完成复杂控制的潜力。此外，美国空军研究实验室开发了一个新型增强型学习平台"个体化神经学习系统"，该平台使用神经科学技术帮助飞行员快速掌握知识和技能。

　　脑机接口技术可通过丰富数据维度、增加交互通道、拓展信息带宽、提高交互效率的方式提升人机交互的效能。本章从飞行员决策支持、系统控制、通信交流、状态监测、认知水平提升、机体能力提高 6 个方面给出了脑机接口技术发展路线图（2020—2035 年），并对其经济性和环保性进行了分析。

　　脑机接口指在大脑和计算机或其他电子设备之间建立的不依赖大脑外周神经和肌肉组织的通信与控制系统，通过采集和分析大脑中枢神经系统的生物电信号，在大脑与计算机或其他电子设备之间建立直接交流和控制通道，可以替代、恢复、增强、补充、改善中枢神经系统的自然输出，实现大脑与计算机或其他电子设备的信息交换。脑机接口技术融合了脑科学、神经科学、信息科学、材料科学、生物科学、系统科学、医学工程等多学科知识，将生物学意义上的大脑与人造的智能设备系统融为一体，以实时感知和翻译人类意识，实现机器与人类之间的零距离信息交换。

30.1 国内外发展概况

　　脑机接口技术最早于 20 世纪 70 年代被提出，目前已成为神经工作领域的重要研究方向之一，在生物医学、神经康复、智能机器人等领域具有重要的研究意义。脑机接口的概念如图 30.1 所示。2001 年，《麻省理工科技评论》把脑机接口评选为将改变世界的十大新兴技术之一。经过 50 多年的研究，脑机接口技术的发展主要经历了 3 个阶段：理论提出阶段（1970—2000 年）、理论验证阶段（2000—2015 年）、技术爆发阶段（2015年至今）。

神经科学　脑　　脑机接口　　机　工程技术

图 30.1　脑机接口的概念

　　近年来，随着速度更快、体积更小、价格更低廉的计算机的出现，针对大脑处理感知信息和产生运动输出的研究不断深入，脑信号记录装置的精确度和可用性不断提高。更加强大的信号处理和机器学习算法的出现，使世界范围内呈现出脑机接口研究投入激增、应用领域和应用场景不断扩展的发展趋势。鉴于未来脑机接口技术为社会发展带来的强大推动力，目前，脑机接口技术已经成为全球各国科技竞争的战略高地。

30.1.1　美国发展概况

　　美国白宫于 2013 年 4 月提出被认为可与人类基因组计划相媲美的"脑科学计划"，旨在探索人类大脑工作机制，绘制脑活动全图，推动神经科学研究，以及针对目前无法治愈的大脑疾病开发新疗法。该计划启动资金超过 1 亿美元，后经调整，计划未来 12年共投入 45 亿美元。2018 年 11 月 2 日，美国国立卫生研究院宣布将进一步加大对脑计划相关研究项目的投资力度，将为超过 200 个新项目投资 2.2 亿美元，此举使美国 2018年对该计划的支持总额超过 4 亿美元，比 2017 年提高约 50%。新项目包括用于各类脑部疾病检测和治疗的无线光学层析成像帽、无创脑机接口和无创脑刺激装置，以及帮助缓解疼痛和减少对阿片类药物的依赖的创新研究等。2022 年 9 月 22 日，美国国立卫生研究院宣布了两个由"脑科学计划"发起的创新项目，一个是"脑科学计划之细胞图谱网络"项目，另一个是"精确脑细胞访问设备中心"项目。5 年内，"脑科学计划之细胞图谱网络"项目将获得 5 亿美元的资助,旨在绘制全球最全面的脑细胞图。3 年内,"精确脑细胞访问设备中心"项目将获得 3600 万美元的资助,该项目将利用新的脑细胞普查数据和先进的技术,为科学家创建工具包。

30.1.2 欧盟发展概况

2013 年 10 月,欧盟投入 10 亿美元启动了"人类脑计划",为期 10 年(2013—2023 年)。该计划有 26 个国家的 135 个合作机构参与,集合了来自不同领域的 500 多名研究人员。该计划的目标是开发信息和通信技术平台,致力于神经信息学、大脑模拟、高性能计算、医学信息学、神经形态的计算和神经机器人研究。该计划侧重利用超级计算机技术模拟脑功能,以实现 AI。该计划取得了一系列重大发现、创新及技术进步,其中许多已经或有望应用于临床。例如,该计划的项目团队创建了一个名为"EBRAINS"的平台,这是一套开放的研究基础设施,提供数字工具和服务,帮助研究者应对在大脑研究和相关技术开发过程中面临的各类挑战。科学家借助 EBRAINS 平台可以收集、分析、共享和整合大脑数据,并进行大脑功能的建模和模拟。

30.1.3 日本发展概况

2014 年 9 月,日本文部科学省宣布了"用于疾病研究的综合神经技术脑图谱"(Brain Mapping by Integrated Neurotechnologies for Disease Studies,Brain/MINDS)计划的首席科学家和组织模式。该计划接受的资助金额约为 3.65 亿美元。该计划主要利用猕猴这种更接近人类的灵长类动物进行大脑疾病研究,弥补用鼠类进行研究的缺陷。该计划更偏向临床,其中一个重要任务是促进基础科研与医疗的联系,并探索针对阿尔茨海默症、抑郁症等精神疾病的更先进的诊断治疗方案。

30.1.4 中国发展概况

自 2016 年起,我国积极发起并加速布局类脑智能研究,将"脑科学与类脑研究"上升为国家战略。2017 年,科技部等四部委联合印发《"十三五"国家基础研究专项规划》,明确提出了脑与认知、脑机智能、脑的健康 3 个核心问题,形成了"一体两翼"的研究布局,即以研究脑认知的神经原理为主体,研发脑重大疾病诊治新手段和脑机智能新技术为两翼。

2018 年 3 月,北京市科学技术委员会正式成立北京脑科学与类脑研究中心。2018 年 4 月,复旦大学脑科学前沿科学中心获得教育部批准,成为国家"珠峰计划"首个前沿科学中心。2018 年 5 月,上海市政府在张江实验室成立了上海脑科学与类脑研究中心。2018 年 10 月,教育部成立了浙江大学脑与脑机融合前沿科学中心。2021 年,杭州西湖区率先布局脑机智能产业，全力打造脑机智能产业链。

2021 年 9 月，"中国脑计划"正式启动。科技部网站发布了《科技创新 2030—"脑科学与类脑研究"重大项目 2021 年度项目申报指南》，涉及 59 个研究领域和方向，经费预计超过 31.48 亿元。"中国脑计划"包括两个研究方向，即以探索大脑秘密、攻克大脑疾病为导向的脑科学研究及以建立和发展新一代 AI 技术为导向的类脑研究。

30.2 技术特征与应用优势

30.2.1 基本原理

一个典型的脑机接口系统主要包含 4 个组成部分：信号采集、信号处理、控制设备、反馈环节。其基本框架如图 30.2 所示。首先通过信号采集设备从大脑皮层采集脑电信号，经过放大、滤波、A/D 转换等处理，将脑电信号转换为可以被计算机识别的信号。然后对信号进行预处理，提取特征信号。最后利用这些特征进行模式识别并将其转化为控制外部设备的具体指令，实现对外部设备的控制。

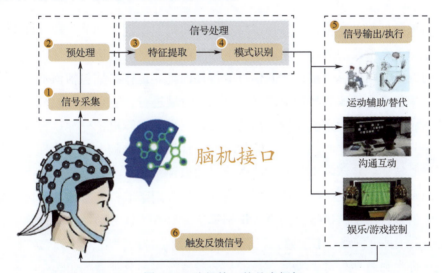

图 30.2 脑机接口的基本框架

30.2.2 信号采集

在目前的技术条件下，科学家们还不能通过脑电直接阅读人的思想，无法解释自发脑电，因此只能设法使人产生在特定模式下可以被解读的脑电。从采集方式来看，可以将信号采集的方式分为侵入式、半侵入式和非侵入式 3 类。

1. 侵入式

侵入式信号采集一般将微电极植入大脑中，以电锋、电位的形式记录脑电活动。这样可以获得高质量的神经信号，但存在较高的安全风险，成本也很高。另外，由于异物侵入，可能会引发免疫反应和愈伤组织，导致电极信号衰退甚至消失，伤口也易出现难以愈合及发炎等情况。

2. 半侵入式

半侵入式信号采集一般将脑机接口植入颅腔内、大脑皮层外，主要基于皮层脑电图进行信息分析。虽然其获得的信号强度及分辨率弱于侵入式信号采集，但优于非侵入式信号采集，也可以降低引发免疫反应和愈伤组织的概率。

3. 非侵入式

非侵入式信号采集无须使用装置侵入大脑，只需通过附着在头皮上的穿戴设备对大脑信息进行记录和解读。这种技术虽然避免了昂贵且危险的手术，但是由于颅骨对大脑信号有衰减作用，以及对神经元发出的电磁波会产生分散和模糊效应，导致记录的信号强度和分辨率并不高，很难确定发出信号的脑区或放电的单个神经元。

30.2.3　信号处理

脑电信号的处理主要包括预处理、特征提取和模式识别 3 部分。预处理主要用于去除脑电信号中具有工频的杂波、眼电、心电和肌电等信号的伪迹。特征提取是将得到的脑电信号的特定参数形成向量作为此信号的特征向量。这些参数包括但不限于信号的幅度、频率、相位等。相应的特征提取工作可以在时域进行，也可以在频域进行，还可以在时域和频域同时进行。目前比较通用的特征提取方法有峰电位分类、频域分析、小波分析、时域分析、空间滤波、伪迹去除技术等。特征提取是脑电信号处理中十分重要的一步，所提取特征的好坏将直接影响脑电信号的识别率。

模式识别主要是寻找一个以特征向量为输入的判别函数，并且该判别函数能识别出不同的脑电信号。用于脑机接口的模式识别算法主要有线性分类器、线性判别分析和支持向量机、人工神经网络、多层感知机、学习矢量量化神经网络、非线性贝叶斯分类器、贝叶斯二次分类和隐马尔可夫模型、最近邻分类器及多种分类器的组合。

30.2.4　控制设备

迄今为止，脑机接口技术所取得的最显著的成就是侵入式脑机接口，其实例包括二维光标的高精度控制、假臂和夹持器的实时控制。在构建侵入式脑机接口时用到的两种主要策略为操作性条件反射和集群解码方法。在操作性条件反射中，脑机接口完全依靠神经元的自适应来实现控制。在集群解码方法中，使用 AI 技术来学习神经元活动与控制参数之间的映射关系。之后可将分析后的信息进行编码，如何编码取决于希望做成的事情。编码形式也可以多种多样，因此脑机接口几乎可以和任何工科学科相结合。

30.2.5　反馈环节

反馈环节将外部设备的运行情况等信息反馈给使用者，这样使用者能实时调整自己的脑电信号。具有神经反馈的闭环控制系统有助于受试者自我调节特定的脑节律。成功的脑机接口操作依赖两个自适应控制器的交互：用户产生特定的大脑信号并给出编码后的神经信号，脑机接口则将这些信号进行解码、转换和输出，从而实现用户的意图。为了取代传统的神经肌肉输出通道，脑机接口必须具有自适应闭环控制系统的功能，能够向用户提供反馈并微调大脑活动，从而优化输出结果。

30.3　航空领域应用场景与应用挑战

30.3.1　飞行仿真控制

2017 年，在美国国防部高级研究计划局"革命性假肢项目"的资助下，约翰斯·霍普金斯大学进行了基于脑机接口的飞行仿真控制试验研究。试验所用的脑机接口系统包含可植入目标运动皮层中的 2 组（单组 96 个）微电子阵列。该项研究的最终目的是确定研究人员开发的脑机接口系统在飞行模拟器环境中能否灵活地控制飞机。为了确定一个通用的脑机接口飞行仿真控制范式，研究人员假定他们设定的控制范式能应用于电子竞技类游戏的控制、轮椅移动及飞行控制等场景。因此，为了实现最好的飞行控制，该飞行仿真控制试验包括 6 个部分，每个部分都能对设计参数进行修改，最后通过定量评估的方法确定操控对象执行既定的爬升、保持路线飞行、避免控制失误等动作。试验结尾阶段，在采用直观控制范式的情况下，测试对象在不同的场景中能成功驾驶喷气飞机和螺旋桨飞机，试验设定的目标能成功完成飞行控制任务。

30.3.2　提升飞行员的训练效能

2020 年 8 月 12 日，美国空军研究实验室公开了旨在使用神经技术帮助飞行员快速掌握知识和技能的"个体化神经学习系统"（Individualized Neural Learning System，iNeuraLS）项目，如图 30.3 所示。iNeuraLS 是一个新型增强型学习平台，通过技能获取过程中认知状态的闭环调制来实现快速学习，该项目已开展三年并获得资金资助。作为研究的一部分，大脑的神经信号将用于开发算法，确定人员可以接收信息的最佳状态。研究团队将使用脑电图和磁脑电图两种技术开发混合的脑机接口，收集有关大脑活动的数据。

图 30.3 "个体化神经学习系统"项目

30.3.3 无人机实时操控

2013 年，美国明尼苏达大学生物医学工程实验室的贺斌教授进行了一项实验研究，证明了人类受试者可通过脑电波在三维空间控制飞行器（一架模型直升机）实现空中飞行、俯冲、上升，甚至毫不困难地穿过一个环，如图 30.4 所示。首先，信号采集系统获取受试者的脑电波信号并将其传送到计算机系统，计算机系统经过滤波处理将其转化为可控制飞行器运动的控制信号。其次，通过无线局域网将控制信号发送给飞行器以控制其运动。同时，飞行器将视频信号传送到计算机系统，受试者通过视觉反馈进一步调整控制参数。该研究首次展示了人类使用无创头皮脑电控制飞行器的能力，并证明了基于脑电图的脑机接口系统具有在三维空间完成复杂控制的潜力。

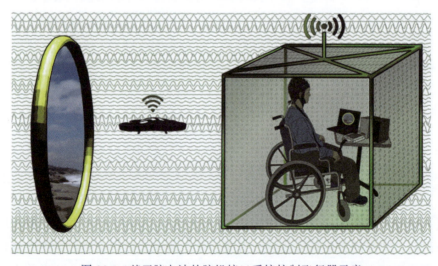

图 30.4 基于脑电波的脑机接口系统控制飞行器示意

2013 年 3 月，英国研究人员开发出第一种用于控制飞船模拟器的脑机接口装置，用户将该装置戴在头上后，可通过意念控制飞船模拟飞行，而且通过使用脑控设备，飞行员仅利用意念就可以在飞行模拟器中操纵飞机飞行。

国内天津大学的研究团队基于脑机接口技术首次实现了 4 自由度、12 指令的无人机连续实时操控，性能达到目前国际最高水平。此外，该团队还设计了全球首套在轨脑机交互操作系统平台，并于 2016 年成功应用于"天宫二号"和"神舟十一号"载人飞行任务，验证了脑机交互技术的在轨适用性，实现了航天"自由手"操作与认知功能状态自适应的自动化人机任务分配。

30.3.4　飞行员大脑认知状态监测

2022 年，上海交通大学吴奇团队联合东南大学创建了一种飞行过程脑机接口系统。该系统基于不同的认知状态对应不同的激活脑区，由彩色脑功率图谱和认知状态监测脑网络组成，用于监测在飞机飞行过程中飞行员的大脑疲劳状态。该研究选取了中国商飞 C919 客机飞行员进行系统测试。在模拟驾驶舱内，飞行员模拟从重庆到哈尔滨的单行航线。研究中记录了 4h 飞行过程中的飞行员脑电图信号，并按一定的规则将脑电图信号分别对应到 4 种疲劳状态。该研究提供的航空脑机接口应用主要由两部分组成：一是大脑认知地图的生成；二是认知网络的建立。研究人员通过彩色脑功率图谱映射得到的彩色大脑认知地图，直观地反映了当前任务下飞行员在每个时间窗口的认知状态，并将飞行员在不同任务中的认知状态以图像帧的形式表达出来。该研究还提出使用大脑认知监测网络来检测驾驶员的认知状态。

30.4　发展路线图

通过丰富数据维度、增加交互通道、拓展信息带宽、提高交互效率，脑机接口技术具有提升人机交互效能的巨大潜力，在飞行员决策支持、系统控制、通信交流、状态监测、认知水平提升、机体能力提高等方面具有广阔的应用前景。本章整理了脑机接口技术发展路线图，如图 30.5 所示，供大家参考。

从近期来看，脑机接口技术在各个领域重点关注的是如何安全、快速、便捷、精确地让人脑与设备交互。要达成这一目标，需要实现底层脑科学理论的进步、硬件交互设备的升级与脑机接口相关算法的突破。除此之外，还要重点关注如何设计脑机接口技术的应用场景，将该技术的优势与航空场景相结合，发挥出"1+1>2"的作用。从长远来看，脑机接口技术除了向安全、高效、便捷、精确的方向发展，还会向智能化与网络化方向发展。

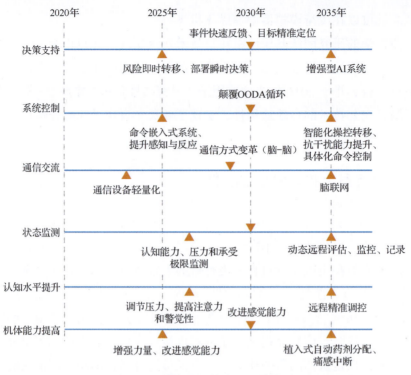

图 30.5 脑机接口技术发展路线图

30.5 **经济性和环保性分析**

脑机接口技术被称为人脑与外界沟通交流的"信息高速公路",是公认的新一代人机交互和人机混合智能的关键核心技术。脑机接口技术为恢复感觉和运动功能及治疗神经疾病带来了希望,同时将赋予人类"超能力"——用意念控制各种智能终端。

目前,脑机接口技术在航空航天领域的应用包括加快飞行员和航天员的技术技能学习与训练,能极大地缩短学习时间,大幅降低培训和学习成本。此外,脑机接口技术还能提高飞行员和航天员的认知与决策能力,帮助他们实现对飞行器的实时操控,完成以前无法完成的任务。相比现有的人机交互和系统控制方式,脑机接口需要的能耗更低,具有较好的环保性。

脑机接口是中国最有可能迎头赶上甚至实现"直线超车"的领域之一。目前来看,在脑机接口核心器件的设计方面,中国完全不落后于国外,而且其加工只涉及成熟的半导体工艺,这些核心加工技术均不会面临产业链的问题和风险。未来已来,脑机接口技术将不断升级人类大脑,使人类拥有更高超的能力。

参考文献

[1] KRYGER M, WESTER B, POHLMEYER E, et al. Flight simulation using a brain- computer interface: a pilot, pilot study[J]. Experimental Neurology, 2017, 287(4): 473-478.

[2] 杜子亮. 脑机接口在航空领域的应用探索[J]. 国际航空，2020，12: 27-29.

[3] LAFLEUR K, CASSADY K, DOUD A, et al. Quadcopter control in three-dimensional space using a noninvasive motor imagery-based brain-computer interface[J]. Journal of Neural Engineering, 2013, 10(4): 1-15.

[4] WU E, CAO Z, XIONG P, et al. Brain-computer interface using brain power map and cognition detection network[J]. IEEE/ASME Transactions on Mechatronics, 2022, 27(5): 3942-3952.

第5篇
展　望

商用飞机技术门槛高、研制周期长、系统复杂。多年来，我国坚定自主创新、开放合作，以十足的韧性闯过一道道险关难关，成功探索出一条商用飞机发展的创新之路。创新是商用飞机主制造商的生命力所在，充分利用当今科技创新发展的成果，可以不断提升产品性能和服务质量。信息革命将引导商用飞机产业与技术实现高质量发展，能源革命将实现民用飞机绿色低碳化发展。突破和掌握重点领域技术，促进先进技术在商用飞机上的应用，有助于为航空业提供更好的商用飞机产品和服务。

第 5 篇总结了未来商用飞机发展的新形势、商用飞机未来产品与技术展望，具体包括：

第 31 章　未来商用飞机发展的新形势
第 32 章　商用飞机未来产品与技术展望

未来商用飞机发展的新形势 第31章

　　我国民用飞机发展既充满了机遇，又面临极大的挑战。最近几年，通过系列化产品研发，我国在民用飞机工程技术领域取得了重要进步：一是航空数字化协同研发能力实现了新的跨越；二是试验验证能力有了质的飞跃；三是部分航空材料、制造技术达到国际先进水平。然而，我国在技术创新能力与水平、核心技术拥有量、关键零部件生产、全球价值链分工地位、大规模批量生产能力、产品质量与品牌知名度等方面仍存在短板，尚不能满足航空工程高质量发展的需要。

　　创新是商用飞机主制造商的生命力所在，要研发更安全、更可靠、更经济、更舒适、更环保的商用飞机，需要充分认识、理解和利用当今科技革命发展的机遇、趋势和成果。现代商用飞机制造的每个阶段（包括设计、制造、测试和服务等阶段）都会产生大量数据，智能化正在催生包括航空运输在内的网联化、协同化和智慧化综合交通体系。

　　全球能源结构从以传统化石能源为主向清洁、低碳能源替代方向变革，新一轮低碳能源技术与产业加速布局。目前，全球的航空碳减排策略大致形成了科技创新、运营改进、基础设施、市场手段4条途径。从民用飞机主制造商的角度来说，民用飞机研发需要产品级的背景型号牵引。及时明确新能源民用飞机研发任务方向，有利于提升新能源民用飞机研发的针对性和有效性，有利于集中行业内外部的优势资源，牵引重大技术攻关和集成验证。

31.1　商用飞机发展的优劣势

　　商用飞机既是满足人们交通出行及美好生活需求的高端产品，也是带动国家科技水平广泛提升的重点领域之一。商用飞机发展对我国实现航空运输业自主化、科技进步、经济发展、改革升级和产业全面发展具有特殊的重要性。

　　商用飞机产品和技术发展日新月异，颠覆性概念层出不穷，全球处在市场竞争的深度变革与调整之中。当前，波音公司、空客公司两大商用飞机主制造商基本垄断了全球商用飞机市场。它们在国际市场上的竞争十分激烈，同时又共同防范第三方进入该市场。

　　面向未来，我国民用飞机发展既有很多优势，也有不少劣势，既充满了机遇，又面临极大的挑战。优势在于：国内民用飞机市场需求巨大；目前综合国力显著增强、基础稳固；民用飞机产业人才数量和质量均有提升；科技进步带来了创新发展。劣势在于：产业发展起步晚，尚处于跟跑阶段；专业人才、技术储备、工程经验不足；体现竞争力的关键技术掌握有限；产业链完备性较低；资源条件不够，创新能力不强。面临的机遇是：国家已经制定了航空强国战略及国家重大科技规划；民用飞机产业发展受到社会的认可和重视；跨界技术融合正在蓬勃发展；绿色航空期待的民用飞机产品和技术创新不断涌现；"一带一路"经济发展创造了新的需求。面临的挑战是：西方国家的贸易保护主义一直存在；国际市场竞争激烈，形成了寡头垄断格局；欧美等国家和地区布局新技术、新能源、新材料；客户不断提高技术指标；高铁挤占民用飞机产品市场；新概念、新业态等带来了新的挑战。

经过 70 多年的发展，我国目前已建成覆盖飞机总体、气动、结构、动力、航电、机电、试飞、材料和技术基础等专业的航空科技创新体系，并成为全球少数几个拥有完整的航空科研生产体系的国家。我国民用飞机的发展基本走完了现代客机产品研制、生产和运营的全过程，开启了航空科技快速发展的崭新篇章，对带动相关基础学科和高新技术及产业的发展起到了重要作用。

最近几年，通过系列产品研发，我国在商用飞机工程技术领域取得了重要进步。

一是航空数字化协同研发能力实现了新的跨越。信息化和数字化水平大幅提升，建立了异地协同研制体系，构建了从需求、设计、制造到试验等全过程的三维数字化应用体系，5G、云桌面、工业互联网等正在进入工业全过程，前景良好。

二是试验验证能力有了质的飞跃。试验验证由实物验证向预先数字仿真验证转变，由单一成品验证向系统集成验证转变，各型号仿真先进程度不断提高，均采用半实物仿真手段开展系统综合、系统及主要关键产品的试验验证，试验方法得到扩展，试验数据库及试验数据管理系统开始建立。

三是部分航空材料、制造技术达到国际先进水平。例如，在复合材料方面，我国突破了复合材料主承力结构的设计和制造技术，中国商飞 C929 客机的复合材料设计用量将占全机结构质量的 51%，与波音 787 飞机和 A350XWB 飞机相当。在增材制造方面，我国在国际上率先突破钛合金、超高强度钢等高性能金属大型复杂整体主承力关键构件激光增材制造技术，实现了增材制造飞机钛合金大型复杂整体主承力关键构件的工程应用。

然而，我国在技术创新能力与水平、核心技术拥有量、关键零部件生产、全球价值链分工地位、产品质量与品牌知名度等方面仍存在短板，还不能满足航空工程科技高质量发展的需要。航空领域工业科技基础薄弱、创新能力不足、产业链韧性不强等问题仍然十分突出。

一是基础研究不健全，技术储备不足。航空领域长期缺乏系统的技术研发体系和充分的技术预研，对未来产品和新技术缺乏系统性、持续性支持，造成基础技术储备不足；在前沿性、颠覆性技术研究方面，研究成果难以实现有效的转化应用，面临"型号缺技术、技术缺数据、数据缺验证"的困境，原始创新能力较弱。

二是系统集成和产品体系研究能力不足。基于市场分析的正向设计能力不足，导致我国在航空产品体系研究、多学科优化、概念方案的快速原型化等方面与国外存在较大差距；缺乏整机集成验证平台，导致系统集成能力不足。

三是航空发动机技术和机载设备发展相对缓慢。我国航空发动机技术正处于由跟踪研仿向自主创新的转折期，技术能力和水平与国外相比尚有一定的差距，航空发动机技术依然是制约航空装备发展的瓶颈。高可靠性压缩系统、高温升燃烧室、高性能涡轮等部件关键技术，仿真技术、结构完整性技术、轻质耐高温材料技术、数字化制造技术等共性技术的成熟度亟待提升，以支撑和推动在研和预研的先进航空发动机技术的发展。

四是大批量生产能力和维修保障能力不足。各生产单位的设备、设施配置同质化问题严重，资源利用率低。由于大量采用通用设备生产产品，手工作业占比偏高，效率低，无法满足大批量生产制造的需要。我国航空维修企业在全寿命周期的保障维修能力与水平、盈利性等方面与国际领先的航空维修企业存在明显差距。

五是工业软件、基础元器件等对外依存度高。在先进航空产品研制所需的高性能材料、高精度轴承、高性能元器件、高精度机床、工业软件等方面，我国技术基础薄弱，严重缺乏工程化应用研究和验证经验，难以实现国内自主保障。

以上这些问题都影响着航空领域供应链的技术发展。未来我国航空业必须充分抓住规划及变革机遇，改善自身的不足之处，积极应对商用飞机产品面临的重大挑战。

31.2　信息革命与能源革命

31.2.1　科技创新的核心驱动力

创新是人类文明进步的基础，是社会繁荣和可持续发展的不竭动力，当今世界正在经历一场比以往范围更大、层次更深的科技革命和产业变革。基于信息技术的数字化、网络化、智能化和基于能源技术的绿色低碳化两大技术集群快速融合发展，将成为未来经济社会发展的核心驱动力。科技创新将迎来"大科学"时代，科技一体化程度不断加深，在各层次回应时代需求，解决人类社会面临的诸多挑战。信息技术领域和能源技术领域的科技革命如图 31.1 所示。

信息技术从数字化、网络化向智能化迈进，智能技术成为全球经济发展的核心驱动力，推动人类进入普惠型智能社会。数字技术向新一轮繁荣周期演进，大数据时代来临，数字信息呈爆炸式增长，将人类对世界的认知水平上升到一个新高度，科技范式变革正在悄然酝酿。数据驱动的技术应用创新将成为长期竞争优势。以智能泛在、移动互联、高速高效为特征，以信息、新材料和先进制造等技术为核心，以高效生产和便捷生活为导向的技术集群正在开创智能化时代。

图 31.1　信息技术领域和能源技术领域的科技革命

商用飞机涉及高技术密集型综合性尖端科学技术，堪称科学技术的制高点。创新是商用飞机主制造商的生命力所在。要研发更安全、更可靠、更经济、更舒适、更环保的商用飞机，需要充分认识、理解和利用当今科技革命发展的机遇、趋势和成果，由此不断提升产品性能和服务质量，不断完善技术体系，提高保障能力，带动产业升级，不断满足市场、客户和乘客需求升级的核心目标。

31.2.2　信息革命

在漫长的历史长河中，人类经历了五次信息技术革命，分别是语言的使用，文字的创造，印刷术的发明，电报、电话、广播、电视的发明和普及应用，以及计算机应用的普及、计算机与现代通信技术的结合。当前正是信息技术大爆发的时代，5G、AI、VR/AR/MR、大数据、物联网、云计算、6G、元宇宙、量子技术等新技术层出不穷，令人眼花缭乱，这些信息技术正在深刻地改造科技创新、产业前沿和研发模式，拓向新的深度和广度，如图 31.2 所示。随着网络互联的移动化和泛在化，未来信息网络发展的一个趋势是实现物与物、物与人、物与计算机的交互联系，将互联网拓展到物端，通过泛在网络形成人、机、物三元融合的世界，进入万物互联时代。

我国信息技术产业蓬勃发展，产业规模迅速扩大，产业结构不断优化，5G、AI、量子技术等新一代信息技术不断实现突破，一批信息技术企业和互联网企业进入世界前列，信息技术对发展经济社会和提高人民生活质量的引擎作用不断强化，我国的信息技术优势将为商用飞机的高质量发展注入强大的动能。

现代商用飞机制造的每个阶段（包括设计、制造、测试和服务等阶段）都会产生大量数据。一架波音 787 由来自全球各地的 230 万个零件组成，这些零件在极其复杂和烦琐的制造过程中被组装在一起，从而产生来自供应链日志、工厂视频馈送、检验数据和手写资料等的大量多模态数据工程记录。组装后，飞机的单次飞行测试将收集来自 20 万个多模态传感器的数据，包括来自数字传感器和模拟传感器的异步信号、应变、压力、温度、加速度、视频。在服役期间，飞机会生成大量实时数据，仅航空电子设备和飞行控制系统就需要使用长度超 110km 的电线和 1800 万行代码来收集、传输和处理这些数据。因此，目前大数据在现代商用飞机工程中的应用已经成为现实并日益成熟，可以使用机器学习技术进行高级数据分析，未来改进优化的潜力巨大。

图 31.2　信息技术拓向新的深度和广度

数据驱动通常被称为第四范式，它并未取代过去的计算科学，而是增强了理论、实验和数值探究。正如今天人们所期望的计算能力一样，未来的数据科学能力也将如此。因此，商用飞机等数据密集型产品的转型可以借鉴过去几十年的数字化转型。也许最大的变化是如何组建具有专业知识和基本数据科学能力的研究人员与工程师团队，以及如何把控行业研发周期的变化。基于数据驱动的全生命周期商用飞机研制如图 31.3 所示。

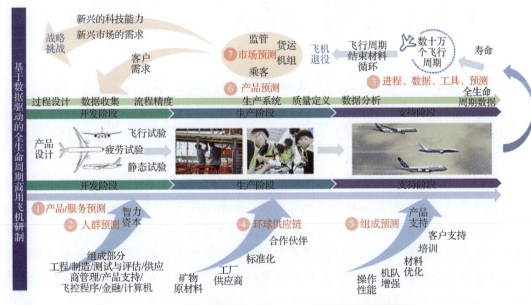

图 31.3　基于数据驱动的全生命周期商用飞机研制

商用飞机研发为数据密集型分析技术和机器学习的集成带来了许多独特的机遇和挑战，并产生了一系列变革性影响，主要体现在以下几个方面。

（1）工厂：可制造性、再利用和标准化设计、过程控制、安全性、生产力、复现性、检查、自动化、钻孔、匀场等。

（2）测试和评估：简化测试、认证、异常检测、数据驱动建模。

（3）飞机：检查、设计和性能、材料和复合材料、维护、未来产品开发。

（4）人机交互：高级设计界面、交互式可视化、自然语言交互。

（5）业务：供应链、销售、人力资源和营销等。

传统方式下，产品的全局最优和局部最优往往难以统一，可能导致大范围的重新设计和程序延迟，甚至可能发生重大事故。而随着端到端数据库管理和交互（数据标准化、数据治理、数据和系统集成方法）的改进，创建整个设计、制造和测试的数据化全过程，可能会显著改进产品研制过程。此外，工厂和飞机数据模型的改进，即所谓数字孪生技术的发展，将允许对各种场景进行准确和高效的模拟。数据科学和现有方法与工作流程协同工作，将获得变革性的收益。基于数据驱动的设计、建模与优化如图31.4所示。

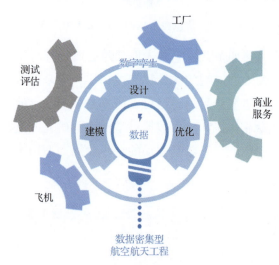

图 31.4　基于数据驱动的设计、建模与优化

商用飞机的复杂系统由成百上千个相互连接的子系统组成，每个子系统都会产生各种各样的用于详细描述性能特征的信号，导致数以千计的组件通过不同的通信渠道产生不同的信号。所有这些都发生在实时操作的过程中。因此，在对特定系统过程进行建模时，识别这些子系统信号是构建可靠且有用的数字孪生体的关键。首先，智能化正在催生包括航空运输在内的网联化、协同化和智慧化综合交通体系。其次，元宇宙或将给商用飞机制造工业的全产业链发展模式带来全新的、颠覆性的启示和憧憬。企业应及时做出适应新技术发展的布局和决策，包括从技术应用、市场需求等多维度做好准备，逐步构建适应未来发展需求的体系。

31.2.3　能源革命

2020 年 9 月，习近平主席在第 75 届联合国大会一般性辩论上宣布，中国将提高国家自主贡献力度，采取更加有力的政策和措施，二氧化碳排放力争于 2030 年前达到峰值，努力争取在 2060 年前实现碳中和。2021 年 5 月，国际能源署为全球能源部门发布了全球第一份《2050 年碳排放净零增长路线图》，其中提到在航空方面改变人们的行为，建议将 1h 以内的支线航空出行全部用高铁代替，并且将国际商业航空和长途休闲航空市场规模控制在 2019 年的水平。

全球能源结构从以传统化石能源为主向清洁、低碳能源替代方向变革，新一轮低碳能源技术与产业加速布局。当前，新能源技术是革命性高新技术的支柱之一，包括电推进技术、替代燃料、太阳能技术、核能技术、燃煤、磁流体发电技术、地热能技术、海洋能技术等。氢能作为新兴能源载体的重要性日渐提升，有望成为与电力并重互补的工业过程与终端能源形式。氢动力被认为能真正实现零排放，具有巨大的环保潜能。储能技术和智能电力系统快速发展，运载工具动力系统向电力、混合动力、可持续燃料等方向发展。国际能源署称，得益于太阳能、风能、核能等清洁能源转型和电动汽车等技术的发展，2023 年全球与能源相关的二氧化碳排放量增幅低于 2022 年。

1. 行业要求

2023 年，与能源相关的二氧化碳排放量达到 374 亿吨，同比增加 4.1 亿吨，即 1.1%。为替代水电而使用的矿物燃料占增量的 40% 以上。航空运输业碳排放量约占交通运输行业碳排放量的 10%。2023 年，我国航空煤油消费量约为 3883 万吨，直接碳排放量超过 1.23 亿吨，约占全国碳排放总量的 1%。新冠疫情导致航空业的直接二氧化碳排放量从 2019 年的 100 多万吨骤降至 2020 年的 6 亿吨，但 2023 年下半年已经基本接近 2019 年之前的水平。ICAO 表示，如果不加以控制，到 2050 年全世界将可能有 25% 的碳排放量来自航空业，航空碳减排压力巨大。2023 年 11 月，在 ICAO 第三次航空和替代燃料会议上，来自 100 个国家和 30 个国际组织的 1000 多名官员、投资者和专家一起通过了《国际民航组织可持续航空燃料、低碳航空燃料和其他航空清洁能源的全球框架》。ICAO 及其成员国同意，在降低生产成本、提供融资和技术支持的前提下，继续扩大可持续、低碳航空燃料和其他清洁航空能源的生产，以实现 2030 年减排二氧化碳 5% 的目标。

航空运输企业可以从运营的经济性角度实现一定的燃料节约和减排，而航空运输过程中的碳排放更多地与飞行器的硬件尤其是发动机的构造和技术路线高度相关。航空运输业碳排放的主要来源有飞机航空燃油燃烧（约占 79%）和与飞机相关的地面碳排放（约占 20%）。要想显著减少航空运输业的碳排放量，必须向上游环节（飞机发动机和飞机整体的设计制造环节）寻求根本答案。从长远来看，需要对飞机发动机、空气动力学和混合动力进行革命性设计，考虑如何设计能够提高效率的新机身构型，以及如何设计电气化或氢动力飞机，以减少在中短程飞行中二氧化碳的排放量。

为了促进航空运输业实现碳减排，2009 年，IATA、国际机场协会、民航导航服务组织及国际宇航工业联合会等联合发文，提出了碳减排目标：①到 2020 年，燃油效率每年提高 1.5%；②从 2020 年起，实现净零排放中性增长；③到 2050 年，全球航空净零排放量与 2005 年相比减少 50%。

2016 年，ICAO 确定了《国际民用航空公约》附件 16《环境保护》第Ⅳ卷《国际航空碳抵消和减排计划》（Carbon Offsetting and Reduction Scheme for International Aviation，CORSIA）的实施框架，飞机运营商将从全球碳市场中买卖排放单位，从而抵消二氧化碳排放。CORSIA 拟分 3 个阶段实施：在试点期（2021—2023 年）和第一阶段（2024—2026 年），各国可自愿参与，发达国家应当率先参与；第二阶段（2027—2035 年）实施强制参与，单项国际航空活动的收入吨公里超过收入吨公里总数 0.5%的成员国，或者收入吨公里累计达到收入吨公里总数 90%的成员国必须参与，最不发达国家、小岛屿发展中国家和内陆发展中国家可自愿参与。

ICAO 希望全球航空业逐步达到以下目标：①2035 年碳排放水平不超过 2020 年的碳排放水平，即行业在 2035 年实现碳达峰；②2050 年二氧化碳排放量不超过 2005 年二氧化碳排放量的 50%，最终实现碳中和，将全球净零排放量控制在 5.8 亿吨。

2017 年，ICAO 通过了全球首个关于飞机二氧化碳排放的强制性国际标准——《国际民用航空公约》附件 16《环境保护》第Ⅲ卷《飞机二氧化碳排放》。新的飞机二氧化碳排放标准要求以整架飞机作为适航审定对象。该标准从 2020 年起适用于新的航空器型号设计，从 2023 年起适用于在产的飞机型号设计。已经投产的航空器如果到 2028 年仍未达标，将不能再生产，除非对其设计进行充分的修改。该标准对 ARJ21-700 和 C919 均适用。目前，中国、美国、欧洲、加拿大、巴西等国家和地区已将该标准纳入本国航空法规体系。

2018 年 6 月，ICAO 理事会正式批准《国际航空减排计划强制性标准和规则》，要求自 2019 年 1 月 1 日起，年度二氧化碳排放量超过 10000 吨的运营商对起飞质量超过 5700kg 的飞机进行温室气体排放量的检测、报告和核查。

2019 年 8 月，EASA 正式颁布了 CS-CO$_2$ 规章，意味着二氧化碳排放标准正式进入 EASA 适航审定体系，成为适航取证的必要条件。中国民航局于 2022 年 11 月公布修订的《涡轮发动机飞机燃油排泄和排气排出物规定》（CCAR-34），于 2023 年 1 月 1 日起执行。该修订是为了对标国际先进环保标准，进一步提升我国航空产品设计制造水平，同时满足国际民用航空组织（ICAO）普遍安全监督审计（USOAP）要求、落实《国际民用航空公约》附件 16 第Ⅱ卷《航空器发动机的排放物》和第Ⅲ卷《飞机二氧化碳排放》中的标准和建议措施（SARPs）。之前的 CCAR-34 不包括涡轴发动机燃油排泄要求，而《国际民用航空公约》附件 16 涵盖了涡轴发动机燃油排泄要求，因此 CCAR-34 也纳入了涡轴发动机燃油排泄要求。

2021 年，IATA 成员航空公司明确承诺到 2050 年实现航空业的二氧化碳净零排放，并呼吁 CORSIA 认可它们的承诺。CORSIA 要求航空公司从 2027 年起抵消所有非豁免国际航班高于 2020 年前平均水平的二氧化碳排放增长。

目前，CORSIA 被认为是实现国际航空碳排放零增长的核心手段，CORSIA 成为全球各个国家和地区设定航空器碳减排标准的重要参考。2022 年，各国政府和航空器运营商继续按照《国际民用航空公约》附件 16 第 IV 卷的规定履行相关义务。截至 2023 年 1 月 1 日，已有 115 个国家有意参加 CORSIA。中国目前虽尚未加入 CORSIA 计划，但 CORSIA 的实施给我国的航空减排市场带来了一定的压力。

2022 年，ICAO 理事会完成了对 CORSIA 的第一次定期审查，并根据审查结果提出了调整建议。这些建议在 2022 年 10 月举行的 ICAO 大会第 41 届会议上获得通过，并被纳入大会关于 CORSIA 的 A41-22 号决议。

2023 年 3 月，ICAO 发布了第一阶段的自愿减排机制。2023 年 7 月 31 日之前，各国对经核查的 2022 年二氧化碳排放量报告进行数量级检查，包括将飞机运营商未报告的数据补全，并提交了 2022 年二氧化碳排放总量数据及有关 CORSIA 合格燃料的信息。

2. 减碳途径

在全球碳减排和绿色航空发展的大背景下，碳减排在全球航空业得到了越来越多的认知、共识和积极实践，与减碳相关的航空规划和技术创新正在如火如荼地进行，欧洲、美国、IATA 等国家、地区和国际组织纷纷出台了航空减排规划，并持续开展了系列技术创新研究，为推出新一代绿色飞机积极做准备。

2020 年，IATA 在其发布的《2050 年飞机技术发展路线图》中通过分析大量技术资料，进行燃油排放改善潜力的定量评估，遴选了一些被认为最有前景的技术，涵盖机体、发动机、系统、气动、结构、舱室等方面，并估算了这些技术在全球机队减排方面将带来的积极影响。

2020 年，NASA 发布了其环境可持续项目总结报告。报告称该项目开发的技术可实现最大油耗降低 49.4%、最大噪声降低 41.1%、氮氧化物排放降低 75% 等目标，2025—2050 年可为全球民航业节省 2550 亿美元的成本。

2021 年 11 月，在联合国气候变化大会上，美国交通部部长宣布了《美国航空气候行动计划》。该计划的主要内容为增加 SAF 的生产、开发新型飞机技术、提高运营效率、减少机场排放、提升机场适应性。

2023 年，NASA 更新了《航空战略实施规划》，重点关注使用支持净零排放的航空系统和实现远期有害物完全零排放技术的可持续航空。2023 年 10 月，在 FAA 发布的《国家航空研究计划》中，针对噪声、减排和其他环境问题，计划在 2024—2028 年间投入 25.89 亿美元，以对环境负责并推动航空业的发展。

2023 年 10 月 10 日，我国工业和信息化部、科学技术部、财政部、中国民用航空局四部门联合发布《绿色航空制造业发展纲要(2023—2035 年)》。该文件提出，力争到 2025

年实现电动通航飞机投入商业应用；到 2035 年，新能源航空器将成为发展主流。其中，可持续航空燃料、电动飞机、氢能航空成为发展绿色航空的三大重点方向。

绿色航空碳减排是战略性要求，涉及众多的利益相关方，需要各方共同努力建设减排生态。为此，目前全球的航空碳减排策略大致形成了科技创新、运营改进、基础设施、市场手段 4 条途径，如图 31.5 所示。

图 31.5　减少航空碳排放的主要途径

1）科技创新

科技创新的相关措施包括新能源飞机机体和发动机技术、老旧机型的改进翻新、SAF 的替代使用等，这需要飞机及零件制造商在机身结构、发动机效率和燃料等重点领域进行研发投入。这些措施对碳减排的作用最显著。

从大型民用飞机的角度来讲，碳减排技术大致可以分为 3 类。①传统动力方案民用飞机的减排技术，如翼身融合、桁架支撑翼、双气泡机身等新布局技术，边界层抽吸气等减阻，以及电气化技术等。②混合动力电推进技术，如部分涡轮电、全涡轮电、串联混动、并联混动等动力架构形式。③基于新能源形式的动力技术，包括锂电池、氢燃料电池、氢涡轮、SAF、太阳能、核能等。

从新能源技术的形式和可适用的产品范围来讲，目前大致的认知如下：支线以下量级的小型飞机动力架构可采用纯电动、混合动力（包括液冷氢燃料电池比较可行），储能方式可采用锂电池、高压存储氢燃料系统、液氢燃料系统等，实现难度相对较小；支线以上量级的民用飞机未来碳减排除了依赖既有传统动力改进及应用 SAF，还应采用氢能技术，重点是液氢燃料系统、氢燃料电池-氢涡轮混合动力系统、涡轮电+超导技术等，实现难度较大。随着技术研发投入的增加，高功率密度电池、电机的进步，以及先进气动布局的成熟，电推进系统的电能比例、量级逐步提高，电推进飞机性能逐步提升，这将带来巨大的效率、排放收益、噪声收益，并最终形成具有市场竞争力的先进机型。在航空碳减排新型能源选项中，短期内应用 SAF 是最现实、最经济的方式之一，也是 ICAO 优先主张的方式。研究表明，SAF 在其寿命周期内可降低 80% 的碳排放量，未来有望达到 100%。

2）运营改进

运营改进的相关措施包括积累更低碳的运营经验，应用更高效的运行程序及减少运行程序的数量，这需要航空公司坚持可持续发展的战略方向、建立健全能源管理体系、替代辅助动力装置、优化航路、减少餐食浪费等。商用飞机的碳减排措施主要有：航空公司在飞行计划与运行优化、减重、状态监控与维护方面的技术改进；空管效率的提升及机群的管理改进；机场地面的滑行减排与减少 APU 使用，等等。

3）基础设施

基础设施的相关措施包括支撑更高效的空管基础设施，支撑更加高效的机场基础设施（如机场协调决策、地面拥堵管理、优化军民合作等），以及适应未来新能源民用飞机技术发展和应用需求的新型基础设施，如 SAF、氢、电等能源的供应设施等，这需要空管、机场等方面协同发展。

4）市场手段

市场手段的相关措施包括全球补偿机制、积极的经济刺激、社会减碳投资等，并与直接空气捕获、植树造林、碳捕获和储存等方式相结合。还应加大对绿色航空、清洁能源等相关领域技术的投资力度，确保持续的资金投入和人才队伍建设。此外，广大乘客作为消费者，也应践行低碳出行理念，理解政府和行业的各项减排举措，共同为建设绿色航空贡献一份力量。

3. 发展展望

从顶层策划的角度来看，"双碳"背景下的航空碳减排的关键在于对以商用飞机产品为核心的全生命周期的考量，需要围绕商用飞机产品的研发和运营对商用飞机的碳减排体系进行系统的策划，涵盖先进方案设计、安全适航、绿色制造、高效运营、绿色回收等重要环节，形成目标明确、层次明晰、逻辑清楚的体系性指引，如图 31.6 所示。

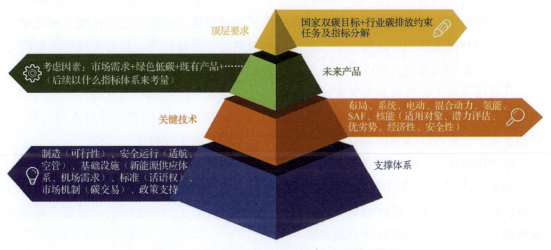

图 31.6　关于商用飞机碳减排体系的策划思考

1）顶层要求

从顶层要求来看，应紧扣实现国家顶层"双碳"目标的重要抓手。基于国家"双碳"目标和各行业的目标分解情况，结合国际航空行业提出的航空碳减排约束任务，评估我国航空碳减排的总体需求，提出国产民用飞机绿色发展的顶层要求，并通过自上而下和自下而上的迭代，形成具体目标和指标作为牵引。

2）未来产品

从未来产品来看，应提出绿色商用飞机产品方向。充分论证未来商用飞机的战略需求、市场需求、乘客需求，充分考虑既有国产商用飞机型号的研发和运营发展阶段之间的统筹，同时将绿色航空及低碳化发展要求作为最重要的产品要求之一，并确定我国航空碳排放基线，构建绿色商用飞机低碳化发展评估指标体系，兼顾技术发展状态，论证收敛可行产品的定位。

3）关键技术

从关键技术来看，应重视和大力推动创新驱动减排新技术的发展。鉴于当前国内外新能源民用飞机技术发展路径并未完全收敛，我国对相关技术的研发、积累和认知还比较有限，有必要开展新布局、新能源、新动力、新系统相关关键技术研究，针对电动、混合动力、氢能和 SAF 等不同的能源模式分别开展探索研究，厘清相关技术低碳化潜力评估结果、参考技术方案、难点技术问题清单，广泛凝聚跨学科、跨领域知识和专家及相关科技人员的智慧，不断推进新能源民用飞机技术革命，引领全行业不断创新，为后续产品研发的技术决策提供关键参考。

4）支撑体系

从支撑体系来看，应系统地构建新能源民用飞机支撑体系。从民用飞机产品全生命周期、全产业链协同的角度提出新能源民用飞机在绿色制造/绿色回收、安全运行与适航方面的发展需求和应对措施，提出新能源民用飞机在基础设施、商业运营、市场机制（如碳交易、碳抵消）与政策支持方面的发展需求和应对措施，构建新能源民用飞机支撑体系，为后续相关航空器产品和技术的研发提供明确的、系统性的、具有实操价值的指导意见，以产生协同效应，促进产品与技术创新所需的各种生产要素的有效组合。

从民用飞机主制造商的角度来说，民用飞机研发需要产品级的背景型号牵引。及时明确新能源民用飞机研发任务方向，有利于提升新能源民用飞机研发的针对性和有效性，有利于集中行业内外部的优势资源，牵引重大技术攻关和集成验证。

欧盟明确提出，从 2025 年起，可持续航空燃料掺混比例为 2%，2030 年提高到 6%，并计划从 2027 年起，飞往欧洲的航班需满足可持续航空燃料掺混比例要求，否则将处以可持续航空燃料与化石燃料价差 2 倍的罚金。美国也发布了类似的承诺。目前，可持续航空燃料的广泛应用已在全球形成共识。

　　为明确未来低碳化民用飞机产品的发展方向，至少需要考虑以下 3 个方面：一是围绕对国家"双碳"目标的贡献度，考虑将干/支线商用飞机的碳排放设置为占各类航空器的 90% 以上，航空碳减排的承载主体要放在航线运营的商用飞机上；二是未来市场对民用飞机需求的分析，IATA 等机构预测 2024 年全球航空运输量会回到 2019 年的水平，波音公司预测未来 20 年全球将交付新机 4 万余架，民用飞机市场需求仍然旺盛；三是新能源对民用飞机技术发展趋势的研判，当前 SAF 是大型民用飞机最现实的减碳途径之一，纯电动力系统难以满足大型民用飞机的动力需求，氢能是首要选择，混合动力系统架构是重要的技术途径。

商用飞机未来产品与技术展望 第32章

未来航空运输工具将呈现市场差异化、需求个性化、产品多样化的发展趋势。未来航空运输系统将呈现互联化、精细化、智能化的发展趋势。未来商用飞机将呈现低排放、低噪声、低能耗的发展趋势。未来航空技术将呈现跨领域、融合创新的发展趋势，以市场需求和技术进步"双轮"驱动未来航空产品的创新发展。

未来商用飞机产品创新主要有两类，一类是在既有产品的基础上，逐步升级换代、创新发展新产品；另一类是大跨度、颠覆式新产品创新，如更加经济高效的未来支线客机，智能化、低碳化的未来窄体客机，绿色化、高竞争力的未来宽体客机，更环保、更经济的超声速客机，高超声速客机，未来货机，以及未来城市飞行器。

未来技术创新将重点围绕新能源、新材料/新工艺、智能化、新构型4个方面实现重点方向的技术突破。为此提出的相关研发任务和计划建议有先进空域运行计划、先进商用飞机计划、绿色能源和动力计划、智能化和数字化计划、变革性概念和技术计划。

未来商用飞机要持续"提质增效、强化绿色环保、深度跨界融合、扩大合作共赢"，建立未来商用飞机产业发展的生命共同体，扩展产业网络，创新商用飞机业态，优化增值空间，在共赢中发挥引领作用。

32.1　航空运输体系发展趋势

全球经济持续发展，推动航空运输业市场规模稳步增长，但随之而来的能耗增加、环境污染等问题日益突出，更高的环保要求给航空业和主制造商带来了更大的挑战。当前国际形势严峻，给航空产业的发展带来了新的不确定性，关键技术及产业链安全的重要性日益凸显。面对如此错综复杂的形势，看清未来发展方向至关重要。

根据持续面向未来跟踪并探索前沿技术的结果，未来航空运输体系的发展趋势基本如下。

32.1.1　未来航空运输工具的发展趋势

未来航空运输工具将呈现市场差异化、需求个性化、产品多样化的发展趋势。在全球航空市场长期需求旺盛的背景下，欧洲、北美等成熟经济体的航空市场趋于平稳，中国、印度、巴西等新兴经济体的航空市场快速扩张，国际远程航线网络发展迅速，短程航线面临高铁的冲击，航空货运市场势头旺盛，市场差异化明显。随着民众生活水平的不断提高，旅客出行需求个性化趋势凸显，对航空出行方式的便捷性、时效性、体验性、多样化、品质化有了更高的期待。未来 20～30 年，新的民航运输应用场景不断拓展，以绿色环保客货商用飞机、城市飞行器、超声速飞机等为代表的创新产品将不断涌现。商用飞机的发展需要适应未来航空运输宏观环境的整体性变化。

32.1.2　未来航空运输系统的发展趋势

未来航空运输系统将呈现互联化、精细化、智能化的发展趋势。为保障航空运输安全可靠，缓解空域紧张，促进降本增效，空管、机场和飞机将广泛应用卫星通信、5G/6G 通信、大数据、AI 等技术，不断提高互联化、精细化、智能化水平。重点发展"安全稳、效率高、智慧强、协同好"的空管系统，建设"平安、智慧、绿色、人文"机场，实现空天地信息互联互通、更高精度的四维航迹运行、多种航空器共域运营及全场景智慧服务。未来商用飞机需要在感知、驾驶、运行、服务、维护等方面更加智能，只有这样才能与未来空管及机场体系的升级协调发展，使旅客体验更加舒适、便捷、愉悦。未来航空运输系统如图 32.1 所示。

图 32.1　未来航空运输系统

32.1.3　未来商用飞机的发展趋势

未来商用飞机将呈现低排放、低噪声、低能耗的发展趋势。为应对日益突出的环境问题，ICAO 大力推进绿色航空发展，制定了越来越严苛的污染物排放和噪声标准。为应对全球气候变暖问题，ICAO 制定了碳排放强制性标准，我国也提出了"双碳"目标，商用飞机需逐步实现低碳化乃至净零排放。未来商用飞机需要采用 SAF、氢能、全电/混合电推进等新能源、新动力技术，不断提高绿色环保水平，提升全球市场竞争力。

32.1.4 未来航空技术的发展趋势

未来航空技术将呈现跨领域、融合创新的发展趋势，以驱动未来航空产品创新发展。随着市场需求的多样化、航空运输体系的升级及绿色低碳化发展形势的逐渐清晰，未来航空发展对技术储备提出了更高的要求。回顾历史，涡扇发动机、数字电传、复合材料等技术推动了商用飞机的升级换代。面向未来，在信息革命和能源革命的浪潮中，信息、能源、材料等各领域的新兴技术日新月异，新技术的跨领域创新应用不断加速，将为满足未来航空发展的需求创造颠覆性概念，提出革命性解决方案。未来商用飞机需要考虑新能源、新材料、智能化、新构型等前沿技术，以及其复合创新与融合应用。

32.2 未来产品展望

随着超级高铁、太空飞机、城市飞行器等新型交通工具进入市场，人类将建立更加完善的现代立体化综合交通运输体系。越洋远距离交通客运仍将以航空运输为主，货运方面，海洋运输仍是主要运输途径，空中货运量持续增加。内陆远距离交通将以航空运输为主、铁路运输为辅。国内近距离交通将以铁路、公路为主，水路为辅。对于偏远的、人口稀少的地区，航空运输将是一种非常有效的出行方式。城市内及近郊，出行方式将呈现多业态并存的局面，包括轨道交通、公共汽车、私家车、出租车、飞行汽车、摩托车、自行车及共享交通工具等。

未来商用飞机产品是绿色航空理念发展的必然产物，是人类工业革命持续发展的必然产物，是未来国际商用飞机市场竞争的必然产物，是人类经济、社会、科技、文化发展的必然产物，将满足更安全、更环保、更经济、更舒适、更快捷、更智能等要求。根据波音公司、空客公司等主制造商的发展历史，结合当前科技发展的趋势，未来商用飞机产品创新主要有两类，一类是在既有产品的基础上，逐步升级换代、创新发展新产品；另一类是大跨度、颠覆式新产品创新。

32.2.1 更加经济高效的未来支线客机

支线航空被视为民航运输的"毛细血管"，是我国开展民航强国建设的重要组成部分。国内高铁发展迅速，支线市场不断受到挤压，为了更好地参与市场竞争，需要大幅提升支线飞机的经济性、环保性。新构型、新能源是未来支线飞机发展的重要方向，未来需要探索更加高效、更加低碳的支线飞机（见图 32.2）。一方面，探索桁架支撑翼、联结翼、分布式动力、仿生可变形机翼等新布局、新结构成为未来突破的重点，配合新型材料技术、气动减阻技术、新材料、新结构、多电技术、智能技术等的应用，将在节能、减排、降噪、减重、减阻等方面实现性能提升。另一方面，以 SAF、电动、混动、氢能等为代表的新能源、新动力技术正在加速产品创新，同时，高功率密度电源、智能配电、大功率燃料电池、高温超导、电环控、电防除冰、电作动等电气化技术也将得到广泛应用。

图 32.2　未来支线客机的发展趋势

32.2.2　智能化、低碳化的未来窄体客机

未来窄体客机的市场需求持续旺盛，未来窄体客机将呈现智能化、低碳化发展趋势（见图 32.3）。一是智能飞行、智慧运行等技术的应用，使产品智能化水平不断提升；二是先进的气动技术、高效的发动机和先进的结构与材料技术的应用，有助于以更低的成本获得更高的经济效益；三是推进技术不断创新，包括电推进/混合电推进、氢燃料涡轮推进等技术，逐步实现航空零排放的目标。未来窄体客机的发展将以混合电推进和氢能等新能源、新动力为牵引，结合气动布局、先进结构材料、能量管理及智能化等新技术的应用，提升飞机产品竞争力。

图 32.3　未来窄体客机的发展趋势

32.2.3 绿色化、高竞争力的未来宽体客机

随着全球经济的逐步回暖，未来双通道客机将重回市场，老旧机型将大量退役，双通道客机的需求将大量涌现。除了满足碳减排需求，航空公司更注重经济效益，目标是提高航空运输安全水平、减少燃油消耗。为提升航空运输的竞争力和成本效率，宽体飞机领域的产品需要不断进行技术革新，从气动布局、结构材料、机载系统、新能源动力形式、运营维护等方面进行创新性竞争。宽体客机正积极迈入绿色化、低碳化发展的新时代，基于高性能材料的结构设计制造一体化技术、自然层流/混合层流控制技术、可变形翼梢小翼技术、变体结构技术、智能设计及制造技术、健康预测与管理技术等都将对宽体客机的发展至关重要。

32.2.4 更环保、更经济的超声速客机

人们对更快速、更便捷与更舒适出行体验的愿望不断推动商用飞机向着更快的飞行速度方向发展。超声速客机主要应用于国际或地区航线，能够满足人们更快速地旅行的愿望，服务对象为头等舱和商务舱人群，具备潜在的商业价值。综合超声速客机技术发展与市场需求情况，航空产品逐步由大型超声速客机转向小型环保型超声速客机。而超声速客机要想投入民航市场，必须保证声爆、机场噪声和污染物排放等关键指标满足未来发展的需求，特别是声爆水平需要大幅降低。未来超声速客机的发展趋势如图 32.4 所示。

图 32.4　未来超声速客机的发展趋势

32.2.5 高超声速客机

航空技术和航天技术高度融合的趋势不可阻挡，高超声速商用飞机融合航空航天领域的诸多技术，是未来商用飞机的重要发展方向之一，以期实现全球洲际无时差旅行的高端需求。需要考虑的高超声速商用飞机的关键技术包括总体气动、推进系统、材料结构、试验验证等。首先，应研究高超声速商用飞机的总体参数权衡、飞发一体化的气动

布局技术、组合动力技术、防隔热材料等。其次，应开展相关的实验室环境的试验验证，对高超声速商用飞机的适航符合性展开研究。最后，应开展地面试验和飞行试验，包括高低速气动试验平台验证、组合动力样机试制、飞控系统地面演示平台验证等。在当前绿色环保、"双碳"目标的战略背景下，高超声速商用飞机的经济性与环保性面临的环境挑战将比超声速飞机更大。

32.2.6　未来货机

货机一直是商用飞机的重要发展方向之一，包括新研货机和客机改货机两种设计形式。在客机改货机数量不断增多的同时，制造商启动了全新的货机研制工作，以满足市场日益增长的需求。未来货机更加注重以下几个方面。一是安全性，更加注重安全考量，加强空地通信和客舱/货舱监控等技术研究，提高民航货运安保标准及运行效率，加强安全风险评估。二是环保性，民航运输业作为资源密集型行业，是构建低环境负荷物流系统的重要领域，未来航空物流需要尽快形成绿色发展的制度机制。三是智能化，通过广泛推广、应用智能设施，建设安保智能设施等，以智慧为变革动力的新导向将为航空物流提供更高品质、更高效率的产品和服务。

32.2.7　未来城市飞行器

面对传统城市出行方式存在的问题和日益增长的交通需求，发展城市空中交通，实现城市中的点对点载人飞行是航空器进一步发展的重要方向。城市飞行器将对地面交通起到很好的补充作用，是一种潜在的颠覆性出行方式。城市飞行器需要具备短距垂直起降能力；需要通过冗余系统提升可靠性，并配备自动飞行系统以避免人员失误或极端天气导致的风险；需要更多地采用电动机作为动力装置以减少碳排放，同时要具备较好的噪声控制能力；需要具备较高的气动效率，以缓解当前技术条件下储能系统能量密度不足导致的航程限制，并降低能源成本；智能化的自主飞行系统也能大幅降低对驾驶人员的要求，提高飞行的安全性，甚至实现无人驾驶；还需要考虑能源、人员、维护、保险、基础设施建设等多方面的成本。

32.3　未来技术展望

创新是我国商用飞机发展的重要途径。以智能泛在、移动互联、高速高效为特征，以信息技术、新材料和先进制造技术为核心，以高效生产和便捷生活为导向的技术集群正在开创智能化时代；以绿色低碳、精准集约、安全健康为特征，以生物、新能源、环保技术为核心，以人类可持续发展和健康生活为主题的技术集群将塑造绿色经济与生物经济新业态。

为加大源头创新力度，突破和掌握重点领域的技术，促进先进技术在商用飞机上的应用，未来技术创新将重点围绕以下 4 个方面展开。

32.3.1 新能源

重点关注 SAF、氢源等新能源，多电、全电/混合电推进技术，逐步实现航空零排放的目标。一是联合发动机供应商、航空公司推进 SAF 的装机应用，实现减碳发展。二是引领高功率、高密度发配电、多电系统集成等关键技术攻关，提高多电技术的应用比例，拓展减碳渠道。三是发展全电/混合电推进技术，提高分布式电推进等技术的成熟度，优化飞机能源动力架构，加大减碳力度。四是探索氢动力和超导技术的应用，实现零排放。从飞机主制造商角度来看，新能源技术的发展应聚焦于总体集成能力，突破多能源组合权衡、航空高压电气、热管理、飞发匹配等技术难点，提升整机效能。

32.3.2 新材料/新工艺

重点关注新型高性能材料、多功能材料及绿色制造等技术，满足产品轻质高效、多功能化和低碳化等要求。一是应用新型复合材料和高性能合金等新材料，通过成分优化与工艺攻关，提高结构承载效率，满足飞机结构在复杂载荷环境下的需求。二是应用轻质、耐高温材料和热防护涂层，满足超声速客机在极端环境下的性能要求，拓宽民用飞机运营边界，提高结构效率。三是应用记忆合金、纳米材料等多功能材料，通过材料功能集成、传感特性突破，使结构不仅具备承载功能，还具备自检测、自处理、自愈合和自适应能力，支持飞机结构的智能化发展。四是应用储能材料和可回收材料，应用先进热塑性树脂基复合材料，发挥其可重复加工、可再生利用的优势，支持绿色制造。通过在飞机上应用高性能、多功能及可回收的新材料，有望实现轻质、低成本、长寿命的创新设计。

32.3.3 智能化

重点关注智能飞行、智慧运行、智能制造及智慧服务等技术，提高产品智能化水平及制造与运行效率。一是引领智能飞行，推进 AI 与 5G 等信息技术在飞行中的安全可靠应用，打造智能驾驶舱，实现单一飞行员驾驶等技术创新。二是推进智慧运行，结合空地互联网络无缝共享信息，实现健康管理与孪生运行，融入智慧空管体系，实现四维航迹精细运行，提高维护、运行效率。三是加强智能制造，基于 MR、计算机视觉等技术，促进先进复材制造、增材制造、自动装配的智能化发展，提高制造精度和效率。四是提供智慧服务，利用大数据、物联网、AR 等技术，研发全新互动式智慧客舱，实现旅客通行和机场服务管理数字化，提高航空服务水平。应用智能化技术的重点是加快技术研究迭代，提高技术成熟度，关键在于采用新方法，强化 AI 机载应用开发，解决智能化软硬件装机适航等难题。

32.3.4　新构型

重点关注支撑翼、联结翼、翼身融合及分布式推进等技术，提高气动效率、结构效率和推进效率。一是发展支撑翼布局，优化新型结构连接形式，突破自然层流短舱/机翼、混合层流控制尾翼/机翼设计技术，探索开式转子动力装置应用。二是发展联结翼布局，开展联结翼气动/结构一体化设计研究，减少结构质量，提高结构的强度与刚度，实现增升减阻。三是发展翼身融合布局，实现 BWB、HWB 等新型布局的飞发匹配、先进操稳及动力系统声屏蔽设计，大幅提高升阻比率，提升降噪效果。四是发展分布式推进布局，适应新能源和新动力技术的应用需求，突破边界层吸入技术，提高推进效率。支撑翼、联结翼、翼身融合布局或将成为高升阻比机体形式的代表，分布式推进布局或将成为新型推进形式的代表，新构型技术将成为新能源、新材料和智能化技术融合应用的载体。

32.4　发展建议

为实现重点方向的技术突破，本章提出的相关研发任务和计划建议如下：

（1）先进空域运行计划。开发和探索基本概念、算法和技术，以安全地提高空域运行效率、质量和管理水平，创建多样化、立体化航空生态系统。

（2）先进商用飞机计划。进行先进产品创新和前沿研究，产生创新的概念、技术、能力和知识，以实现亚声速、超声速、垂直起降等各种商用飞机的革命性创造。

（3）绿色能源和动力计划。开发绿色环保、低碳化、新型动力、新能源等技术，提高技术成熟度，促进技术应用和推广。

（4）智能化和数字化计划。开展商用飞机全生命周期的数字化、自动化和智能化技术研究，提高安全系统保障水平，提高产业效率，降低产业成本。

（5）变革性概念和技术计划。培育跨领域、多学科、革命性的概念，发展融合创新技术，推动航空业的发展变革。

（6）综合评估与试验验证计划。在综合系统级别对有发展前途的概念和技术进行评估研究，开展飞行研究和演示验证，并不断开发评估和试验工具与方法，提高试验验证能力。

纵观当今世界航空产业的发展，一方面，国外以波音公司、空客公司为代表的飞机主制造商，在飞机的研发、生产、运营、标准、规范和供应链体系方面有着深厚的经验积累，尤其是波音公司、空客公司技术实力十分雄厚。另一方面，中国及全球商用飞机市场巨大，随着中国经济的崛起和"航空强国"战略的提出，在中国乃至全球商用飞机市场上，国产商用飞机必然占据一定的具有象征意义的份额。因此，波音公司、空客公司与中国商飞公司一方面在一定程度上要考虑相互之间的市场竞争，另一方面，需要考虑如何在全球范围内开展合作，共同为全球人民提供更好的产品和服务，为全人类的航空航天科技开拓新的领域，创造新的辉煌。

为强健我国商用飞机产业体系，需要坚持如下几个要点。

（1）持续提质增效。坚持把质量作为打造卓越商用飞机产品的生命线，把效率作为在市场竞争中胜出的重要依靠，优化和完善标准流程体系、质量监管体系，加强产业基地建设，不断提高产品论证、研发、取证和交付的水平与效率，全面提高产品设计、制造和服务的质量。

（2）强化绿色环保。坚持把绿色环保作为未来商用飞机发展的重要着力点，加强节能环保理念、技术、工艺、装备等在产品概念设计、研发制造、试飞取证和运营服务等过程中的推广应用，努力创造低能耗、清洁、环保、可循环使用的商用飞机产品，不断提高品牌竞争力。

（3）深度跨界融合。准确研判未来民用飞机的核心问题，提高预见未来发展趋势的能力，积极布局对民用飞机产业、企业和产品有重大影响的技术创新、跨界融合创新、模式创新，不断发掘技术发展先机，培育新的价值增长点，主动拥抱和适应社会的发展变化，构建独具特色的民用飞机发展之道。

（4）扩大合作共赢。坚持把合作共赢作为未来商用飞机发展的关键环节，围绕主业，积极整合制造商、供应商和客户的力量，利用政府、政策、金融、社会资源，建设商用飞机产业发展的生命共同体，扩展产业网络，创新商用飞机业态，优化增值空间，在实现共赢的同时发挥引领作用。

后　记

　　一架飞机由几十万个精密零件组成，飞机制造也被誉为"工业制造皇冠上的明珠"。在过去的十几年里，国产大飞机的设计与制造面临了诸多挑战，但通过不断地进行科技创新和专业人才培养，我们逐步克服了一系列困难。ARJ21 和 C919 商业运营的成功，代表着中国飞机制造业的发展和壮大。在这个过程中，新材料、现代制造、先进动力、电子信息、自动控制、计算机科技等各项技术都得到了群体性突破。

　　一路走来，我们不断学习与进步，虽取得了如今的成果，但前路漫漫，道阻且长。欧洲与美国仍拥有较高的市场占有率和大批成熟机型，且通过各种规划已对未来商用航空做出了全面部署。面对挑战与差距，我国民机产业想要改变当下、赢得未来，一方面须在传统技术领域继续奋起直追，另一方面须在新领域和新赛道上精心规划。2023 年 10 月 10 日，工信部、科技部、财政部、中国民航局四部门联合发布《绿色航空制造业发展纲要（2023—2035 年）》，着力部署"换道超车"的新路径，也为奋斗的航空人增添了"真抓实干、加快发展"的新希望。绿色飞行，或许在不远的未来实现。

　　国际航空运输协会的数据显示，2023 年全球航空客运总量同比增长 36.9%，进一步接近新冠疫情前水平。后疫情时代，随着人们外出经商、留学、旅游等意愿的进一步上升，航空业发展势头有望进一步加强。2024 年，全球航空业有望保持持续增长。在良好的行业发展前景下，中国大飞机人正致力于提升自主保障水平，逐步提高产能，同时也致力于打造具有安全性、完整性、先进性的绿色航空制造体系，使国产商用飞机真正达到世界一流水平。

　　当前，全球化市场竞争已远远不再是飞机主制造商在企业层面的竞争，而是以主制造商为核心的全球价值链的竞争，是价值链上的所有分支和主体，包括供应链、运营链、创新链的集团化竞争。因此，通过商用飞机型号 C919 等的研制、运营，整体带动航空制造业产业链升级，形成以国产商用飞机为牵引的供应链体系意义重大。

　　创新推动发展，坚定走创新之路是国产商用飞机的必然选择。一方面，从顶层明确创新型的总体规划和发展蓝图；另一方面，调动和激发科技人员和创新主体的积极性，形成推动商用飞机实现突破和创新发展的强大合力。

　　本书从多年前开始策划，于 2019 年首次形成内部版本，期间多次调整内容架构与作者团队，改善专家把关的方式，并多方征求修改意见，逐年打磨更新，终于能在 2024 年和读者正式见面。正如大飞机一样，历经磨练终于能翱翔蓝天，锲而不舍，金石可镂。在未来的时间里，我们将不断提高自己的能力和素质，以更好地应对未来的挑战和机遇。

中国商飞北京民用飞机技术研究中心总师

杨志刚

2024.2.18

反侵权盗版声明

电子工业出版社依法对本作品享有专有出版权。任何未经权利人书面许可,复制、销售或通过信息网络传播本作品的行为,歪曲、篡改、剽窃本作品的行为,均违反《中华人民共和国著作权法》,其行为人应承担相应的民事责任和行政责任,构成犯罪的,将被依法追究刑事责任。

为了维护市场秩序,保护权利人的合法权益,我社将依法查处和打击侵权盗版的单位和个人。欢迎社会各界人士积极举报侵权盗版行为,本社将奖励举报有功人员,并保证举报人的信息不被泄露。

举报电话:(010)88254396;(010)88258888

传　　真:(010)88254397

E-mail:　　dbqq@phei.com.cn

通信地址:北京市海淀区万寿路 173 信箱

　　　　　电子工业出版社总编办公室

邮　　编:100036